从零开始学看盘

图解实战版

炒股入门与实战技巧

龙飞 著

人民邮电出版社
北京

图书在版编目（CIP）数据

从零开始学看盘 : 炒股入门与实战技巧 : 图解实战版 / 龙飞著. -- 北京 : 人民邮电出版社, 2017.8
ISBN 978-7-115-45557-4

Ⅰ. ①从… Ⅱ. ①龙… Ⅲ. ①股票投资－基本知识 Ⅳ. ①F830.91

中国版本图书馆CIP数据核字(2017)第127491号

内 容 提 要

本书以图文并茂的方式分析了K线图、分时走势图、均线图、成交量图等盘口知识，从而帮助读者掌握看盘方法与技巧。

本书共分为10章，具体内容包括：读懂股票盘口语言、使用手机APP看盘、运用分时窗口看盘、使用K线工具看盘、使用技术图形看盘、运用量价分析看盘、使用切线理论看盘、使用各类均线看盘、运用技术指标看盘、识别主力盘面信息。

本书结构清晰、案例丰富、实战性强，不仅适合刚入门的股票用户，同时还可以作为证券、投资公司的培训、指导教材。

◆ 著　　　　龙　飞
责任编辑　恭竟平
责任印制　周昇亮
◆ 人民邮电出版社出版发行　　北京市丰台区成寿寺路 11 号
邮编　100164　　电子邮件　315@ptpress.com.cn
网址　http://www.ptpress.com.cn
北京虎彩文化传播有限公司印刷
◆ 开本：700×1000　1/16
印张：15.75　　　　2017 年 8 月第 1 版
字数：308 千字　　　2024 年10月北京第16次印刷

定价：39.80 元

读者服务热线：(010)81055296　印装质量热线：(010)81055316
反盗版热线：(010)81055315
广告经营许可证：京东市监广登字 20170147 号

Preface 前言

■ 写作驱动

本书通过 10 章主题内容、350 多张清晰图片全方位介绍股票看盘的各项方法和技巧。

本次升级增加了看盘应关注的重点信息、使用 K 线看盘、使用技术图形看盘等实战技巧，并对书中所有的图片和案例进行了更新，以增强本书的实战性知识。本书在此次升级中，系统地介绍了炒股看盘的方法和技巧，内容丰富、通俗易懂，将深奥的炒股专业名词和技术指标简单化、通俗化、实用化，同时大量采用了沪深股市中的经典实战案例和最新图表，使全书图文并茂，一看就知，一学就会，便于模仿，即使是没有任何股票操作基础的投资者，经过学习也可以轻松地掌握。

■ 主要特色

【知识精简，结构清晰】

本书精挑细选了股票投资中与看盘相关的最实用的方法和技术进行重点讲解，知识体系完整，一招一式来自大量实战，帮助读者轻松掌握股票看盘技巧。

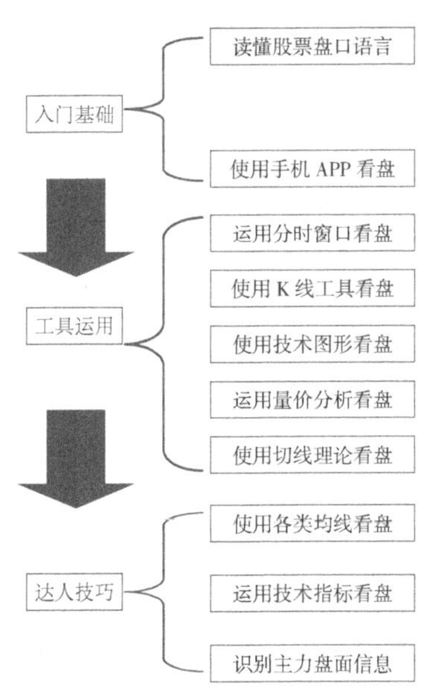

【案例实用，全程图解】

在写作上，本书运用了丰富的图例对理论知识进行辅助说明。读者若对理论知识感到枯燥，可以从图例中体会到股票看盘的神秘和乐趣，从而提高看盘分析技术，获得投资收益。

【手机炒股，随时随地】

目前市场上的图书，95% 以上的内容都是针对 PC 版的，“手机炒股”的书极少。本书对手机看盘的应用技巧讲解非常全面，介绍了运用 WAP 网站看盘和手机 APP 看盘等方法，帮助读者随时随地掌握股市动态。

■ 学习本书的注意事项

股票投资的技巧和方法不计其数，本书罗列的技术和方法比较全面，股民不需要全部掌握，可针对性地挑选几种技术深入学习并不断总结，在实战中进行综合运用即可达到很好的效果。

读者在阅读中还应结合实际情况灵活变通，举一反三，养成勤思考的好习惯，提高归纳总结能力。

由于作者知识水平有限，书中难免存在错误和疏漏之处，恳请广大读者批评、指正。

目录

Contents

CHAPTER 1

第1章 读懂股票盘口语言

学前提示

近年来，股市投资已成为人们投资理财的一个常用手段，而学会看盘是在股市中赚钱的一门重要的必修课。本章将介绍新手看盘入门所需要掌握的必备基础知识。

要点展示

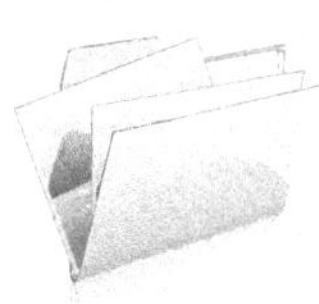

- 看盘前的准备工作
- 股票盘面的基本常识
- 看盘应关注的重点信息

1.1 看盘前的准备工作

随着我国股票市场的不断发展与完善，越来越多的人参与到股市投资中。对于初入股市的投资者而言，首先需要掌握和了解一些基本概念、基本术语。

1.1.1 认识股票的基本概念和相关定义

了解股票的基本概念和相关定义是投资者炒股的前提，下面将具体介绍。

1. 股票与投资者的含义

股票和投资者是股票市场中最常听到的词语，那股票和投资者到底是什么呢？相关定义如图 1–1 所示。

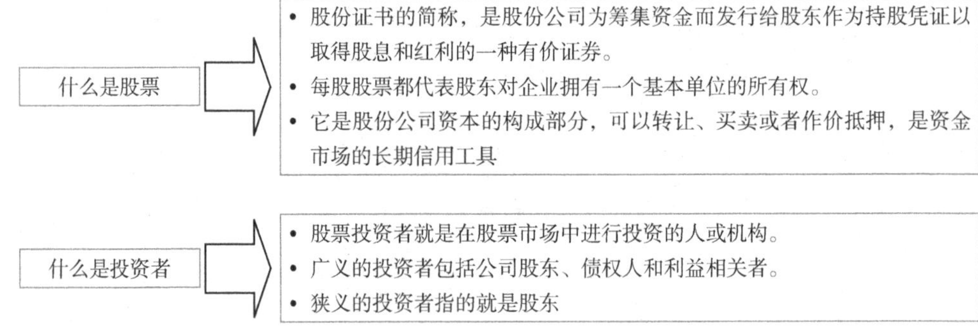

图 1–1 股票和投资者的定义

例如，假设一家股份公司有 100 个股东，每个人出资 10 万元，则每人拥有该公司 1%的所有权（股权）。股份有限公司经主管机关核准后，印制股票，交于投资者持有。作为代表所有权的凭证，这就是股票的原始意义。

股票一般可以通过买卖方式有偿转让，股东能通过股票转让收回其投资，但不能要求公司返还其出资。股东可以在股票市场上买卖这些股票，就形成了股票在不同投资者手中的流通，以及所有人和持有份额的变更。

股票像一般的商品一样，有价格，能买卖，可以作为质押品。拥有这些股票的人，都可以成为公司的股东。股东与公司之间的关系不是债权债务关系。股东是公司的所有者，以其出资额为限对公司负有限责任、承担风险、分享收益。

因此，股票是股份公司发给投资者用以证明其在公司的股东权利和投资入股的份额，并据以获得股利收入的有价证券。

2. 股票的特征

股票作为一种有价证券，与储蓄、债券以及基金相比有着独特的特点，主要表现在如图 1-2 所示的几个方面。

•股票无法退股，只能通过二级市场进行转让，则即使公司股东改变，并不减少公司资本。股票的期限等于公司存在的期限

•投资者有参与股份公司盈利分配和承担有限责任的权利和义务。股东的权利大小与所持有股份数量成正比，达到一定数量还能掌握公司决策控制权

•大股东可以从公司领取股息或红利，获取投资的收益；普通的投资者可以通过低价买入和高价卖出股票，赚取价差利润

•股票可以在不同的投资者之间进行交易，投资者可以在市场上卖出所持有的股票，取得现金

•任何一种投资都是有风险的，股票投资也不例外，股票的贬值会使投资者蒙受部分损失。因此，欲入市的投资者，一定要谨慎从事

图 1-2 股票的特征

专家提醒

股民不能直接进入证券交易所买卖股票，只能通过证券经营机构买卖股票，并凭交易密码或证券账户向券商下达买进或卖出股票的指令，这个过程称为委托。委托的内容包括要买卖股票的代码、数量及买进或卖出股票的价格。委托买入股票的数量必须是 100 的整倍数，但委托卖出股票的数量则不受该限制。

买卖股票的方式主要有以下 4 种。

（1）远程终端交易。通过与证券柜台计算机系统联网的远程终端或互联网（如手机、家用计算机等）下达买进或卖出指令。

（2）电话自动交易。通过拨打证券营业部的电话进入自动委托系统，用电话上的数字和符号键输入想买进或卖出股票的代码、数量和价格从而完成委托。

（3）柜台递单交易。股民利用身份证和账户卡，到开户证券营业部柜台填写买进或卖出股票的委托书，然后由柜台的工作人员审核后执行相应的操作。

（4）计算机自动交易。股民可在证券营业部大厅里的计算机上亲自输入买进或卖出股票的代码、数量和价格，由计算机来执行委托指令。

3．股票涨跌的颜色标识

在我国股市中，红色代表该股票当前状况为涨，绿色代表该股票当前状况为跌。

图 1-3 所示为 2016 年 12 月 22 日沪市涨幅最高的前 10 只股票，图 1-4 所示为 2016 年 12 月 22 日沪市跌幅最高的前 10 只股票。

	代码	名称	涨幅%↓	现价	涨跌	买价
1	603577	N汇金通	43.96	15.98	4.88	15.98
2	600268	国电南自	10.06	9.08	0.83	9.08
3	600818	中路股份	10.01	36.04	3.28	36.04
4	603823	百合花	10.01	18.47	1.68	18.47
5	603098	森特股份	10.01	19.35	1.76	19.35
6	603928	兴业股份	10.00	31.23	2.84	31.23
7	603708	家家悦	10.00	38.27	3.48	38.27
8	603559	中通国脉	10.00	56.54	5.14	56.54
9	603416	信捷电气	10.00	28.27	2.57	28.27
10	600604	市北高新	10.00	21.12	1.92	21.12

图 1-3　股票上涨的颜色

	代码	名称	涨幅%↑	现价	涨跌	买价
1	601882	海天精工	-8.14	31.50	-2.79	31.48
2	603508	思维列控	-7.99	71.20	-6.18	71.18
3	600310	桂东电力	-6.78	10.45	-0.76	10.44
4	600381	青海春天	-4.70	17.84	-0.88	17.84
5	600113	浙江东日	-4.34	19.61	-0.89	19.61
6	603518	维格娜丝	-4.13	34.80	-1.50	34.80
7	600200	江苏吴中	-4.07	19.11	-0.81	19.11
8	600546	*ST山煤	-3.89	4.20	-0.17	4.20
9	600992	贵绳股份	-3.86	17.42	-0.70	17.42
10	600681	百川能源	-3.84	15.29	-0.61	15.28

图 1-4　股票下跌的颜色

1.1.2　看盘需要掌握的基本术语

投资股票是一门高深的学问，要想充分认识它，就需要对它特有的术语非常熟悉。表 1-1 列举了一些常用的股票盘口术语。

表 1-1　盘口术语

术语	含义
价位	指买卖价格的升降，价位的高低随股票的每股市价的不同而异
成交价	成交价是股票的成交价格，它是按以下原则确立的： （1）最高的买入申报与最低的卖出申报相同。 （2）在连续竞价状态，高于卖出价位的买入申报以卖出价成交，低于买入价的卖出申报以买入价位成交
行情	价位或股价的走势
日开盘价	指当日开盘后某只股票的第一笔交易成交的价格
日收盘价	深市指当日某只股票的最后一笔成交价格； 沪市指最后一笔交易前一分钟内的加权平均价格
日最高价	指当天某只股票成交价格中的最高价格
日最低价	指当天某只股票成交价格中的最低价格

续表

术语	含义
涨跌	当日股票价格（或指数）与前一日收盘价格（或前一日收盘指数）相比的百分比幅度，正值为涨，负值为跌，否则为持平
涨停板	交易所规定的股价在一天中相对前一日收盘价的最大涨幅，不能超过此限，否则自动停止交易。我国现规定涨停升幅（T类股票除外）为10%
跌停板	交易所规定的股价在一天中相对前一日收盘价的最大跌幅，不能超过此限，否则自动停止交易。我国现规定跌停降幅（T类股票除外）为10%
高开	今日开盘价在昨日收盘价之上
平开	今日开盘价与昨日收盘价持平
低开	今日开盘价在昨日收盘价之下
买盘	以比市价高的价格进行委托买入，并已经“主动成交”，代表外盘
卖盘	以比市价低的价格进行委托卖出，并已经“主动成交”，代表内盘
崩盘	由于一些对股市不利的因素，导致投资者不计成本地大量抛售股票，使股价无限制地下降的现象
护盘	当股市情况行情低落、股价下滑时，投资大户采取大量购买股票的措施来刺激散户，促使市场回暖
洗盘	主力为控制股价，故意降低或拉升成本，使得散户抛出股票，并且接手他们的股票的行为
震盘	指股价在一天之内忽高忽低出现大幅波动的现象
扫盘	主力不计成本，将卖盘中的挂单全部“吃掉”的行为
红盘	当前交易日的收盘价格高于上一交易日的收盘价，表示股价上涨的现象
成交数量	指当天成交的股票数量
成交笔数	指某只股票成交的次数
日成交额	指当天已成交股票的金额总数
委比	委比是衡量一段时间内场内买、卖盘强弱的技术指标。它的计算公式为委比=（委买手数-委卖手数）÷（委买手数+委卖手数）×100%。若“委比”为正值，说明场内买盘较强，反之，则说明市道较弱
委差	当前交易主机已经接受但还未成交的买入委托总手数与卖出委托总手数的差

续表

术语	含义
换手率	换手率是指在一定时间内市场中股票转手买卖的频率，是反映股票流通性的指标之一。计算公式为换手率 =（某一段时间内的成交量 ÷ 流通股数）× 100%
跳空	指受强烈利多或利空消息刺激，股价开始大幅度跳动。跳空通常在股价大变动的开始或结束前出现
涨幅	现价与上一交易日收盘价的差除以上一交易日的收盘价的百分比，值在 -10% 至 10% 之间。

专家提醒

股票是一种虚拟资本，它本身没有任何价值。股票的价值就是用货币的形式衡量股票作为获利手段的价值。其包括股票面值、净值、清算价值、市场价值以及发行价 5 种。

（1）股票面值，用于表明每一张股票所包含的资本数额，以元 / 股为单位。

（2）股票净值，也称账面价值或每股净资产，是指用会计的方法计算出来的每股股票所包含的资产净值。

（3）股票清算价值，指股份公司关闭后，所清算出的每股股票的实际价值。

（4）股票市场价值，指股票在交易过程中交易双方达成的成交价。通常所说的股票价格就是指市场价值。

（5）股票的发行价。上市公司为了确保自身利益和上市成功率等因素，重新制定一个较为合理的价格来发行。

1.2　股票盘面的基本常识

如今，很多投资者都选择网上交易的方式来炒股。网上炒股的网站和软件很多，本节将以通达信为例，介绍一些股票盘面的基本常识。

1.2.1　查看股市行情

登录炒股网站之后，投资者即可开始查询各类行情信息了。

启动炒股软件后，首先会看到行情列表窗口。该窗口列举了所有股票的基本信息，如股票代码、股票名称、当日涨幅情况、现价、涨跌、买价、卖价等，如图 1–5 所示。

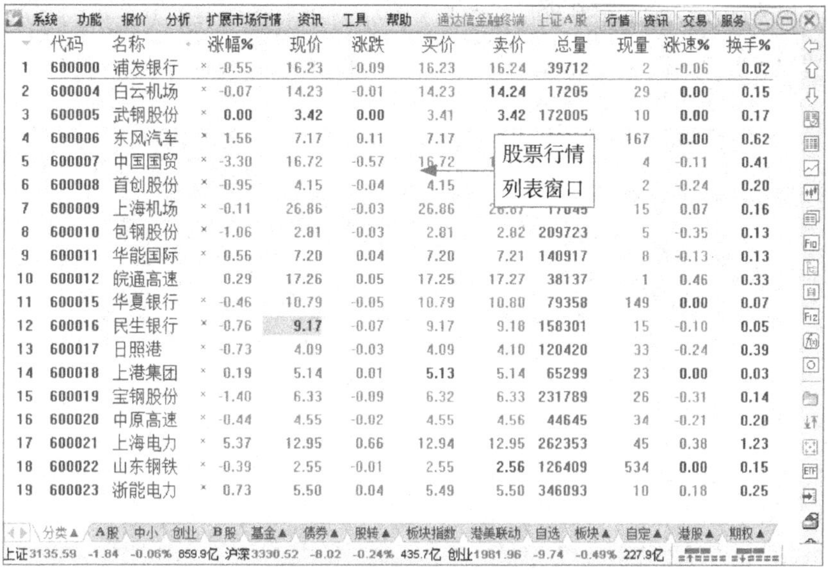

系统 功能 报价 分析 扩展市场行情 资讯 工具 帮助 通达信金融终端 上证A股 行情 资讯 交易 服务

	代码	名称	涨幅%	现价	涨跌	买价	卖价	总量	现量	涨速%	换手%
1	600000	浦发银行	-0.55	16.23	-0.09	16.23	16.24	39712	2	-0.06	0.02
2	600004	白云机场	-0.07	14.23	-0.01	14.23	14.24	17205	29	0.00	0.15
3	600005	武钢股份	0.00	3.42	0.00	3.41	3.42	172005	10	0.00	0.17
4	600006	东风汽车	1.56	7.17	0.11	7.17	[illegible]	[illegible]	167	0.00	0.62
5	600007	中国国贸	-3.30	16.72	-0.57	16.72	[illegible]	[illegible]	4	-0.11	0.41
6	600008	首创股份	-0.95	4.15	-0.04	4.15	[illegible]	[illegible]	2	-0.24	0.20
7	600009	上海机场	-0.11	26.86	-0.03	26.86	[illegible]	[illegible]	15	0.07	0.16
8	600010	包钢股份	-1.06	2.81	-0.03	2.81	2.82	209723	5	-0.35	0.13
9	600011	华能国际	0.56	7.20	0.04	7.20	7.21	140917	8	-0.13	0.13
10	600012	皖通高速	0.29	17.26	0.05	17.25	17.27	38137	1	0.46	0.33
11	600015	华夏银行	-0.46	10.79	-0.05	10.79	10.80	79358	149	0.00	0.07
12	600016	民生银行	-0.76	9.17	-0.07	9.17	9.18	158301	15	-0.10	0.05
13	600017	日照港	-0.73	4.09	-0.03	4.09	4.10	120420	33	-0.24	0.39
14	600018	上港集团	0.19	5.14	0.01	5.13	5.14	65299	23	0.00	0.03
15	600019	宝钢股份	-1.40	6.33	-0.09	6.32	6.33	231789	26	-0.31	0.14
16	600020	中原高速	-0.44	4.55	-0.02	4.55	4.56	44645	34	-0.21	0.20
17	600021	上海电力	5.37	12.95	0.66	12.94	12.95	262353	45	0.38	1.23
18	600022	山东钢铁	-0.39	2.55	-0.01	2.55	2.56	126409	534	0.00	0.15
19	600023	浙能电力	0.73	5.50	0.04	5.49	5.50	346093	10	0.18	0.25

分类▲ A股 中小 创业 B股 基金▲ 债券▲ 股转▲ 板块指数 港美联动 自选 板块▲ 自定▲ 港股▲ 期权▲

上证3135.59 -1.84 -0.06% 859.9亿 沪深3330.52 -8.02 -0.24% 435.7亿 创业1981.96 -9.74 -0.49% 227.9亿

股票行情列表窗口

图 1–5 行情列表窗口

在行情列表窗口中，单击对应的表头名称，可以根据指定的字段对股票进行升序和降序排列，从而方便查看数据。图 1–6 所示为分别按现价的降序顺序和买价的升序顺序查看股票行情。

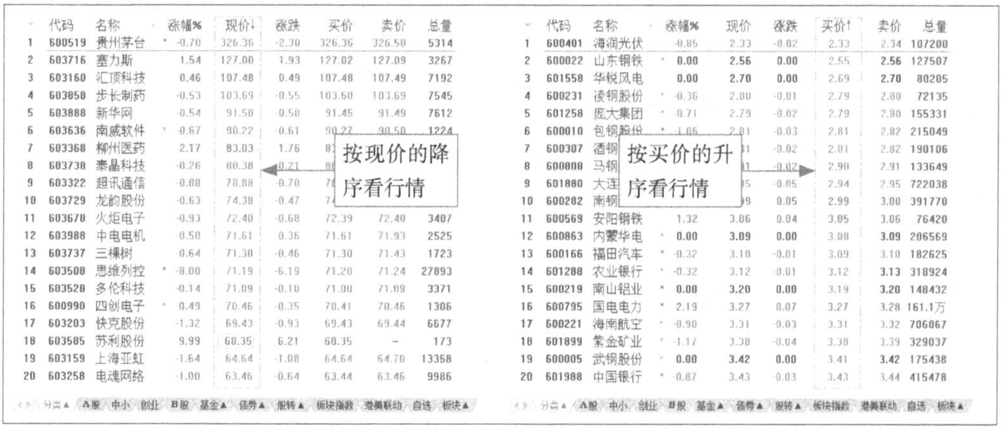

	代码	名称	涨幅%	现价↓	涨跌	买价	卖价	总量
1	600519	贵州茅台	-0.70	326.36	-2.30	326.36	326.50	5314
2	603716	塞力斯	1.54	127.00	1.93	127.02	127.09	3267
3	603160	汇顶科技	0.46	107.48	0.49	107.48	107.49	7192
4	603858	步长制药	-0.53	103.69	-0.55	103.60	103.69	7545
5	603888	新华网	-0.54	91.50	-0.50	91.45	91.49	7612
6	603636	南威软件	-0.67	90.22	-0.61	90.27	90.50	1224
7	603368	柳州医药	2.17	83.03	1.76	[illegible]	[illegible]	[illegible]
8	603738	泰晶科技	-0.26	80.38	-0.21	[illegible]	[illegible]	[illegible]
9	603322	超讯通信	-0.88	78.88	-0.70	[illegible]	[illegible]	[illegible]
10	603729	龙韵股份	-0.63	74.38	-0.47	[illegible]	[illegible]	[illegible]
11	603678	火炬电子	-0.93	72.40	-0.68	72.39	72.40	3407
12	603988	中电电机	-0.50	71.61	-0.36	71.61	71.93	2525
13	603737	三棵树	-0.64	71.30	-0.46	71.30	71.43	1723
14	603508	思维列控	-8.00	71.19	-6.19	71.20	71.24	27893
15	603528	多伦科技	-0.14	71.09	-0.10	71.00	71.09	3371
16	600990	四创电子	-0.49	70.46	-0.35	70.41	70.46	1306
17	603203	快克股份	-1.32	69.43	-0.93	69.43	69.44	6677
18	603585	苏利股份	9.99	68.35	6.21	68.35	–	173
19	603159	上海亚虹	-1.64	64.64	-1.08	64.64	64.70	13358
20	603258	电魂网络	-1.00	63.46	-0.64	63.44	63.46	9986

分类▲ A股 中小 创业 B股 基金▲ 债券▲ 股转▲ 板块指数 港美联动 自选 板块▲

按现价的降序看行情

	代码	名称	涨幅%	现价	涨跌	买价↑	卖价	总量
1	600401	海润光伏	-0.85	2.33	-0.02	2.33	2.34	107200
2	600022	山东钢铁	0.00	2.56	0.00	2.55	2.56	127507
3	601558	华锐风电	0.00	2.70	0.00	2.69	2.70	80205
4	600231	凌钢股份	-0.36	2.80	-0.01	2.79	2.80	72135
5	601258	庞大集团	-0.71	2.79	-0.02	2.79	2.80	155331
6	600010	包钢股份	[illegible]	[illegible]	-0.03	2.81	2.82	215049
7	600307	酒钢	[illegible]	[illegible]	-0.02	2.81	2.82	190106
8	600808	马钢	[illegible]	[illegible]	-0.02	2.90	2.91	133649
9	601880	大连	[illegible]	[illegible]	-0.05	2.94	2.95	722038
10	600282	南钢	[illegible]	[illegible]	0.05	2.99	3.00	391770
11	600569	安阳钢铁	1.32	3.06	0.04	3.05	3.06	76420
12	600863	内蒙华电	0.00	3.09	0.00	3.08	3.09	206569
13	600166	福田汽车	-0.32	3.10	-0.01	3.09	3.10	182625
14	601288	农业银行	-0.32	3.12	-0.01	3.12	3.13	318924
15	600219	南山铝业	0.00	3.20	0.00	3.19	3.20	148432
16	600795	国电电力	2.19	3.27	0.07	3.27	3.28	161.1万
17	600221	海南航空	-0.90	3.31	-0.03	3.31	3.32	706067
18	601899	紫金矿业	-1.17	3.38	-0.04	3.38	3.39	329037
19	600005	武钢股份	0.00	3.42	0.00	3.41	3.42	175438
20	601988	中国银行	-0.87	3.43	-0.03	3.43	3.44	415478

分类▲ A股 中小 创业 B股 基金▲ 债券▲ 股转▲ 板块指数 港美联动 自选 板块▲

按买价的升序看行情

图 1–6 对行情列表进行降序和升序排列

默认情况下，单击表头名称后，系统自动按降序排列股票行情，再次单击表头名称即可切换到升序排列。

1.2.2 切换窗口项目

在行情列表窗口的下方，系统根据股票的所属类型将其归类到不同的选项中，如A股、中小企业股、创业板块股、B股等。单击对应的选项卡即可切换到相应类别的股票行情列表窗口。图1-7所示为中小企业股的行情列表窗口。

图1-7　查看中小企业股的行情

如果项目对应选项卡右侧有一个三角形形状，说明该项目下包括其他子项目。单击相应标签，在弹出的菜单中选择对应的选项即可切换到相应的股票行情列表窗口，如图1-8所示。

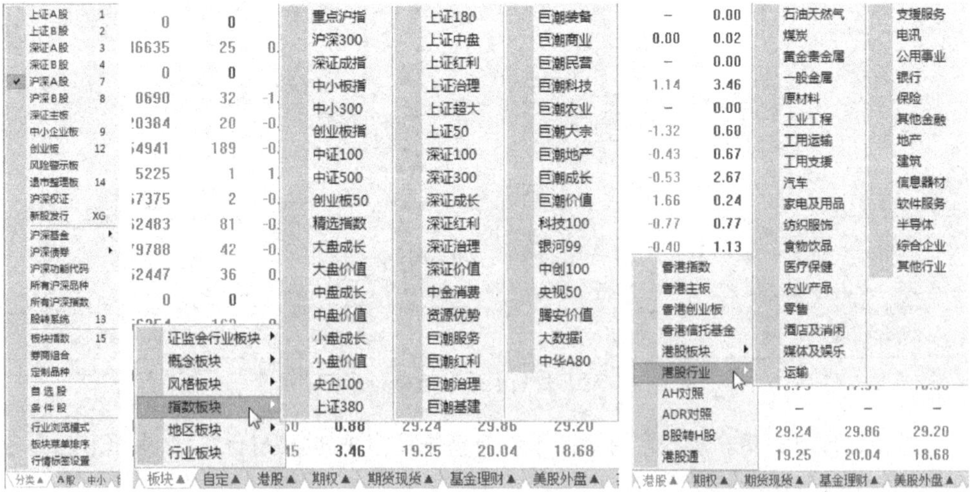

图1-8　项目子菜单

1.2.3 查看走势图窗口

在行情列表窗口中，该光标放在某只股票上使用鼠标左键双击进入其走势图窗口，它是分析盘面的主要窗口之一。默认情况下，系统将显示两个窗口，分别是日K线窗口和成交量窗口。图1-9所示为平安银行（000001）的日K线窗口和成交量窗口。

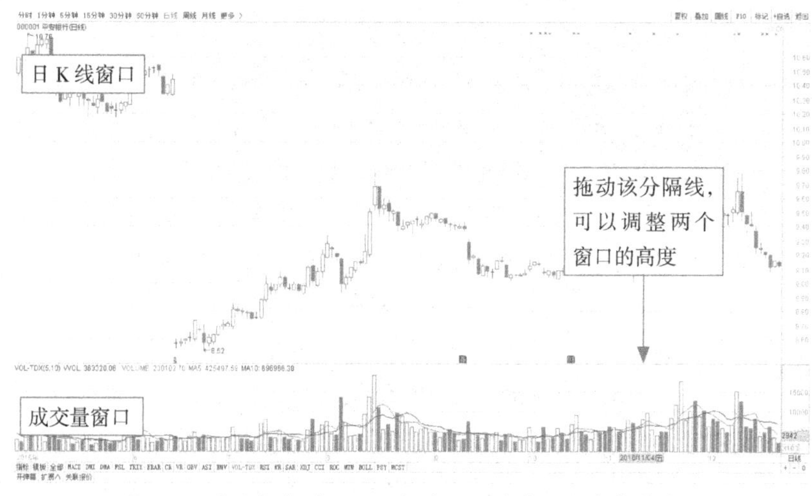

图1-9 平安银行（000001）的日K线窗口和成交量窗口

对于日K线窗口，用户可以根据需要更改其显示周期。方法是，光标在日K线窗口中单击鼠标右键，在弹出的快捷菜单中选择“分析周期”选项，在弹出的子菜单中选择对应的选项更改K线显示周期。图1-10所示为平安银行（000001）的周K线窗口和成交量窗口。

图1-10 平安银行（000001）的周K线窗口和成交量窗口

专家提醒

K 线是对股市过往的记载，股市中的酸甜苦辣、涨涨跌跌都凝聚成阴阳交错的 K 线了。它直观，立体感强，携带信息量大，能充分显示股价趋势的强弱、买卖双方力量平衡的变化。

阳线和阴线都是一个周期内价格的变化表现，因此 K 线与周期是密切相关的。而这个周期是可以选择的，可以是一年，也可以是一个月、一小时、一分钟等。炒股软件中为了满足各类投资者的需要，设置了多个常用的时间周期选项，可以由投资者自由选择。例如，主力做一只股票往往需要一年甚至两年以上的时间，如果遇上大市低迷，潜伏时间就更长了。所以，在日 K 线图上查找主力行踪往往一叶障目，只得片面结论，而从周 K 线图上去分析，可以清楚地看出主力建仓、洗盘、拉抬、出货等过程，可谓一目了然。可以说，周 K 线图是黑马的放大镜，令黑马无处遁形。

另外，用户也可以自定义显示走势图窗口中的窗口个数。方法是，当光标在窗口的任意位置单击鼠标右键，在弹出的快捷菜单中选择“窗口个数”选项，在弹出的子菜单中选择对应的选项更改窗口个数。图 1-11 所示为平安银行（000001）的 3 个窗口同步显示效果。

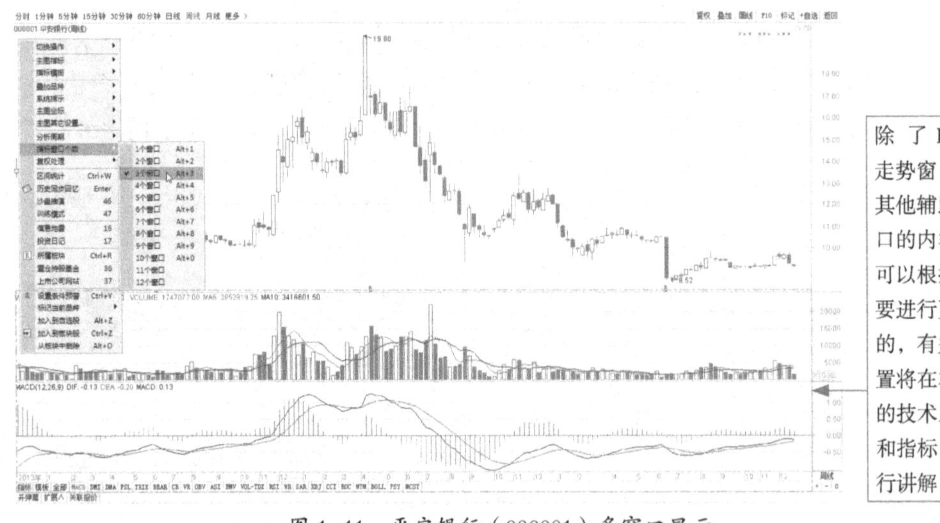

图 1-11　平安银行（000001）多窗口显示

1.3　看盘应关注的重点信息

在看盘软件中，主窗口可以透露出很多的重点盘面信息，它直接反映了内盘与外盘、成交量、换手率、筹码分布图、涨幅榜等信息，如图 1-12 所示。这些信息有非常重要的分析价值。

图 1-12　盘口信息

1.3.1　内盘与外盘

打开个股走势图，在窗口的右边就会显示个股的外盘和内盘情况，如图 1-13 所示。投资者可以通过对比外盘和内盘的数量大小及比例，从而发现当前行情是主动性的买盘多还是主动性的卖盘多。内盘与外盘的对比是一个较有效的短线指标。

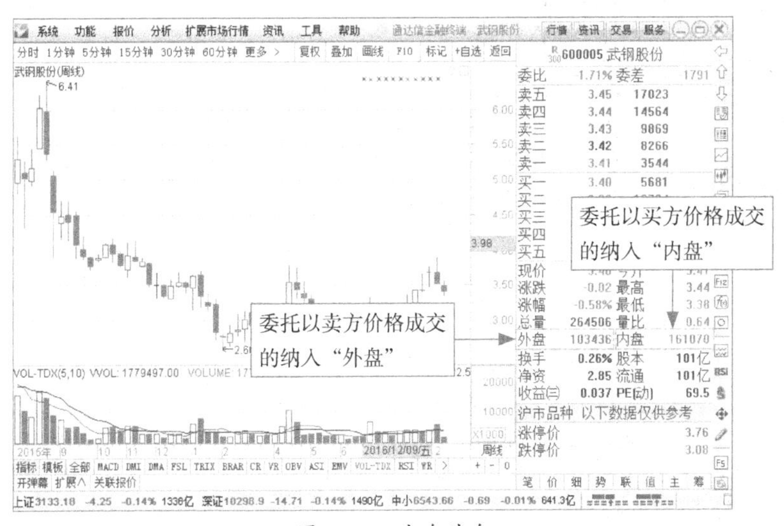

图 1-13　内盘外盘

（1）外盘。外盘就是股票的买家以卖家的卖出价而买入成交，成交价为申卖价，说明买盘比较积极。当成交价在卖出价时，将成交数量加入外盘累计数量中。若外盘累计数量比内盘累计数量大很多，表示很多人在抢盘买入股票，这时股票有股价上涨趋势。

（2）内盘。内盘就是股票在买入价成交，成交价为申买价，说明抛盘比较踊跃。当成交价在买入价时，将现手数量加入内盘累计数量中。当内盘累计数量比外盘累计数量大很多而股价下跌时，表示很多人在强抛卖出股票。

外盘和内盘相加成为成交量。由于卖方成交的委托纳入外盘，如外盘很大意味着多数卖的价位都有人来接，显示买势强劲；而以买方成交的纳入内盘，如内盘过大，则意味着大多数的买入价都有人愿意卖，显示卖方力量较大；如内外盘大体相当，则买卖双方力量相当。

投资者在使用外盘和内盘分析时，要注意结合股价在低位、中位和高位的成交情况及该股的总成交量情况进行观察，如表 1–2 所示。因为外盘、内盘的指标作用并不是在所有时间都有效，许多时候外盘大，股价并不一定上涨，内盘大，股价也并不一定下跌。

表 1–2　外盘和内盘的相关分析

股价位置	外盘和内盘分析
股价处于下跌后的底部区域	股价经过了前期漫长的下跌之后，处在底部区域，成交量处于地量水平。随后，成交量温和放大，外盘数量增加，并且大于内盘，此后股价可能会上涨
股价处于上涨后的顶部区域	股价经过了前期大幅度的上涨行情，处于顶部区域，成交量不断放大至天量水平，同时内盘数量在激增，要远超外盘数量，此后股价可能会下跌
股价处于下跌过程中	有时，在股价下跌过程中，可能会出现外盘大而内盘小的情况，但并不代表股价一定会上涨。这时要考虑主力的操作手法。有时主力会通过挂出卖单打压股价，然后再挂出买单，吃掉先前的卖单，从而造成股价有小幅上涨的态势。由于有大量的买单吃掉卖单，因此盘口会显示外盘大于内盘。此时，若投资者认为股价会上涨，大量买入该股，而一旦买单消失，股价就会失去支撑，继续下跌，投资者会因此而被套牢
股价处于上涨过程中	此时可能会出现内盘大于外盘的情况，但这也并不代表股价会下跌。从主力操盘的角度来说，通常会挂出几笔大买单以此来推升股价到相对的高位，不久股价下跌，主力便会挂出买单。由于先前股价的下跌，有部分散户投资者会认为是主力在出货，于是会对主力挂出的买单打出卖单，而主力则会将这些卖单全部吸纳，从而形成内盘大、外盘小的盘口形态

下面举例分析内盘和外盘。

图 1-14 所示为中国联通（600050）2016 年 12 月 22 日的走势图。从图中可以看到，当日内盘大于外盘，如果此时股价后市上涨的决心相当坚定，投资者就不能因内盘大于外盘就判断该股走势欠佳。

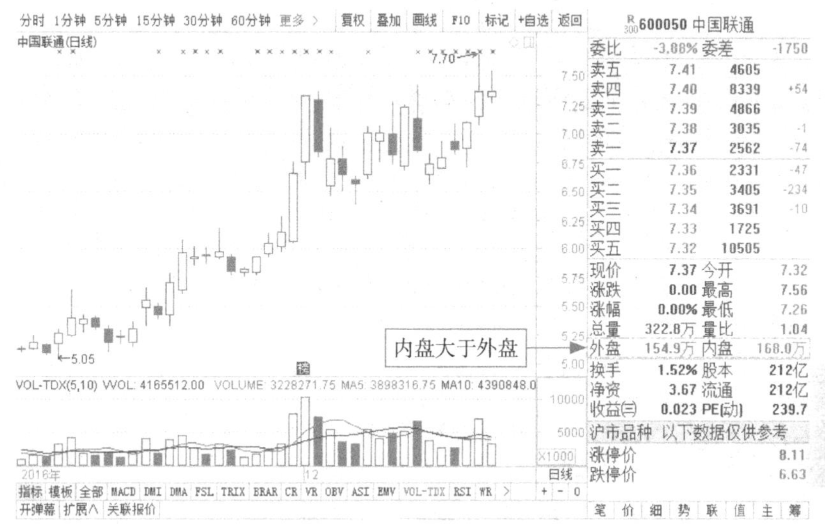

图 1-14 中国联通（600050）走势图

图 1-15 所示为海信电器（600060）2016 年 12 月 22 日的走势图。从图中可以看到，当日外盘大于内盘，如果此时股价后市下跌的趋势比较强，投资者就不能因外盘大于内盘而判断该股走势强劲。

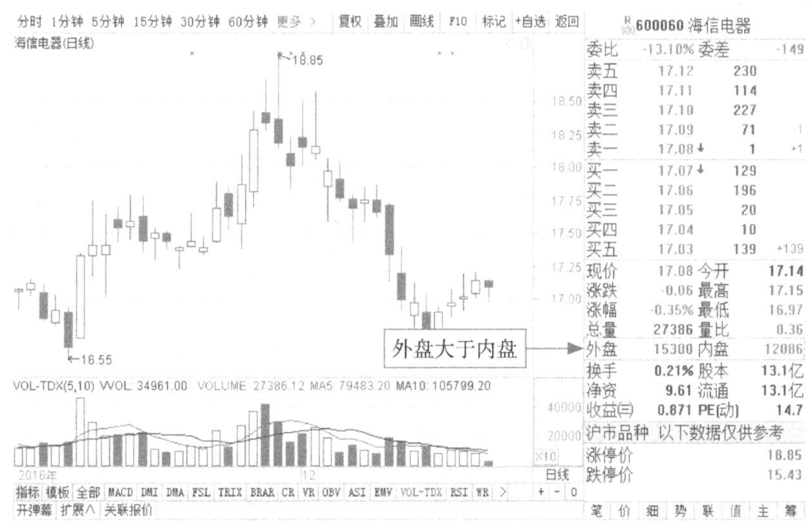

图 1-15 海信电器（600060）走势图

专家提醒

现手是指某一股票即时的成交量。股市最小交易量是 1 手，为 100 股，对于一只股票最近的一笔成交量叫现手。

例如，如果 A 下单 5 元买 100 股，B 下单 5.01 元卖 300 股，当然不会成交。5 元就是买入价，5.01 就是卖出价。

此时，有 C 下单 5.01 元买 200 股，于是 B 的股票中就有 200 股卖给 C 了（还有 100 股没有卖出去）。这时候，成交价是 5.01 元，现手就是 2 手（即 200 股），显示 2，显示的颜色是红的。

如果 D 下单 5 元卖 200 股，于是 A 和 D 就成交了，这时候成交价是 5 元。由于 A 只买 100 股，所以成交了 100 股。现手是 1，颜色是绿的。

因此，主动去适应卖方的价格而成交的，就是红色，叫外盘。主动迎合买方的价格而成交的，就是绿色，叫内盘。

1.3.2 K 线与成交量

K 线是记录股价走势的一种工具，但它同时也是市场中多空双方力量对比转变的外在体现，如图 1-16 所示。

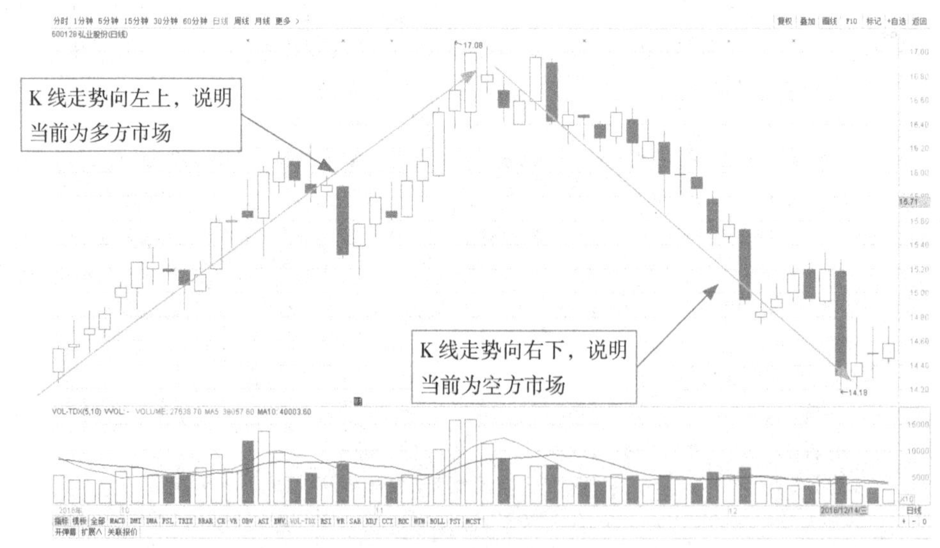

图 1-16　K 线图

对于投资者来说，如果想要从 K 线图中解读出有用的信息，甚至是可靠的信息，就需要通过 K 线图正确地分析出市场多空双方力量的转变情况。

例如，图 1-17 所示为波导股份（600130）2016 年 9 月至 12 月期间的 K 线走势图。从图中可以看到，该股在一波快速上涨行情的相对高位区出现了一根长上影 K 线形态，结合此股的前期价格走势，可以判断这是多方盘中攻击无功而返的表现，是多方拉升股价受阻的表现。因此，这一形态体现了市场抛压正在增强，是一波回调走势即将出现的信号。

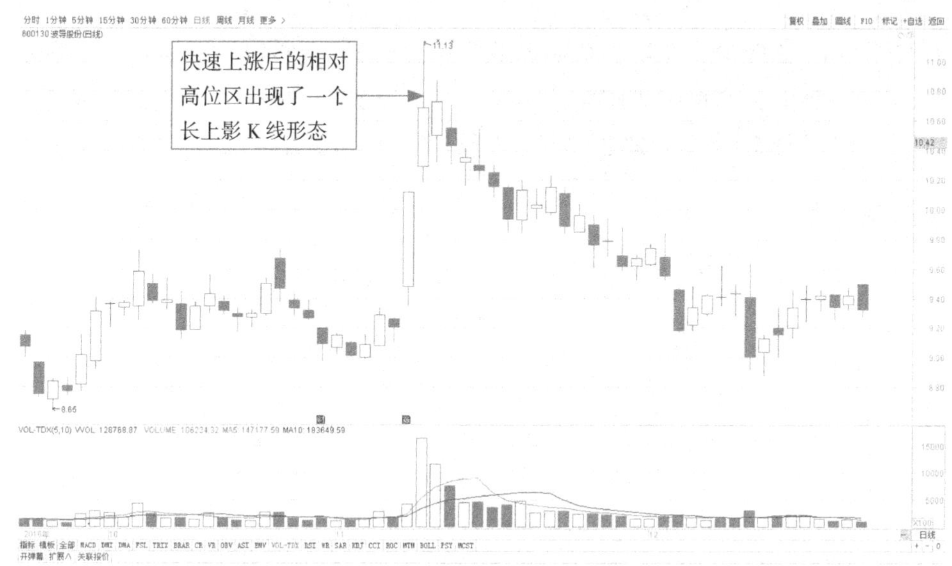

图 1-17　波导股份（600130）K 线图

在 K 线图的下方，可以清晰地看到成交量的走势变化，简单、直接地反映出股市的供需情况。图 1-18 所示为重庆啤酒（600132）的成交量走势图。

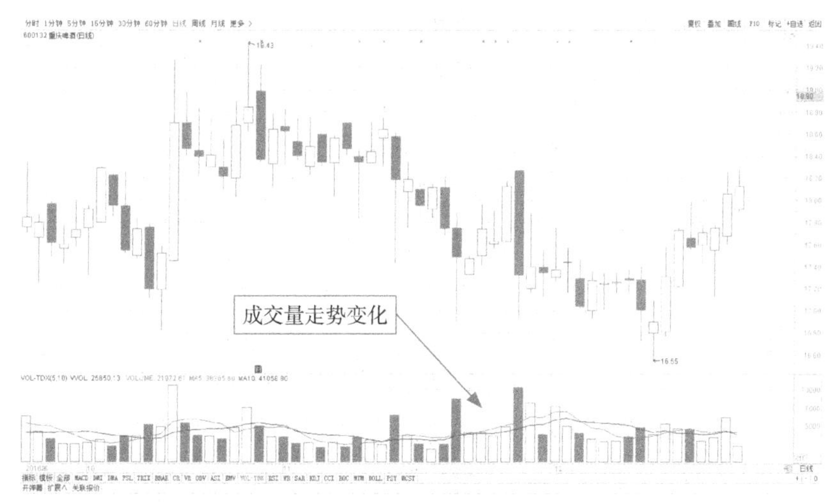

图 1-18　重庆啤酒（600132）的成交量走势变化

成交量可以帮助投资者更好地验证股价走势，当K线图中的股价发展方向与成交量的变化形态明显地背道而驰时，通常是股价即将反转的信号，投资者应提前做好交易准备。

例如，图1-19所示为商赢环球（600146）2015年12月至2016年3月期间的K线走势图。从图中可以看到，该股深幅下跌后的低位区出现了一个预示着底部出现的“V形反转”形态，如果再有量能来验证这一形态的话，那投资者即可得出更为准确的判断。在图1-19中标示的位置处，可以看到，该股在见底后出现了一波放量上涨走势，使得股价开始脱离这一低位区。而此时的放量拉升就是市场买盘充足的表现，再结合前期的K线走势、“V形底”形态，投资者即可准确地判断出当前正是此股深幅下跌后的底部反转区。

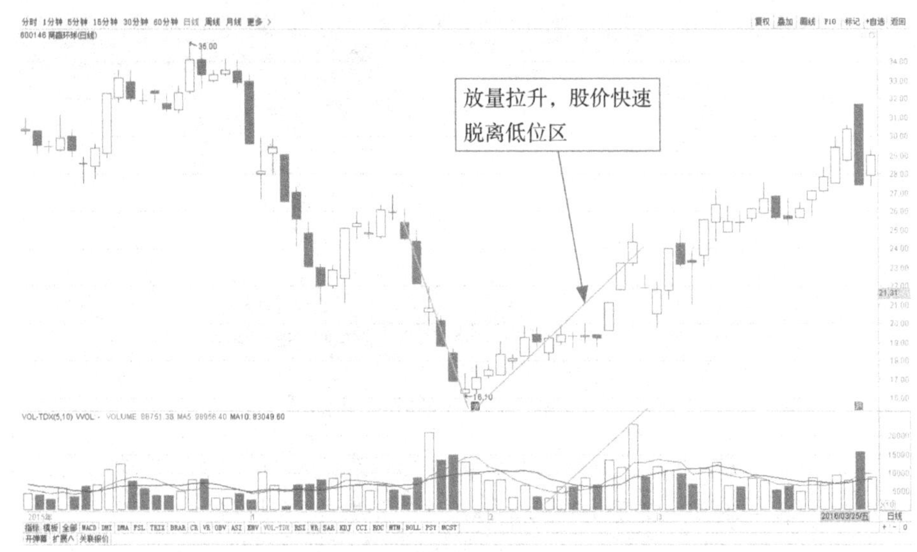

图1-19　商赢环球（600146）的K线与成交量走势变化

专家提醒

K线图是多空双方正面交锋结果（即胜负）的盘面变现，而成交量则可以看成是多空双方的交战规模（即人数）。

1.3.3　换手率与资金流向

挖掘领涨板块首先要做的就是挖掘热门板块，判断是否属于热门股的有效指标之一便是换手率。换手率也称周转率，指在一定时间内市场中股票转手买卖的频率，是反映股票流通性强弱的重要指标之一。换手率高，意味着近期有大量的资金进入该股，流通性良好，股票趋于活跃。

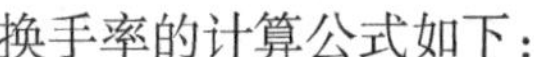

换手率的计算公式如下：

换手率 = 成交股数 ÷ 流通股数 ×100%

例如，某只股票在一个月内成交了 5 000 万股，该股票的总流通股数为 50 000 万股，则该股票当月的换手率为 10%。

下面举例分析换手率中的信息。

图 1–20 所示为建发股份（600153）2016 年 12 月 22 日的走势图。该股当日的换手率为 0.58%，在 3% 之下，属于正常情况的换手率。一般情况下，除了新上市的股票以外，个股的换手率均在 3% 以下。

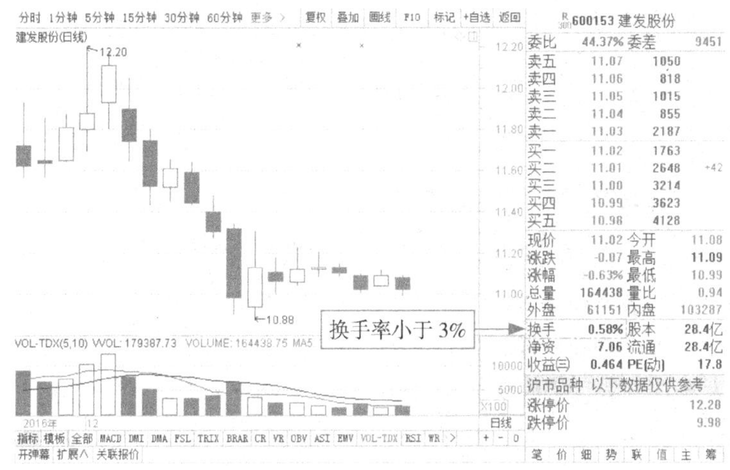

图 1–20 建发股份（600153）走势图

专家提醒

一般情况下，大多数股票每日换手率为 1% ~ 25%（不包括初上市的股票）。70% 的股票的换手率在 3% 以下。因此，3% 就成为一种分界。

- 当一只股票的换手率在 3% ~ 7% 时，该股进入相对活跃状态。
- 当一只股票的换手率在 7% ~ 10% 时，该股成为强势股，股价处于高度活跃当中。
- 当一只股票的换手率在 10% ~ 15% 时，该股属于机构密切操作个股。
- 当一只股票的换手率超过 15%，且持续多日时，此股成为黑马的可能性很大。

新股上市，通常会成为市场炒作的热点，往往有一波不错的涨幅，经常出现连续涨停的行情，换手率自然也会很高。图 1–21 所示为徕木股份（603633）2012 年 12 月 22 日的走势图。该新股从发行价 8.10 元一路连续以一字线涨停，在 12 月 22 日股价低开，当日换手率高达 38.84%，说明有大量筹码再次转手买卖，可见该股被炒作的热度之高。换手率排行榜是大资金进场运作与否的重要标志，只有大资金进场推动，股价才有可能大幅上升，这是最起码的常识。

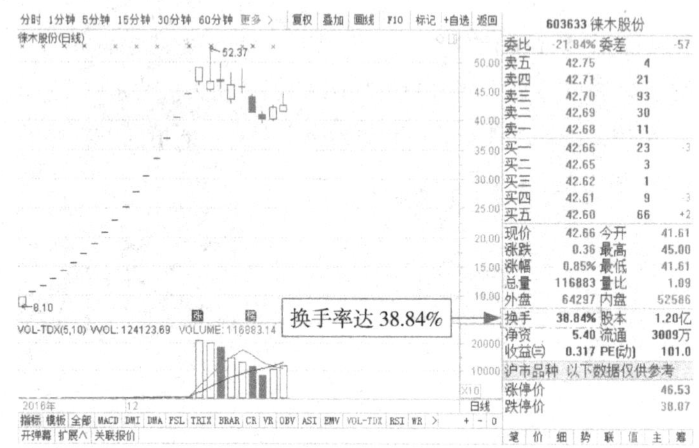

图 1-21　徕木股份（603633）走势图

除了要观察出现高换手率时股价所处的位置（股价最好处于突破底部的区域），还要观察出现高换手率持续的时间。如果当日出现高换手率，并且全天成交量都保持在较高水平，维持频繁换手的状态，则说明此时的股价上涨会更加可靠。图 1-22 所示为山东矿机（002526）2016 年 3 月 31 日的分时走势图。该股当天股价稳步上涨，换手率高达 10.45%，并且成交量持续放量，在尾盘尤为突出，而盘中则有所萎缩。

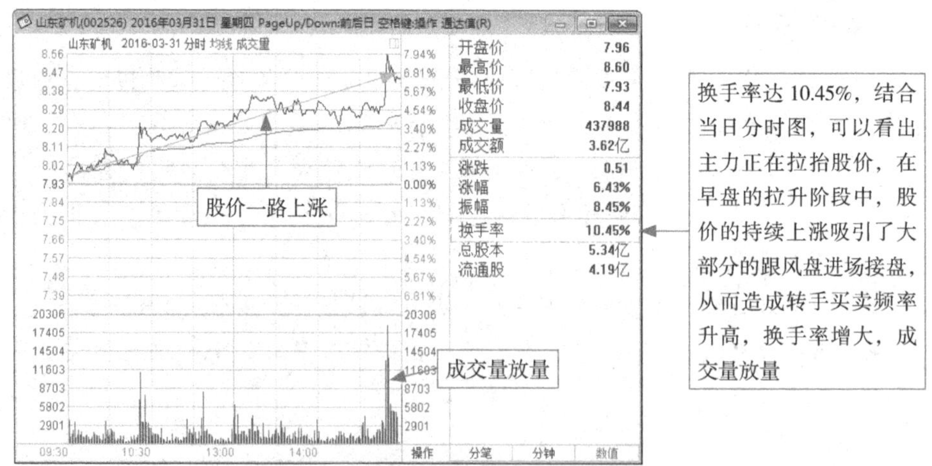

图 1-22　山东矿机（002526）分时走势图

图 1-23 所示为山东矿机（002526）的 K 线走势图。该股股价从 2016 年 3 月开始

缓缓拉升，3月31日走出一根大阳线，当日换手率放大，成交量持续放大，此后股价更加强势地上涨，一直涨至10.37元的高点。

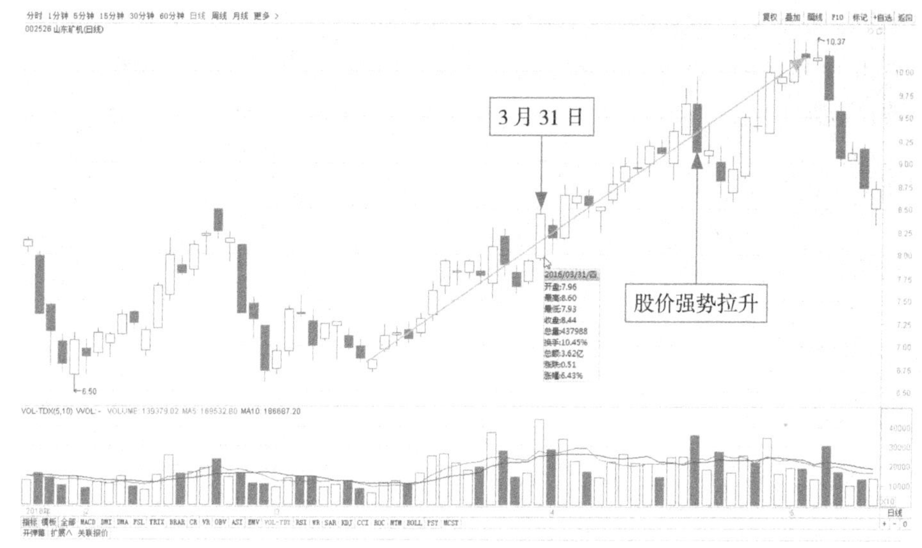

图1-23　山东矿机（002526）K线走势图

专家提醒

我国的股票分为可在二级市场流通的社会公众股和不可在二级市场流通的国家股和法人股两个部分，一般只对可流通部分的股票计算换手率，以更真实和准确地反映出股票的流动性。换手率的主要作用如下。

（1）发掘热门股。换手率越高的股票，说明其交易越活跃，人们购买该股的意愿越高，属于热门股；反之，股票的换手率越低，则表明该只股票关注的人越少，属于冷门股。

（2）体现变现能力的强弱。换手率高一般意味着股票流通性好，进出市场比较容易，不会出现想买买不到，想卖卖不出的情况，具有较强的变现能力。值得重点注意的是，换手率高的股票，往往也是短线资金追逐的对象，投机性较强，股价起伏较大，风险也比较大。

（3）判断股价走势。将换手率与股价走势相结合，可以对未来的股价做出一定的预测和判断。某只股票的换手率突然上升，成交量放大，可能意味着投资者在大量买进，股价可能会随时上扬。如果某只股票持续上涨了一个时期后，换手率又迅速上升，则可能意味着一些获利盘的回吐需求，股价可能会下跌。

1.3.4 分时线与分时量

个股分时图是指某一只股票在交易日开市至收市期间内在行情软件上形成的价格动态走势及各种指标、数据图表。

图 1–24 所示为新界泵业（002532）2016 年 12 月 22 日的分时走势图。为了让投资者快速清晰地看懂图中的各种盘面信息，将其分解为各个区域。

图 1–24 新界泵业（002532）分时走势图

- ①分时走势区：包括分时线成交价格曲线（简称分时价格线）与平均成交价格曲线（简称为分时均价线），如图 1–25 所示。

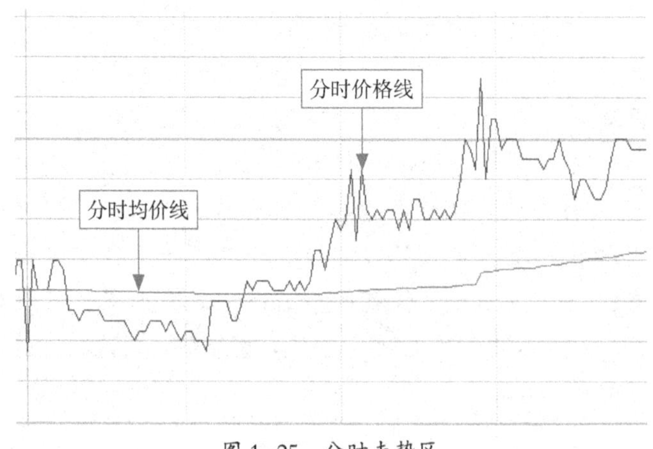

图 1–25 分时走势区

- ②量能区：显示个股成交量的变化情况。
- ③交易区：显示五档买卖盘口信息。
- ④指标区：显示成交、均价、涨跌、换手、涨幅、外盘、内盘、总量等指标数据。
- ⑤成交明细区：显示分时成交的买卖明细信息。

1. 分时线

在分时盘口中，投资者必须同时关注分时价格线和分时均价线的运行情况。

（1）分时价格线：由股票分时成交价格数值点连接而成的曲线，可以十分直观地反映个股价格的运行趋势，是投资者在看盘时应重点关注的参照对象，如图 1–26 所示。

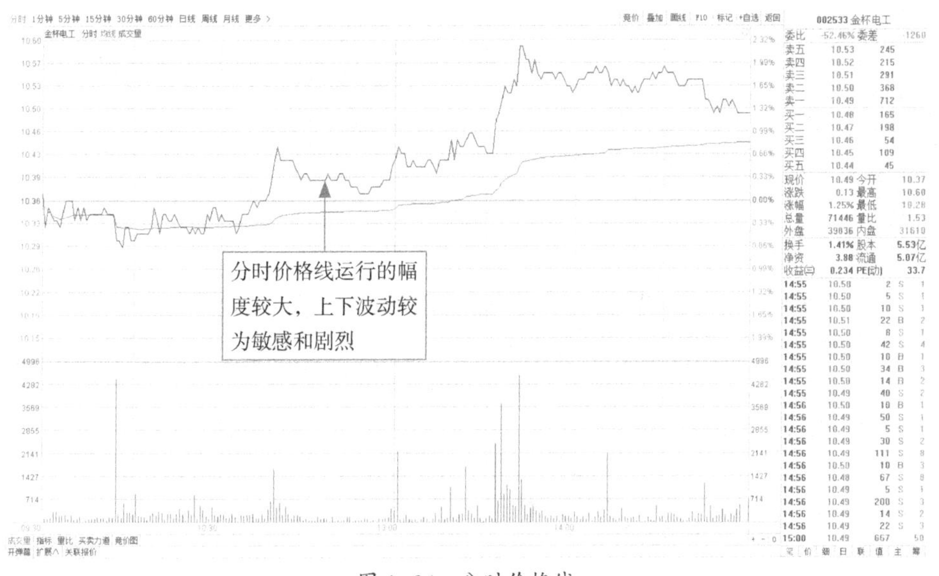

图 1–26　分时价格线

（2）分时均价线：由股票分时成交平均价格数值点连接而成的曲线，它可以非常客观地反映当日投资者的平均持仓成本，而且投资者可以根据分时均价线的位置看出当日的股价重心状态，有利于综合分析股价走势，如图 1–27 所示。

> **专家提醒**
>
> 成交平均价格的计算公式如下：
>
> 成交平均价格 = 盘口总成交金额 ÷ 盘口总成交量

图 1–28 所示为海能达（002583）2016 年 3 月 2 日的分时走势图。从图中可以看到，该股的分时均价线和分时价格线运行方向相同，而且分时价格线一直在分时均价线上方运行，分时均价线的运行方向向上。这是强势盘口的典型特征，说明该股短线非常

强势，买盘主动、活跃，后市看好。

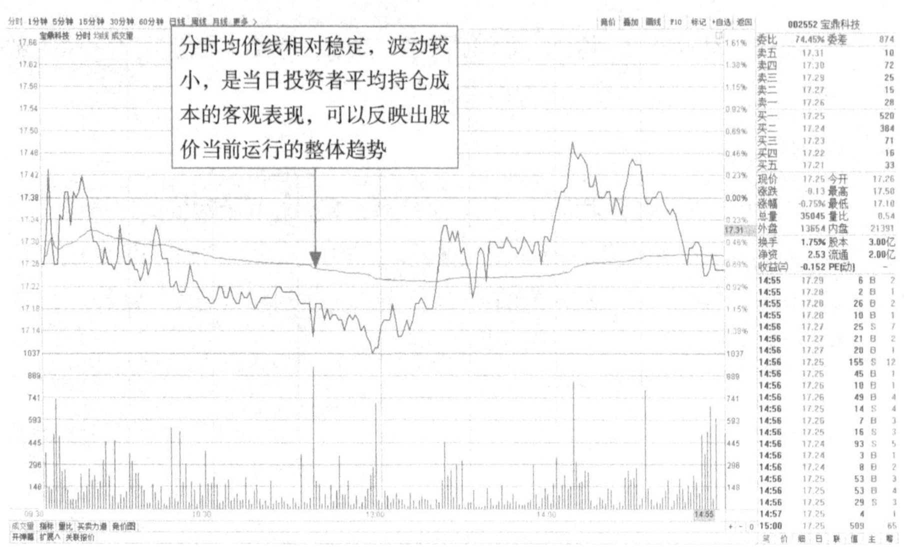

图 1-27　分时均价线

图 1-28　海能达（002583）分时走势图（1）

分时均价线与分时价格线是相辅相成的，同时分时均价线还能对分时价格线起到短线的支撑或阻碍作用。图 1-29 所示为海能达（002583）2016 年 7 月 7 日的分时走势图。从图中可以看到，分时价格线一直在分时均价线下方运行，且整体方向向下，直至收盘也没能有效突破分时均价线。这是弱势盘口的典型特征，说明短线弱势，市场抛压严重，后市看跌。

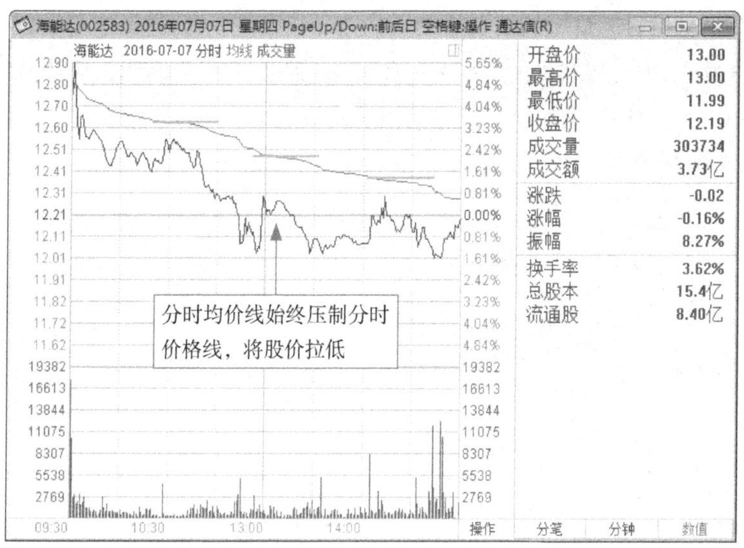

图 1-29 海能达（002583）分时走势图（2）

2. 分时量

分时量就是量能区中显示的成交量，即分时图下方的黑色柱线，如图 1-30 所示。投资者买卖股票的行为产生了成交量，如果只有买或者只有卖则无法成交，自然也就不会有成交量。由于市场的关系，同一股票在不同的时间段内产生的成交量是不相同的。

图 1-30 分时成交量

下面举例分析分时量中的重点信息。

图 1-31 所示为史丹利（002588）2015 年 10 月 12 日的分时图。从图中可以看到，在 13：00—13：35 这半个多小时的时间中，市场上的多空分歧加剧，愿买的多，愿卖的也不少，因此市场交投活跃，成交量相对来说就会变大。

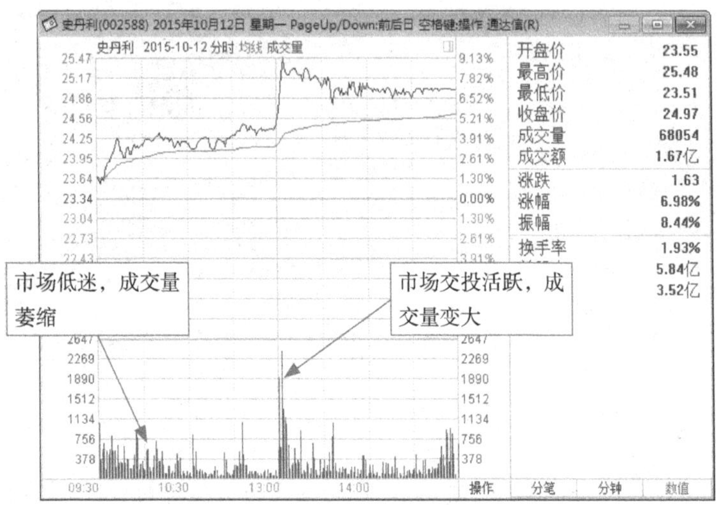

图 1-31 史丹利（002588）分时图（1）

图 1-32 所示为史丹利（002588）2015 年 12 月 28 日的分时图。从图中可以看到，开盘后不久成交量便快速放大，随着股价的下跌，全天的成交量一直比较活跃。这说明抛盘踊跃，市场预期偏差，未来股价将仍有下行空间，暂不宜介入。

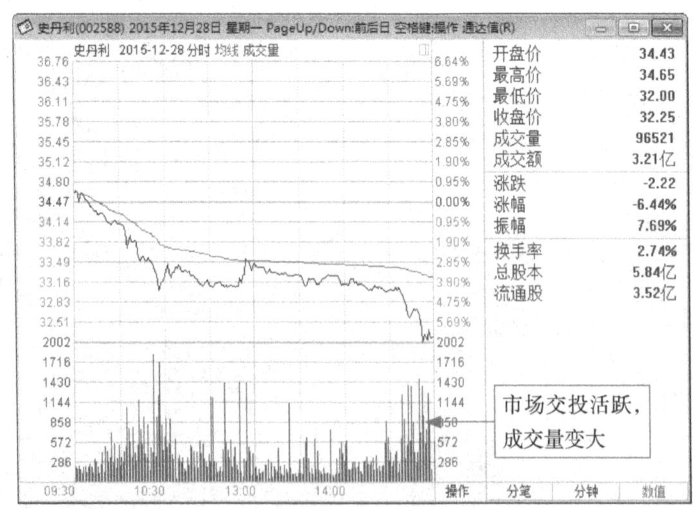

图 1-32 史丹利（002588）分时图（2）

1.3.5 市盈率与市净率

在股市中，市盈率是牛市常用的指标，而市净率则是熊市常用的指标，这两者到底有何特点，下面将分别说明。

1. 市盈率

市盈率是一个反映股票收益与风险的重要指标，也叫市价盈利率。它是用当前每股市场价格除以该公司的每股税后利润，其计算方法如下：

市盈率 = 股票每股市价 ÷ 每股税后利润

一般来说，市盈率表示该公司需要累积多少年的盈利才能达到目前的市价水平，所以市盈率指标数值越低越小越好。市盈率越小，说明投资回收期越短，风险越小，投资价值一般就越高；市盈率越大则意味着翻本期越长，风险越大。

图 1–33 所示为浦发银行（600000）分时图，该股的静态市盈率为 6.92，动态市盈率为 6.45。理论上市盈率低的股票适合投资，因为市盈率是每股市场价格与每股收益的比率，市盈率低的购买成本就低。

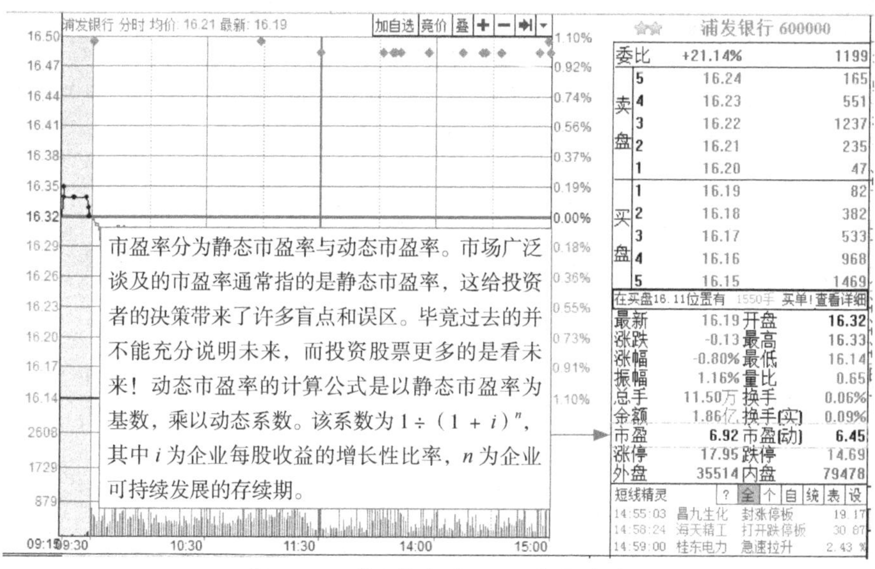

图 1–33 浦发银行（600000）分时图

如果说购买股票纯粹是为了获取红利，而公司的业绩一直保持不变，则股利的收入与利息收入具有同样意义。对于投资者来说，是把钱存入银行还是购买股票，首先取决于谁的投资收益率高。因此，当股票市盈率低于银行利率折算出的标准市盈率，资金就会用于购买股票，反之，则资金流向银行存款。这就是最简单、直观的市盈率定价分析。

需要注意的是，观察市盈率不能绝对化，仅凭一个指标下结论。因为市盈率中的上年税后利润并不能反映上市公司现在的经营情况，当年的预测值又缺乏可靠性，加之处在不同市场发展阶段的各国有不同的评判标准。因此，对于投资者而言，更需要的是发挥自己的聪明才智，不断研究创新分析方法，将基础分析与技术分析相结合，才能做出正确的、及时的决策。

专家提醒

动态市盈率是指还没有真正实现的下一年度的预测利润的市盈率。动态市盈率和市盈率是全球资本市场通用的投资参考指标，用以衡量某一阶段资本市场的投资价值和风险程度，也是资本市场之间用来相互参考与借鉴的重要依据。

2．市净率

市净率指的是每股股价与每股净资产的比率，其计算方法如下：

市净率（P/BV）=：每股市价（P）÷ 每股净资产（Book Value）

市净率可用于股票投资分析，一般来说市净率较低的股票，投资价值较高；相反，则投资价值较低。图 1–34 所示为浦发银行（600000）主要财务指标，该股的市净率为 1.06，处于较低水平，比值越低意味着投资风险越低。

	总市值	净资产	净利润	市盈率	市净率	毛利率	净利率	ROE
浦发银行	3 500亿	3 646亿	407亿	6.48	1.06	0.00%	34.02%	12.86%
银行（行业平均）	3 319亿	3 937亿	433亿	5.75	0.84	62.39%	37.61%	14.66%
行业排名	7|25	7|25	8|25	12|25	12|25	4|25	15|25	14|25
四分位属性	高	高	较高	较低	较低	高	较低	较低

图 1–34　浦发银行（600000）主要财务指标

不过，投资者在通过市净率判断个股投资价值时，还应该考虑当时的市场环境以及公司经营情况、盈利能力等因素。

1.3.6　筹码分布图

筹码分布准确的学术名称应该叫“流通股票持仓成本分布”，在行情软件的 K 线图窗口右侧，点击“筹”按钮即可展开个股的筹码分布图，可以看到一些紧密排列的水平柱状条，如图 1-35 所示。

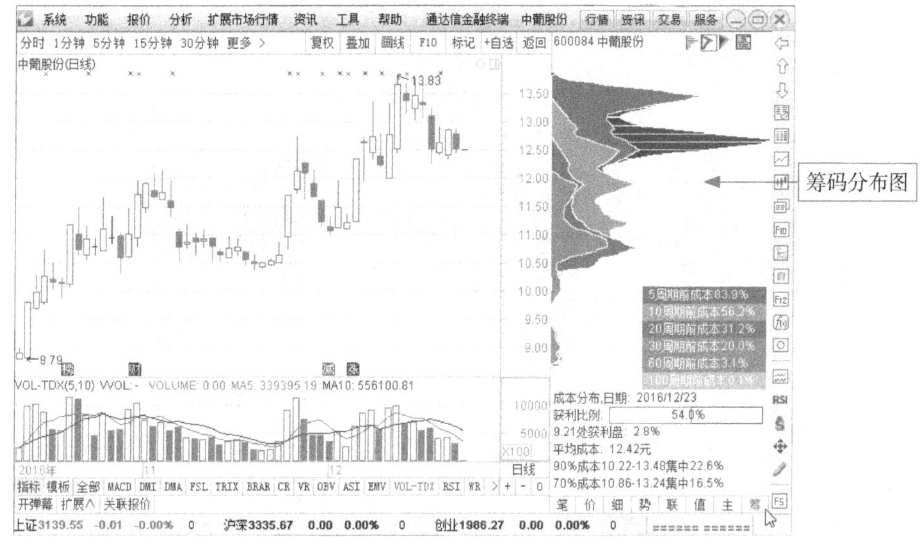

图 1-35 展开筹码分布图（1）

在筹码分布图中，每根柱状条与 K 线图中的价格坐标是相互对应的，在不同价格坐标上建仓的持股量占总流通盘的百分比就形成了不同的柱状条长度。

在 K 线图中移动鼠标光标至不同的日 K 线上，在右侧的筹码分布图上可以看到当天筹码的转换过程，如图 1-36 所示。

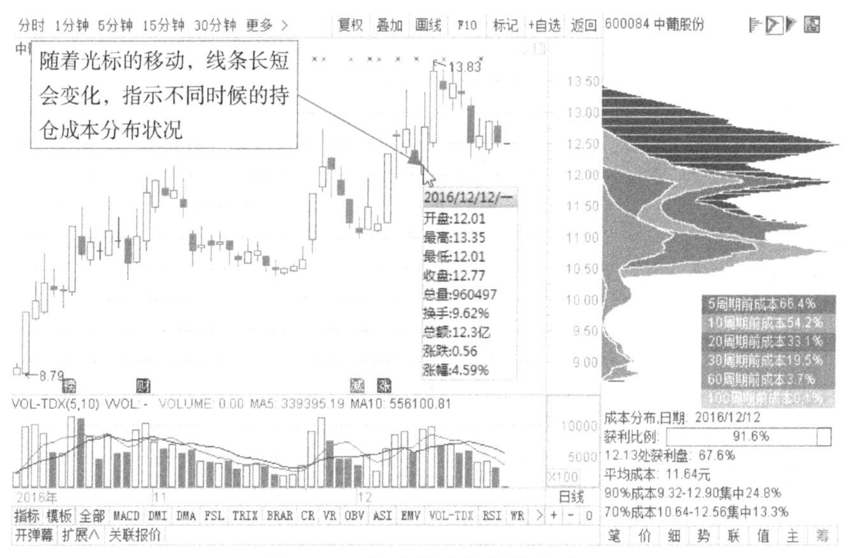

图 1-36 展开筹码分布图（2）

除了一些不同颜色的柱状条以外，还可以看到个股的筹码综合成本，投资者可以据此分析自己买入的价格暂时是属于高位还是低位的，如图 1–37 所示。

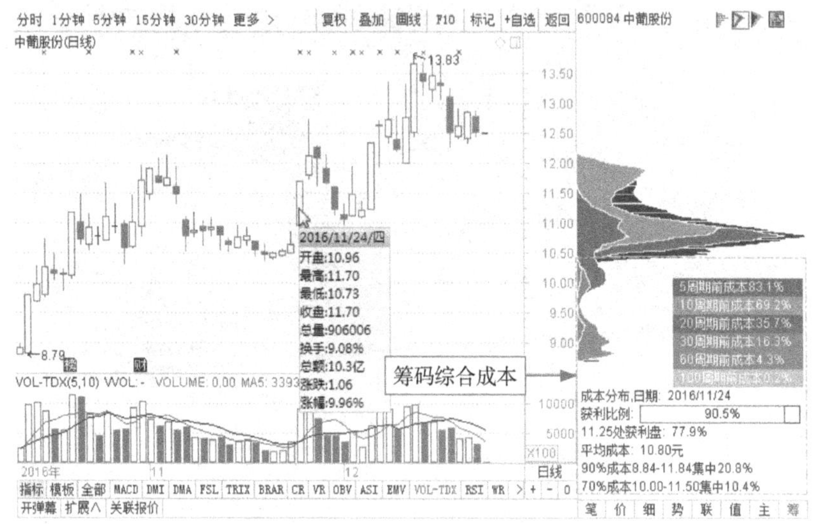

图 1–37　展开筹码分布图（3）

单击右侧窗口上方的第三个图标，即可查看个股的近期移动成本分布图，如图 1–38 所示。在近期移动成本分布图中，通过不同颜色显示 5 周期内的成本分布、10 周期内的成本分布、20 周期内的成本分布等情况。

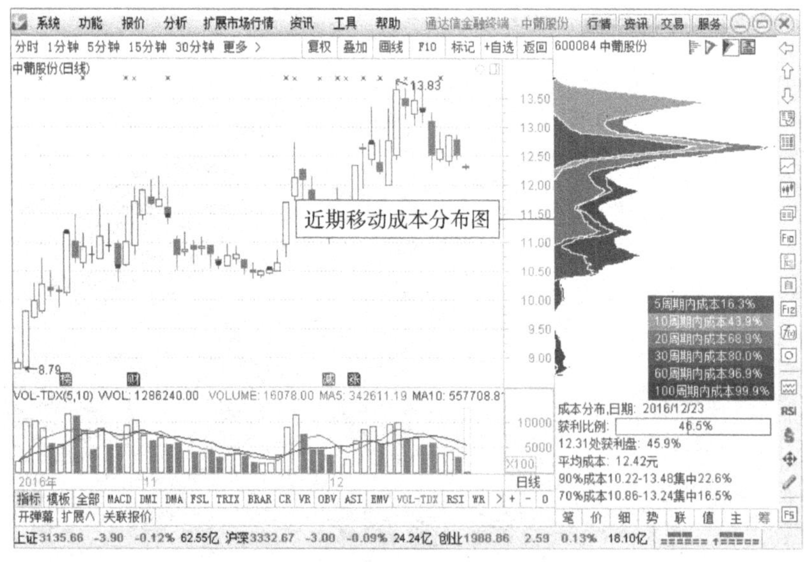

图 1–38　近期移动成本分布图

在筹码分布图中，反映了不同价位上投资者的持仓数量。若由于近期的交易，造

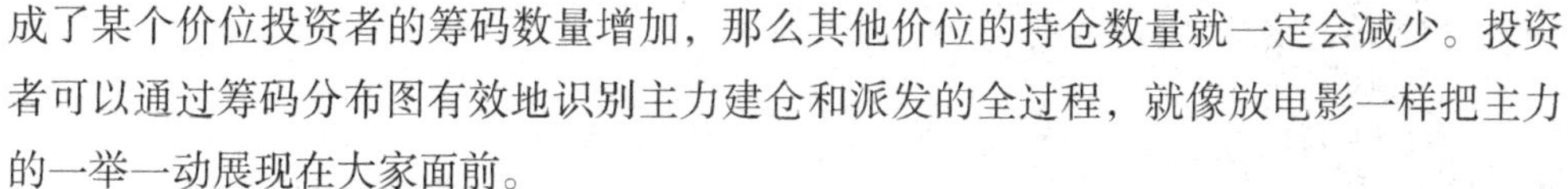

成了某个价位投资者的筹码数量增加，那么其他价位的持仓数量就一定会减少。投资者可以通过筹码分布图有效地识别主力建仓和派发的全过程，就像放电影一样把主力的一举一动展现在大家面前。

1.3.7 涨幅榜

涨跌又称涨跌值，用“元”做单位表示价格变动量。涨跌是以每天的收盘价与前一交易日的收盘价相比较，来决定股票价格是涨还是跌。

涨跌的计算公式为涨跌 = 当日收盘价 – 前一交易日日收盘价。

一般在交易台上方的公告牌上用“+（正号）”和“–（负号）”号表示涨跌，正值为涨，负值为跌，否则为持平。

涨幅就是指目前这只股票的上涨幅度。涨幅的计算公式如下：

涨幅 =（现价 – 上一个交易日收盘价）÷ 上一个交易日收盘价 ×100%。

下面举例分析分时图中的涨跌、涨幅与振幅。

在五档盘口窗口下方的区域中，投资者可以直接获取当前股票的涨跌情况和涨跌幅度。其中，涨跌数据和涨幅数据为红色，则表示当前股价相对于上个交易日的收盘价上涨。如图 1–39 所示，上海普天（600680）2016 年 12 月 23 日的股价相对于 22 日的股价上涨 0.18 元，涨幅为 0.55%。

图 1–39　上海普天（600680）2016 年 12 月 23 日股价上涨

如果涨跌数据和涨幅数据为绿色，则表示当前股价相对于上个交易日的收盘价下跌。如图 1–40 所示，柯利达（603828）2016 年 12 月 23 日的股价相对于 22 日的股价下跌 0.12 元，跌幅为 -0.50%。

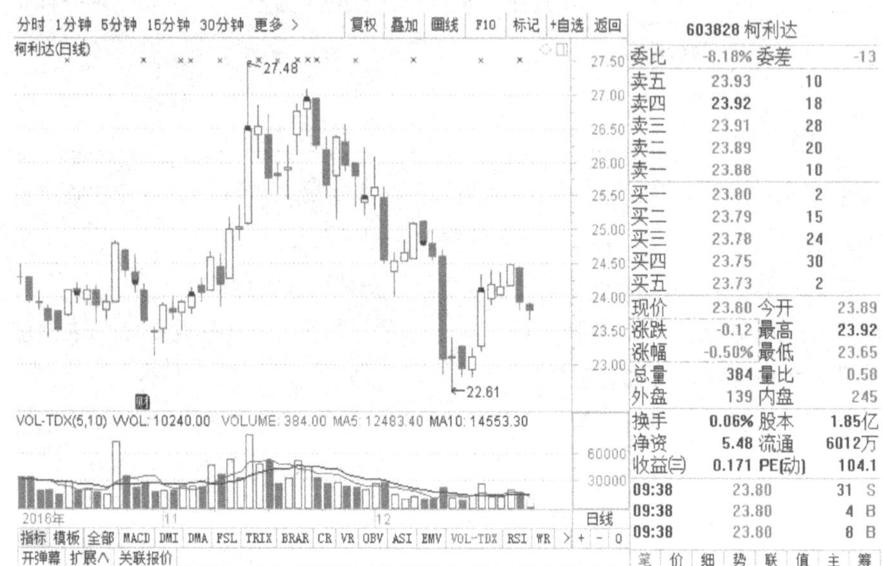

图 1-40　柯利达（603828）2016 年 12 月 23 日股价下跌

如果涨幅为 0 则表示今天没涨没跌，价格和前一个交易日持平。图 1-41 所示为通裕重工（300185）2016 年 12 月 23 日的走势图。从图中可以看到，现价为 3.04 元，上一个交易日收盘价为 3.04 元，因此，涨幅为（3.04 元 -3.04 元）÷ 3.04 元 ×100% = 0.00%。

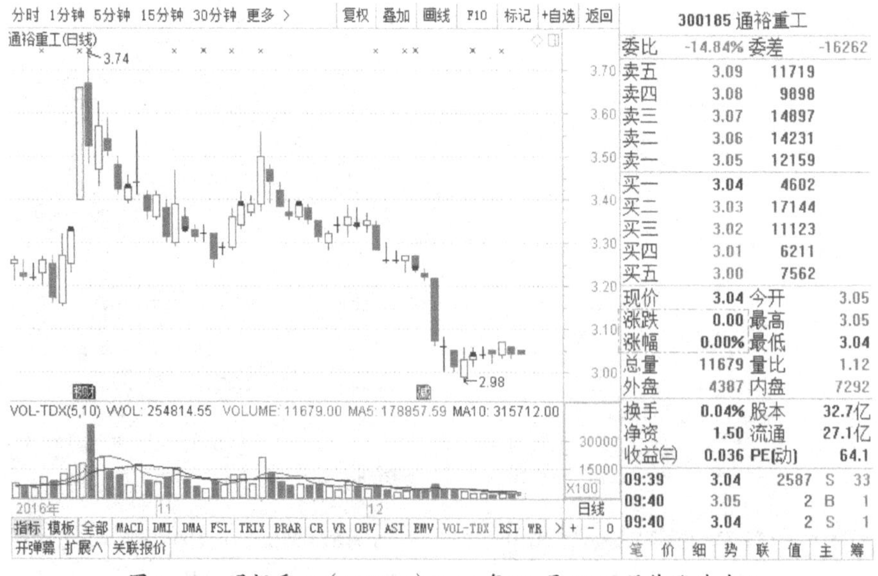

图 1-41　通裕重工（300185）2016 年 12 月 23 日股价涨跌为 0

股票振幅就是股票开盘后的当日最高价和最低价之间的差的绝对值与前一交易日收盘价的百分比，它在一定程度上表现股票的活跃程度。如图 1-42 所示，京能电力（600578）2016 年 12 月 21 日的收盘价是 4.23 元，22 日最高上涨到 4.25 元，最低到过 4.21 元，那么日振幅为（4.25 － 4.21）÷4.23×100% ＝ 0.95%。周振幅分析、月振幅分析以此类推。

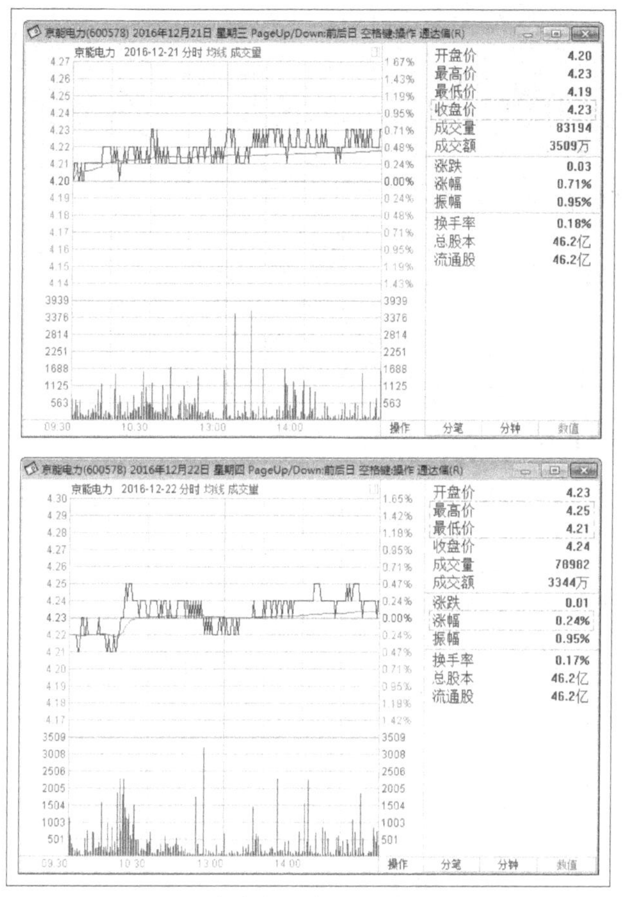

图 1-42 京能电力（600578）的分时图

专家提醒

股票振幅的数据分析，对考察股票有较大的帮助，是反映市场活跃程度的指标。个股振幅越大，说明主力资金介入的程度就越深，反之，就越小。但也不能一概而论，要结合具体的股票价格波动区间进行分析。如果在相对历史低位，出现振幅较大的市场现象，说明有主力资金在介入；反之，在相对历史高位出现上述现象，通常预示有机构主力资金在出逃。

1.3.8 量比指标

量比是指当天成交总手数与近期成交手数平均的比值，量比指标主要用于观察最近 5 个交易日的成交量的活跃度。如图 1-43 所示，中国国贸（600007）2016 年 12 月 23 日的量比为 1.18。

图 1-43 中国国贸（600007）2016 年 12 月 23 日的量比正常

量比数值的大小表示近期此时成交量的增减，大于 1 表示此时刻成交总手数已经放大，如图 1-44 所示；小于 1 表示此时刻成交总手数萎缩。

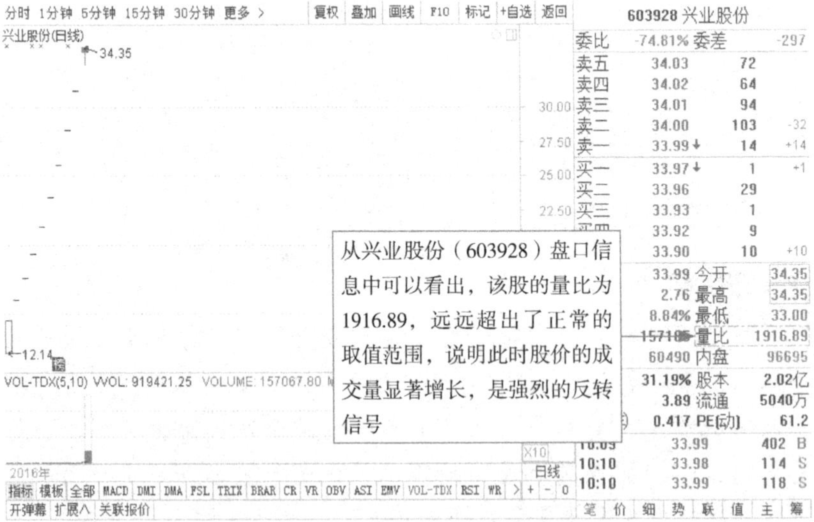

从兴业股份（603928）盘口信息中可以看出，该股的量比为 1916.89，远远超出了正常的取值范围，说明此时股价的成交量显著增长，是强烈的反转信号

图 1-44 兴业股份（603928）的量比异常

不同的量比，其反映出来的市场意义不同，常用量比市场意义如表 1-3 所示。量比的大小体现了当前的盘口状态，那么投资者可以根据量比的大小来确定成交量的大小以及买卖盘口的时机。

表 1-3 量比的市场意义

量比	意义
< 0.5	表明成交量严重缩量，显示股票交投冷清，无人问津。如股价连续创出新高，此时量比值较小，成交量缩量，则说明主力已经稳稳地控制住了盘面，没有临时出逃的筹码破坏盘面形态，因此，排除主力高位出货，股价继续上涨的可能性较大。同时，若股价处在缩量调整中，同样也说明主力控盘较高，筹码较为坚定，没有被震仓出局，因此投资者可以持股待涨
0.8 ~ 1.5	说明成交量处于正常的水平，此时买卖股票的风险性不大
1.5 ~ 2.5	说明成交量温和放大。若此时股价处于稳步上升的态势，则表明股价上涨情况良好，可以持股待涨；若股价下跌，则表明下跌行情将继续延续，短期内股价不会止跌反弹，若持有该类股应及时卖出止损
2.5 ~ 5	说明成交量明显放大，若股价相应地突破重要支撑或阻力位置，则突破概率颇高，可以相应地采取行动
5 ~ 10	说明成交量剧烈放大。若个股处于长期低位后出现剧烈放量，说明股价涨势的后续空间巨大；若股价在高位已有大幅上涨时出现剧烈放量，投资者应引起注意，谨防主力出货
10 ~ 20	说明成交量极端放大，这是股价反转的信号。如果股价处在连续上涨的高位，成交量放大，则是股价即将见顶的信号；当股价处在连续下跌的走势之中，成交量放大，股价跌势趋缓，则是股价即将见底的信号，投资者可以少量建仓
> 20	此种情况极为少见，若某只股票出现该量比值则是比较强烈的反转信号，说明推动股价上涨或者下跌的动能已经耗尽，股价将改变原有的趋势，向反方向发展

既然量比的不同可以反映股票的交投热度和市场的冷热程度，那么投资者就可以通过量比来筛选出当前交投较为活跃、成交量能高的个股，从而进行买入操作来获取丰厚的利润。

1.3.9 板块分类

在股市中，每只股票都属于一定的板块，如长城电脑，就属于电脑设备板块。在通达信软件中单击“板块”选项卡，在打开的下拉列表中选择不同的板块，进而查看该板块的股票行情。

（1）证监会行业板块：是指发行股票时证监会认定的该股票所属行业板块。其分类如图 1-45 所示。

	代码	名称	涨幅%	现价	涨跌	买价	卖价	总量	现量	涨速%	换手%	今开	最高	最低	昨收	市盈(动)	总金额	量比	细分行业	地区	振幅%
1	000001	平安银行	-0.22	9.12	-0.02	9.11	9.12	69225	6	0.10	0.05	9.14	9.14	9.11	9.14	6.27	6313万	0.74	银行	深圳	0.33
2	000002	万科A	-1.12	20.38	-0.23	20.38	20.39	91722	28	-0.09	0.09	20.47	20.54	20.34	20.61	20.42	1.87亿	0.88	全国地产	深圳	0.97
3	000004	国农科技	-1.93	43.70	-0.86	43.66	43.87	3502	10	-0.02	0.42	44.18	44.49	43.51	44.56	187.25	1532万	1.15	生物制药	深圳	2.20
4	000005	世纪星源	-1.00	6.95	-0.07	6.94	6.95	16219	76	0.00	0.18	6.98	6.99	6.93	7.02	41.25	1129万	1.16	房产服务	深圳	0.85
5	000006	深振业A	-3.70	9.62	-0.37	9.62	9.63	177893	133	-0.31	1.32	9.76	9.82	9.60	9.99	85.08	1.73亿	1.24	区域地产	深圳	2.20
6	000007	全新好	0.48	25.28	0.12	25.28	25.35	2163	16	0.07	0.11	25.50	25.50	25.12	25.16	251.85	545万	0.51	酒店餐饮	深圳	1.51
7	000008	神州高铁	-1.17	9.32	-0.11	9.32	9.33	19599	47	-0.10	0.13	9.39	9.39	9.29	9.43	88.87	1830万	0.57	运输设备	北京	1.06
8	000009	中国宝安	0.95	10.67	0.10	10.67	10.68	251937	50	-0.28	1.19	10.57	10.80	10.50	10.57	81.76	2.70亿	2.66	综合类	深圳	2.84
													.95	7.52	7.74	219.94	1.26亿	4.69	建筑施工	深圳	5.56
													.27	18.53	19.28	–	1.39亿	1.35	区域地产	深圳	3.84
													.70	11.40	11.75	24.82	1.54亿	1.84	玻璃	深圳	2.55
													.25	20.76	21.33	–	2497万	1.37	全国地产	深圳	2.30
													.63	4.59	4.63	–	1714万	1.00	家用电器	深圳	0.86
													.93	13.36	13.75	2679.22	7.59亿	5.01	文教休闲	深圳	11.42
													.57	11.11	11.10	48.02	2.13亿	2.20	装修装饰	深圳	4.14
													.40	16.91	17.48	–	1.14亿	1.47	软饮料	深圳	2.80
													.74	23.30	23.78	1102.55	1195万	0.71	元器件	深圳	1.85
													.59	9.48	9.59	34.46	1757万	1.13	电脑设备	深圳	1.15
													.29	18.78	18.88	21.70	3105万	1.20	港口	深圳	2.70
													.32	30.85	31.20	308.57	480万	0.65	其他建材	深圳	1.51
													.29	56.90	58.29	483.93	8734万	2.27	汽车服务	深圳	2.38
													.29	13.97	14.07	42.44	2362万	1.90	其他商业	深圳	2.27
													.05	6.98	7.05	15.53	2515万	1.18	火力发电	深圳	0.99
													.39	66.73	67.14	25.13	675万	0.63	医药商业	深圳	0.98
													–	–	11.17	35.78	0.0	0.00	区域地产	深圳	0.00
													.75	8.63	8.62	16.33	1277万	1.30	汽车配件	吉林	1.39
													.25	9.14	9.20	162.94	3976万	0.67	全国地产	深圳	1.20
													.95	14.73	14.97	81.73	973万	1.18	元器件	深圳	1.47
													.06	23.73	23.90	35.19	1604万	1.07	综合类	深圳	1.38
													.52	7.44	7.53	51.41	2305万	1.01	环境保护	江苏	1.06
													.58	8.47	8.56	15.27	1875万	1.16	全国地产	深圳	1.29
32	000037	*ST南电A	0.47	10.65	0.05	10.64	10.65			0.28	0.28	10.55	10.80	10.55	10.60	–	1028万	2.00	火力发电	深圳	2.36
33	000038	深大通	1.03	48.18	-0.50	48.17	48.18			0.41	0.68	48.70	48.77	48.16	48.68	108.59	1234万	1.00	广告包装	深圳	1.25
34	000039	中集集团	-0.88	14.72	-0.13	14.72	14.73			0.20	0.12	14.86	14.88	14.72	14.85	–	2246万	0.71	轻工机械	深圳	1.08
35	000040	东旭蓝天	0.41	12.19	0.05	12.18	12.19			0.16	0.15	12.11	12.32	12.11	12.14	93.18	833万	0.64	全国地产	深圳	1.73

农业	化学纤维制造业	公路运输业	公共设施服务业
林业	橡胶制造业	管道运输业	邮政服务业
畜牧业	塑料制造业	水上运输业	专业、科研服务业
渔业	电子元器件制造业	航空运输业	餐饮业
农林牧渔服务业	日用电子器具制造业	交通运输辅助业	旅馆业
煤炭采选业	其他电子设备制造业	其他交通运输业	旅游业
石油和天然气开采业	电子设备修理业	仓储业	娱乐服务业
黑色金属矿采选业	非金属矿物制品业	通信及相关设备制造业	卫生、保健、护理服务业
有色金属矿采选业	黑色金属冶炼及压延加工业	计算机及相关设备制造业	租赁服务业
非金属矿采选业	有色金属冶炼及压延加工业	通信服务业	其他社会服务业
其他矿采选业	金属制品业	计算机应用服务业	出版业
采掘服务业	普通机械制造业	食品、饮料、烟草和家庭用品批发业	声像业
食品加工业	专用设备制造业	能源、材料和机械电子设备批发业	广播电影电视业
食品制造业	交通运输设备制造业	其他批发业	艺术业
饮料制造业	电器机械及器材制造业	零售业	信息传播服务业
纺织业	仪器仪表及文化办公用机械制造业	商业经纪与代理业	其他传播、文化服务业
服装及其他纤维制品	医药制造业	银行业	综合
皮革、毛皮、羽绒及制品	生物药品业	保险业	
木材加工及竹藤棕草制品业	其他制造业	证券期货业	
家具制造业	电力、蒸汽、热水的生产和供应业	金融信托业	
造纸及纸制品业	煤气生产和供应业	基金业	
印刷业	自来水的生产和供应业	其他金融业	
文教体育用品制造业	土木工程建筑业	房地产开发与经营业	
石油加工及炼焦业	装修装饰业	房地产管理业	
化学原料及化学制品	铁路运输业	房地产中介服务业	

概念板块 ▸
风格板块 ▸
指数板块 ▸
地区板块 ▸
行业板块 ▸

分类▲ A股 中小 创业 B股 基金▲ 债券▲ 股转▲ 板块指数 港美联动 自选 板块▲ 自定▲ 港股▲ 期权▲ 期货现货▲ 基金理财▲ 美股外盘▲ 其它品种▲

图 1-45 证监会行业板块

（2）概念板块：是指具有某种特别内涵的股票，而这一内涵通常会被当作一种选股和炒作题材，成为股市的热点。其分类如图 1-46 所示。

	代码	名称	涨幅%	现价	涨跌	买价	卖价	总量	现量	涨速%	换手%	今开	最高	最低	昨收	市盈(动)
1	000001	平安银行	-0.33	9.11	-0.03	9.10	9.11	75468	129	-0.10	0.05	9.14	9.14	9.10	9.14	6.27
2	000002	万科A	-1.26	20.35	-0.26	20.35	20.37	94503	169	-0.34	0.10	20.47	20.54	20.34	20.61	20.39
3	000004	国农科技	-2.84	43.65	-0.91	43.65	43.87	3532	3	-0.34	0.43	44.18	44.49	43.51	44.56	187.04
4	000005	世纪星源	-1.28	6.93	-0.09	6.93	6.94	17044	20	-0.14	0.19	6.98	6.99	6.93	7.02	41.13
5	000006	深振业A	-3.90	9.60	-0.39	9.61	9.62	183278	181	-0.31	1.36	9.76	9.82	9.60	9.99	84.90
6	000007	全新好	0.95	25.40	0.24	25.37	25.40	2307	40	0.55	0.11	25.50	25.50	25.12	25.16	253.05
7	000008	神州高铁	-1.27	9.31	-0.12	9.31	9.32	20266	54	-0.21	0.14	9.39	9.39	9.29	9.43	88.78
													10.80	10.50	10.57	81.69
													7.95	7.52	7.74	219.38
													19.27	18.53	19.28	–
													11.70	11.36	11.75	24.82
													21.25	20.66	21.33	–
													4.63	4.59	4.63	–
													14.93	13.36	13.75	2663.32
													11.57	11.11	11.10	47.85
													17.40	16.91	17.48	–
													23.74	23.30	23.78	1102.08
													9.59	9.48	9.59	34.50
													19.29	18.78	18.88	21.64
													31.32	30.80	31.20	387.69
													58.29	56.85	58.29	483.59
													14.29	13.95	14.07	42.44
													7.05	6.98	7.05	15.53
													67.39	66.73	67.14	25.13
25	000029	深深房A	–	–	–	–	–			–	0.00	–	–	–	11.17	35.78
26	000030	富奥股份	1.28	8.73	0.11	8.72	8.73			0.11	0.12	8.63	8.75	8.63	8.62	16.31
27	000031	中粮地产	-0.33	9.17	-0.03	9.17	9.18			0.32	0.25	9.15	9.25	9.14	9.20	162.58

通达信88	含B股	燃料电池	文化振兴	生物质能	水域改革	蓝宝石	虚拟现实
长三角	含可转债	稀土永磁	节能	地热能	体育概念	油气改革	量子通信
珠三角	ETF基金	触摸屏	金融改革	风能	博彩概念	智能机器	无人驾驶
环渤海	军工航天	水利建设	农村金融	充电桩	赛马概念	智能家居	OLED概念
海峡西岸	稀缺资源	卫星导航	东亚自贸	特斯拉	聚氨酯	智能医疗	区块链
成渝特区	4G概念	云计算	宽带提速	汽车电子	绿色照明	智能电视	债转股
武汉规划	IPV6概念	电子支付	高端装备	生态农业	智能穿戴	超导概念	
皖江区域	低碳经济	新三板	食品安全	猪肉	网络游戏	在线教育	
长株潭	黄金概念	海工装备	奢侈品	草甘膦	信息安全	职业教育	
黄河三角	智能电网	海水淡化	三沙概念	安防服务	国产软件	央企改革	
图们江	三网融合	保障房	碳纤维	建筑节能	互联金融	全息概念	
丝绸之路	物联网	涉矿概念	石墨烯	智能交通	上海自贸	免疫治疗	
海上丝路	创投概念	页岩气	3D打印	空气治理	婴童概念	特钢	
京津冀	铁路基建	生物疫苗	O2O模式	污水处理	养老概念	钛金属	
粤港澳	核电核能	基因概念	苹果概念	固废处理	电商概念	海外工程	
ST板块	太阳能	抗癌	阿里概念	风沙治理	网贷概念	无人机	
次新股	多晶硅	抗流感	摘帽概念	装饰园林	民营银行	PPP模式	
含H股	锂电池	维生素	重组概念	土地流转	民营医院	跨境电商	

风格板块 ▸
指数板块 ▸
地区板块 ▸
行业板块 ▸

分类▲ A股 中小 创业 B股 基金▲ 债券▲ 股转▲ 板块指数 港美联动 自选 板块▲ 自定▲ 港股▲ 期权▲ 期货现货▲ 基金理财▲ 美股外盘▲ 其它品种▲

图 1-46 概念板块

（3）风格板块：是指将不同投资和操作风格的股票进行分类的板块。其分类如图 1–47 所示。

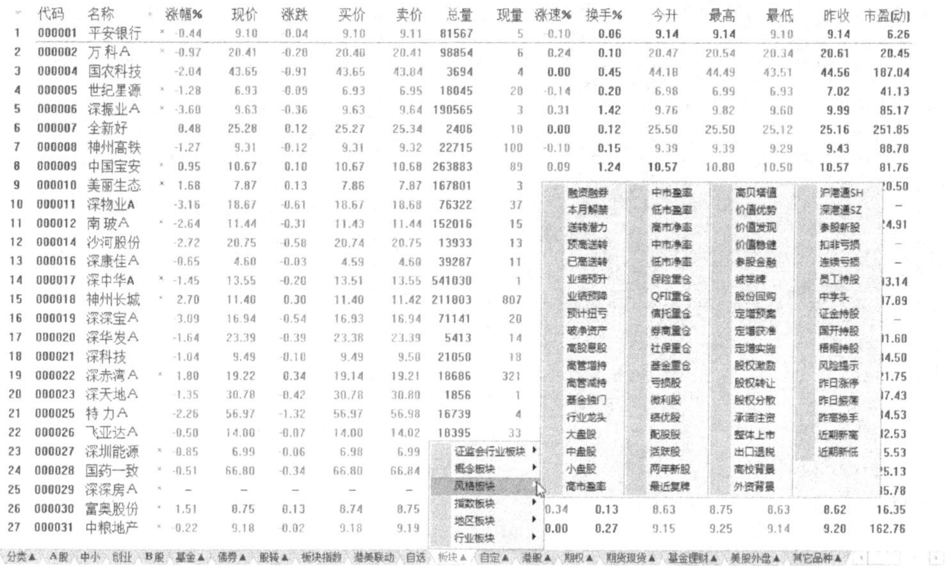

	代码	名称	涨幅%	现价	涨跌	买价	卖价	总量	现量	涨速%	换手%	今开	最高	最低	昨收	市盈(动)
1	000001	平安银行	-0.44	9.10	-0.04	9.10	9.11	81567	5	-0.10	0.06	9.14	9.14	9.10	9.14	6.26
2	000002	万科A	-0.97	20.41	-0.20	20.40	20.41	98854	6	0.24	0.10	20.47	20.54	20.34	20.61	20.45
3	000004	国农科技	-2.04	43.65	-0.91	43.65	43.84	3694	4	0.00	0.45	44.18	44.49	43.51	44.56	187.04
4	000005	世纪星源	-1.28	6.93	-0.09	6.93	6.95	18045	20	-0.14	0.20	6.98	6.99	6.93	7.02	41.13
5	000006	深振业A	-3.60	9.63	-0.36	9.63	9.64	190565	3	0.31	1.42	9.76	9.82	9.60	9.99	85.17
6	000007	全新好	0.48	25.28	0.12	25.27	25.34	2406	10	0.00	0.12	25.50	25.50	25.12	25.16	251.85
7	000008	神州高铁	-1.27	9.31	-0.12	9.31	9.32	22715	100	-0.10	0.15	9.39	9.39	9.29	9.43	88.78
8	000009	中国宝安	0.95	10.67	0.10	10.67	10.68	263883	89	0.09	1.24	10.57	10.80	10.50	10.57	81.76
9	000010	美丽生态	1.68	7.87	0.13	7.86	7.87	167801	3							20.50
10	000011	深物业A	-3.16	18.67	-0.61	18.67	18.68	76322	37							–
11	000012	南玻A	-2.64	11.44	-0.31	11.43	11.44	152016	15							4.91
12	000014	沙河股份	-2.72	20.75	-0.58	20.74	20.75	13933	13							–
13	000016	深康佳A	-0.65	4.60	-0.03	4.59	4.60	39287	11							–
14	000017	深中华A	-1.45	13.55	-0.20	13.51	13.55	541030	1							3.14
15	000018	神州长城	2.70	11.40	0.30	11.40	11.42	211803	807							7.89
16	000019	深深宝A	3.09	16.94	-0.54	16.93	16.94	71141	20							–
17	000020	深华发A	-1.64	23.39	-0.39	23.38	23.39	5413	14							1.60
18	000021	深科技	-1.04	9.49	-0.10	9.49	9.50	21050	18							4.50
19	000022	深赤湾A	1.80	19.22	0.34	19.14	19.21	18686	321							1.75
20	000023	深天地A	-1.35	30.78	-0.42	30.78	30.80	1856	1							7.43
21	000025	特力A	-2.26	56.97	-1.32	56.97	56.98	16739	4							4.53
22	000026	飞亚达A	-0.50	14.00	-0.07	14.00	14.02	18395	33							2.53
23	000027	深圳能源	-0.85	6.99	-0.06	6.98	6.99									5.53
24	000028	国药一致	-0.51	66.80	-0.34	66.80	66.84									5.13
25	000029	深深房A	–	–	–	–	–									5.78
26	000030	富奥股份	1.51	8.75	0.13	8.74	8.75			0.34	0.13	8.63	8.75	8.63	8.62	16.35
27	000031	中粮地产	-0.22	9.18	-0.02	9.18	9.19			0.00	0.27	9.15	9.25	9.14	9.20	162.76

证监会行业板块 概念板块 风格板块 指数板块 地区板块 行业板块

融资融券 本月解禁 送转潜力 预高送转 已高送转 业绩预升 业绩预降 预计扭亏 破净资产 高股息股 高管增持 高管减持 基金独门 行业龙头 大盘股 中盘股 小盘股 高市盈率
中市盈率 低市盈率 高市净率 中市净率 低市净率 保险重仓 QFII重仓 信托重仓 券商重仓 社保重仓 基金重仓 亏损股 微利股 绩优股 配股股 活跃股 两年新股 最近复牌
高贝塔值 价值优势 价值发现 价值稳健 参股金融 被举牌 股份回购 定增预案 定增获准 定增实施 股权激励 股权转让 股权分散 承诺注资 整体上市 出口退税 高校背景 外资背景
沪港通SH 深港通SZ 参股新股 扣非亏损 连续亏损 员工持股 中字头 证金持股 国开持股 梧桐持股 风险提示 昨日涨停 昨日振荡 昨高换手 近期新高 近期新低

分类▲ A股 中小 创业 B股 基金▲ 债券▲ 股转▲ 板块指数 港美联动 自选 板块▲ 自定▲ 港股▲ 期权▲ 期货现货▲ 基金理财▲ 美股外盘▲ 其它品种▲

图 1–47　风格板块

（4）指数板块：是指按照深沪指数划分的板块，如图 1–48 所示。

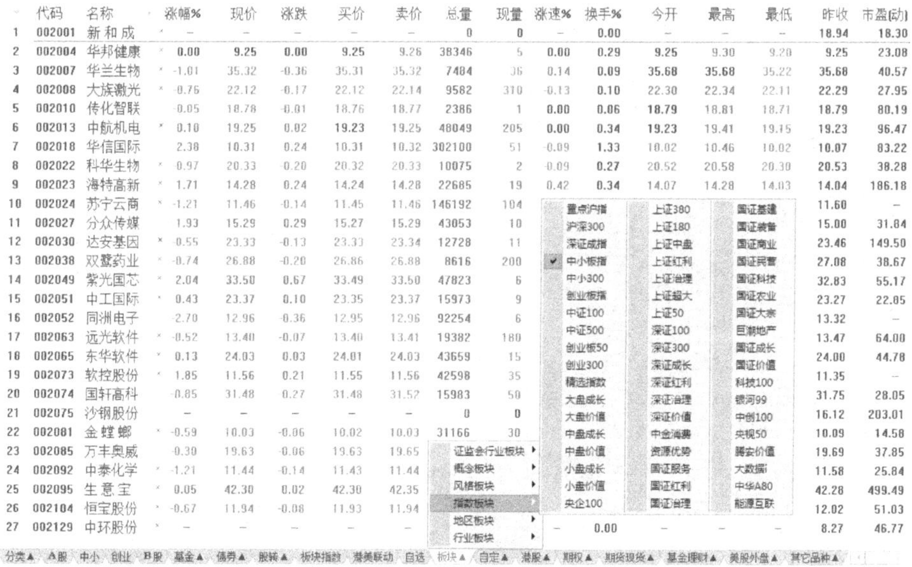

	代码	名称	涨幅%	现价	涨跌	买价	卖价	总量	现量	涨速%	换手%	今开	最高	最低	昨收	市盈(动)
1	002001	新和成	–	–	–	–	–	0	0	–	0.00	–	–	–	18.94	18.30
2	002004	华邦健康	0.00	9.25	0.00	9.25	9.26	38346	5	0.00	0.29	9.25	9.30	9.20	9.25	23.08
3	002007	华兰生物	-1.01	35.32	-0.36	35.31	35.32	7484	36	0.14	0.09	35.68	35.68	35.22	35.68	40.57
4	002008	大族激光	-0.76	22.12	-0.17	22.12	22.14	9582	310	-0.13	0.10	22.30	22.34	22.11	22.29	27.95
5	002010	传化智联	-0.05	18.78	-0.01	18.76	18.77	2386	1	0.00	0.06	18.79	18.81	18.71	18.79	80.19
6	002013	中航机电	0.10	19.25	0.02	19.23	19.25	48049	205	0.00	0.34	19.23	19.41	19.15	19.23	96.47
7	002018	华信国际	2.38	10.31	0.24	10.31	10.32	302100	51	-0.09	1.33	10.02	10.46	10.02	10.07	83.22
8	002022	科华生物	-0.97	20.33	-0.20	20.32	20.33	10075	2	-0.09	0.27	20.52	20.58	20.30	20.53	38.28
9	002023	海特高新	1.71	14.28	0.24	14.24	14.28	22685	19	0.42	0.34	14.07	14.28	14.03	14.04	186.18
10	002024	苏宁云商	-1.21	11.46	-0.14	11.45	11.46	146192	104						11.60	–
11	002027	分众传媒	1.93	15.29	0.29	15.27	15.29	43053	10						15.00	31.84
12	002030	达安基因	-0.55	23.33	-0.13	23.33	23.34	12728	11						23.46	149.50
13	002038	双鹭药业	-0.74	26.88	-0.20	26.86	26.88	8616	200						27.08	38.67
14	002049	紫光国芯	2.04	33.50	0.67	33.49	33.50	47823	6						32.83	55.17
15	002051	中工国际	0.43	23.37	0.10	23.35	23.37	15973	9						23.27	22.05
16	002052	同洲电子	-2.70	12.96	-0.36	12.95	12.96	92254	6						13.32	–
17	002063	远光软件	-0.52	13.40	-0.07	13.40	13.41	19382	180						13.47	64.00
18	002065	东华软件	0.13	24.03	0.03	24.01	24.03	43659	15						24.00	44.78
19	002073	软控股份	1.85	11.56	0.21	11.55	11.56	42598	35						11.35	–
20	002074	国轩高科	-0.85	31.48	-0.27	31.48	31.52	15983	50						31.75	28.05
21	002075	沙钢股份	–	–	–	–	–	0	0						16.12	203.01
22	002081	金螳螂	-0.59	10.03	-0.06	10.02	10.03	31166	30						10.09	14.58
23	002085	万丰奥威	-0.30	19.63	-0.06	19.63	19.65								19.69	37.85
24	002092	中泰化学	-1.21	11.44	-0.14	11.43	11.44								11.58	25.84
25	002095	生意宝	0.05	42.30	0.02	42.30	42.35								42.28	499.49
26	002104	恒宝股份	-0.67	11.94	-0.08	11.93	11.94								12.02	51.03
27	002129	中环股份	–	–	–	–	–			–	0.00	–	–	–	8.27	46.77

证监会行业板块 概念板块 风格板块 指数板块 地区板块 行业板块

重点沪指 沪深300 深证成指 中小板指 中小300 创业板指 中证100 中证500 创业板50 创业300 精选指数 大盘成长 大盘价值 中盘成长 中盘价值 小盘成长 小盘价值 央企100
上证380 上证180 上证中盘 上证红利 上证治理 上证超大 上证50 深证100 深证300 深证成长 深证红利 深证治理 深证价值 中金消费 资源优势 国证服务 国证红利 国证治理
国证基建 国证装备 国证商业 国证民营 国证科技 国证农业 国证大宗 巨潮地产 国证成长 国证价值 科技100 银河99 中创100 央视50 腾安价值 大数据 中华A80 能源互联

分类▲ A股 中小 创业 B股 基金▲ 债券▲ 股转▲ 板块指数 港美联动 自选 板块▲ 自定▲ 港股▲ 期权▲ 期货现货▲ 基金理财▲ 美股外盘▲ 其它品种▲

图 1–48　指数板块

（5）地区板块：就是按地域划分的板块，将不同上市公司的所在地作为分类依据，如图 1-49 所示。

	代码	名称	涨幅%	现价	涨跌	买价	卖价	总量	现量	涨速%	换手%	今开	最高	最低	昨收	市盈(动)
1	002001	新和成	–	–	–	–	–	0	0	–	0.00	–	–	–	18.94	18.30
2	002004	华邦健康	0.00	9.25	0.00	9.25	9.26	38462	30	-0.10	0.29	9.25	9.30	9.20	9.25	23.08
3	002007	华兰生物	-1.01	35.32	-0.36	35.32	35.33	8039	6	0.05	0.10	35.68	35.68	35.22	35.68	40.57
4	002008	大族激光	-0.81	22.11	-0.18	22.11	22.12	10455	2	-0.13	0.11	22.30	22.34	22.10	22.29	27.94
5	002010	传化智联	-0.05	18.78	-0.01	18.77	18.78	2401	1	0.00	0.06	18.79	18.81	18.71	18.79	80.19
6	002013	中航机电	0.00	19.23	0.00	19.22	19.23	48791	31	0.05	0.35	19.23	19.41	19.15	19.23	96.37
7	002018	华信国际	2.58	10.33	0.26	10.32	10.33	303556	74	0.29	1.33	10.02	10.46	10.02	10.07	83.38
8	002022	科华生物	-0.97	20.33	-0.20	20.32	20.33	10392	10	-0.04	0.27	20.52	20.58	20.30	20.53	38.28
9	002023	海特高新	1.92	14.31	0.27	14.30	14.31	25528	16	0.63	0.39	14.07	14.33	14.03	14.04	186.57
10	002024	苏宁云商	-1.29	11.45	-0.15	11.45	11.46	148365	1	-0.17	0.30	11.55	11.60	11.41	11.60	–
11	002027	分众传媒	1.93	15.29	0.29	15.28	15.29	43256	4	0.06	0.85	15.10	15.64	15.00	15.00	31.84
12	002030	达安基因	-0.38	23.37	-0.09	23.37	23.38	12921	5	0.12	0.19	23.46	23.53	23.26	23.46	149.76
13	002038	双鹭药业	-0.66	26.90	-0.18	26.90	26.91	8814	5				7.11	26.75	27.08	38.70
14	002049	紫光国芯	2.50	33.65	0.82	33.64	33.65	50352	54				3.72	32.33	32.83	55.42
15	002051	中工国际	0.43	23.37	0.10	23.37	23.38	16078	5				3.57	23.17	23.27	22.85
16	002052	同洲电子	-2.78	12.95	-0.37	12.95	12.96	93194	5				3.25	12.89	13.32	–
17	002063	远光软件	-0.59	13.39	-0.08	13.38	13.39	20047	24				3.51	13.35	13.47	63.96
18	002065	东华软件	0.17	24.04	0.04	24.02	24.03	44051	45				4.22	23.86	24.00	44.80
19	002073	软控股份	1.50	11.52	0.17	11.53	11.54	44006	1000				1.68	11.31	11.35	–
20	002074	国轩高科	-0.72	31.52	-0.23	31.48	31.52	16097	4				1.88	31.46	31.75	28.09
21	002075	沙钢股份	–	–	–	–	–	0	0				–	–	16.12	203.01
22	002081	金螳螂	-0.59	10.03	-0.06	10.02	10.03	31662	30				0.09	10.00	10.09	14.58
23	002085	万丰奥威	-0.20	19.65	-0.04	19.65	19.67						9.85	19.62	19.69	37.89
24	002092	中泰化学	-1.12	11.45	-0.13	11.44	11.45						1.59	11.42	11.58	25.86
25	002095	生意宝	0.12	42.33	0.05	42.32	42.33						2.57	42.28	42.28	499.84
26	002104	恒宝股份	-0.67	11.94	-0.08	11.94	11.95						2.06	11.92	12.02	51.03
27	002129	中环股份	–	–	–	–	–						–	–	8.27	46.77

证监会行业板块 ▸
概念板块 ▸
风格板块 ▸
指数板块 ▸
地区板块 ▸
行业板块 ▸

黑龙江 新疆板块 吉林板块 甘肃板块 辽宁板块 青海板块 北京板块 陕西板块 天津板块 广西板块 河北板块 广东板块 河南板块 宁夏板块 山东板块 上海板块

山西板块 深圳板块 湖北板块 福建板块 湖南板块 江西板块 四川板块 安徽板块 重庆板块 江苏板块 云南板块 浙江板块 贵州板块 海南板块 西藏板块 内蒙板块

分类▲ A股 中小 创业 B股 基金▲ 债券▲ 股转▲ 板块指数 港美联动 自选 板块▲ 自定▲ 港股▲ 期权▲ 期货现货▲ 基金理财▲ 美股外盘▲ 其它品种▲

图 1-49　地区板块

（6）行业板块：将某些处于同一行业的股票划归一类得出的板块，如图 1-50 所示。例如，建材板块就是建材行业这类股票的一个类别，旅游板块就是旅游行业这个类别，互联网板块就是互联网行业这个类别。

	代码	名称	涨幅%	现价	涨跌	买价	卖价	总量	现量	涨速%	换手%	今开	最高	最低	昨收	市盈(动)
1	002001	新和成	–	–	–	–	–	0	0	–	0.00	–	–	–	18.94	18.30
2	002004	华邦健康	0.00	9.25	0.00	9.25	9.26	38498	15	-0.10	0.29	9.25	9.30	9.20	9.25	23.08
3	002007	华兰生物	-1.07	35.30	-0.38	35.30	35.33	8084	1	0.00	0.10	35.68	35.68	35.22	35.68	40.55
4	002008	大族激光	-0.76	22.12	-0.17	22.11	22.12	10561	15	-0.09	0.11	22.30	22.34	22.10	22.29	27.95
5	002010	传化智联	-0.05	18.78	-0.01	18.77	18.78	2404	1	0.00	0.06	18.79	18.81	18.71	18.79	80.19
6	002013	中航机电	0.10	19.25	0.02	19.25	19.26	48870	9	0.15	0.35	19.23	19.41	19.15	19.23	96.47
7	002018	华信国际	2.48	10.32	0.25	10.31	10.32	304595	60	0.19	1.34	10.02	10.46	10.02	10.07	83.30
8	002022	科华生物	-1.02	20.32	-0.21	20.32	20.33	10515	8	-0.09	0.28	20.52	20.58	20.30	20.53	38.26
9	002023	海特高新	1.71	14.28	0.24	14.28	14.29	25795	16	0.42	0.39	14.07	14.33	14.03	14.04	186.18
10	002024	苏宁云商	-1.03	11.48	-0.12	11.48	11.49	150429	782	0.08	0.30	11.55	11.60	11.41	11.60	–
11	002027	分众传媒	1.93	15.29	0.29	15.29	15.30	43363	35	0.06	0.86	15.10	15.64	15.00	15.00	31.84
12	002030	达安基因	-0.43	23.36	-0.10	23.36	23.38	12925	1							149.69
13	002038	双鹭药业	-0.78	26.87	-0.21	26.83	26.87	8864	1							38.66
14	002049	紫光国芯	2.62	33.69	0.86	33.69	33.70	51244	53							55.48
15	002051	中工国际	0.43	23.37	0.10	23.36	23.37	16082	1							22.85
16	002052	同洲电子	-2.78	12.95	-0.37	12.94	12.95	93533	33							–
17	002063	远光软件	-0.59	13.39	-0.08	13.39	13.40	20124	1							63.96
18	002065	东华软件	0.13	24.03	0.03	24.03	24.04	44333	1							44.78
19	002073	软控股份	1.76	11.55	0.20	11.54	11.56	44310	32							–
20	002074	国轩高科	-0.82	31.49	-0.26	31.49	31.51	16580	36							28.06
21	002075	沙钢股份	–	–	–	–	–	0	0							203.01
22	002081	金螳螂	-0.59	10.03	-0.06	10.02	10.03	31675	10							14.58
23	002085	万丰奥威	-0.20	19.65	-0.04	19.65	19.67									37.89
24	002092	中泰化学	-1.21	11.44	-0.14	11.44	11.45									25.84
25	002095	生意宝	0.17	42.35	0.07	42.33	42.35									500.08
26	002104	恒宝股份	-0.67	11.94	-0.08	11.94	11.95									51.03
27	002129	中环股份	–	–	–	–	–									46.77

证监会行业板块 ▸
概念板块 ▸
风格板块 ▸
指数板块 ▸
地区板块 ▸
行业板块 ▸

煤炭 电力 石油 钢铁 有色 化纤 化工 建材 造纸 矿物制品 日用化工 农林牧渔 纺织服饰 食品饮料 酿酒 家用电器 汽车类 医疗保健

家居用品 医药 商业连锁 商贸代理 传媒娱乐 广告包装 文教休闲 酒店餐饮 旅游 航空 船舶 运输设备 通用机械 工业机械 电气设备 工程机械 电器仪表 电信运营

公共交通 水务 供气供热 环境保护 运输服务 仓储物流 交通设施 银行 证券 保险 多元金融 建筑 房地产 电脑设备 通信设备 半导体 元器件 软件服务

互联网 综合类

分类▲ A股 中小 创业 B股 基金▲ 债券▲ 股转▲ 板块指数 港美联动 自选 板块▲ 自定▲ 港股▲ 期权▲ 期货现货▲ 基金理财▲ 美股外盘▲ 其它品种▲

图 1-50　行业板块

例如，在“行业板块”列表中选择“汽车类”选项，即可在行情软件主窗口中列出属于汽车类的股票行情报价，如图 1–51 所示。

	代码	名称	涨幅%	现价↓	涨跌	买价	卖价	总量	现量	涨速%	换手%	今开	最高	最低	昨收	市盈(动)
1	300507	苏奥传感	-2.06	107.91	-2.27	107.91	107.99	3018	1	0.10	1.81	109.92	109.92	107.12	110.18	80.27
2	603701	德宏股份	-1.68	62.00	-1.06	61.92	62.00	2989	5	0.01	1.52	63.10	63.13	61.51	63.06	69.65
3	000025	特力A	-2.30	56.95	-1.34	56.92	56.95	17944	17	-0.33	0.93	57.50	58.29	56.66	58.29	484.36
4	603319	湘油泵	-4.49	53.79	-2.53	53.73	53.75	51073	34	0.46	25.25	55.00	55.70	52.81	56.32	87.09
5	002813	路畅科技	-0.86	51.70	-0.45	51.69	51.70	4612	36	-0.13	1.54	51.86	52.43	51.59	52.15	120.71
6	002594	比亚迪	-0.97	50.88	-0.50	50.82	50.88	14048	1	0.17	0.17	51.44	51.45	50.73	51.38	28.41
7	300304	云意电气	0.86	46.70	0.40	46.70	46.75	61147	100	0.00	3.19	46.29	46.80	45.41	46.30	102.94
8	603788	宁波高发	-1.15	42.25	-0.49	42.23	42.25	2630	22	0.04	0.54	42.70	42.80	42.05	42.74	40.05
9	603009	北特科技	-0.84	40.04	-0.34	40.01	40.04	2880	10	-0.27	0.79	40.09	40.38	39.91	40.38	103.33
10	002625	龙生股份	-0.87	38.90	-0.34	38.89	38.90	3016	1	-0.12	0.13	38.88	39.40	38.80	39.24	234.10
11	603377	东方时尚	0.91	38.82	0.35	38.82	38.90	3838	122	0.56	0.77	38.45	39.00	38.20	38.47	58.27
12	601799	星宇股份	-0.76	37.99	-0.29	37.96	38.00	3959	7	-0.05	0.17	38.19	38.28	37.73	38.28	32.72
13	601163	三角轮胎	-0.91	35.88	-0.33	35.87	35.88	24201	43	0.05	1.21	36.10	36.20	35.80	36.21	37.94
14	002715	登云股份	-0.50	35.70	-0.18	35.70	35.75	3038	15	0.02	0.56	35.62	35.85	35.59	35.88	738.27
15	000710	天兴仪表	10.01	35.62	3.24	35.62	–	774	1	0.00	0.05	35.62	35.62	35.62	32.38	–
16	603306	华懋科技	-0.65	35.20	-0.23	35.15	35.19	2730	3	0.00	0.37	35.68	35.69	35.04	35.43	31.33
17	002766	索菱股份	-1.24	34.15	-0.43	34.14	34.15	5208	2	0.05	0.59	34.55	34.66	34.08	34.58	77.23
18	600699	均胜电子	-1.85	33.90	-0.64	33.89	33.90	51999	7	0.14	0.75	34.41	34.47	33.70	34.54	43.44
19	002190	成飞集成	-0.15	33.10	-0.05	33.10	33.11	8422	10	-0.15	0.24	33.20	33.43	33.06	33.15	95.66
20	002703	浙江世宝	-1.91	32.85	-0.64	32.85	32.89	31319	4	-0.27	2.26	33.40	33.40	32.78	33.49	153.08
21	002537	海立美达	-0.97	32.64	-0.32	32.64	32.65	4546	1	-0.18	0.15	32.95	33.19	32.61	32.96	141.29
22	600182	S佳通	1.10	31.34	0.34	31.34	31.38	26463	5	-0.28	1.56	30.91	31.60	30.11	31.00	66.86
23	002592	八菱科技	-0.99	30.06	-0.30	30.07	30.22	1276	3	-0.33	0.10	30.14	30.46	30.05	30.36	70.40
24	300176	鸿特精密	0.30	30.05	0.09	30.04	30.05	7329	43	0.20	0.69	29.98	30.06	29.79	29.96	75.17
25	603158	腾龙股份	-1.35	30.00	-0.41	29.95	30.00	4892	34	0.30	0.48	30.40	30.40	29.81	30.41	61.26
26	600262	北方股份	-1.04	29.51	-0.31	29.51	29.58	6177	10	0.23	0.36	29.82	29.82	29.27	29.82	–
27	600148	长春一东	-1.53	29.00	-0.45	29.00	29.02	11293	61	-0.24	0.80	29.24	29.70	29.00	29.45	298.11

分类▲ A股 中小 创业 B股 基金▲ 债券▲ 股转▲ 板块指数 港美联动 自选 板块▲ 自定▲ 港股▲ 期权▲ 期货现货▲ 基金理财▲ 美股外盘▲ 其它品种▲

图 1–51　汽车类的股票行情报价

1.3.10　股东研究

下面以东方财富网为例，介绍查看十大流通股东进出情况的具体方法。

步骤 1 如图 1–52 所示，进入个股详情页面，点击“F10 档案”一栏中的“股东研究”链接。

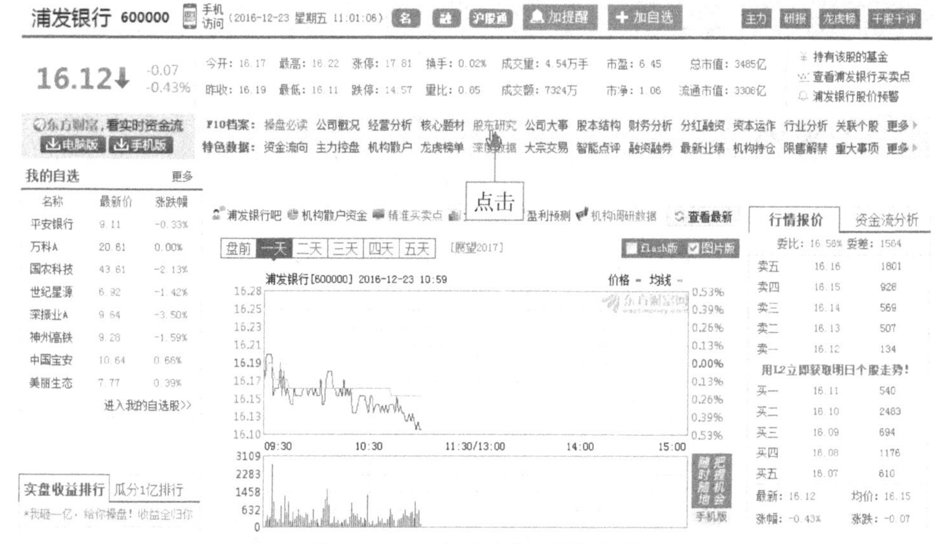

图 1–52　点击“股东研究”链接

步骤 2 执行操作后，进入“股东研究→股东人数”页面，如图 1-53 所示。股票价格通常与股东人数成反比，股东人数越少代表筹码越集中，股价越有可能上涨。

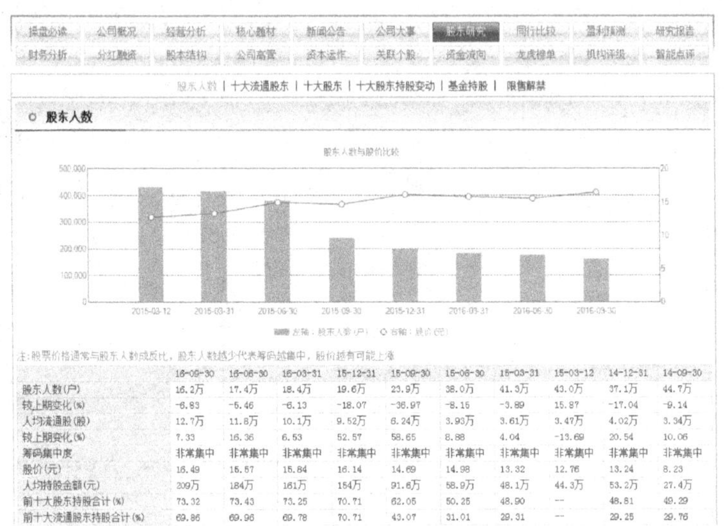

	16-09-30	16-06-30	16-03-31	15-12-31	15-09-30	15-06-30	15-03-31	15-03-12	14-12-31	14-09-30
股东人数(户)	16.2万	17.4万	18.4万	19.6万	23.9万	38.0万	41.3万	43.0万	37.1万	44.7万
较上期变化(%)	-6.83	-5.46	-6.13	-18.07	-36.97	-8.15	-3.89	15.87	-17.04	-9.14
人均流通股(股)	12.7万	11.8万	10.1万	9.52万	6.24万	3.93万	3.61万	3.47万	4.02万	3.34万
较上期变化(%)	7.33	16.36	6.53	52.57	58.65	8.88	4.04	-13.69	20.54	10.06
筹码集中度	非常集中	非常集中	非常集中	非常集中	非常集中	非常集中	非常集中	非常集中	非常集中	非常集中
股价(元)	16.49	15.57	15.84	16.14	14.69	14.98	13.32	12.76	13.24	8.23
人均持股金额(元)	209万	184万	161万	154万	91.6万	58.9万	48.1万	44.3万	53.2万	27.4万
前十大股东持股合计(%)	73.32	73.43	73.25	70.71	62.05	50.25	48.90	--	48.81	49.29
前十大流通股东持股合计(%)	69.86	69.96	69.78	70.71	43.07	31.01	29.31	--	29.25	29.76

图 1-53 “股东研究→股东人数”页面

步骤 3 点击“十大流通股东”链接进入其页面，如图 1-54 所示。十大流通股东是上市公司中，持有可以在交易所流通股份的数量前十名的股东。投资者可以将连续几个季度的十大流通股东名单进行对照，如果有三个或三个以上的账户持股数量频繁变动，则基本可以断定该股有主力操作。

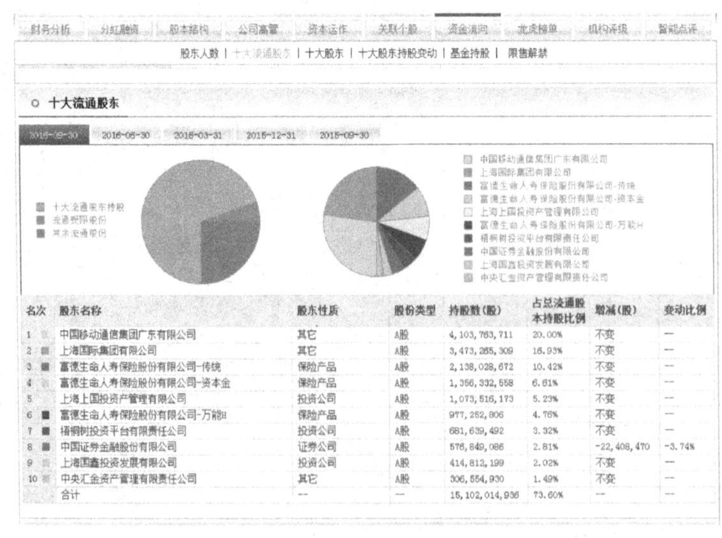

名次	股东名称	股东性质	股份类型	持股数(股)	占总流通股本持股比例	增减(股)	变动比例
1	中国移动通信集团广东有限公司	其它	A股	4,103,763,711	20.00%	不变	—
2	上海国际集团有限公司	其它	A股	3,473,265,309	16.93%	不变	—
3	富德生命人寿保险股份有限公司-传统	保险产品	A股	2,138,028,672	10.42%	不变	—
4	富德生命人寿保险股份有限公司-资本金	保险产品	A股	1,356,332,558	6.61%	不变	—
5	上海上国投资产管理有限公司	投资公司	A股	1,073,516,173	5.23%	不变	—
6	富德生命人寿保险股份有限公司-万能H	保险产品	A股	977,252,806	4.76%	不变	—
7	梧桐树投资平台有限责任公司	投资公司	A股	681,639,492	3.32%	不变	—
8	中国证券金融股份有限公司	证券公司	A股	576,849,086	2.81%	-22,408,470	-3.74%
9	上海国鑫投资发展有限公司	投资公司	A股	414,812,199	2.02%	不变	—
10	中央汇金资产管理有限责任公司	其它	A股	306,554,930	1.49%	不变	—
	合计	--	—	15,102,014,936	73.60%	--	—

图 1-54 “十大流通股东”页面

步骤4 点击“十大股东”链接进入其页面，点击不同的时间段标签，即可查看不同时期的十大股东持股情况，如图 1–55 所示。

十大股东是指持有公司股份的前十名股东

○ 十大股东

2016-09-30　2016-06-30　2016-03-31　2015-12-31　2015-09-30

名次	股东名称	股份类型	持股数(股)	占总股本持股比例	增减(股)	变动比例
1	上海国际集团有限公司	流通A股,限售流通A股	4,222,553,311	19.53%	不变	--
2	中国移动通信集团广东有限公司	流通A股	4,103,763,711	18.98%	不变	--
3	富德生命人寿保险股份有限公司-传统	流通A股	2,138,028,672	9.89%	不变	--
4	富德生命人寿保险股份有限公司-资本金	流通A股	1,356,332,558	6.27%	不变	--
5	上海上国投资产管理有限公司	流通A股	1,073,516,173	4.97%	不变	--
6	富德生命人寿保险股份有限公司-万能H	流通A股	977,252,806	4.52%	不变	--
7	梧桐树投资平台有限责任公司	流通A股	681,639,492	3.15%	不变	--
8	中国证券金融股份有限公司	流通A股	576,849,086	2.67%	-22,408,470	-3.74%
9	上海国鑫投资发展有限公司	流通A股	414,812,199	1.92%	不变	--
10	中央汇金资产管理有限责任公司	流通A股	306,554,930	1.42%	不变	--
	合计	--	15,851,302,938	73.32%	--	--

2016-09-30　2016-06-30　2016-03-31　2015-12-31　2015-09-30

名次	股东名称	股份类型	持股数(股)	占总股本持股比例	增减(股)	变动比例
1	上海国际集团有限公司	流通A股,限售流通A股	4,222,553,311	19.53%	383,868,483	10.00%
2	中国移动通信集团广东有限公司	流通A股	4,103,763,711	18.98%	373,069,428	10.00%
3	富德生命人寿保险股份有限公司-传统	流通A股	2,138,028,672	9.89%	194,366,243	10.00%
4	富德生命人寿保险股份有限公司-资本金	流通A股	1,356,332,558	6.27%	123,302,960	10.00%
5	上海上国投资产管理有限公司	流通A股	1,073,516,173	4.97%	97,592,379	10.00%
6	富德生命人寿保险股份有限公司-万能H	流通A股	977,252,806	4.52%	88,841,164	10.00%
7	梧桐树投资平台有限责任公司	流通A股	681,639,492	3.15%	61,967,227	10.00%
8	中国证券金融股份有限公司	流通A股	599,257,556	2.77%	89,125,741	17.47%
9	上海国鑫投资发展有限公司	流通A股	414,812,199	1.92%	37,710,200	10.00%
10	中央汇金资产管理有限责任公司	流通A股	306,554,930	1.42%	27,868,630	10.00%
	合计	--	15,873,711,408	73.42%	--	--

图 1–55　“十大股东”页面

步骤5 点击“十大股东持股变动”链接进入其页面，如图 1–56 所示。当然，十大股东持股变动情况只能作为参考，投资者还需要配合其他基本面分析和技术分析，多角度全方位立体化地研判个股和大势，才能取得最佳效果。

财务分析　分红融资　股本结构　公司高管　资本运作　关联个股　资金流向　龙虎榜单　机构评级　智能点评

股东人数 | 十大流通股东 | 十大股东 | 十大股东持股变动 | 基金持股 | 限售解禁

○ 十大股东持股变动

变动时间	名次	股东名称	股份类型	持股数(股)	占总股本持股比例	增减(股)	增减股占原股东持股比例	变动原因
2016-03-18	1	上海国际集团有限公司	流通A股,限售流通A股	3,838,684,828	19.53%	681,170,911	21.57%	增发上市
2016-03-18	2	中国移动通信集团广东有限公司	流通A股	3,730,694,283	18.98%	不变	--	增发上市
2016-03-18	3	富德生命人寿保险股份有限公司-传统	流通A股	1,943,662,429	9.89%	不变	--	增发上市
2016-03-18	4	富德生命人寿保险股份有限公司-资本金	流通A股	1,233,029,598	6.27%	不变	--	增发上市
2016-03-18	5	上海上国投资产管理有限公司	流通A股	975,923,794	4.97%	不变	--	增发上市
2016-03-18	6	富德生命人寿保险股份有限公司-万能H	流通A股	888,411,642	4.52%	不变	--	增发上市
2016-03-18	7	梧桐树投资平台有限责任公司	流通A股	619,672,265	3.15%	不变	--	增发上市
2016-03-18	8	中国证券金融股份有限公司	流通A股	515,680,494	2.62%	72,377,533	16.33%	增发上市
2016-03-18	9	上海国鑫投资发展有限公司	流通A股	377,101,999	1.92%	不变	--	增发上市
2016-03-18	10	中央汇金资产管理有限责任公司	流通A股	278,686,300	1.42%	不变	--	增发上市
2016-03-15	1	中国移动通信集团广东有限公司	流通A股	3,730,694,283	20.00%	不变	--	发行前
2016-03-15	2	上海国际集团有限公司	流通A股	3,157,513,917	16.93%	不变	--	发行前
2016-03-15	3	富德生命人寿保险股份有限公司-传统	流通A股	1,943,662,429	10.42%	不变	--	发行前
2016-03-15	4	富德生命人寿保险股份有限公司-资本金	流通A股	1,233,029,598	6.61%	新进	--	发行前
2016-03-15	5	上海上国投资产管理有限公司	流通A股	975,923,794	5.23%	不变	--	发行前
2016-03-15	6	富德生命人寿保险股份有限公司-万能H	流通A股	888,411,642	4.76%	-318,781,732	-26.41%	发行前
2016-03-15	7	梧桐树投资平台有限责任公司	流通A股	619,672,265	3.32%	不变	--	发行前
2016-03-15	8	中国证券金融股份有限公司	流通A股	443,302,961	2.38%	18,848,823	4.44%	发行前
2016-03-15	9	上海国鑫投资发展有限公司	流通A股	377,101,999	2.02%	不变	--	发行前
2016-03-15	10	中央汇金资产管理有限责任公司	流通A股	278,686,300	1.49%	不变	--	发行前

图 1–56　“十大股东持股变动”页面

步骤 6 点击“基金持股”链接进入其页面，可以查看基金的持股数、持仓市值、占总股本比、占流通比、占净值比等数据，如图 1–57 所示。基金在股市上的出入会极大地影响个股的价格。基金入则价格涨；基金出则价格跌；基金持股不动，股价相对稳定。

财务分析 分红融资 股本结构 公司高管 资本运作 关联个股 资金流向 龙虎榜单 机构评级 智能点评

股东人数 | 十大流通股东 | 十大股东 | 十大股东持股变动 | 基金持股 | 限售解禁

2016-09-30 2016-06-30 2016-03-31 2015-12-31 2015-09-30 来源：基金季报

名次	基金代码	基金名称	链接	持股数(股)	持仓市值(元)	占总股本比	占流通比	占净值比
1	001683	华夏新经济混合	购买	122,677,919	2,022,958,884	0.57%	0.60%	5.23%
2	510050	华夏上证50ETF	购买	64,567,620	1,064,720,053	0.30%	0.31%	3.86%
3	510810	汇添富中证上海国企ETF	购买	45,615,212	752,194,845	0.21%	0.22%	5.33%
4	160631	鹏华银行分级	购买	34,804,699	573,929,486	0.16%	0.17%	8.33%
5	510180	华安上证180ETF	购买	24,156,063	398,333,478	0.11%	0.12%	2.37%
6	510300	华泰柏瑞沪深300ETF	购买	18,774,000	309,583,260	0.09%	0.09%	1.61%
7	159919	嘉实沪深300ETF	购买	15,621,175	257,593,175	0.07%	0.08%	1.54%
8	510330	华夏沪深300ETF	购买	14,247,270	234,937,482	0.07%	0.07%	1.46%
9	000471	富国城镇发展股票	购买	10,999,937	181,388,961	0.05%	0.05%	3.98%
10	510230	国泰上证180金融ETF	购买	10,196,163	168,134,727	0.05%	0.05%	5.14%
11	165521	信诚中证800金融指数分级	购买	5,617,457	92,631,865	0.03%	0.03%	4.38%
12	050001	博时价值增长混合	购买	5,131,100	84,611,839	0.02%	0.03%	1.66%
13	180003	银华-道琼斯88指数	购买	5,000,000	82,450,000	0.02%	0.02%	3.45%
14	161029	富国中证银行指数分级	购买	4,693,917	77,402,691	0.02%	0.02%	9.00%
15	510310	易方达沪深300发起式ETF	购买	3,711,500	61,202,635	0.02%	0.02%	1.60%
16	160418	华安中证银行指数分级	购买	3,690,205	60,851,480	0.02%	0.02%	8.30%
17	000172	华泰柏瑞量化增强混合A	购买	3,460,642	57,065,986	0.02%	0.02%	2.39%
18	001420	南方大数据300A	购买	2,741,396	45,205,620	0.01%	0.01%	3.38%
19	161723	招商中证银行指数分级	购买	2,662,097	43,897,979	0.01%	0.01%	8.99%
20	160716	嘉实基本面50指数(LOF)	购买	2,431,232	40,091,015	0.01%	0.01%	3.30%
21	040002	华安中国A股增强指数	购买	2,344,945	38,668,143	0.01%	0.01%	1.30%
22	001074	华泰柏瑞量化驱动混合	购买	2,276,905	37,546,163	0.01%	0.01%	2.59%
23	050201	博时价值增长贰号混合	购买	2,249,697	37,097,503	0.01%	0.01%	1.98%
24	519180	万家180指数	购买	2,127,077	35,075,499	0.01%	0.01%	2.27%
25	460002	华泰柏瑞积极成长混合A	购买	2,000,000	32,980,000	0.01%	0.01%	2.36%
26	481009	工银沪深300指数	购买	1,957,406	32,277,624	0.01%	0.01%	1.54%

图 1–57 “基金持股”页面

步骤 7 点击“股本结构”按钮进入其页面，可以查看限售解禁、股本结构、历年股本变动、股本构成等信息，如图 1–58 所示。

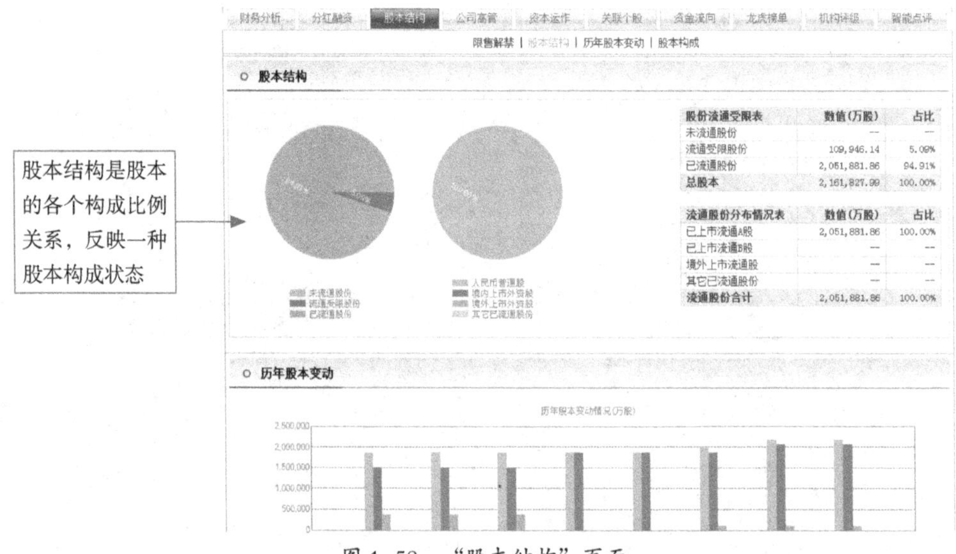

图 1–58 “股本结构”页面

CHAPTER 2

第 2 章 使用手机 APP 看盘

由于网络技术越来越发达，手机通信功能越来越全面，投资者已经可以不用局限在计算机上盯盘了，行动坐卧走，只要有一部智能手机或平板电脑，有无线网络覆盖，就可以随时随地看盘交易。

要点展示

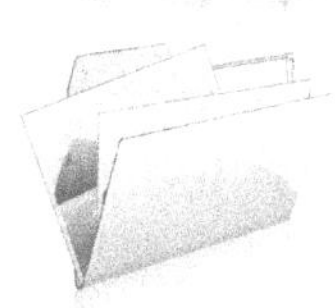

- WAP 网站看盘——东方财富网
- 手机 APP 看盘——通达信

2.1 WAP 网站看盘——东方财富网

移动互联网上有很多与股票有关的 WAP 网站，这些网站集财经信息、个股查询、股票论坛等服务于一身，是投资者投资股票的好工具。本节以“东方财富网”为例，介绍使用 WAP 网站快速看盘的方法和技巧。

2.1.1 获取最新的盘面资讯

“东方财富网”凭借权威、全面、专业、及时的优势，目前已成为国内访问量大、影响力强的财经门户网站。投资者要获取最新财经消息，可以轻松从上面找到，有助于更好地操盘。

通过“东方财富网”获取最新新闻财经信息的具体操作方法如下。

步骤 1 打开手机浏览器，地址栏中输入“东方财富网”的 WAP 网址，并点击“进入”按钮，如图 2-1 所示。

步骤 2 执行操作后，进入“东方财富网”主页，点击导航栏中的“股票”超链接，如图 2-2 所示。

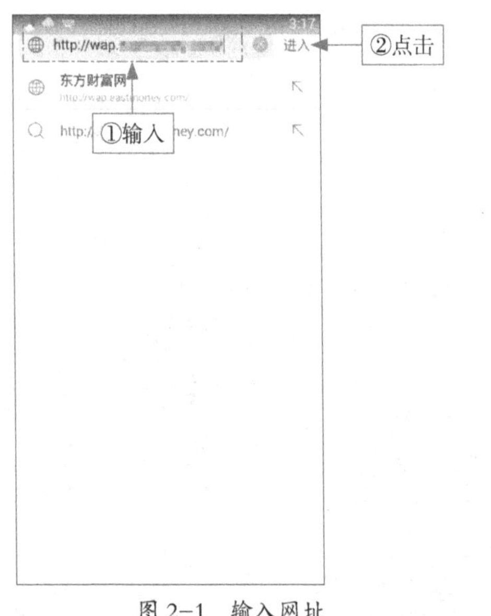

图 2-1 输入网址

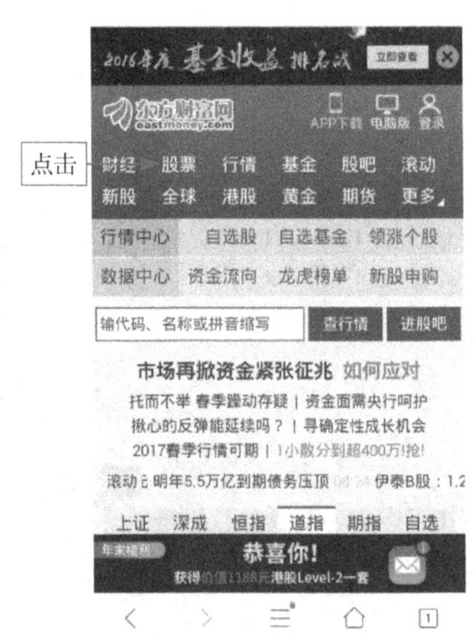

图 2-2 “东方财富网”主页

步骤 3 进入“股票频道”页面，用户可以点击“股市直播”“大盘分析”“个股点睛”“公司评级”“行业研究”“板块聚焦”等链接查看相关的财经资讯，如图 2-3 所示。

步骤 4 例如，点击“大盘分析”链接进入其页面，即可看到相应的新闻列表，点击任一新闻超链接，如图 2-4 所示。

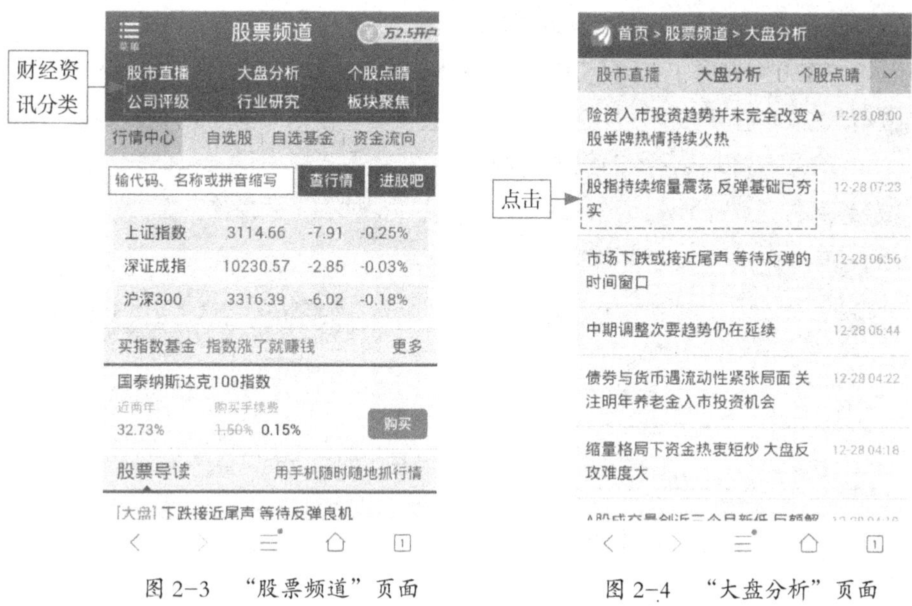

图 2-3 “股票频道”页面

图 2-4 “大盘分析”页面

步骤 5 在新打开的页面中即可看到该新闻或股票资讯，如图 2-5 所示。

步骤 6 另外，东方财富网的股市直播栏目，通过股票专家在线讲解的形式，准时为投资者解读最新的盘面变化和相关股票推荐，如图 2-6 所示。

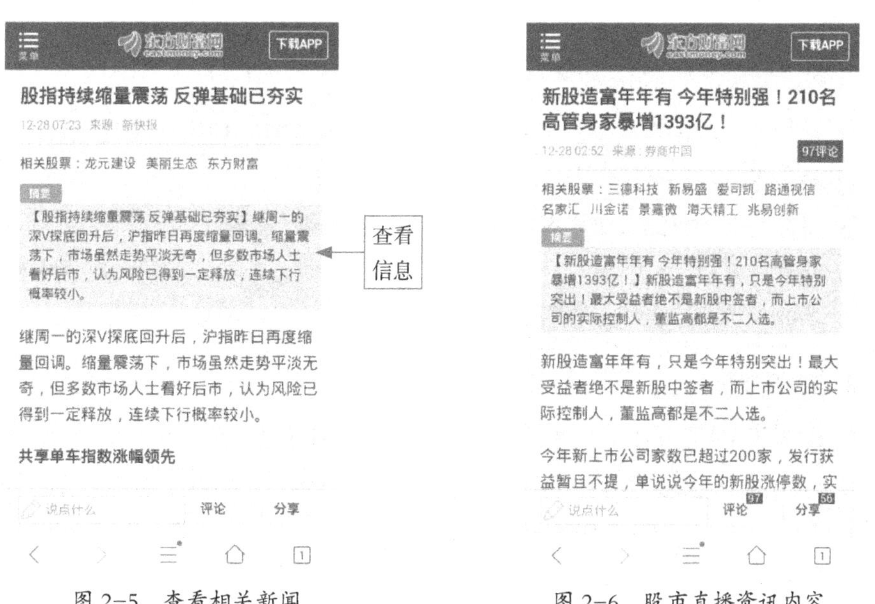

图 2-5 查看相关新闻

图 2-6 股市直播资讯内容

2.1.2 查询个股的盘面详情

投资股票，最重要的一点是查询股票的行情走势，通过对不同图形及不同数据的分析，判断股价的走势，找到最佳的买卖时机。

通过“东方财富网”查询个股行情的具体操作方法如下。

步骤 1 进入“股票频道”页面，用户可以在搜索框中输入相应的股票代码、名称或拼音，如上港集团的代码“600018”，如图 2-7 所示。

步骤 2 点击“查行情”按钮，进入上港集团（600018）的详情页面，默认显示分时走势图，如图 2-8 所示。

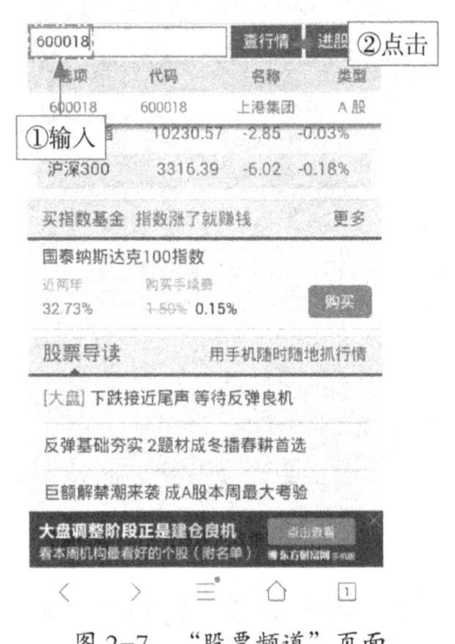

图 2-7 “股票频道”页面

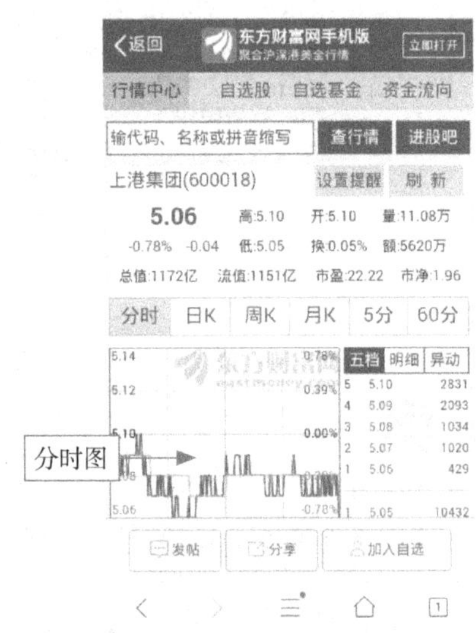

图 2-8 上港集团（600018）的详情页面

步骤 3 用户可以点击走势图上方的相应 K 线周期超链接，切换至 K 线图界面，如图 2-9 所示。

步骤 4 虽然查看个股的方法简单，但需要查看的内容却比较多，它们都会显示在个股查询页面中。例如，点击“五档”按钮，即可查看上港集团（600018）的实时五档盘口数据，如图 2-10 所示。

专家提醒

在图中显示的五档盘口中，若投资者想买入股票，当报价高于卖一，即高于 5.06 元的任何价位，就可即时成交，成交价是 5.06 元。如果投资者的报价是 5.05 元，那么你就跟其他报价 5.05 元买入的投资者一起排队等候。等到即时价格跌至 5.05 元，你才有机会成交。

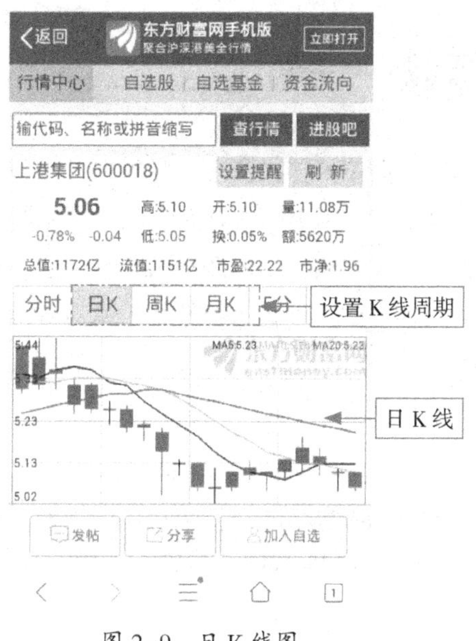

图 2-9 日 K 线图

图 2-10 五档盘口数据

步骤 5 在上港集团（600018）详情页面的下方，用户还可以查看个股的资金流向、行情报价、成交明细等详细的盘口数据，以及个股新闻、公告、研报、F10 信息等，如图 2-11 所示。

步骤 6 另外，东方财富网还打造了一个人气旺盛的股票主题社区——股吧，用户可以在此进行实时行情评论和个股交流，如图 2-12 所示。

图 2-11 个股盘口信息

图 2-12 查看股吧动态

2.2 手机 APP 看盘——通达信

股市作为目前最大的投资市场，长期以来都占据着人们投资理财最重要的地位。随着移动互联网技术的进步、市场的发展，如今人们开始使用手机查阅各种股票信息。对于新手投资者来说，当看到股市分时盘面后，常常会被复杂的数据与各种曲线弄得头昏脑胀。实际上，投资者可以通过手机 APP 快速了解这些内容，轻松看懂各种盘口信息，更准确地找到股价的运行方向。

2.2.1 下载与安装 APP

大部分的品牌手机（如小米、联想、华为、iPhone 等）都会预装供用户下载软件的应用商店，在网络允许的情况下，可以直接在手机的应用商店下载，这样就不需要通过计算机来传输。对于手机本身没有应用商店的用户，也可以先安装一个，方便自己下载软件应用。

下面以手机"应用宝"为例，介绍通过应用商店下载通达信 APP 的步骤。

步骤 1 在手机上开打"应用宝"软件，单击手机屏幕左上方的"搜索"按钮🔍，如图 2-13 所示。

图 2-13 点击"搜索"按钮

步骤 2 在搜索栏输入欲安装软件（如"通达信"），并点击"搜索"按钮🔍，如图 2-14 所示。

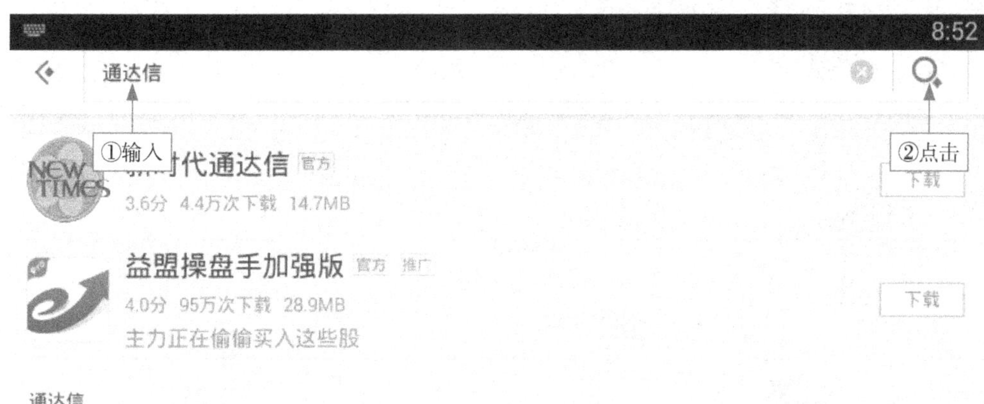

图 2-14 点击“搜索”按钮

步骤 3 执行操作后，显示搜索结果，选择适合的应用程序，点击“下载”按钮，如图 2-15 所示。

图 2-15 点击“下载”按钮

步骤 4 执行操作后，即可开始下载该 APP，并显示下载进度，如图 2-16 所示。

图 2-16　下载软件

步骤 5 下载完成后进入通达信安装界面，点击“下一步”按钮开始安装，稍等片刻，即可完成安装操作，系统提示“应用程序已安装”，点击“完成”按钮完成安装或者点击“打开”按钮可直接打开 APP，如图 2-17 所示。

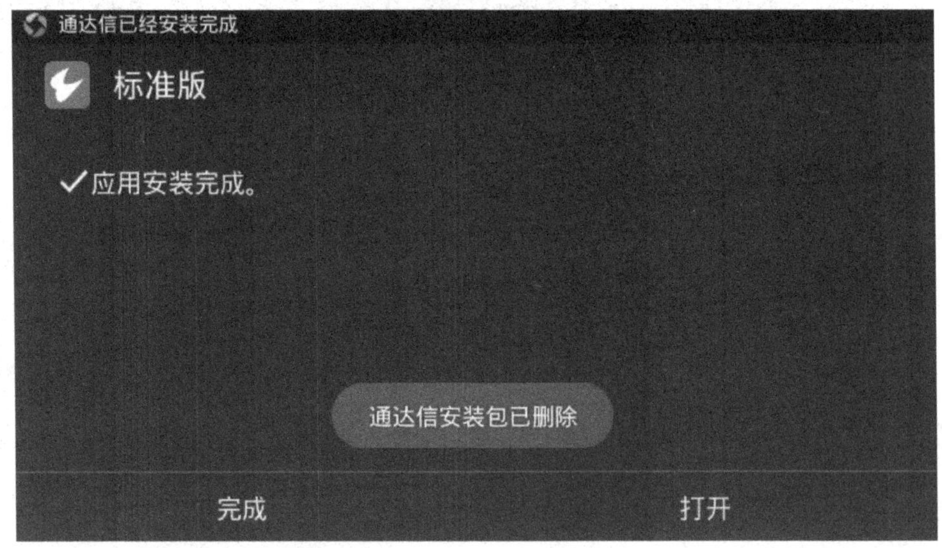

图 2-17　完成安装操作

2.2.2　设置和查看自选股

手机炒股，看行情，成为了热门的趋势。投资者不需要再实时守在计算机旁边，即可做好股票交易。那么，对于自选股，即投资者自己关注的股票，应该如何添加到手机软件中去呢？

下面以通达信 APP 为例，介绍设置和查看自选股的操作方法。

步骤 1 打开通达信 APP，进入“市场”界面，用户可以在此选择相应的股指类型，如沪深、板块、港股、环球等，系统会在该界面中列出领涨板块，以及涨幅榜、跌幅榜、5 分钟速涨榜、5 分钟速跌榜、换手率榜、量比榜等，如图 2-18 所示。

步骤 2 如果这些不够用，还想同时看到更多的指数，用户可以点击右上角的“更多”按钮来添加，如图 2-19 所示。

图 2-18 “市场”界面

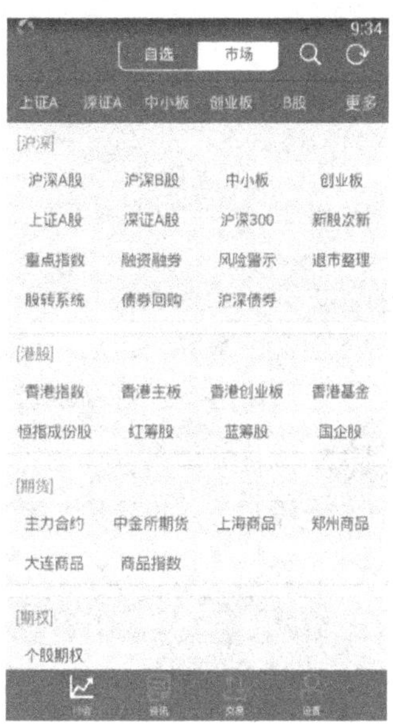

图 2-19 选择更多指数

专家提醒

通达信股票分析软件是多功能的证券信息平台，与其他行情软件相比，有简洁的界面和行情更新速度较快等优点。通达信股票分析软件在看盘方面的功能比较强大，投资者可以轻松查看有关股票盘口的基本信息。

步骤 3 点击“沪深 A 股”标签进入其界面，可以显示沪深两市的 A 股列表，如图 2-20 所示。

步骤 4 点击“涨幅”标签，即可对沪深两市的 A 股涨幅进行降序排列，如图 2-21 所示。

证券名称	现价	涨幅
平安银行 000001	9.10	+0.22%
万科A 000002	21.43	+0.05%
国农科技 000004	45.10	+1.17%
世纪星源 000005	6.86	-0.15%
深振业A 000006	9.63	0.00%
全新好 000007	25.48	+0.12%
神州高铁 000008	9.35	+0.43%
中国宝安 000009	10.69	-0.28%
美丽生态 000010	8.04	-0.86%
深物业A 000011	18.99	+0.21%

点击

图 2-20　“沪深 A 股”界面

证券名称	现价	涨幅↓
N日月 603218	34.42	+44.02%
N弘亚 002833	14.56	+44.02%
N元祖 603886	14.63	+44.00%
N英飞特 300582	21.36	+43.84%
N同为 00283?	17.74	+43.76%
中润资源 000506	11.18	+10.04%
亚振家居 603389	26.46	+10.02%
森特股份 603098	28.34	+10.02%
兴齐眼药 300573	28.23	+10.02%
汇金通 603577	23.40	+10.01%

涨幅降序排列

图 2-21　排列个股顺序

步骤 5 在“证券名称”标签栏处滑动屏幕，用户还可以切换查看总金额、量比、今开、最高、最低、昨收、市盈率、总股本、流通股本、总市值、每股收益、每股净资产等数据排行，如图 2-22 所示。

步骤 6 选择感兴趣的股票点击打开，点击右上角的“+”按钮，即可将当前选择的股票加入自选股，系统会提示“添加成功”，如图 2-23 所示。

证券名称	量比	今开	最高
平安银行 000001	0.90	9.08	9.11
万科A 000002	1.51	21.24	21.48
国农科技 000004	1.93	44.66	45.20
世纪星源 000005	0.69	6.87	6.88
深振业A 000006	0.94	9.53	9.65
全新好 000007	0.68	25.77	25.77
神州高铁 000008	1.35	9.31	9.38
中国宝安 000009	0.99	10.69	10.72
美丽生态 000010	7.57	8.12	8.14
深物业A 000011	1.65	18.95	19.23

图 2-22　切换查看其他数据排行

图 2-23　添加自选股

步骤 7 或者不进入“涨跌排名”界面，直接点击主界面右上角的搜索图标，进入“股票查询”界面，在搜索框中输入自己关注的股票代码或名称，点击右侧的“+”号加入自选股，如图 2-24 所示。

步骤 8 在“行情”界面点击“自选”按钮切换至该界面，即可查看添加的自选股，如图 2-25 所示。

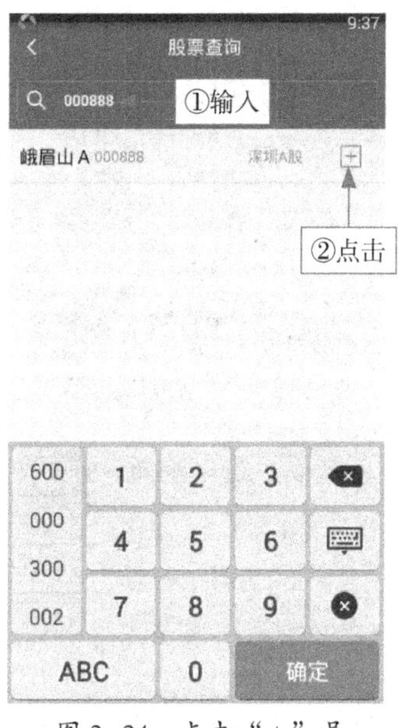

图 2-24 点击“+”号

图 2-25 “自选”界面

专家提醒

智能手机最方便的地方就在于，一根手指、一个按键即可完成大部分操作。它不同于计算机，不需要键盘、鼠标、左键、右键。手机受限于按钮少，显示面积小，所以它的设计都是尽可能地人性化。

2.2.3 查看大盘指数动态

通达信炒股软件具有齐全的产品线，其产品覆盖实时数据、基本面资料、资金面分析等功能层面。使用通达信手机炒股软件看大盘指数的具体操作方法如下。

步骤 1 打开通达信手机炒股软件，进入“市场”界面，点击“板块”标签，将显示各种板块的涨跌幅情况，如图 2-26 所示。

步骤 2 点击“港股”标签，在这个界面里，显示的是沪港通开通后，投资者可以交易操作的港股，如图 2-27 所示。

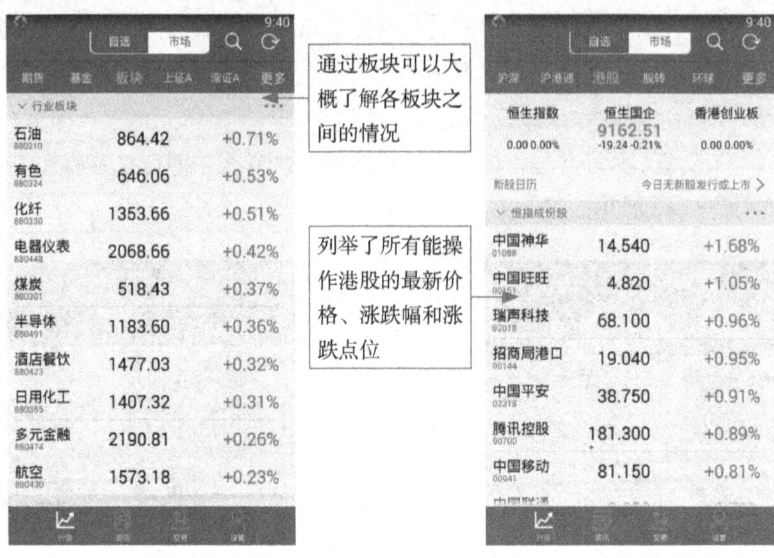

图 2-26　“板块”标签　　　　图 2-27　“港股”标签

步骤 3 点击右上角的“更多”按钮进入其界面，下方显示的是期货、期权、基金、环球指数等的走势，如图 2-28 所示。

步骤 4 点击其中任何一个按钮，都会显示出按钮所代表的市场，如点击“货币基金”，将显示货币基金的收益情况，如图 2-29 所示。

图 2-28　“更多”界面　　　　图 2-29　显示货币基金的收益情况

步骤 5 在“市场”界面的上方，点击“沪深指数”右侧的 ··· 按钮，如图 2-30 所示。

步骤 6 执行操作后，即可进入“沪深指数”界面，此处列出了沪深市场的所有大盘指数，如图 2-31 所示。

自选 市场

沪深 沪港通 港股 股转 环球 更多

沪深指数 点击

上证指数	深证成指	创业板指
3114.39	10227.33	1968.33
-0.28 -0.01%	-3.24 -0.03%	-0.29 -0.01%

新股日历 今日新股5申购3中签3

领涨行业

石油	电器仪表	日用化工
1.02%	0.68%	0.61%

化纤	有色	煤炭
0.63%	0.50%	0.49%

领涨概念

摘帽概念	ST板块	稀缺资源
0.79%	0.68%	0.66%

图 2-30 点击相应按钮

沪深指数

证券名称	现价	涨幅
中小板指 399005	6514.87	+0.07%
中小300 399008	1430.86	+0.02%
上证指数 999999	3115.04	+0.01%
深证综指 399106	1979.97	+0.01%
深证300 399007	4084.25	-0.00%
创业板指 399006	1968.39	-0.01%
深证100R 399004	4466.23	-0.01%
中证500 000905	6288.07	-0.01%
深证成指 399001	10229.08	-0.01%
上证380 000009	5562.71	-0.04%

图 2-31 “沪深指数”界面

步骤 7 选择某种大盘指数后，点击进入其分时走势页面，如图 2-32 所示。

步骤 8 点击“日 K”按钮，即可查看大盘 K 线图，用户也可以结合 K 线图走势进行分析，以提高预测准确度，如图 2-33 所示。

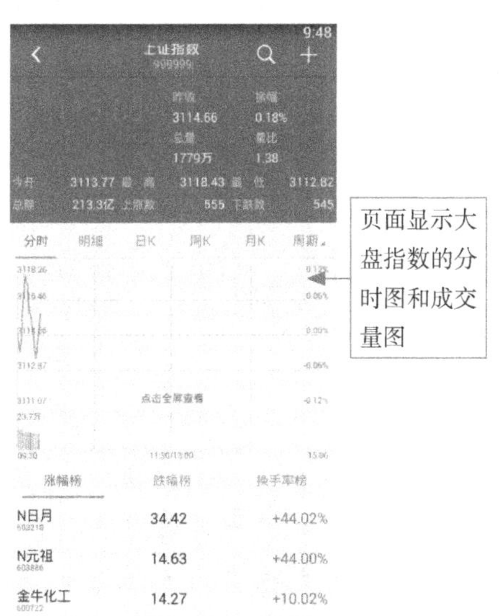

图 2-32 大盘分时页面

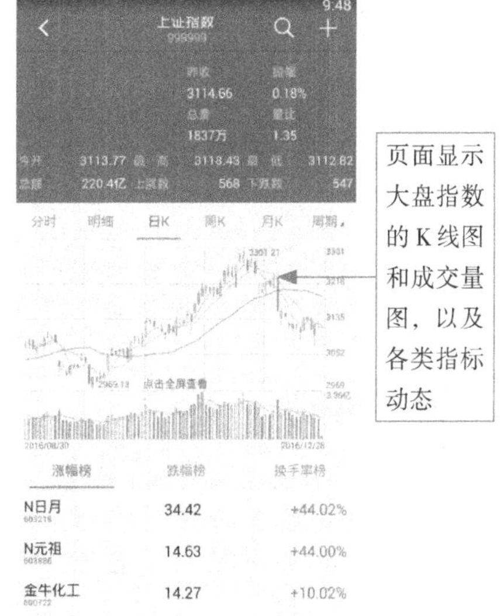

图 2-33 显示相关信息

步骤 9 点击 K 线图，即可在手机中以全屏的方式查看大盘走势图，效果如图 2-34 所示。

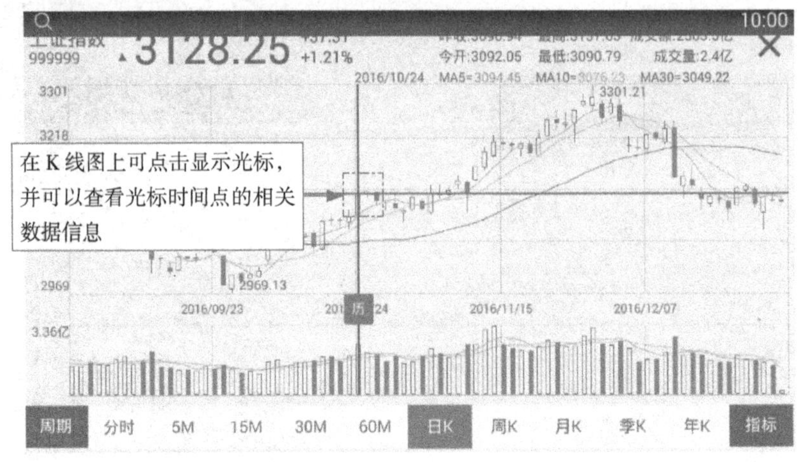

图 2-34　全屏显示

步骤 10 点击“历”按钮，即可查看大盘的历史分时走势图，使用左右手势可以进行翻页操作，如图 2-35 所示。

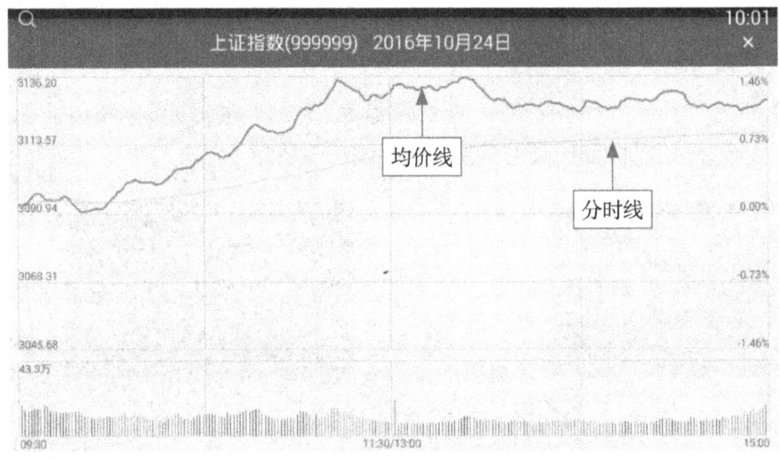

图 2-35　历史分时走势图

专家提醒

在股票市场，或者别的证券市场上，有多头和空头之分。所谓的多头，是指投资者看好市场的走向为上涨，于是先买入，再卖出，以赚取利润或者是差价；所谓的空头是指投资者或者是投机者看到未来的走向为下降，所以就抛出手中的证券，然后再伺机买入。其中，买入的叫多方，卖出的叫空方。投资者想要有稳定的获利，就必须分清多空双方的力量，而分时图中的均价线就是一个不错的工具。

- 多方想让价格上涨，就会积极地向上推升股价，此时分时线会不断上行，均价线同时也会不断上行，因为均价线代表了此时的平均持股成本。股价在均价线上方运行，就说明多方依然控制着整个市场。
- 如果股价下跌，则不仅分时线会向下运行，而且代表平均持股成本的均价线也会向下移动。这就说明当前市场已经是空方占据绝对优势。因此，投资者只要及时查看均价线的走势，便可以清楚地洞察当前所处的股市行情。

2.2.4 分析个股盘口信息

对于每一位长期涉足股市投资的股民而言，学会如何通过手机看盘、掌握手机看盘的基本方法和各种技巧是一门极其重要的必修课。正确地使用手机看盘可以提高对股价运行趋势预测的准确性，从而直接影响投资者投资的成功或失败。

使用通达信手机炒股软件分析个股盘口信息的具体操作方法如下。

步骤 1 在“我的自选”界面点击右上角的搜索按钮，如图 2-36 所示。

步骤 2 进入“股票查询”界面，在搜索框中输入相应的股票代码或名称，如三一重工的股票代码“600031”。点击搜索到的个股名称，如图 2-37 所示。

图 2-36 点击搜索按钮

图 2-37 搜索股票

步骤 3 执行操作后，即可进入个股详情界面，如图 2-38 所示。

步骤 4 点击“日 K”“月 K”或“周 K”按钮，即可显示个股的 K 线走势和成交量，如图 2-39 所示。

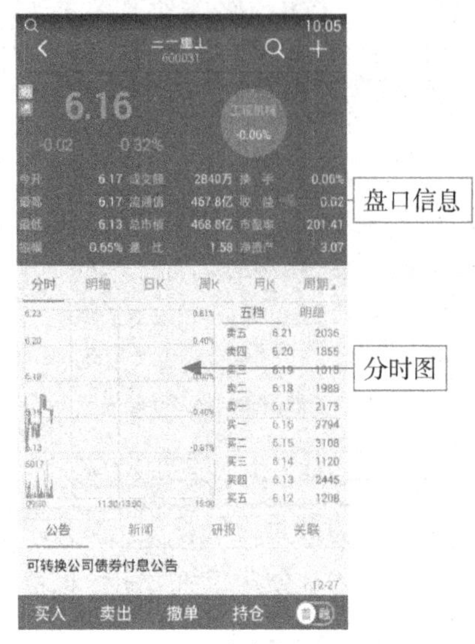

图 2-38　个股详情界面

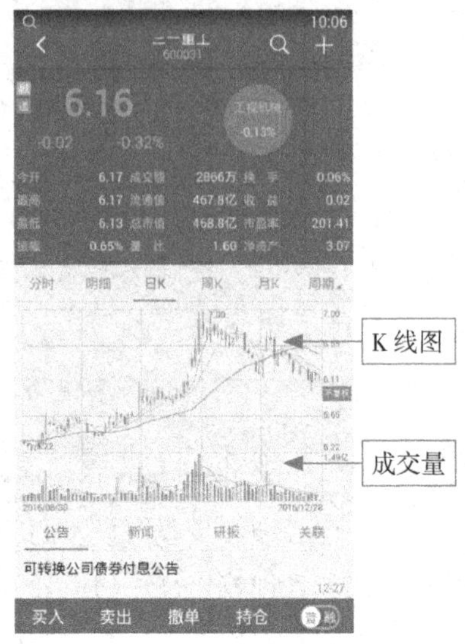

图 2-39　K 线走势图页面

步骤 5 点击个股的走势图，即可以全屏显示走势图，如图 2-40 所示。

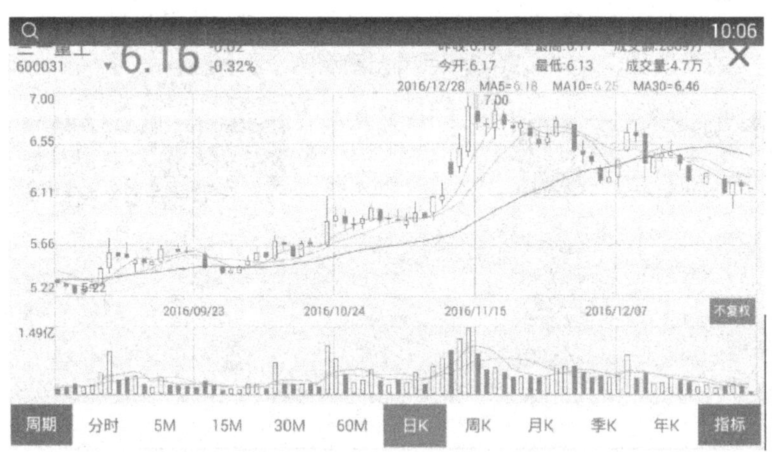

图 2-40　全屏显示走势图

步骤 6 在个股详情界面中，向上滑动屏幕，用户可以在“公告、新闻、研报、关联”列表中选择查看相应的个股信息，如图 2-41 所示。

步骤 7 例如，点击相应的新闻标题，即可进入资讯内容界面，查看具体的个股新闻内容，如图 2-42 所示。

步骤 8 在个股详情界面中，向上滑动屏幕，用户可以在“资金、简况、股东、财务”列表中选择查看相应的个股基本面信息，如图 2-43 所示。

2016/08/30
2016/12/28
公告
新闻
研报
关联
可转换公司债券付息公告
12-27
关于收到《中国银监会湖南监管局关于湖南三湘...
12-26
2016年第三次临时股东大会资料
12-21
关于转让股权和应收账款暨关联交易对公司利润...
12-15
董事会审计委员会关于公司第六届董事会第十次...
12-14
点击查看更多
买入
卖出
撤单
持仓

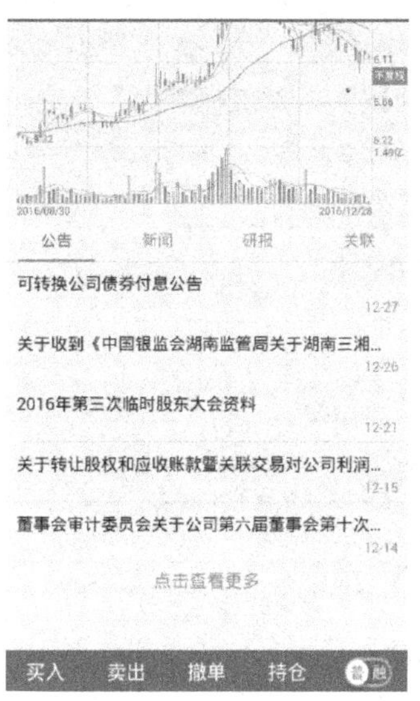

图 2-41 个股资讯列表

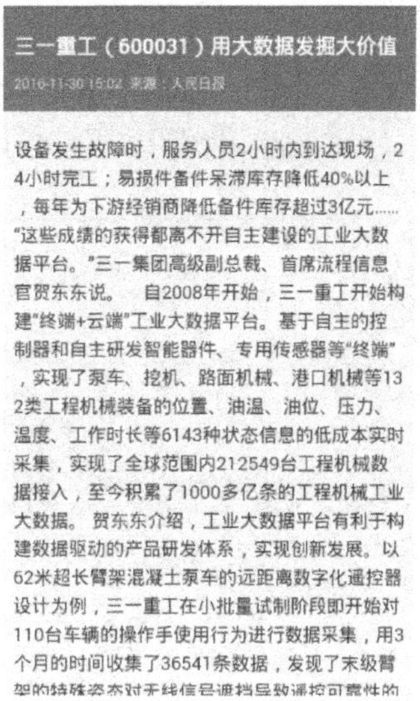

三一重工（600031）用大数据发掘大价值
2016-11-30 15:02 来源：人民日报
设备发生故障时，服务人员2小时内到达现场，24小时完工；易损件备件呆滞库存降低40%以上，每年为下游经销商降低备件库存超过3亿元……“这些成绩的获得都离不开自主建设的工业大数据平台。”三一集团高级副总裁、首席流程信息官贺东东说。 自2008年开始，三一重工开始构建“终端+云端”工业大数据平台。基于自主的控制器和自主研发智能器件、专用传感器等“终端”，实现了泵车、挖机、路面机械、港口机械等132类工程机械装备的位置、油温、油位、压力、温度、工作时长等6143种状态信息的低成本实时采集，实现了全球范围内212549台工程机械数据接入，至今积累了1000多亿条的工程机械工业大数据。 贺东东介绍，工业大数据平台有利于构建数据驱动的产品研发体系，实现创新发展。以62米超长臂架混凝土泵车的远距离数字化遥控器设计为例，三一重工在小批量试制阶段即开始对110台车辆的操作手使用行为进行数据采集，用3个月的时间收集了36541条数据，发现了末级臂

图 2-42 查看个股资讯

步骤 9 点击“简况”标签，显示的是个股的基本资料，如图 2-44 所示。

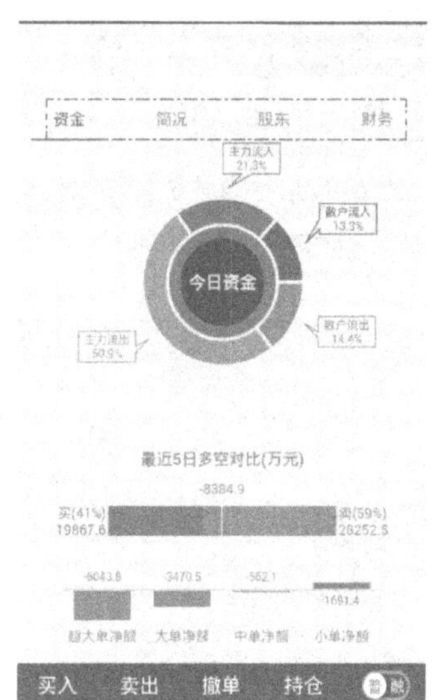

资金
简况
股东
财务
主力流入 21.3%
散户流入 13.3%
今日资金
主力流出 50.9%
散户流出 14.4%
最近5日多空对比(万元)
-8384.9
买(41%) 19867.6
卖(59%) 28252.5
-6043.8
-3470.5
-562.1
1691.4
超大单净额
大单净额
中单净额
小单净额
买入
卖出
撤单
持仓

图 2-43 个股基本面信息

资金
简况
点击
财务
公司简介
公司名称 三一重工股份有限公司
上市日期 2003-07-03
发行价格 15.56
发行数量 6000.00万
所属地区 湖南板块
所属行业 工程机械
主营业务 工程机械产品及配件的开发、生产和销售。
办公地址 北京市昌平区北清路8号
公司网站 www.sanyhi.com
分红送股
年度 方案 除权日
2015-12 10派0.10 2016-08-24
2014-12 10派0.48 2015-06-11
2013-12 10派1.20 2014-08-08
2012-12 10派2.50 2013-08-22
买入
卖出
撤单
持仓

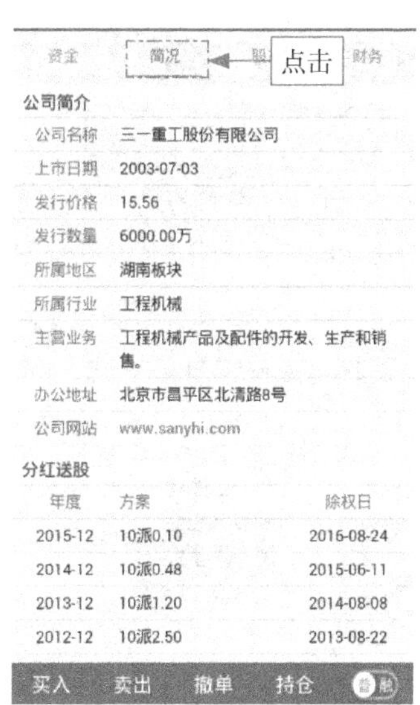

图 2-44 “简况”标签

步骤 10 点击“股东”标签，可以查看个股的股东变动情况，其中包括股东人数、十大流通股东、十大股东等数据，如图 2-45 所示。

步骤 11 点击“财务”标签，可以查看个股的关键财务指标、利润表、资产负债表、现金流量表等财务数据，如图 2-46 所示。

步骤 12 在个股详情界面中，向上滑动屏幕，用户可以在“重大事项、一致预期、热

点题材”列表中选择查看相应的个股信息。例如，在“重大事项”标签中，显示了个股的重大事项、业绩披露、业绩预告、龙虎榜、大宗交易、融资融券等数据，如图 2-47 所示。

总股本(万)			761086.10
流通A股(万)			759372.04
流通A股占比			99.77
股东户数			451598
户均持股			16853.18
最大股东			三一集团有限公司
最大股东占比			46.20
机构持股占比			2.29

重要股东持股变动

股东	截止日期	均价	变动(万)
易小刚	2015-09-28	6.50	61.55
三一集团、梁稳根、唐修国、袁金华、代晴华	2015-07-28	7.42	6973.19
向文波	2015-07-28	8.38	119.00
毛中吾	2015-07-28	7.83	27.50
周福贵	2015-07-28	8.38	59.50

十大股东 2016-09-30

图 2-45 “股东”标签

资金 简况 股东 财务 点击

关键指标	2016-09-30
每股收益	0.02
每股净资产	3.07
每股资本公积	0.07
每股未分配利润	1.78
每股经营性现金流	0.27
净资产收益率	0.75
总资产回报率	0.28
利润表	**2016-09-30**
营业总收入(百万)	16489.66
营业总收入增长率	-10.80
营业利润(百万)	267.55
营业利润增长率	285.96
净利润(百万)	174.58
净利润增长率	353.84
资产负债表	**2016-09-30**
资产总计(百万)	60037.72

买入 卖出 撤单 持仓 普 融

图 2-46 “财务”标签

步骤 13 点击“一致预期”标签，会显示基于各券商分析师的调查（研究报告、电话、E-mail 等）的上市公司盈利预期数据平均值，如图 2-48 所示。

重大事项 一致预期 热点题材

重大事项

日期	重大事项
2016-12-30	网络投票开始日
2016-12-30	股东大会召开日
2016-12-30	网络投票结束日
2016-12-23	股东资格登记日
2016-12-10	增发新股招股书刊登日

业绩披露

报告期	披露时间
2016-12-31	2017-04-28

业绩预告

日期	业绩类型
2015-12-31	业绩大幅下降

龙虎榜

日期	类型
2015-09-14	涨幅偏离值达7%的证券

大宗交易

买入 卖出 撤单 持仓 普 融

图 2-47 “重大事项”标签

日期	机构	评级	目标价
2016-12-15	东吴证券	增持	--
2016-12-15	广发证券	买入	--
2016-12-15	招商证券	买入	--
2016-11-02	广发证券	买入	--
2016-08-29	兴业证券	增持	--
2016-08-02	广发证券	买入	--

图 2-48 “一致预期”标签

一致预期数据是以卖方原始预测为基础，从卖方机构影响度、发布时间两个维度进行加权计算，反映市场综合预期水平的数据。

一致预期数据的应用极为广泛，除作为综合预期水平的一般应用以外，其作为中国 A 股的预期基准数据具有极高的数据挖掘意义。

2.2.5　普通交易和信用交易

通达信 APP 支撑普通交易和信用交易两种股票交易方式。

（1）普通交易：投资者可以进行持仓、买入、卖出、撤单等操作，同时还可以办理委托查询、新股申购、银证业务、三方存管业务、ETF 业务、场内开放式基金、场外基金等金融业务，如图 2-49 所示。

（2）信用交易：投资者可以进行担保品、融资的买入和卖出操作，还具有卖券还款、现金还款、买券还券、现券还券等功能，同时也可以办理新股申购、持仓、撤单、担保品、综合查询、银证业务等金融业务，如图 2-50 所示。

图 2-49　“普通交易”界面

图 2-50　“信用交易”界面

CHAPTER 3

第3章 运用分时窗口看盘

学前提示

分时图是从微观的角度去展示股价在一天中的上下波动情况。在了解了股市的大体趋势后，就要深入研究股价每天的运行状况。要全面看懂股票盘口，就要从宏观层面逐级缩小至微观层面，这样才能从细微处见大势，做到见微知著。

要点展示

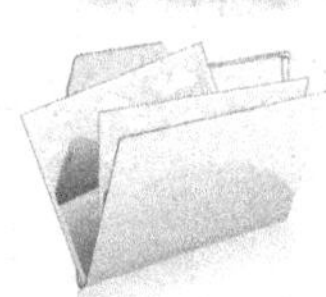

- 读懂盘口分时图
- 剖析各种分时盘面
- 分时图各时段的看盘要点

3.1 读懂盘口分时图

分时走势图又称即时走势图，是指把股票市场的交易信息适时地用曲线在坐标图上加以显示的技术图形。坐标的横轴是开市的时间，纵轴的上半部分是股价或指数，下半部分显示的是成交量。分时走势图是股市现场交易的即时资料。分时走势图分为大盘分时走势图和个股分时走势图。

3.1.1 大盘分时图

大盘指数即时分时图是指大盘指数在一天内每分钟的动态走势图，它反映了大盘指数一天内的运行情况。大盘指数即时分时图由买盘比率、卖盘比率、加权指标和不加权指标共4个部分组成。图3-1所示为2016年12月27日上证指数（999999）的大盘即时分时图。

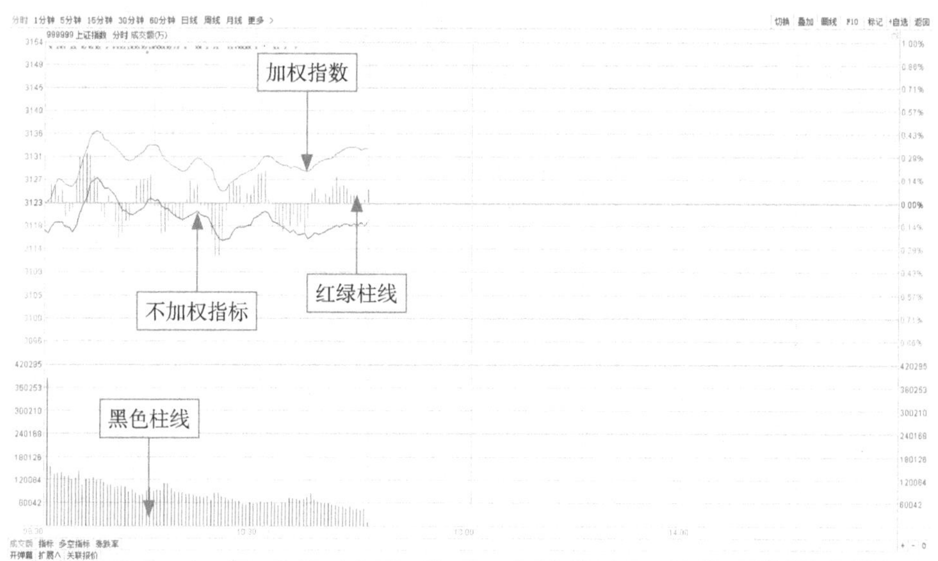

图3-1 上证指数的大盘分时图

- 加权指数：即证交所每日公布的大盘实际指数。
- 不含加权指标：大盘不含加权的指标，即不考虑股票盘子的大小，而将所有股票对指数影响看作相同而计算出来的大盘指数。
- 红绿柱线：在两条曲线附近有红绿柱状线，是反映大盘即时所有股票的买盘与卖盘在数量上的比率。红柱线的增长缩短表示上涨买盘力量的增减；绿柱线的增长缩短表示下跌卖盘力度的强弱。

- 黑色柱线：用来表示每一分钟的成交量，单位是手。

专家提醒

红绿柱线是股票买盘和卖盘的比率。红线柱增长，表示买盘大于卖盘，指数将逐渐上涨；红线柱缩短，表示卖盘大于买盘，指数将逐渐下跌。绿线柱增长，指数下跌量增加；绿线柱缩短，指数下跌量减少。

3.1.2 个股分时图

个股即时分时图显示的是个股每分钟价格变动的动态图，是研判个股当天走势的重要参考依据。个股即时分时图分别由成交价曲线、平均价曲线和成交量柱线共三部分组成。图 3-2 所示为 2016 年 12 月 27 日平安银行（000001）的即时分时图。

图 3-2　平安银行（000001）的即时分时图

专家提醒

分时图上只能显示一个交易日的走势，如果想了解近几个交易日的分时走势，则可以用查看多日分时图功能。在通达信股票分析软件中的个股分时图上单击鼠标右键，在弹出的快捷菜单中选择“多日分时图”选项，在弹出的子菜单中可以选择查看近 10 日的分时图。

与大盘分时走势图相似，在个股分时走势图下方的黑色柱线代表每分钟该股的成交手数。并且，移动鼠标光标也可以查看指定时间的成交手数，如图 3-3 所示。

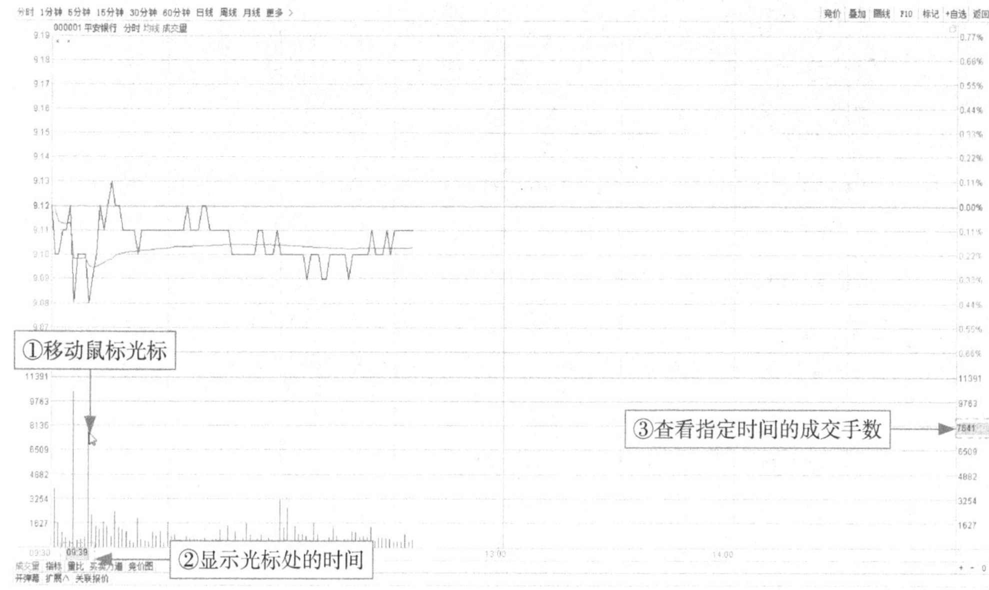

图 3-3　成交量柱线

3.2　剖析各种分时盘面

分时走势图不仅可以分析股票的买卖点，也可以预测股价短期内的走势。本节就来对几种经典的分时走势盘面进行分析。

3.2.1　低开分时走势盘面

低开分时走势盘面包括两种情况，分别是低开低走盘和低开高走盘。

1. 低开低走盘

低开低走是指股票当日的开盘价低于上一个交易日的收盘价，且在整个交易日中股价持续下跌，在分时图中表现为左高右低的形态，如图 3-4 所示。

下面举例说明低开低走盘面分析。

步骤 1 如图 3-5 所示，深天地 A（000023）分时图在 2016 年 8 月 22 日形成低开低走的走势。从图中可以看出，该股当日的走势呈低开低走，股价一路下跌，跌幅达 5.5% 左右。早盘成交量有略微放大，盘中成交量保持地量，尾盘再次放量下跌。

步骤 2 图 3-6 所示为深天地 A（000023）的 K 线走势图。从图中可以看出，股价在 8 月 22 日收出一根阴线，随后股价进入短暂的横盘走势。此处的 K 线是主力洗盘整理的表现，与当日低开低走的分时图相吻合。待主力洗盘结束后，股价继续保持了前期的上涨走势，一直至 37.22 元的高点。如果投资者持有该股，则获利颇丰。

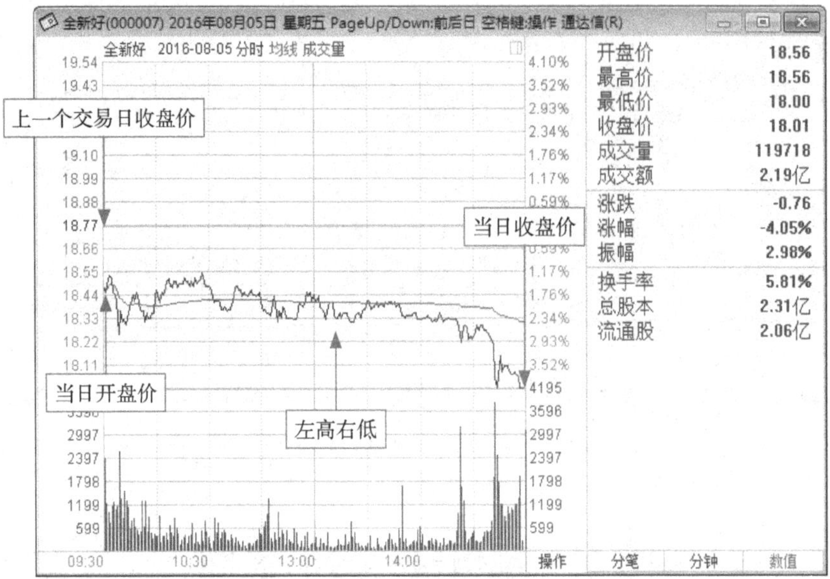

图 3-4 低开低走分时走势盘面

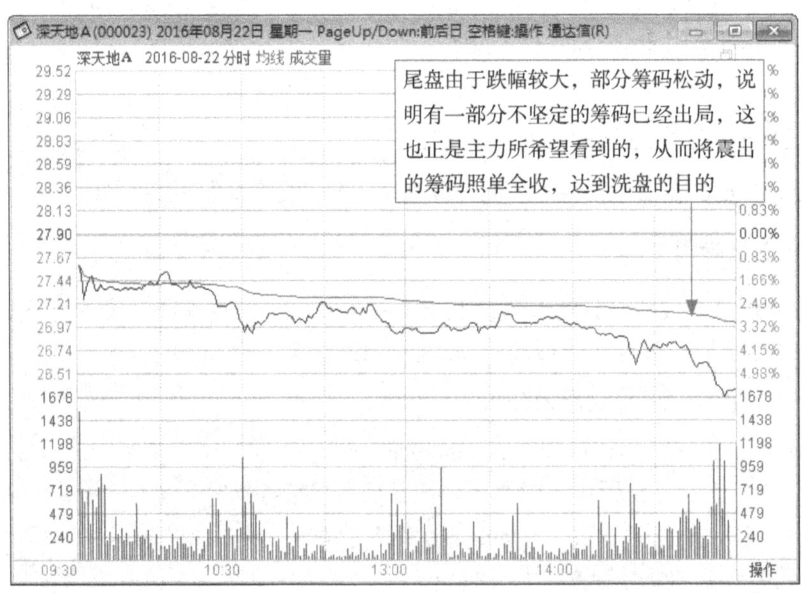

图 3-5 深天地 A（000023）分时图出现低开低走盘面

根据低开低走分时出现的位置不同，可以将其分为不同的情况，如表 3-1 所示。

表 3–1 不同阶段低开低走的盘面意义

阶段	盘面分析	投资策略
底部建仓阶段	如果某日股价出现低开低走走势，则说明主力在进行试盘操作	投资者应保持观望，待主力建仓完毕，开始拉抬股价时介入
横盘整理阶段	在股价横盘整理时出现低开低走形态，有可能是主力在进行洗盘或者试盘操作	此时投资者可以继续观望
股价高位阶段	股价阶段性地在高位出现低开低走形态，这种情况有可能是主力要出货了。如果成交量未有大幅放量的迹象，量比值也较低，则表明主力在悄悄出货，怕引起投资者关注；如果成交量放大，说明主力出逃意愿明显，不再留恋该股	在高位股价低开低走通常表明下行力量或形成，持有的投资者可以适当减仓，短期内可能有下行的趋势

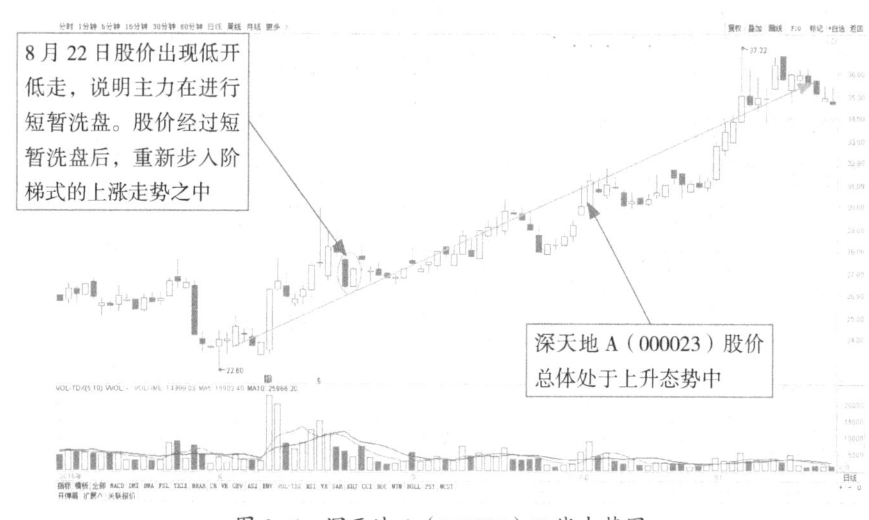

图 3–6 深天地 A（000023）K 线走势图

2. 低开高走盘

低开高走是指股票当日的开盘价低于上一交易日收盘价，而收盘时收盘价却高于上一交易日收盘价。在分时图上表现为成交价曲线和平均价曲线都形成左低右高震荡上升的曲线，如图 3–7 所示。

专家提醒

由于股价容易受消息面影响，在人们普遍预期不好或有大利空消息时开盘容易低开；但经过情况好转或利好消息传来，股价回升高于开盘价，形成低开高走。若个股探底回升的幅度超过跌幅的 50%，则短期内上涨概率较大，投资者可在上一个交易日的收盘价上挂单买进。

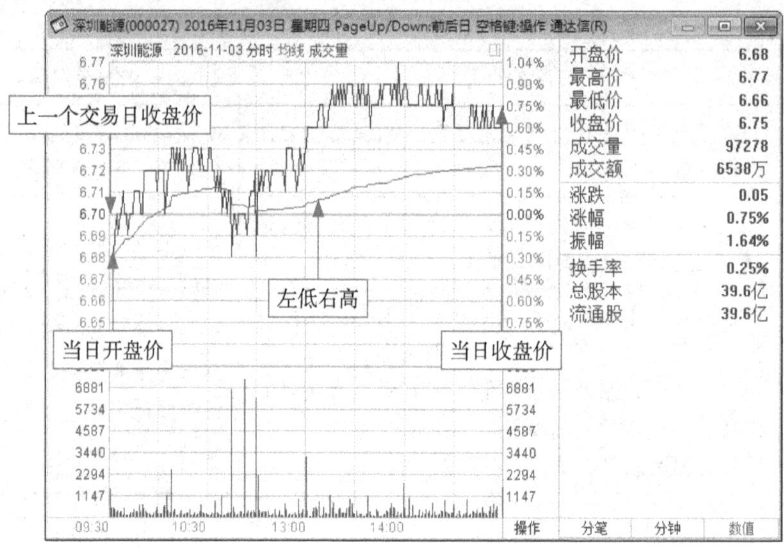

图 3-7 低开高走分时走势盘面

下面举例说明低开高走盘面分析。

步骤 1 如图 3-8 所示，深深房 A（000029）分时图在 2015 年 12 月 1 日形成低开高走的走势。从图中可以看出，该股当日在早盘时成交量较为密集，盘中短暂放量，至尾盘又有放量的迹象。

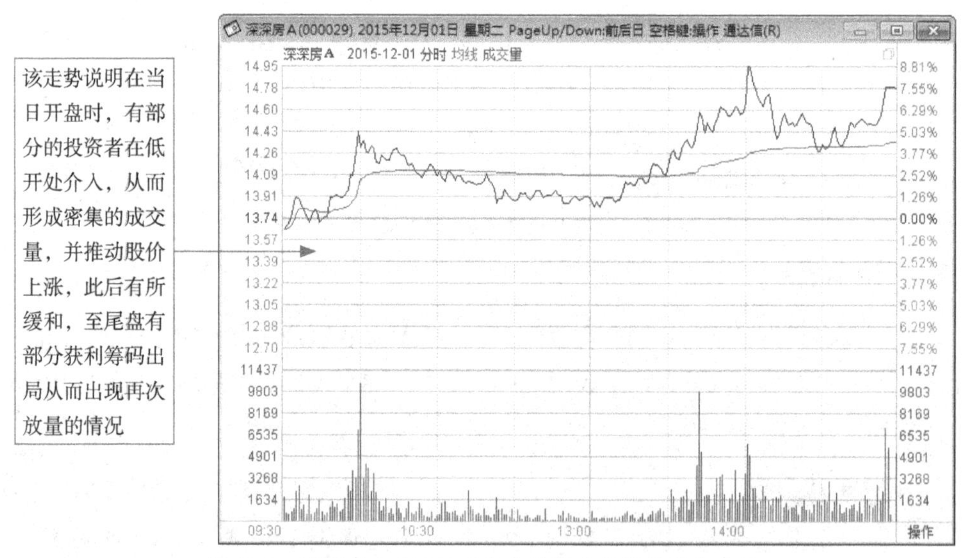

图 3-8 深深房 A（000029）分时图出现低开高走盘面

步骤 2 图 3-9 所示为深深房 A（000029）的 K 线走势图。从图中可以看出，2015 年 12 月 1 日股价出现低开高走时已是拉升阶段末期，虽然收出大阳线，但没有突破前期高点，显示主力拉升力量已逐步衰竭，上涨动能不足。主力此时低开高走，是为了吸引跟风盘完成诱多出货的计划。由此可见，主力是不会真正为散户考虑的，其目的只有一个，就是为了完成自己的操盘任务。

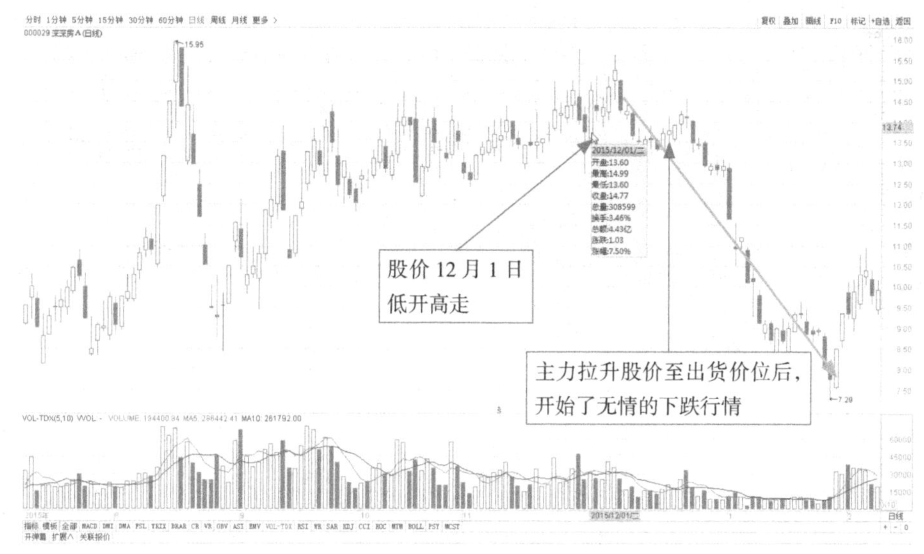

图 3–9 深深房 A（000029）K 线走势图

根据低开高走分时出现的位置不同，可以将其分为不同的情况，如表 3–2 所示。

表 3–2 不同阶段低开高走的盘面意义

阶段	盘面分析	投资策略
底部建仓阶段	如果当日出现低开高走的分时图，则说明主力在短暂拉升试盘。如果量能没有放大，则试盘还未结束，主力仍会继续建仓，股价继续在底部运行；如果量能放大，则为主力有意拔高股价建仓	投资者应观望，并随时准备入场
股价拉升初期	如股价当日出现低开高走的分时图，则说明主力开始主动拉升股价。如果量能没有放大，则说明盘中筹码较为稳定，没有中途获利盘涌出，主力控制住了大部分筹码；如果量能放大，并且换手率高，则为主力大举拔高股价，后期涨幅可观	投资者可以在相对低位介入
股价拉升末期	若股价出现低开高走的走势，则说明主力在做最后的拉升操作，拉升即将结束。主力拉高股价吸引跟风盘，进行诱多操作，为将来出货做准备	投资者应谨慎操作，随时准备出货
股价高位阶段	当股价处于顶部区域时，若出现低开高走的走势，则说明主力利用平台上股价的小幅震荡进行出货动作。若换手率高，则更加验证了这一现象	投资者应果断离场

3.2.2 高开分时走势盘面

高开分时走势盘面包括两种情况，分别是高开低走盘和高开高走盘。

1. 高开低走盘

高开低走与低开高走刚好相反，是指股价指数在前一交易日收市点位以上开市，随着交易的进行，股价指数不断下跌，整个交易日都呈现下跌趋势，并且跌破上一个交易日的收盘价，在分时图上表现出左高右低震荡向下的曲线，如图 3-10 所示。

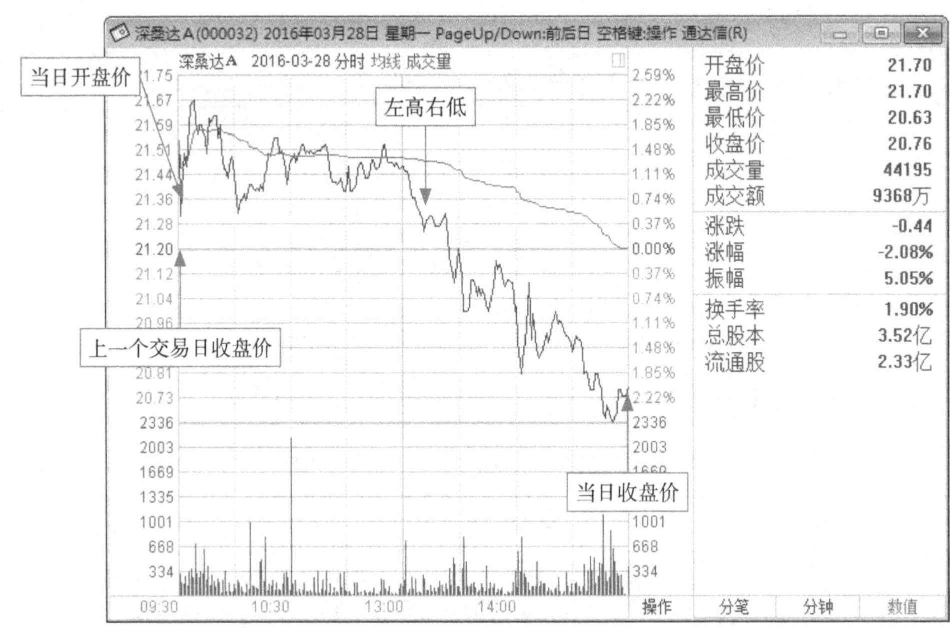

图 3-10　高开低走分时走势盘面

高开低走出现在不同的阶段，其代表的意义也不同，如表 3-3 所示。

表 3-3　不同阶段高开低走的盘面意义

阶段	盘面分析	投资策略
底部建仓阶段	如果当日股价高开低走，则是主力有意高开试盘，测试盘中的中小机构和散户的持筹耐心和抛压力度，为进一步建仓或者拉升做准备	• 如果向下打压量能没有有效放大，则是盘中筹码锁定稳定性较好，底部调整仍将继续。 • 如果放量（量比 1 倍以上）打压，则是主力有意压低建仓，底部中小机构和散户筹码松动，恐慌盘涌出，后市下跌空间有限，短线机会即将来临，中线机会较大

续表

阶段	盘面分析	投资策略
股价拉升阶段初期	如果当日股价高开低走，则是主力欲加速发力上攻，以脱离建仓成本区	• 如果当日量能没有有效放大，则是主力有意向下打压，完成在拉升前最后一次洗盘动作。由于主力基本控盘，因此跌幅空间有限，极有可能在重要支撑位附近企稳。 • 如果当日放量（量比 3 倍以上）打压，换手率 5% 以上，则是主力投入巨资操作，盘中震仓洗盘力度较大。同时，也证明股价将进入上升快速干线，上涨空间巨大，短中线机会巨大
股价拉升阶段中期	如果当日股价高开低走，则是主力欲实现盘中震仓意图，股价上涨趋势不变，逢低还可加仓	• 如果当日量能没有有效放大，则是主力基本控盘，因此震仓力度不大。 • 如果当日放量（量比3倍以上）打压，换手率10%以上，则是主力打压出货，股价将出现阶段性见顶现象，上涨空间有限。短线在重要支撑位进场机会较大，中线机会一般
股价拉升阶段末期	如果当日股价高开低走，则是主力大量出货导致的下跌行为，股价已经见顶	• 如果当日量能没有有效放大，则是主力出货量较小，因此下跌幅空间有限。 • 如果当日放量（量比3倍以上）下跌，换手率10%以上，则是主力打压出货，股价已经见顶，短中线风险较大
股价盘头阶段初、中期	如果当日股价高开低走，则是主力早盘诱多性的出货式打压行为，股价将完成最后的震荡诱多，形成第二个或第三个头部	• 如果当日量能没有有效放大，则是主力出货量较少，因此跌幅有限。 • 如果当日放量（量比3倍以上）攻击，换手率3%以上，则是主力打压出货，股价完全见顶，短中线风险巨大
股价盘头阶段末期	如果当日股价高开低走，则是主力早盘诱多性的出货式打压行为，股价将直接震荡盘跌	• 如果当日量能没有有效放大，则是主力已经基本出货完毕，因此盘跌即将开始。 • 如果当日放量（量比 1 倍以上）攻击，换手率 3% 以上，则是主力打压出货，股价即将进入下跌通道，暴跌随即展开，短中线风险巨大
股价下跌阶段初、中期	如果当日股价高开低走，则是主力进行最后通过高开吸引跟风资金进场接盘，然后打压出货，股价将在头部平台之附近遇阻而震荡回落	• 如果当日量能没有有效放大，则是主力没有投入资金滚动对敲，说明基本出货完毕。 • 如果当日放量（量比 1 倍以上）下跌，换手率 3% 以上，则是主力通过高开吸引跟风资金进场接盘，然后打压出货。后市即将暴跌，短中线风险巨大

下面举例说明高开低走盘面分析。

步骤 1 图 3-11 所示为浙能电力（600023）2015 年 6 月 3 日的分时走势图。从图中可以看出，该股当天早盘高开后迅速下跌，但多方没有放弃努力上攻，导致股价短暂拉升，此阶段成交量较为密集。至尾盘，股价再次被短暂拉升后下跌，收盘至低点，且尾盘成交量密集放大，表明主力开始疯狂出货。

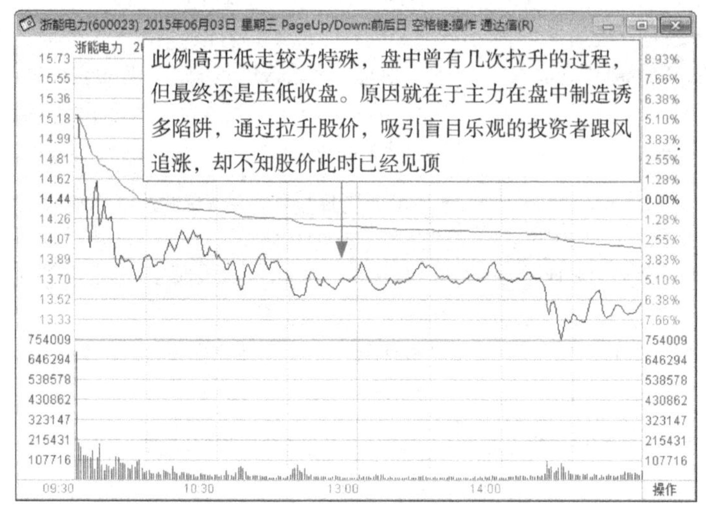

图 3-11 浙能电力（600023）分时图出现高开低走盘面

步骤 2 图 3-12 所示为浙能电力（600023）的 K 线走势图。从图中可以看出，股价高开低走当日已处于股价顶部区域，前期股价涨幅较大，主力出货意愿强烈。此后，股价出现大幅回落，走出多根阴线，跌势汹涌。

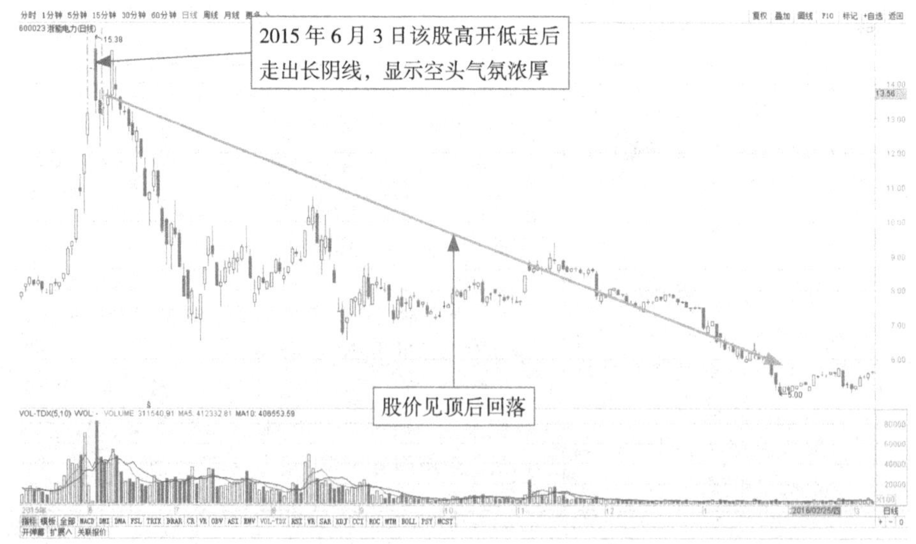

图 3-12 浙能电力（600023）K 线走势图

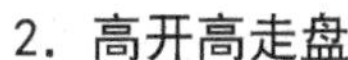

2. 高开高走盘

高开高走是指股票当日的开盘价高于上一个交易日的收盘价，且在整个交易日过程中，股价保持上涨趋势，最终以高于上一个交易日的收盘价的价格报收，且成交价曲线和平均价曲线都在上一个交易日收盘价上方，如图 3-13 所示。高开高走一般来说表明多头具有强大的推动力，后市一般也会强势上涨。

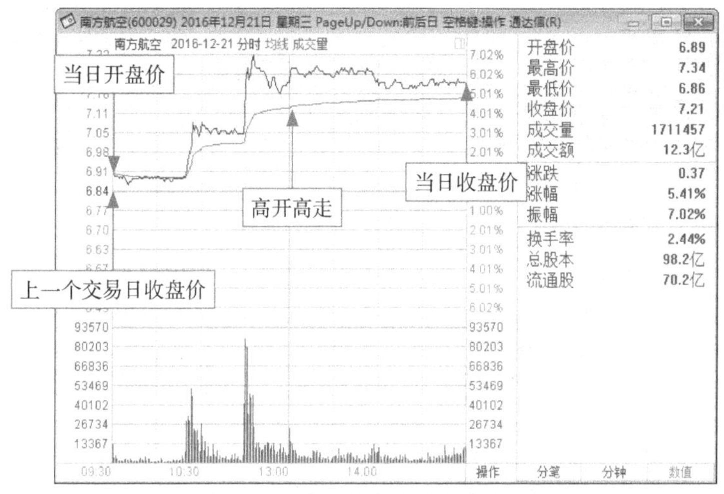

图 3-13 高开高走分时走势盘面

高开高走出现在不同的阶段，其代表的意义也不同，如表 3-4 所示。

表 3-4 不同阶段高开高走的盘面意义

阶段	盘面分析	投资策略
低位	如果股价在阶段性低位出现高开高走分时图，则主力诱空的嫌疑比较大	投资者可等待股价出现新低之后再进场
高位	如果股价在阶段性高位出现高开高走分时图，则股价已经见顶，上涨的可能性不大	投资者需及时逢高卖出

专家提醒

在底部建仓阶段，若股价出现高开高走，则说明主力在主动拔高股价建仓。如果量能未放大，则说明主力试盘动作不明显，在悄悄进行，股价后市仍将在底部整理；如果量能放大，则说明主力攻击力强，股价可能在不久后会被拉升。

下面举例说明高开高走盘面分析。

步骤① 图 3-14 所示为中信证券（600030）2015 年 12 月 23 日的分时走势图。从图中可以看出，该股当天开盘时便开始拉升价格，成交量温和放大，之后缓缓回落。在午盘末期，股价再次被强势拉起至涨停板，量能放至最大水平，此后股价收盘在高价位，形成高开高走盘面。

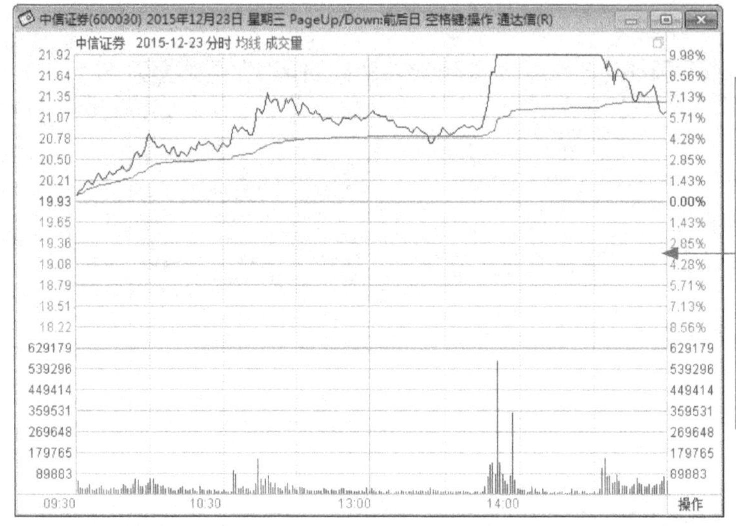

图 3-14　中信证券（600030）分时图出现高开高走盘面

步骤② 图 3-15 所示为中信证券（600030）的 K 线走势图。从图中可以看出，股价高开高走的当天，K 线收出一根大阳线，此后股价一路下滑，可见主力出货力度之大。在分时图中的那些买入筹码的散户，此时必然后悔不已。

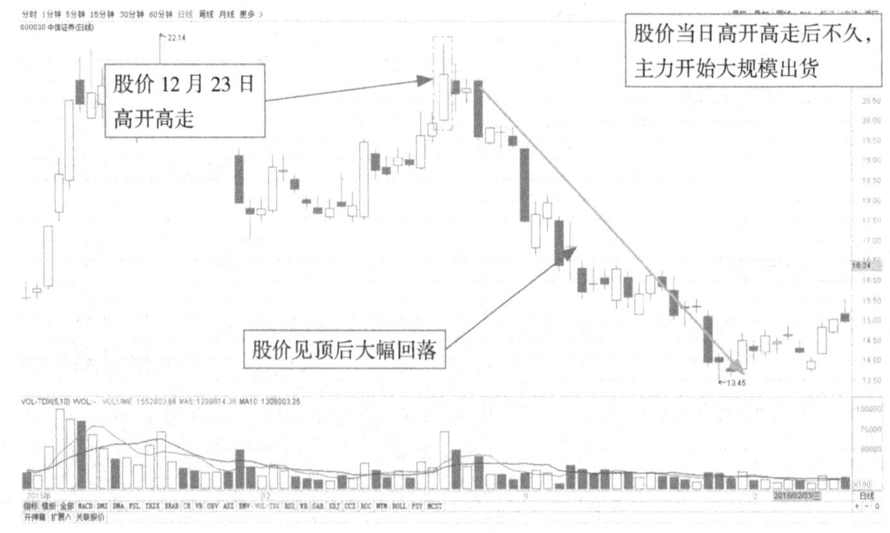

图 3-15　中信证券（600030）K 线走势图

在股价高位见顶的时候，若出现高开高走，则说明主力将要大规模出货，股价可能在顶部震荡，形成头部。

- 若当日量能未放大，说明主力出货力度不大，控盘度较高。
- 若当日量能急剧放大，量比值较高，换手率也较高，说明主力故意拉高制造多头陷阱，吸引不理智的跟风盘追涨。这只是黑暗前的最后一点曙光，一旦股价被拉至主力的出货价格，那么后市必然是汹涌的下跌行情。因此，投资者切不可在高位追涨。

3.2.3 平开分时走势盘面

平开分时走势盘面包括两种情况，分别是平开低走盘和平开高走盘。

1. 平开低走盘

平开低走是指股价当天的开盘价与上一日的收盘价基本持平，但股价当日并未出现横盘或上涨的走势，而是持续走低，步入下跌走势之中，直到收盘时也没有出现强势的上涨，如图 3-16 所示。

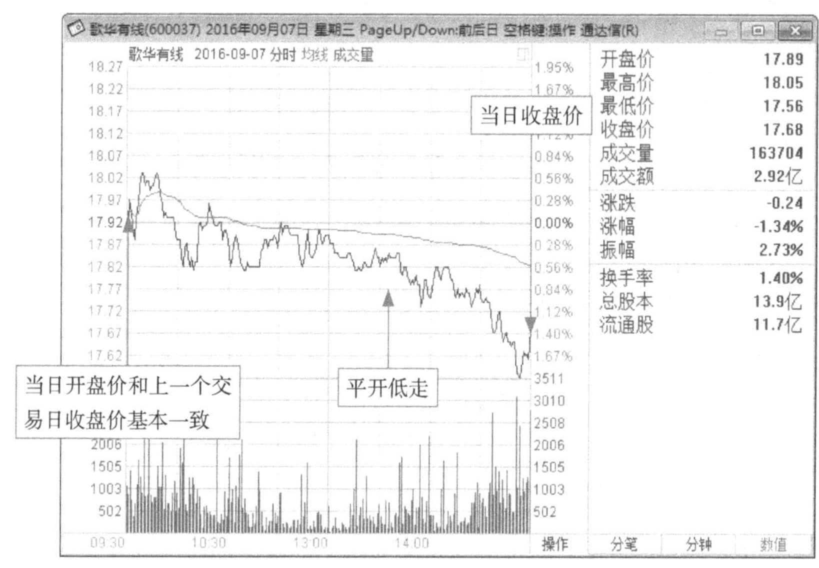

图 3-16 平开低走分时走势盘面

下面举例说明平开低走盘面分析。

步骤 1 图 3-17 所示为广聚能源（000096）2016 年 7 月 27 日的分时走势图。从图中可以看出，该股当天早盘平开后股价横盘整理了一段时间，在午盘时股价急速下跌，同时成交量放大，随后股价有所回升，但仍然低于开盘价收盘。

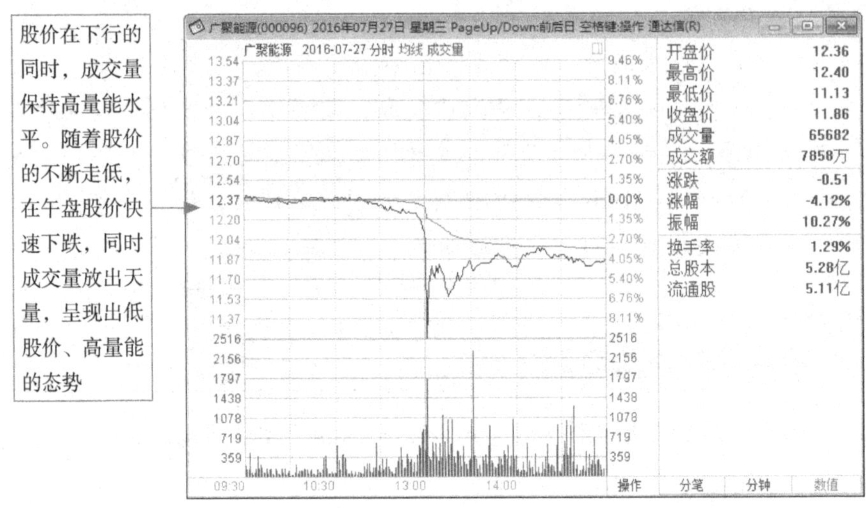

图 3-17　广聚能源（000096）分时图出现平开低走盘面

步骤 2 图 3-18 所示为广聚能源（000096）的 K 线走势图。从图中可以看出，股价 7 月 27 日出现平开低走的态势，盘中成交量放大，显示有部分筹码因股价下跌而出局。这可能是主力在压低建仓收集筹码，随后股价继续强势上涨。

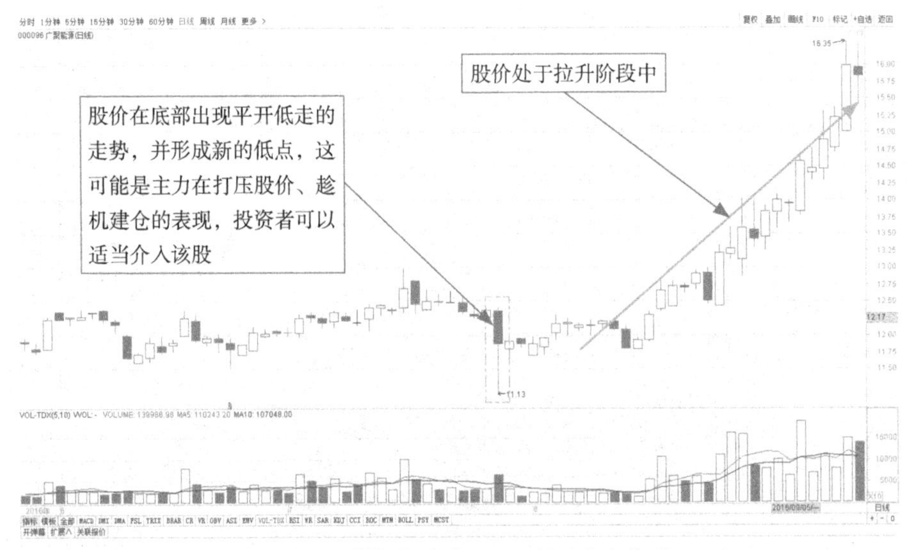

图 3-18　广聚能源（000096）K 线走势图

平开意味着消息面的平静，多空双方经过一夜思考后认为这是一个适中的点位，

多方不思进取，空方也不急于抛售。而低走如伴随成交量放大，则或为主流资金兑现，或为多方趁机吸筹，具体情况要看当时走势。如走低而且成交量萎缩的话，则表示市场的投资者大多处于观望状态，交投不够活跃，后市看淡。以上分析只对股指而言，对个股往往没有太大参考价值。

根据平开低走分时出现的位置不同，可以将其分为不同的情况，如表 3–5 所示。

表 3–5 不同阶段平开低走的盘面意义

阶段	盘面分析	投资策略
底部建仓阶段	如果当日出现平开低走的分时图，则是主力应用压低建仓手法收集筹码。如果量能水平一般，说明主力打压力度不大，股价可能长期处于横盘整理的走势中；如果量能水平较高，说明主力强势打压，股价可能快速见底，甚至形成 V 形底	投资者可在底部形成后进场买入
股价拉升阶段	如果当日股价平开低走，则是主力在通过打压股价，引诱出跟风盘和底部散户的筹码，达到盘中洗盘的目的。如果当日量能没有有效放大，则是主力基本控盘，因此跌幅较小；如果当日放量（量比 3 倍以上）打压，换手率 5% 以上，则是主力投入部分资金对敲滚动操作压低股价，以促使盘中筹码松动，同时有效吓阻场外短线跟风资金	股价将在此价格区域形成阶段性顶部，股价在重要支撑位止跌后，短线机会一般，中线机会较大
股价高位阶段	如果当日股价平开低走，则是主力在盘中通过杀跌实施出货，套牢跟风盘和散户顶部平台买进的筹码。如果当日量能没有有效放大，则是主力出货量不大，大跌尚未开始，后市还有反复；如果当日放量（量比 3 倍以上）下跌，换手率 5% 以上，则是主力大规模出货杀跌行为，股价将击穿顶部平台的下限支撑，形成破位下跌趋势	股价在重要支撑位止跌后，短线机会一般，中线风险巨大
股价下跌阶段	如果当日股价平开低走，则是主力在盘中实施最后压箱底的出货动作，以彻底套牢跟风盘和散户在顶部平台买进的筹码。如果当日量能一般，则是主力出货量不大，大跌尚未开始；如果当日放量（量比 3 倍以上）下跌，换手率 5% 以上，则是主力大规模出货杀跌行为，股价将击穿顶部平台的下限支撑，形成破位下跌趋势	股价在重要支撑位止跌后，短线机会极少，中线观望

2. 平开高走盘

平开高走与平开低走恰好相反，虽然都是平开，但含义不一样。平开高走即当日开盘价与昨日收盘价基本相等，但是盘中出现的却是股价强势上涨，多方力量崭露头角，逐步压制住空方势力，带领股价向更高处发展，如图 3–19 所示。

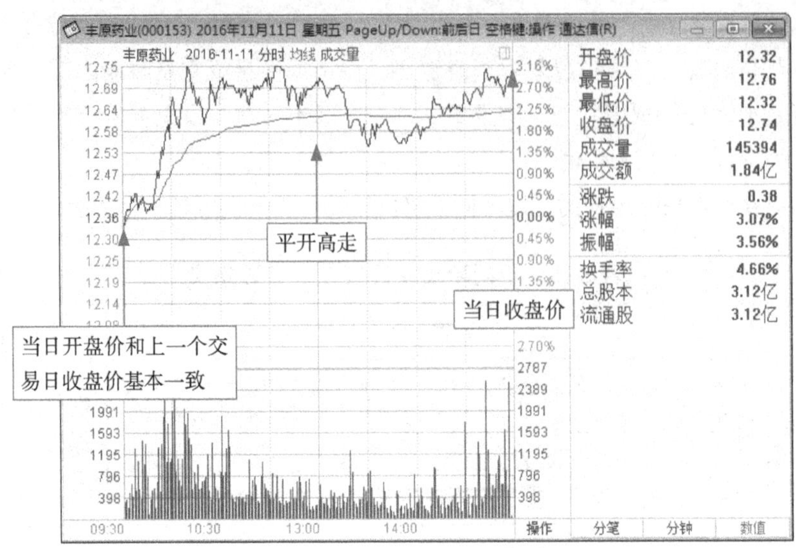

图 3-19 平开高走分时走势盘面

下面举例说明平开高走盘面分析。

步骤 1 图 3-20 所示为潍柴动力（000338）2016 年 7 月 12 日的分时走势图。从图中可以看出，该股当天早盘平开，随后股价不断拉高，形成高走态势。

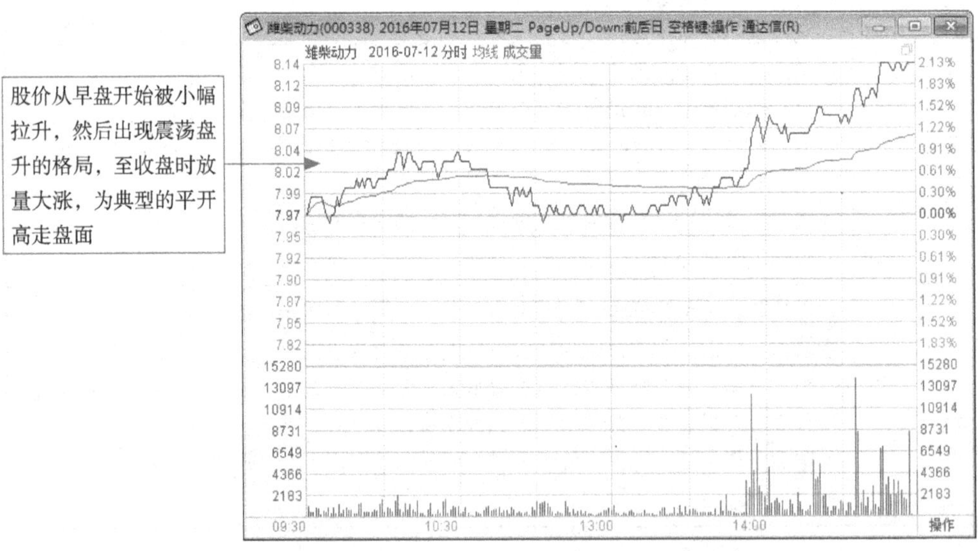

图 3-20 潍柴动力（000338）分时图出现平开高走盘面

步骤 2 图 3-21 所示为潍柴动力（000338）的 K 线走势图。从图中可以看出，该股前期处于缓慢上涨的整理态势中，股价逐渐上涨，并在 7 月 12 日出现了平开高走的态势，显示出主力在此阶段低调建仓吸货。

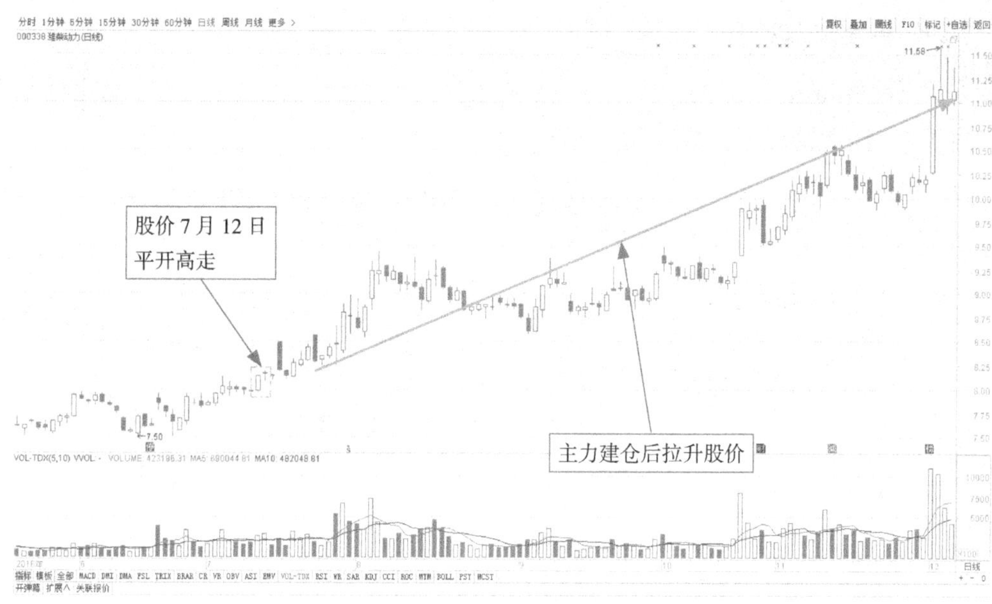

图 3-21 潍柴动力（000338）K 线走势图

根据平开高走分时出现的位置不同，可以将其分为不同的情况，如表 3-6 所示。

表 3-6 不同阶段平开高走的盘面意义

阶段	盘面分析	投资策略
底部建仓阶段	如果当日出现平开高走的分时图，说明是主力的小幅拉高建仓行为。如果量能处于较低水平，说明主力希望在不引起场外投资者注意的情况下低调建仓，股价可能会保持一段时间的横盘整理态势；如果成交量放大，说明主力拉高建仓，股价将尽快完成筑底	投资者应观望，并随时准备入场
股价拉升初期	如股价当日出现平开高走的分时图，则是主力正在进行拉升股价的动作。如果量能维持低水平，则说明主力并未开始大举进攻，把握住了股价上涨的节奏和力度，走势平稳，控盘度较好，短期可能面临洗盘，但后市涨幅空间大；如果当日成交量大幅放量，说明主力在运用大笔资金全力拉升股价，后市看涨	投资者可以在相对低位介入
股价顶部区域	若股价出现平开高走的走势，则说明主力准备出货。如果当日成交量未放大，说明多方势力衰竭，主力出货力度不大；如果量能放大，说明主力正疯狂出货，股价已经见顶，随时可能迎来下跌行情	投资者应果断离场

3.2.4 拉升分时走势盘面

拉升分时走势盘面包括两种情况，分别是早盘拉升盘和尾盘拉升盘。

1. 早盘拉升盘

早盘拉升是指当日股价在 9：30—10：30 这一小时之内突然快速上涨，在分时图中对应的分时线几乎呈直线向上的态势，如图 3-22 所示。

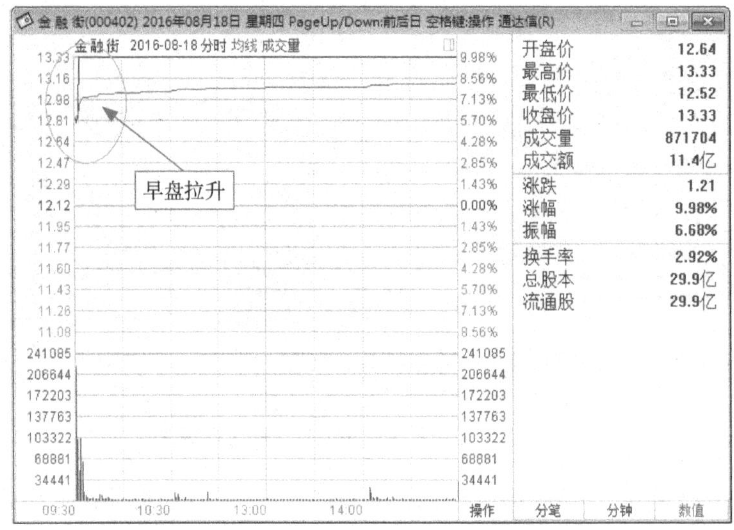

图 3-22 早盘拉升分时走势盘面

2. 尾盘拉升盘

尾盘拉升是指当日股价在收盘前 30 分钟内突然快速上涨，在分时图中对应时间的分时线几乎呈现直线向上，如图 3-23 所示。

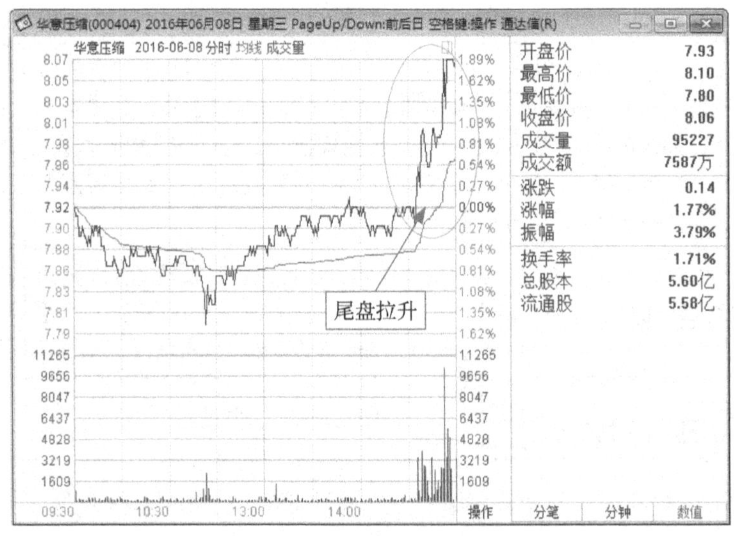

图 3-23 尾盘拉升分时走势盘面

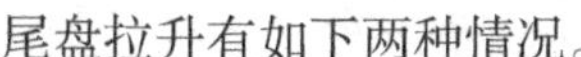

尾盘拉升有如下两种情况。

（1）低位尾盘拉升。在阶段底部或横盘整理时期，尾盘拉升则预示着强势的开始，新一轮上涨即将来临。

（2）高位尾盘拉升。在阶段性顶部时期，尾盘拉升为不祥之兆，谨防主力诱空出货，后市将出现大幅度下跌，建议投资者早走为妙。

3.3 分时图各时段的看盘要点

对于短线投资者而言，分时图是分析股票走势的一个重要工具，它能即时把握多空力量转化和市场变化的根本。如果要利用分时图分析行情和预测走势，需要对分时图有一个全面而系统的了解。本节主要介绍分时图早盘、中盘和尾盘的看盘方法和技巧。

3.3.1 早盘的看盘要点

根据看盘时间的不同，早盘看盘可以分为集合竞价、开盘5分钟、开盘半小时3个看盘阶段。

1. 集合竞价的看盘要点

投资者在开盘时关注的数据之一就是集合竞价，这是分析开盘走势重要的数据之一。集合竞价是指在股票每个交易日上午9：15—9：25，由投资者按照自己所能接受的心理价格自由地进行买卖申请。集合竞价的撮合原则如图3-24所示。

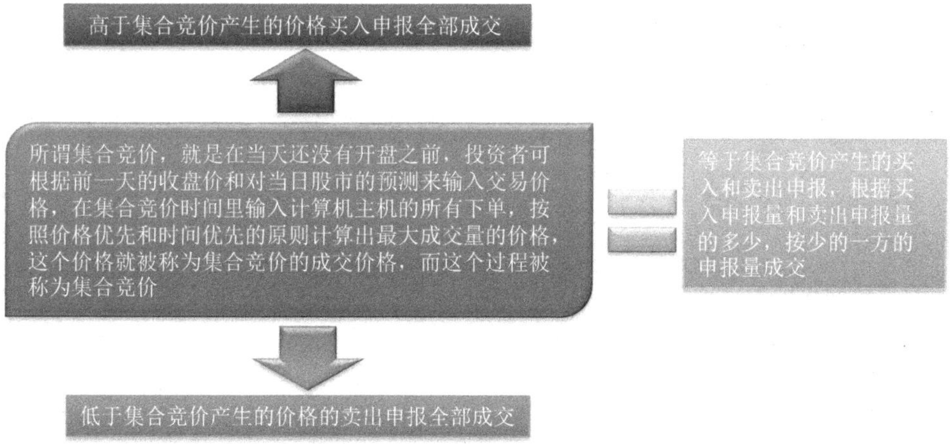

高于集合竞价产生的价格买入申报全部成交

所谓集合竞价，就是在当天还没有开盘之前，投资者可根据前一天的收盘价和对当日股市的预测来输入交易价格，在集合竞价时间里输入计算机主机的所有下单，按照价格优先和时间优先的原则计算出最大成交量的价格，这个价格就被称为集合竞价的成交价格，而这个过程被称为集合竞价

等于集合竞价产生的买入和卖出申报，根据买入申报量和卖出申报量的多少，按少的一方的申报量成交

低于集合竞价产生的价格的卖出申报全部成交

图3-24　集合竞价的撮合原则

当天9：25以后，就可以看到各股票集合竞价的成交价格和数量。有时某种股票

因买入价格低于卖出价格而不能成交，那么，9：25 后该股票的成交价一栏就是空的。当然，有的公司因为要发布消息或召开股东大会而停止交易一段时间，那么集合竞价时该公司股票的成交价一栏也是空的。

因为集合竞价是按照最大成交量的价格成交的，所以对于普通投资者来说，在集合竞价时间，只要打入的买入价格高于实际的成交价格，或者卖出价格低于实际成交价格，就可以成交。当然如果按涨停价买或按跌停价卖则保证优先成交。所以，散户如果希望在集合竞价时优先买到股票，通常可以把价格打得高一些，目的是获得优先成交权，因为你的成交价是较低的集合竞价。另外，散户买入股票的数量不会很大，一般不会对该股票的集合竞价价格产生什么影响。

2．开盘 5 分钟的看盘要点

我国股市 9：30 开始开盘，因此 9：30 以后一天的股票交易就正式拉开序幕。在此时间内，由于刚刚开始交易，因此一般情况下多空双方的交易并不是十分活跃，投资者一般应该多看少参与。此段时间内，尽管交易的人数不多，但是一般资金雄厚，因此价格波动的范围相当大。

尤其是股价在开盘后 5 分钟内的分时走势，往往决定了股价当日的主基调。根据涨跌情况和股价所处位置的不同，开盘 5 分钟的盘面分析意义也不同。

（1）根据涨跌情况。根据开盘 5 分钟内的股价涨跌趋势不同，可以分为如图 3-25 所示的两种情况。

开盘5分钟上涨

如果股价在开盘5分钟内上涨超过3%，则当日股价走势比较强势，尤其是高开之后迅速走高，意味该股要冲击涨停

如果股价在开盘5分钟内下跌超过5%，则当日股价走势比较疲弱，尤其是低开之后迅速走低，意味该股有可能跌停

开盘5分钟下跌

图 3-25　开盘 5 分钟内的股价涨跌趋势分析

专家提醒

主力由于拥有的资金十分雄厚，因此在开盘后数分钟内通常会对某只股票进行快速打压或者拉升，以此来欺骗投资者进行买入或者卖出操作。投资者如果能够做到冷静旁观，则可以规避很大的风险。

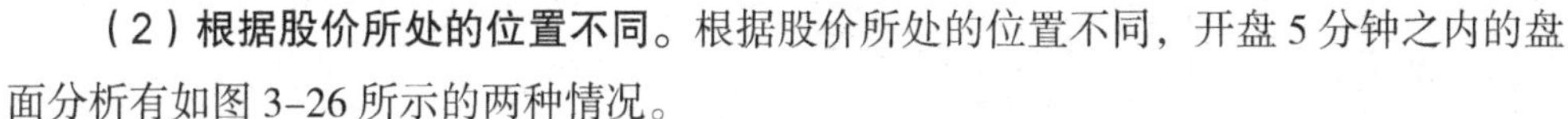

（2）根据股价所处的位置不同。根据股价所处的位置不同，开盘5分钟之内的盘面分析有如图3–26所示的两种情况。

股价位于低位

- 开盘5分钟内高开后下跌，可能是主力故意打压建仓。
- 开盘5分钟内高开后上涨，说明股价将大涨。
- 开盘5分钟内低开后下跌，可能迎来一轮下跌行情。
- 开盘5分钟内低开后上涨，主力可能利用集合竞价打压散户，此时值得进入

股价位于高位

- 开盘5分钟内高开后下跌，可能是主力在高位出货。
- 开盘5分钟内高开后上涨，说明主力会继续拉高股价。
- 开盘5分钟内低开后下跌，散户要谨慎持股。
- 开盘5分钟内低开后上涨，股价可能继续上涨

图3–26　开盘5分钟内根据股价所处的位置不同的趋势分析

专家提醒

如果前一天收盘后有重大的消息出现，则投资者可在第二天开盘后15分钟内积极入场交易。因为此时受到前一天重大利空或者利多消息的影响，股价往往会在开盘后出现大幅跳水或者拉升。

3. 开盘半小时的看盘要点

每个交易日的开盘半个小时，是买卖双方交战最激烈的阶段，彼此都会用一些手段来达到自己的目的。因此，分析开盘30分钟的股价走势，对股价大势的研判有着十分重要的意义。按照间隔10分钟的时间划分，开盘半小时可以分为3个阶段，如图3–27所示。

（1）9：30—9：40。此时是多空双方极为关注的时间段，当然也是投资者最应留心的时段。这10分钟之所以重要，是因为此时参与交易的股民人数不多，盘中买卖量都不是很大，因此用不大的资金量即可达到目的，花钱少，效益大。分析开盘第一个10分钟的市场表现有助于正确地判断市场走势的强弱。

- 强势市场：多方为了充分吸筹，开盘后会迫不及待地买进；而空方为了完成派发，也会故意拉高，于是造成开盘后的急速冲高。
- 弱势市场：多方为了吃到便宜货，会在开盘时即向下打压，而空头也会不顾一

切地抛售，造成开盘后的急速下跌。

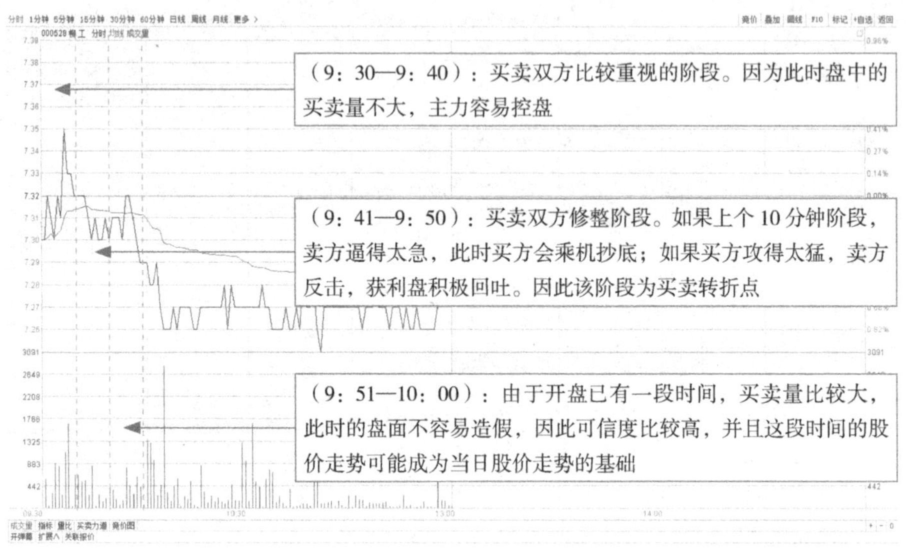

图 3-27　开盘半小时的时间段分析

（2）9：41—9：50。经过第一个 10 分钟的搏杀，开盘后第二个 10 分钟多空双方会进入修整阶段。这段时间是投资者买入或卖出的一个转折点，一般会对原有趋势进行修正。

- 如果空方逼得太猛，多方会组织反击，抄底盘会大举介入。
- 如果多方攻得太猛，空方也会予以反击，获利盘会积极回吐。

（3）9：51—10：00。随着交易者逐渐增多，多空双方经过前面的较量，互相摸底，第三个 10 分钟的买卖盘变得较实在，因此可信度较大。这段时间的走势基本上可成为全天走向的基础。投资者应充分关注这段时间量价的变化，为自己的决策做好准备。

3.3.2　中盘的看盘要点

中盘可以划分为 10：00—11：30 与 13：00—14：30 这两个时段，如表 3-7 所示。

表 3-7　中盘的看盘要点

中盘时段	重要时段	看盘要点
10：00—11：30	10：30 时间点	10：30 是临时停牌一个小时的个股复牌时间，强势股借助此时进行洗盘活动，并在次日拉高；而消息股、题材股往往借助此时出货。因此，10：30 是市场在整个交易日中的一个重要转折点，也是投资者入市的一个重要时机和观察点

续表

中盘时段	重要时段	看盘要点
10：00—11：30	11：15—11：30 时间段	消息股、题材股一般在午盘收盘前启动，特别是 11：15—11：30 时段，所以投资者要密切关注此时的盘面动向。11：15—11：30，是 15 分钟的休整时间，因为在这段时间，股价所受到的前一天的影响会逐渐淡化，市场中的情绪也会趋于稳定。投资者可以通过这 15 分钟的休整，更加理性地进行交易并且认真地分析盘面变化
13：00—14：30	13：00—14：00 时间段	经过中午一个半小时的休息，主力更确定该股当日的主基调。只要大盘走势平稳，个股就会随着这个主基调变化。并且，某些将在 14：00 后出现异动情况的个股，为了尾盘大幅涨升，在此阶段便开始活跃
	14：00—14：30 时间段	一般在 14：00—14：30 时间段，大盘指数、个股股价最容易出现当日的最高点或者最低点。因此，此时间段是当日买卖的最佳时间段，投资者可以在这个时间段逢低吸纳或者逢高抛售

下面举例说明中盘的看盘要点。

图 3-28 所示为力合股份（000532）在 2016 年 9 月 27 日的分时走势图。从图中可以看出，该股当日早盘便被大幅拉升，盘中回落至均价线之下，后市股价大幅震荡运行，拉高收盘，投资者可在股价回落处介入。

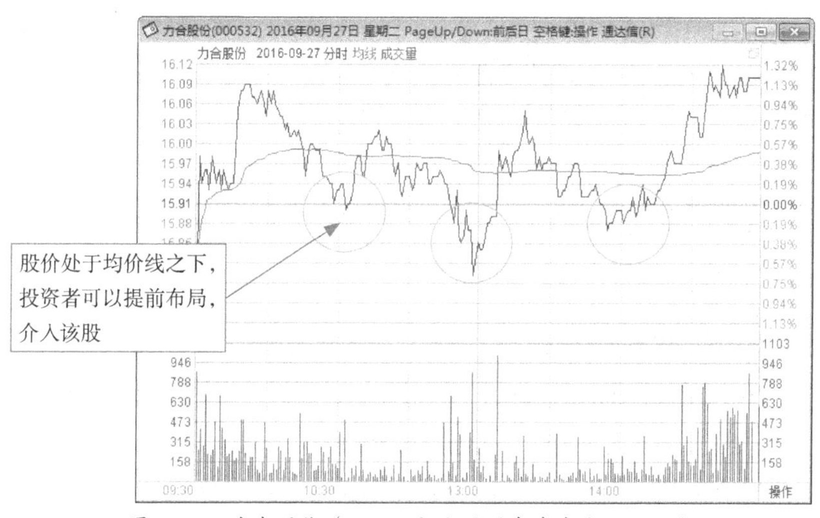

图 3-28 力合股份（000532）分时图在盘中出现买入点

图 3-29 所示为力合股份（000532）的 K 线走势图。从图中可以看出，股价从 15.63 元开始缓慢拉升，9 月 27 日分时线中买入点出现，投资者可在此上涨阶段中逢低

介入，后市股价继续拉升，投资者获利丰厚。

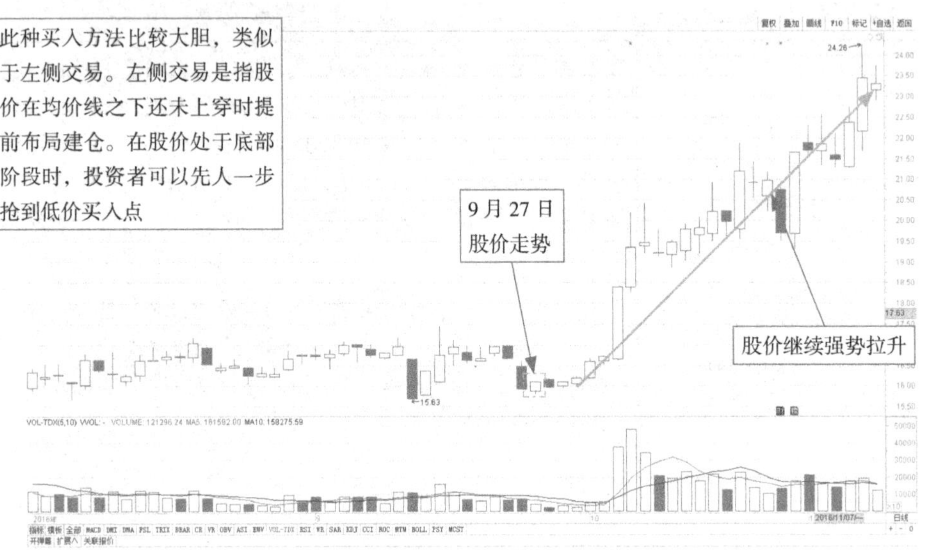

图 3-29　力合股份（000532）K 线走势图

专家提醒

我国股市中午休息 1 个半小时，13：00 开盘后，会受到中外盘走势以及午间市场中出现的新信息的影响，行情走势出现变化。因此，13：00 是下午股市开盘后的第一个重要时刻。

下午复盘后的关注重点在于，如果有投机性买盘进场，那么大盘走势可能会急剧冲高，即使出现回落也有向好的趋势，可以借此机会买入。如果指数几乎不动，或者轻微上涨，幅度不大，那么可能是主力故意拉高以掩护出货。这时看盘，有一个问题十分重要，就是要把休盘前和复盘后的走势作为研判下午走势的一个整体，相互印证。

3.3.3　尾盘的看盘要点

在一个完整的交易日内，早上的开盘是一天的序幕，盘中的波动是博弈的过程，尾市的收盘才是当日股价的定论。尾盘中股价的盘口表现具有承上启下、趋利避害的作用，可以帮助投资者为下一个交易日的操作寻找到部分决策依据。

尾盘的重要性，在于它是一种承前启后的特殊位置，既能回顾前市，又可预测后市，可见其在操作中的地位非同小可。因此尾盘效应需要投资者格外重视，不论机构或者散户都应密切观注尾盘的一举一动。在分析尾盘时，散户应该注意一些特定的技巧，这样会起到事半功倍的作用。

1. 尾盘休整

尾盘休整是指股价在尾盘有小幅拉升或小幅回落，这其实无关大雅，常常是主力刻意的行为导致的。尤其是盘口在最后一刻突然出现比较大的单子，使股价大幅上升或下跌，这都是主力在刻意制造收盘价，使得当天股价按照他们的意图形成一定的K线形态。

在尾盘休整阶段，散户应对主力的行为做到心中有数，这种休整性的尾盘并无多大的实际意义。投资者此刻要做的是切记不要被主力的手段所迷惑，过早地进入市场买入股票。

图 3-30 所示为中天城投（000540）2016 年 5 月 24 日的分时走势图。从图中可以看到，股价在收盘前 10 分钟内，突然快速拉升。这是主力用一笔大单买入来向上拉升股价造成的结果，属于尾盘休整。投资者不必理会这种突然的拉升，不要过早地进入市场。

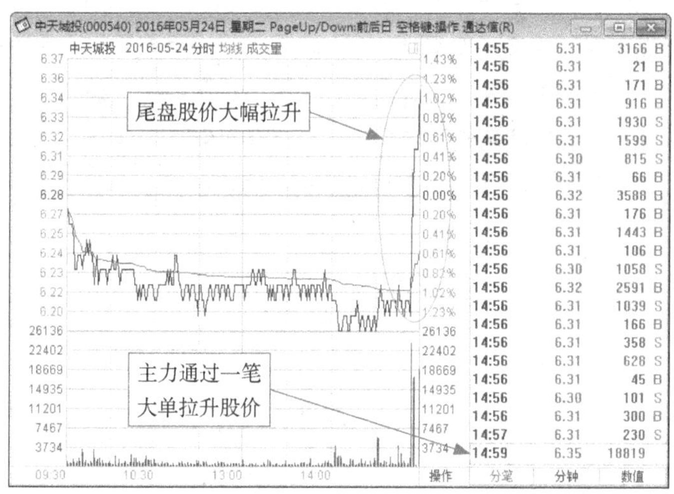

图 3-30　中天城投（000540）分时图中出现尾盘休整

2. 尾盘效应

尾盘效应是指股价在尾盘大幅上行或者大幅下挫对后几个交易日可能造成严重的影响。

下面举例说明尾盘效应的盘面分析。

步骤 1 图 3-31 所示为 *ST 亚星（600319）2015 年 1 月 21 日的分时走势图。从图中可以看到，该股早盘小幅上涨，而后进行长时间的横盘整理，到了尾市，股价大幅拉升，成交量放大。

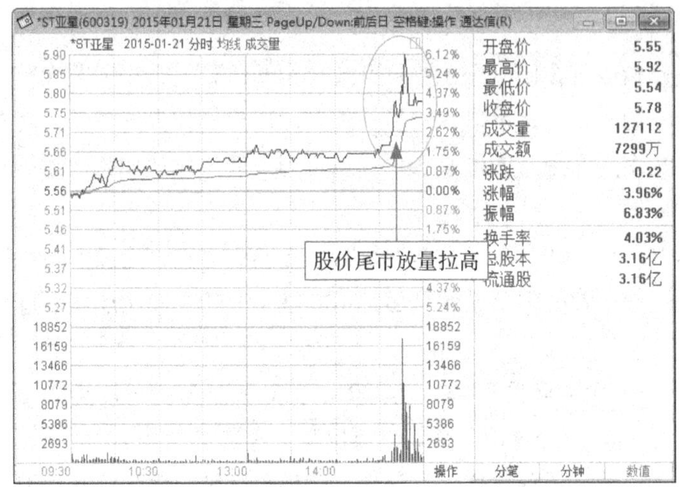

图 3-31 *ST 亚星（600319）分时图中出现尾盘效应

步骤 2 图 3-32 所示为 *ST 亚星（600319）的 K 线走势图。从图中可以看出，该股前期经历长时间的横盘整理，1 月 21 日出现尾市拉升的收盘效应，可能是主力在试盘或者该股突现重大利好，将股价拉升到一个新台阶。投资者若在收盘后了解到该股的确有重大利好，且该股正处于上涨启动初期，则可以在第二日重点关注该股动向，以选择好的介入时机进场，分享一波上涨行情。

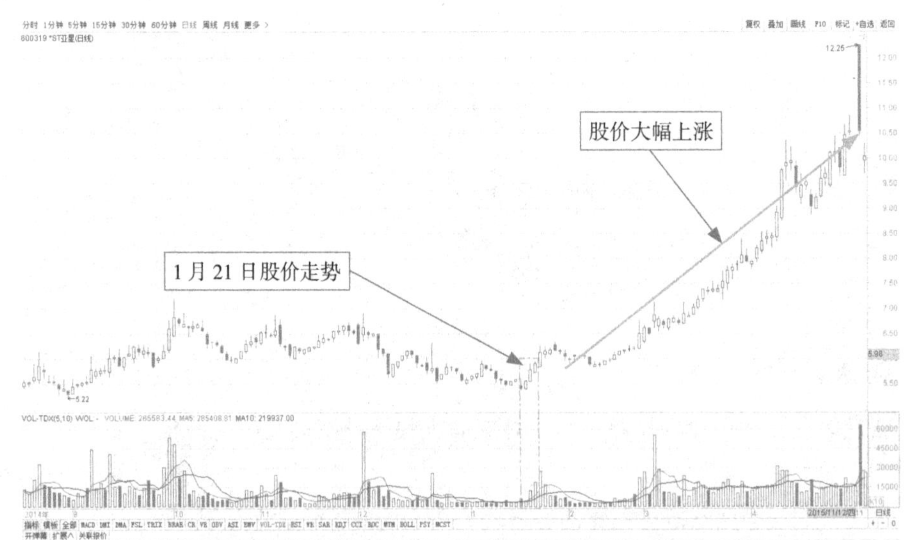

图 3-32 *ST 亚星（600319）K 线走势图

CHAPTER 4

第4章 使用K线工具看盘

对于股票投资者来说，学习股市投资技术的第一站就是掌握K线的分析方法，这是每个股民看盘的必修课。进入股市后，最先进入投资者视野的便是K线，无论是要了解股市的历史运行情况，还是分析未来走势，都可以使用K线工具来分析盘面。

要点展示

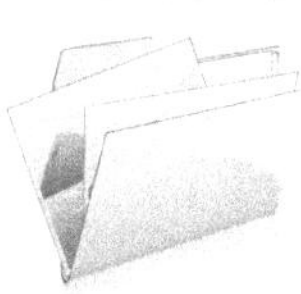

- K线看盘的买入点
- K线看盘的卖出点
- K线盘中的短线套利点

4.1 K 线看盘的买入点

在实战分析中，为了提高对股价运行趋势预测的准确性，投资者可以根据多根 K 线形成的组合形态来判断买入点。

4.1.1 一针锥底

“一针锥底”形态一般出现在行情的底部。该形态为一根“长下影、小实体”的 K 线，如图 4-1 所示。

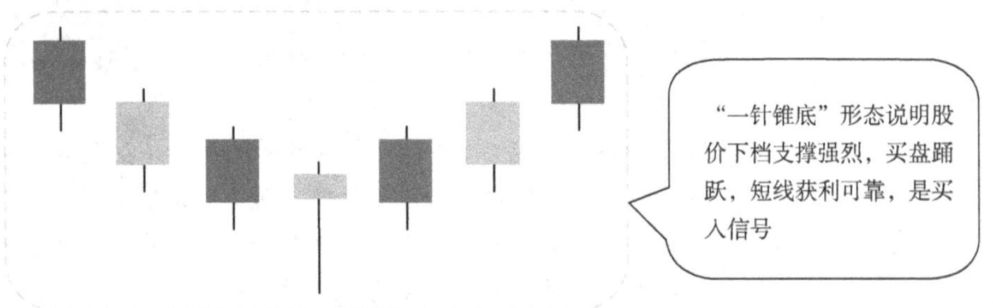

图 4-1 “一针锥底”形态

下面举例分析“一针锥底”形态的买入信号。

图 4-2 所示为星宇股份（601799）2016 年 5 月期间的 K 线图。从图中可以看到，股价经历了一波短期下跌回调行情，在阶段性底部形成一个“一针锥底”形态。该图形是明显的买入信号，此时进场，短线获利可靠。

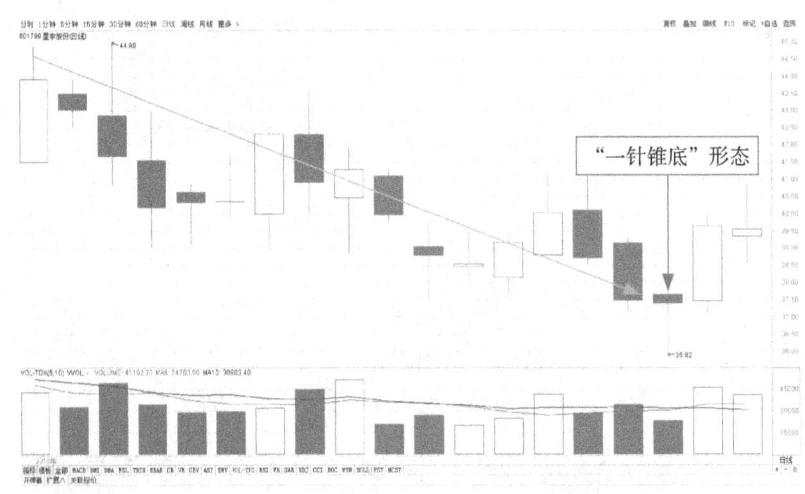

图 4-2 星宇股份（601799）K 线图（1）

“一针锥底”形态中的长下影线，说明该股的低档承接能力强，股价跌到这一价位后，就会招来多头的抢购，推动股价上扬，如图 4-3 所示。

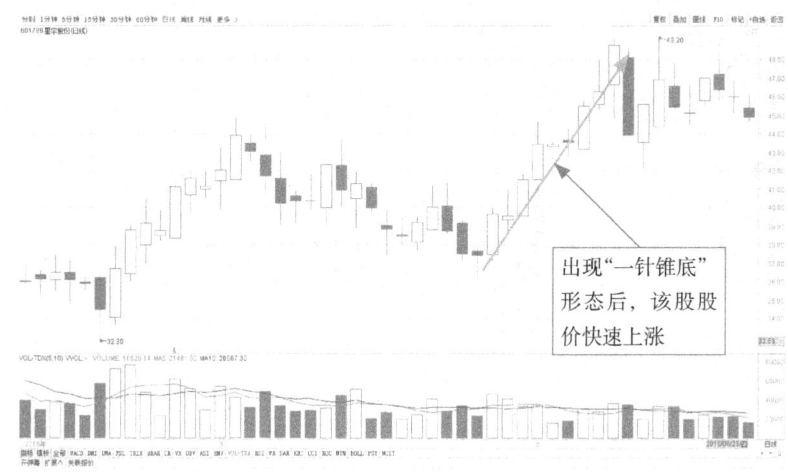

图 4-3 星宇股份（601799）K 线图（2）

4.1.2 双管齐下

“双管齐下”形态是指两根连续（或相隔不远）的 K 线，都带有较长的下影线，而且这两根 K 线的最低价位置一致或者非常接近，如图 4-4 所示。

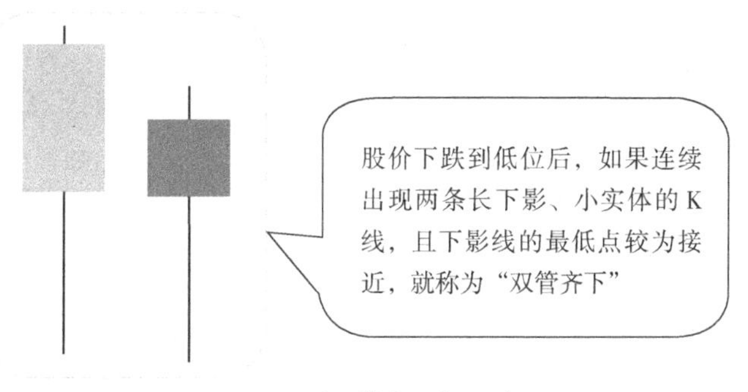

图 4-4 “双管齐下”形态

当“双管齐下”形态出现在阶段性低点位时，是比较常见的底部反转形态，说明股价已经两次探底，或者离底部不远，在底部受到了较强的支撑力，是多方力量开始转强的信号，预示着一波反弹上涨走势即将出现。

下面举例分析“双管齐下”形态的买入信号。

图 4-5 所示为光电股份（600184）2015 年 12 月至 2016 年 2 月期间的 K 线走势图。从图中可以看到，该股在深幅下跌后的低点出现了一根带长下影线的 K 线，向下试探

市场支撑的力度，第二天又收出一根同样带长下影线的K线，形成“双管齐下”形态。这表明市场空头已丧失抵抗力，多头已经逐渐掌握了市场主动权，将展开一定级别的拉升行情。

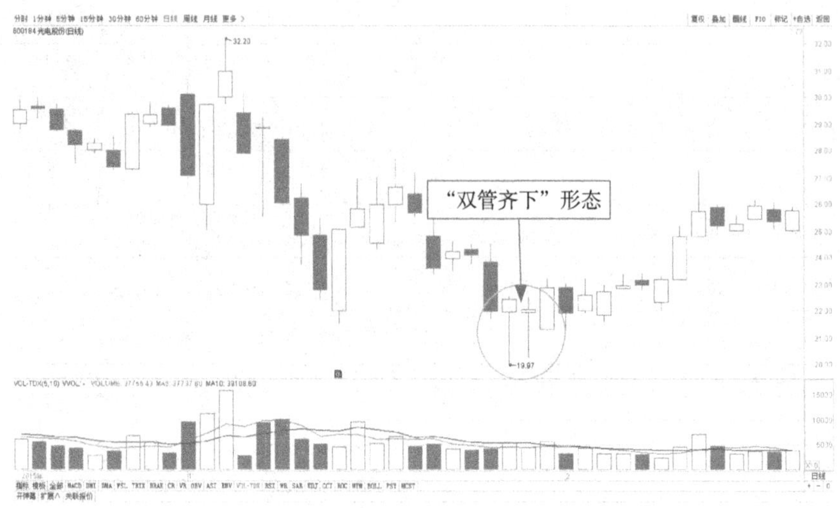

图 4-5　光电股份（600184）K线图

图4-6所示为重庆啤酒（600132）2016年7月至9月期间的K线走势图。从图中可以看到，该股在阶段性底部出现一个变化的“双管齐下”形态，短线投资者可以开始建仓，中长线也可介入，后市获利一般较为可靠。

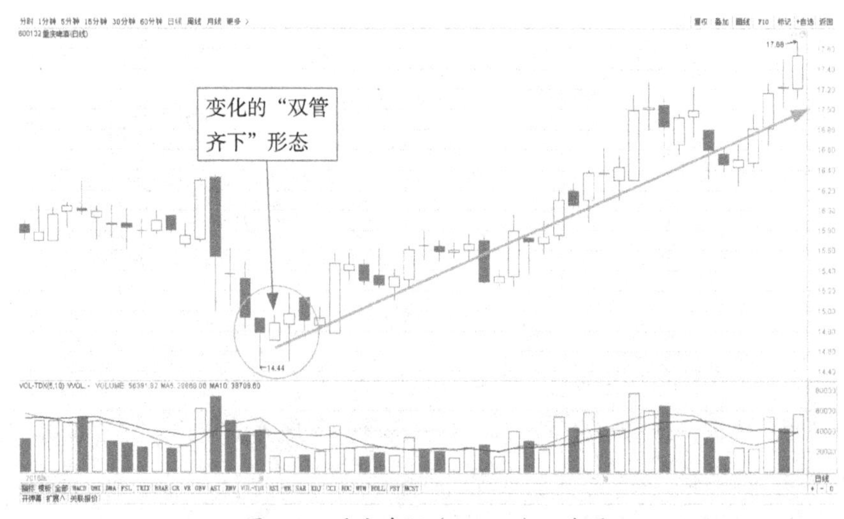

图 4-6　重庆啤酒（600132）K线图

需要注意的是，如果出现“双管齐下”形态后多方没有继续反攻，股价反而出现震荡下行的趋势，则说明“双管齐下”形态失败，如图 4-7 所示。此时，投资者需要保持冷静，细心观察 K 线走势，并结合当时个股的基本面等资讯，再决定是否入场，一旦判断出错，则应马上离场。

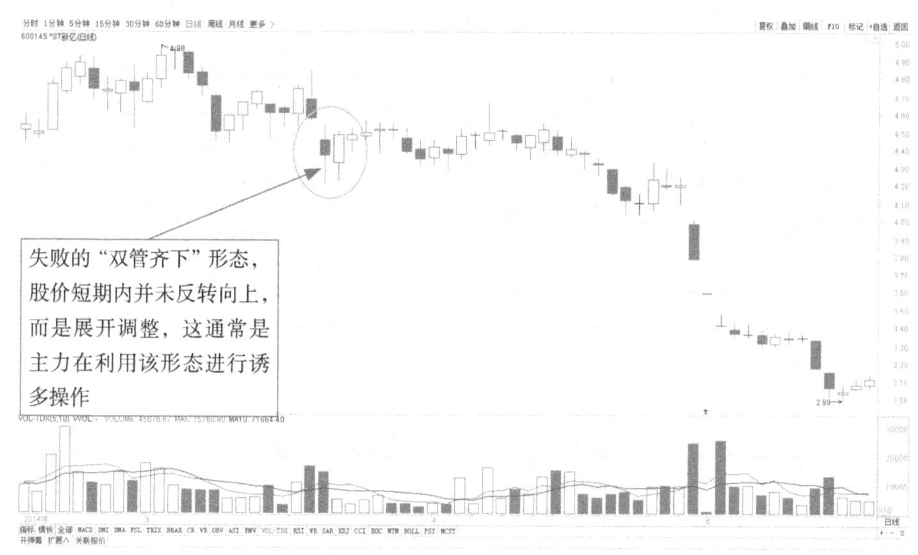

图 4-7　失败的“双管齐下”形态

4.1.3　三金叉见底

“三金叉见底”形态是指在 K 线图中同时出现均线、均量线与 MACD 的黄金交叉点（简称金叉），是股价见底回升的重要信号。

（1）均线金叉： 短中期均线形成金叉，说明市场的做空能量大大释放，已开始朝有利于多头的方向发展，如图 4-8 所示。

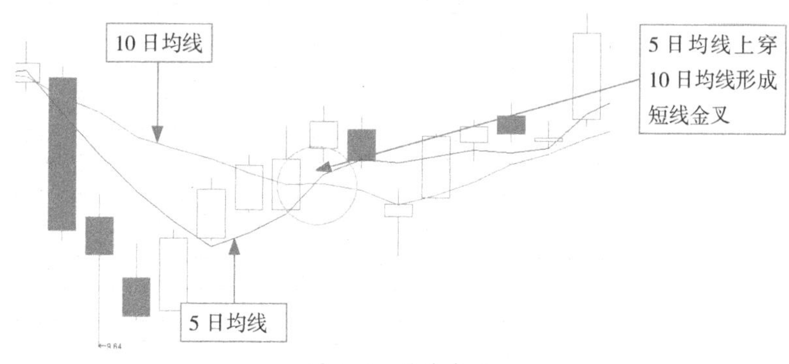

图 4-8　均线金叉

（2）均量线金叉：成交量小幅温和放大，上穿5日均量线和10日均量线，随后又出现5日均量线上穿10日均量线，形成金叉信号，如图4-9所示。

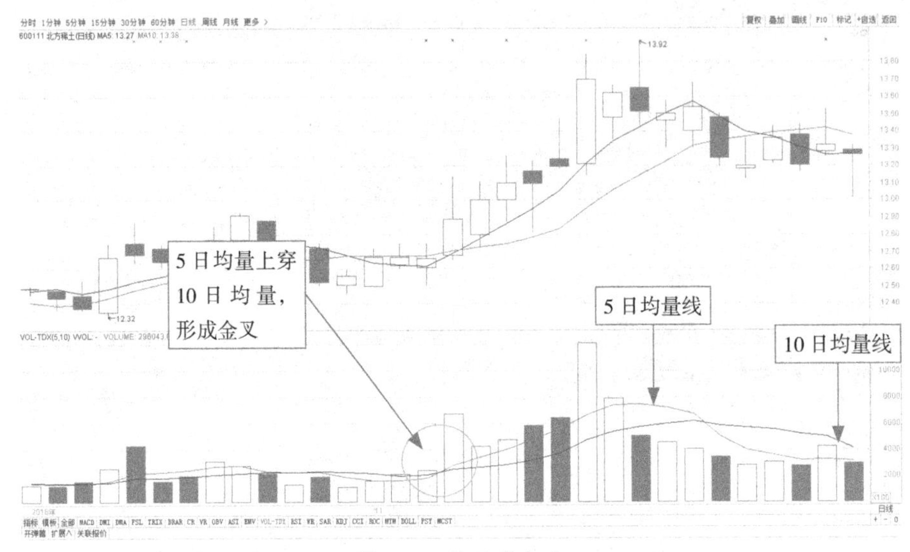

图4-9　均量线金叉

（3）MACD金叉：当DIF线上穿DEA线时，这种技术形态叫作MACD金叉，通常为买入信号，如图4-10所示。

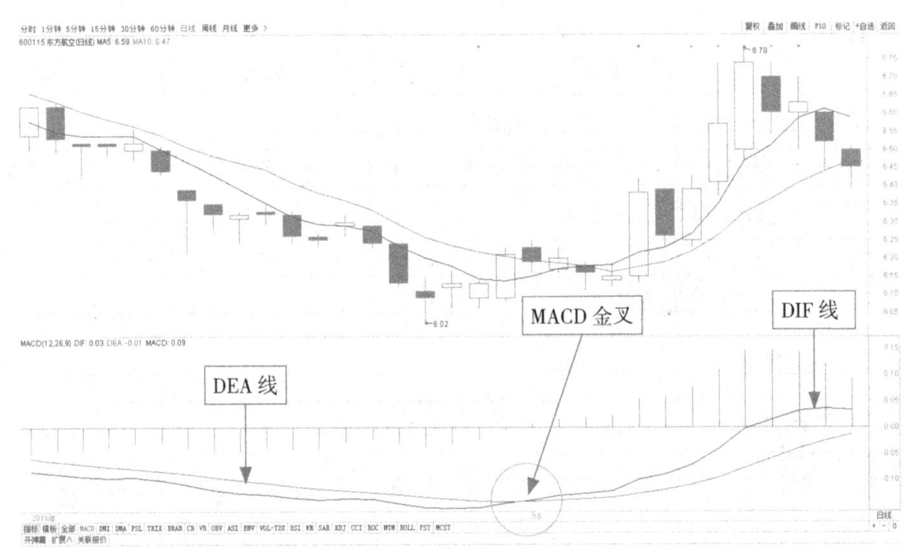

图4-10　MACD金叉

当个股出现“三金叉见底”形态时，即在技术分析的“价、量、时、空”四大要素中有三个发出买入信号，是多方力量开始占优的强烈表现，为比较可靠的见底买入信号。

下面举例分析“三金叉见底”形态的买入信号。

图 4-11 所示为 *ST 新亿（600145）2015 年 3 月至 11 月期间的 K 线走势图。从图中可以看到，该股股价前期连续跳空跌停，见底后开始进入底部震荡走势，随着主力的逐渐建仓，股价终于开始回升。刚开始股价上涨速度比较缓慢，当成交量突然放大推动股价上行时，5 日、10 日均线，5 日、10 日均量线以及 MACD 自然而然地出现金叉，形成“三金叉见底”形态，这是强烈的底部信号。在实战操作过程中，该形态的出现是投资者短线低吸个股的时机。

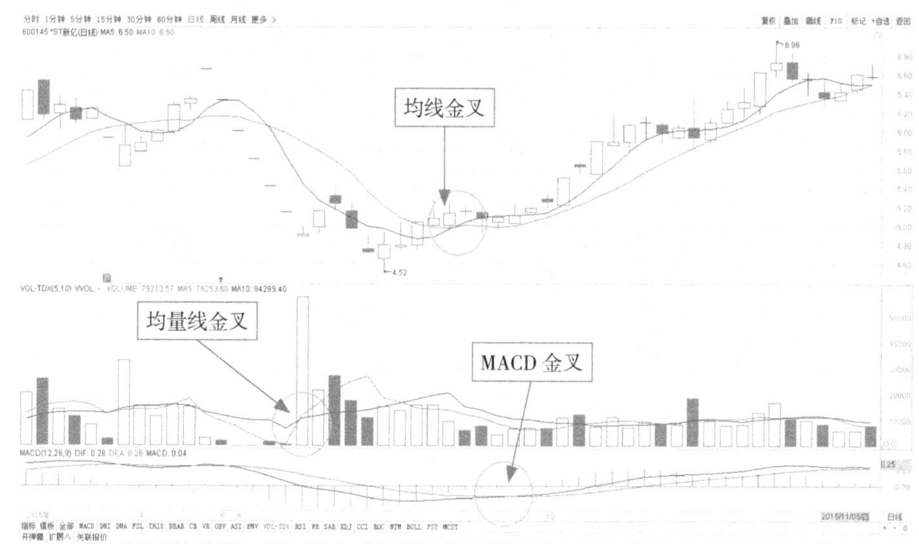

图 4-11 *ST 新亿（600145）K 线图

专家提醒

在个股盘面中，“三金叉见底”形态并不要求 5 日、10 日均线、均量线以及 MACD 同时或同一天出现金叉，只要在相近时间内发生，该形态都有效。

4.1.4 曙光初现

“曙光初现”形态通常出现在下跌行情中，是一个见底回升的信号。

在下跌过程中，首先出现一根大阴线。次日，跳空低开收出大阳线，且该大阳线的实体上穿上个交易日的大阴线实体的 1/2 以上的位置，这就是“曙光初现”形态，如图 4-12 所示。

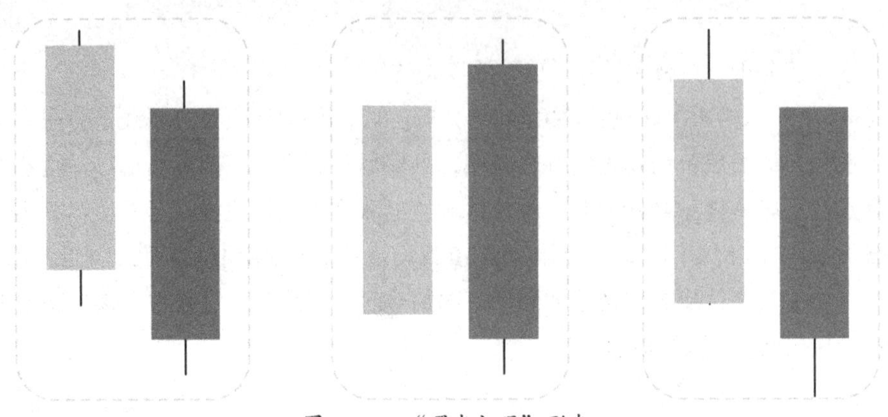

图 4-12　“曙光初现”形态

在个股下跌行情中，当出现了“曙光初现”形态，如果跳空低开的阳线实体与阴线实体 1/2 以上的位置重叠得越多，说明行情见底反弹的力度就越大。

下面举例分析“曙光初现”形态的买入信号。

图 4-13 所示为华升股份（600156）2015 年 10 月至 2016 年 2 月的 K 线图，1 月 28 日，股价以 7.01 元跳空低开收大阴线。

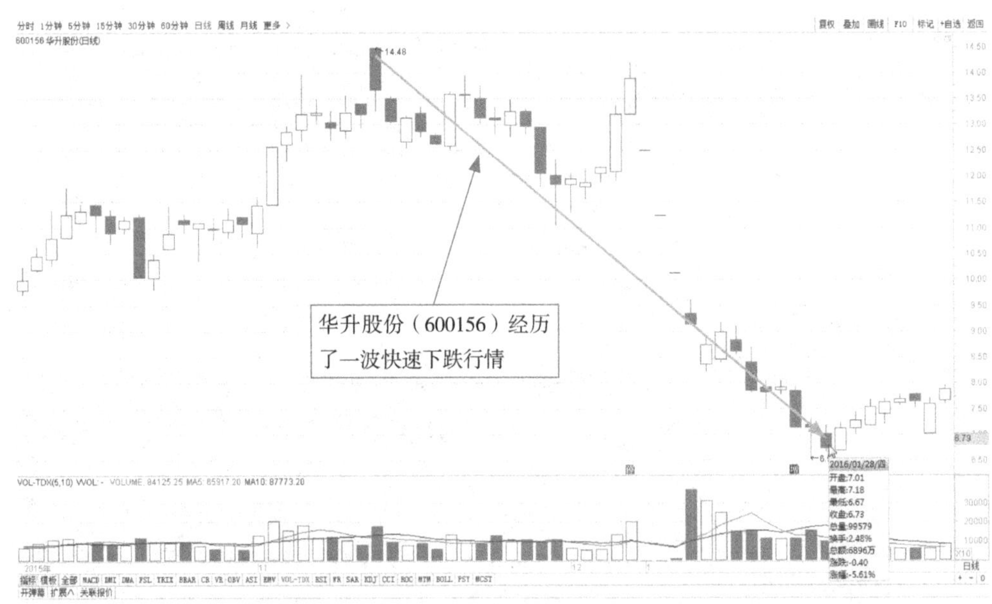

图 4-13　华升股份（600156）K 线图（1）

1 月 29 日，股价低开收大阳线，其收盘价高于 28 日实体的 1/2 形成“曙光初现”形态。随后，股价逐步攀升，虽然运行到某个高位后回落，但最终都在均线位置获得支撑后继续攀升，如图 4-14 所示。

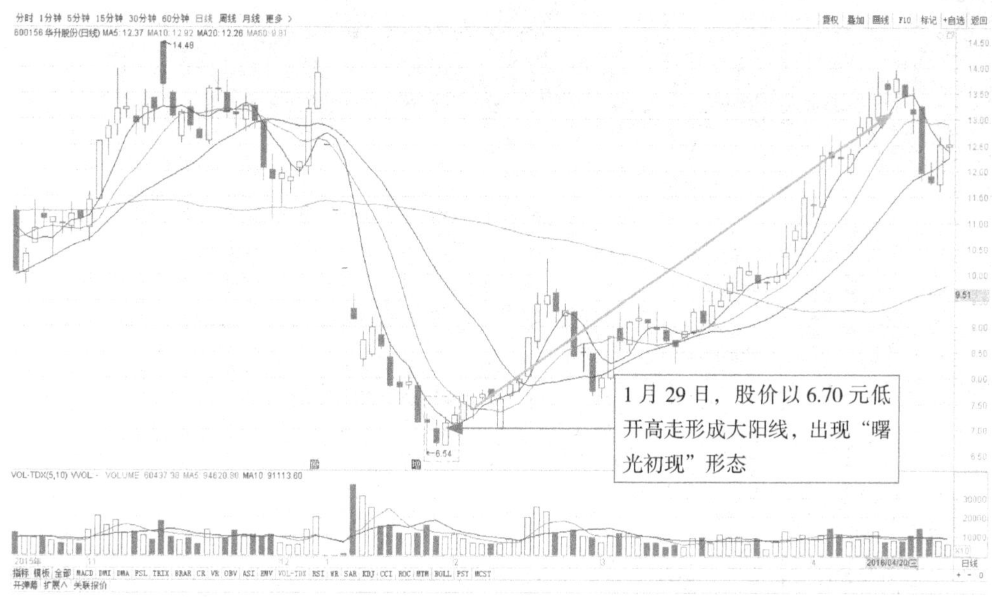

图 4-14　华升股份（600156）K 线图（2）

4.1.5　红三兵出现

“红三兵出现”形态又叫“三个白武士”或“前进三兵”。在股价上涨过程中，连续出现依次上升的三根阳线，意味着多方力量刚起步，随着力量的不断释放，将会形成真正的上涨。

图 4-15 所示为常见的“红三兵出现”形态。

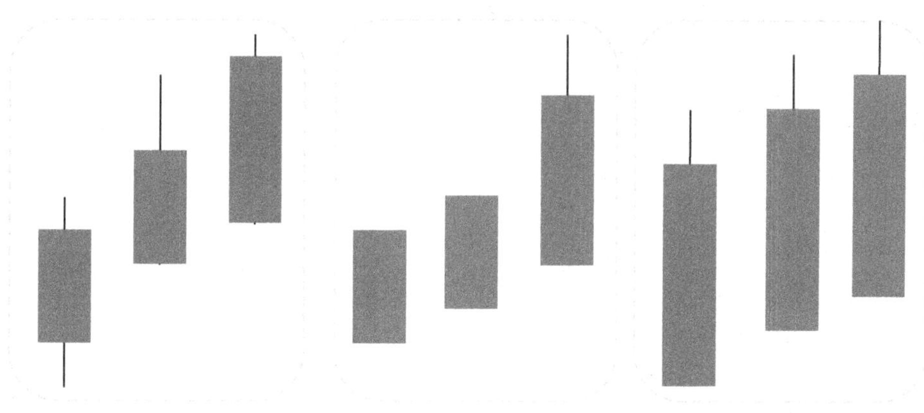

图 4-15　“红三兵出现”形态

在不同的个股行情中，“红三兵出现”形态的意义不同，其具体含义如图 4-16 所示。

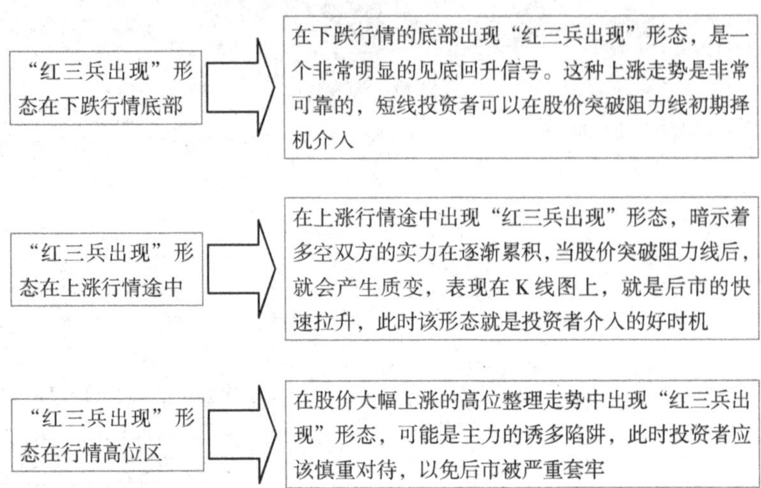

图 4-16　不同位置的"红三兵出现"形态意义

下面举例分析"红三兵出现"形态的买入信号。

图 4-17 所示为天坛生物（600161）2015 年 12 月至 2016 年 4 月期间的 K 线图，股价经历了一波下跌行情，产生见底信号，之后进入了横盘震荡走势。

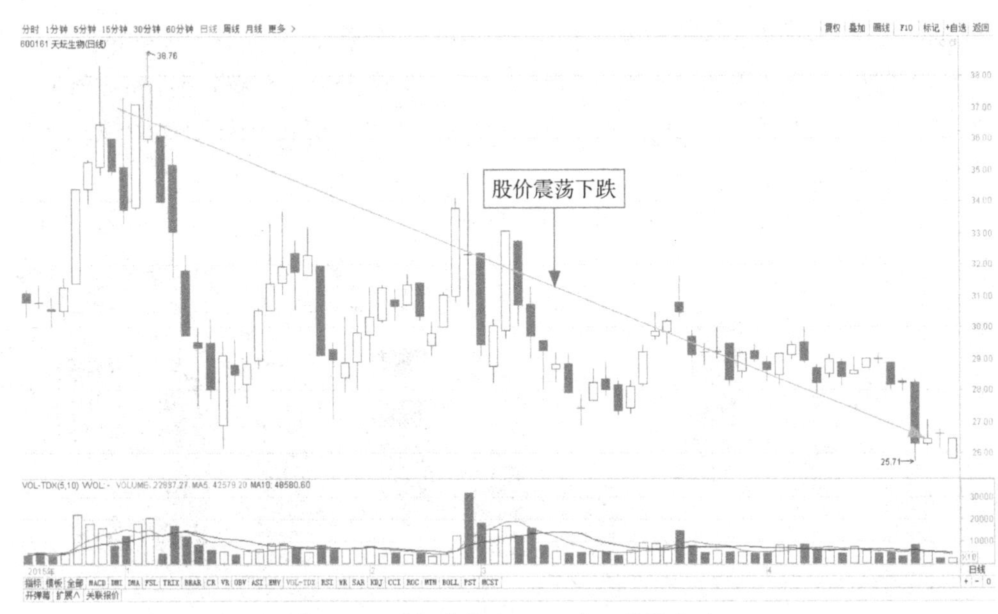

图 4-17　天坛生物（600161）K 线图（1）

在底部整理阶段，股价形成"红三兵出现"组合形态，连续出现节节上升的阳线拉升股价，后市看涨，投资者可介入，如图 4-18 所示。在下跌行情的底部出现"红三兵出现"形态，是一种非常明显的见底回升信号。这种上涨态势，是非常可靠的。投资者可以在股价突破阻力线初期进入，等待短期的丰厚利润。

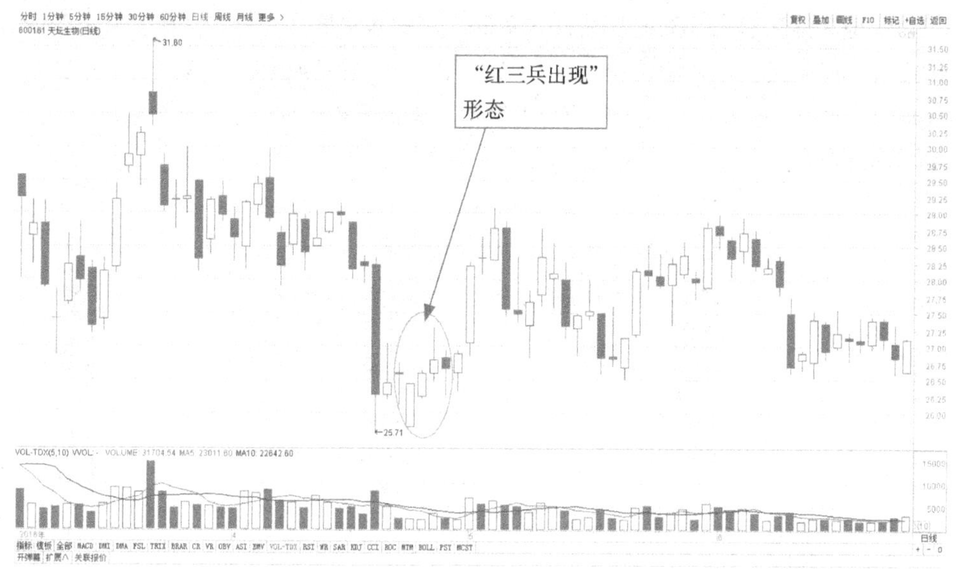

图 4-18　天坛生物（600161）K 线图（2）

从整体行情来看，股价走出了一波可观的上升行情。从最低点开始，投资者在"红三兵出现"形态后介入，都可以获利不小，如图 4-19 所示。

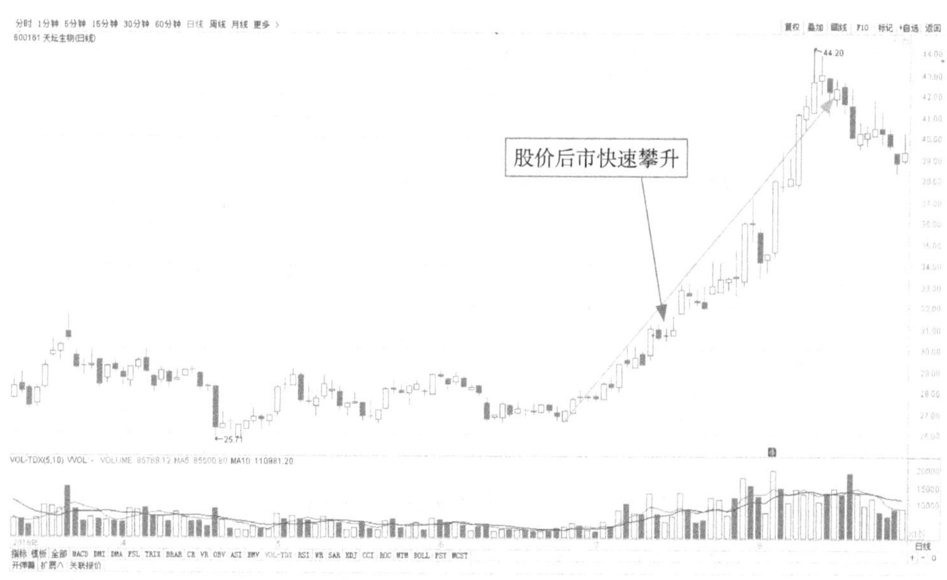

图 4-19　天坛生物（600161）K 线图（3）

4.1.6 希望之星

“希望之星”形态一般出现在行情底部，也称为“早晨之星”。在股价下跌的过程中出现一根阴线，次日股价跳空低开以小阳线、小阴线或者十字线报收，第三日以阳线报收，股价在开盘后从底部一直上升到第一天的阴线内部形成“希望之星”形态，如图 4-20 所示。

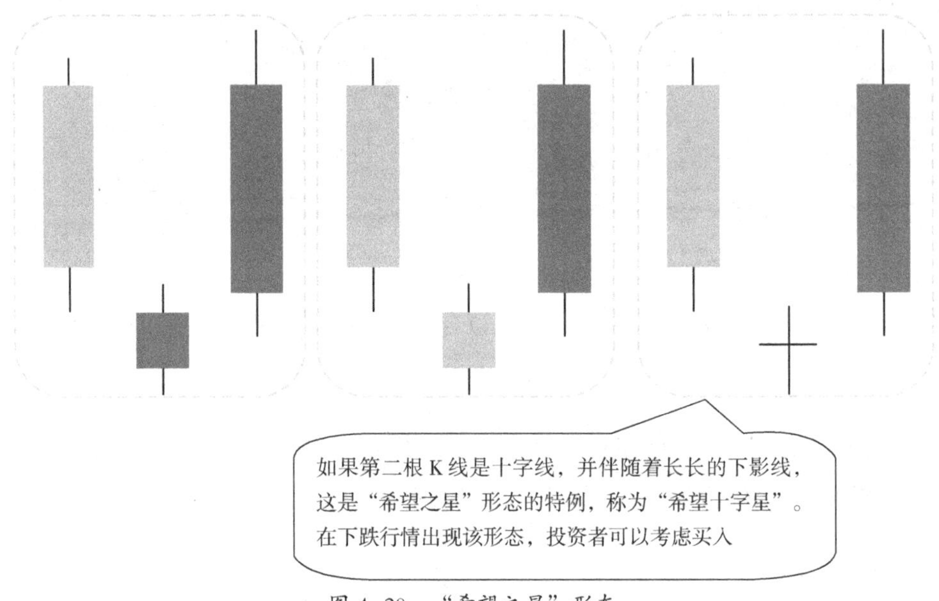

如果第二根 K 线是十字线，并伴随着长长的下影线，这是“希望之星”形态的特例，称为“希望十字星”。在下跌行情出现该形态，投资者可以考虑买入

图 4-20 “希望之星”形态

出现“希望之星”形态，说明个股做空能力大大释放，股价无力再创新低，呈现底部回升态势，这是较为明显的大市转向信号。“希望之星”形态就像是东方地平线上冉冉升起的启明星，故此得名。“希望之星”形态也可以出现在上升过程的阶段性回调走势底部，且第一日的大阴线和第三日的大阳线的实体部分重叠得越多则越有意义。不过，在盘整走势中，“希望之星”形态通常不具备操作意义。

“希望之星”形态出现前的股价跌幅越大，则后市的看涨信号越强烈。需要注意的是，“希望之星”形态只能判断下跌行情会反转，是低位介入的一个机会，但不能确保股价反转后立即大幅上涨。因此，在实战的操作过程中，投资者不能单凭“早晨之星”来简单地认为该形态为买入信号，最好再结合其他技术指标。

下面举例分析“希望之星”形态的买入信号。

图 4-21 所示为美都能源（600175）2016 年 3 月至 5 月期间的 K 线图，股价经历了一波下跌行情，产生“双管齐下”见底信号，该形态之后收出一根跳空低开低走的小阴线。出现“双管齐下”信号后，积极的投资者可适度参与，但考虑到股价处在下

降趋势中，稳健的投资者需等待更明确的介入信号。

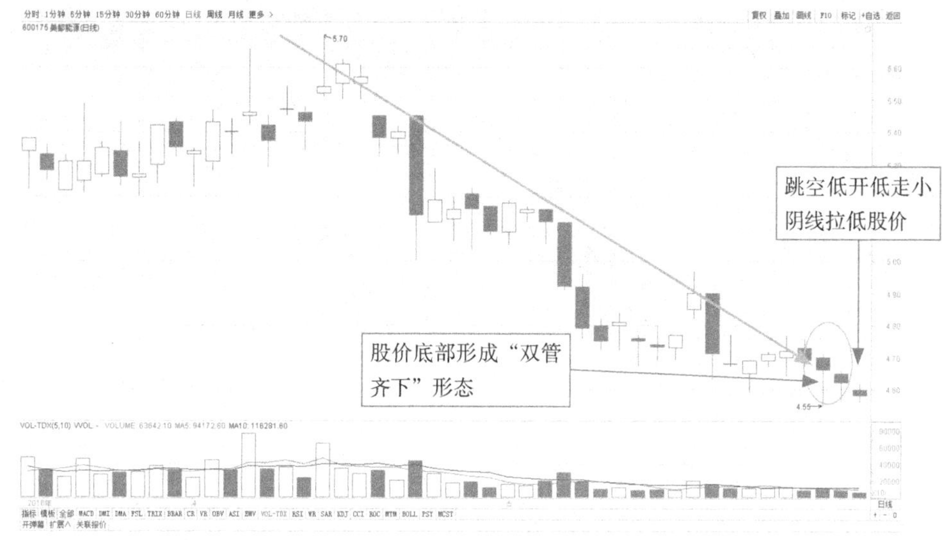

图 4-21 美都能源（600175）K 线图（1）

下一个交易日股价跳空高开，最终以 3.93% 的涨幅阳线报收，与前两日的 K 线形成一个“希望之星”形态，如图 4-22 所示。“希望之星”形态作为重要的见底信号，能帮助投资者分辨重要的底部。

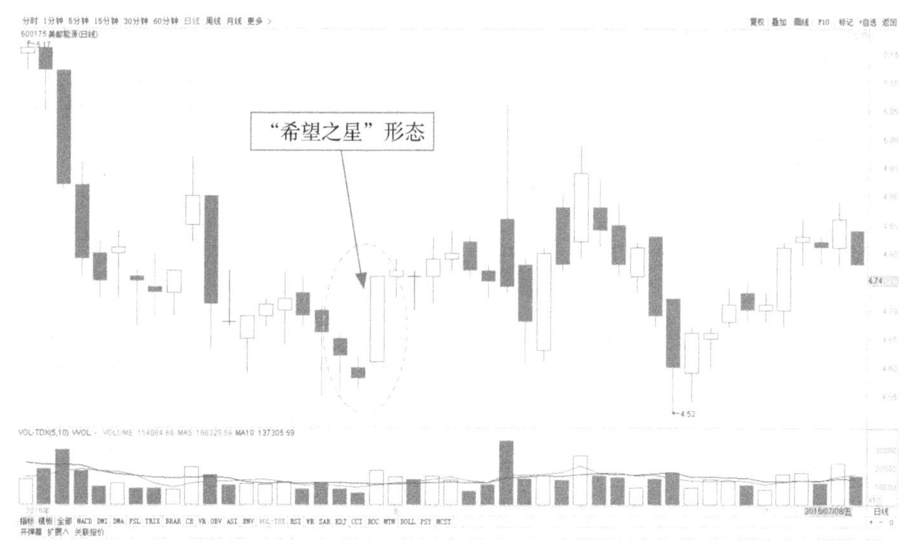

图 4-22 美都能源（600175）K 线图（2）

由此可以判断该股后市将出现上涨，因此投资者可以逢低吸纳买入该股，持仓待涨，如图 4-23 所示。

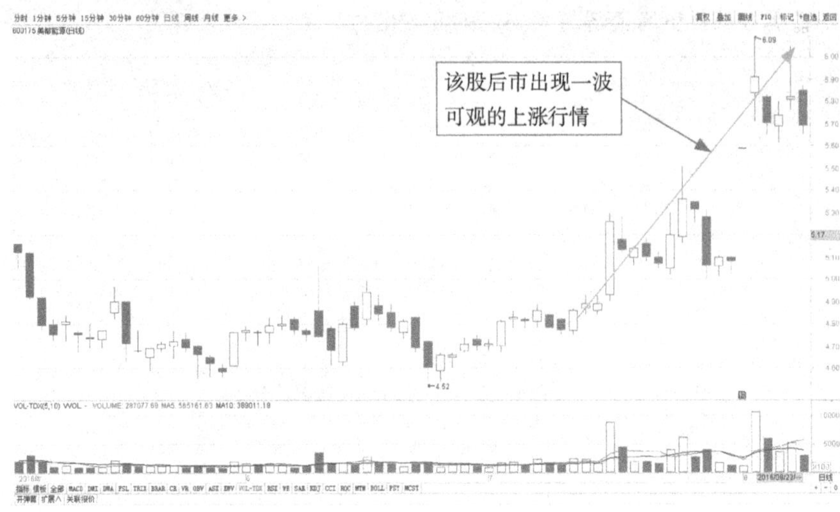

图 4–23　美都能源（600175）K 线图（3）

4.2　K 线看盘的卖出点

在投资市场中，有句俗语：“下跌容易，上涨难”，从个股的 K 线走势中很容易看出这一点，如图 4–24 所示。因此，为了锁定自己的收益，避免下跌行情带来的损失，投资者就必须熟练掌握各种看跌的 K 线组合形态。

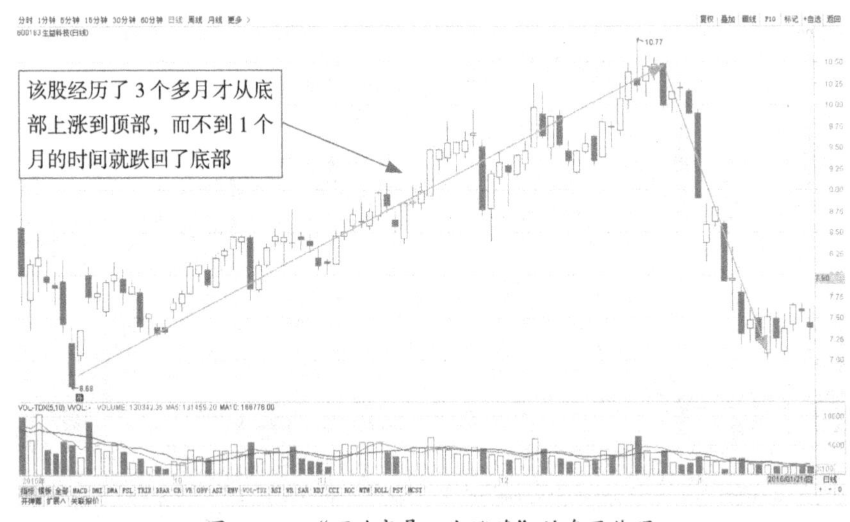

图 4–24　“下跌容易，上涨难”的盘面体现

4.2.1 黄昏之星

“黄昏之星”组合形态一般由三根K线组成，第一根为阳线，第二根为实体很短的小阳线、小阴线或十字线，且第二根K线的实体部分分别高于第一根大阳线和第三根大阴线的实体部分，最后一根为阴线，其实体深入到第一根阳线的实体内。

图4–25所示为“黄昏之星”K线组合形态。

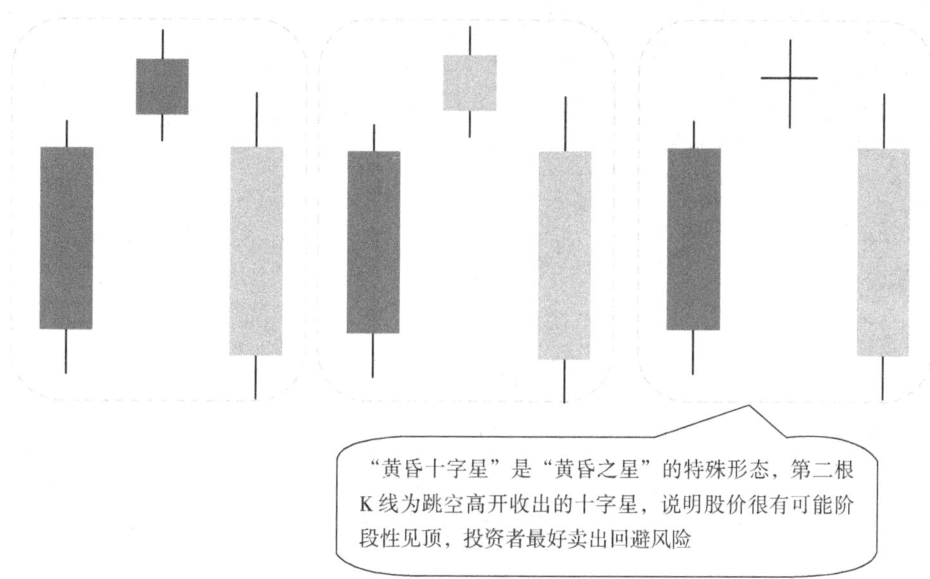

“黄昏十字星”是“黄昏之星”的特殊形态，第二根K线为跳空高开收出的十字星，说明股价很有可能阶段性见顶，投资者最好卖出回避风险

图4–25 “黄昏之星”形态

“黄昏之星”形态与“希望之星”形态的作用刚好相反，它是股价见顶回落的反转信号。在“黄昏之星”形态中，与第一根K线相比，如果第三根K线的收盘价接近或者低于第一根阳线的开盘价，其后市看跌的信号就强。

因此，在个股K线图中产生“黄昏之星”形态后，投资者不宜再继续做多，而应该及时减仓，并随时做好离场的准备。

专家提醒

“黄昏之星”的标准形态认为第二根K线必须是跳空高开，且最低价高于头一天的最高价，即与第一根阳线之间产生一个跳空缺口。但在实战过程中，这种标准形态并不多见，因此没有跳空缺口的“演变黄昏之星”形态也同样值得投资者关注。

下面举例分析“黄昏之星”形态的卖出信号。

图4–26所示为古越龙山（600059）2014年12月至2015年6月期间的K线图，

从图中可以看到，股价经历了一波强势上涨。

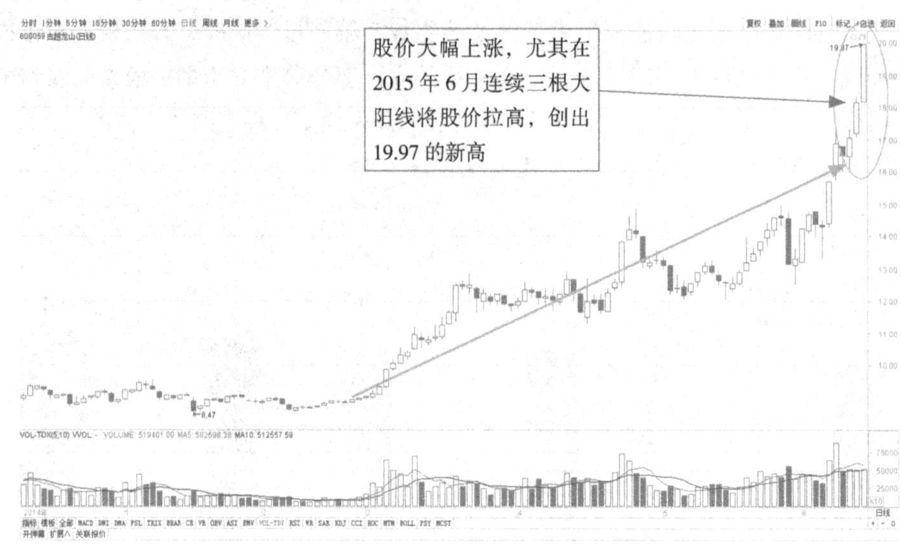

图 4-26　古越龙山（600059）K 线图（1）

2015 年 6 月 15 日，股价以 20.38 元的价格跳空高开，当日最高上冲到 21.30 元，但最终以 20.09 元的价格收出小阴线，次日股价低开，最终收出大阴线拉低股价，形成“黄昏之星”形态，如图 4-27 所示。大幅上涨末期出现该形态，投资者应立即离场。

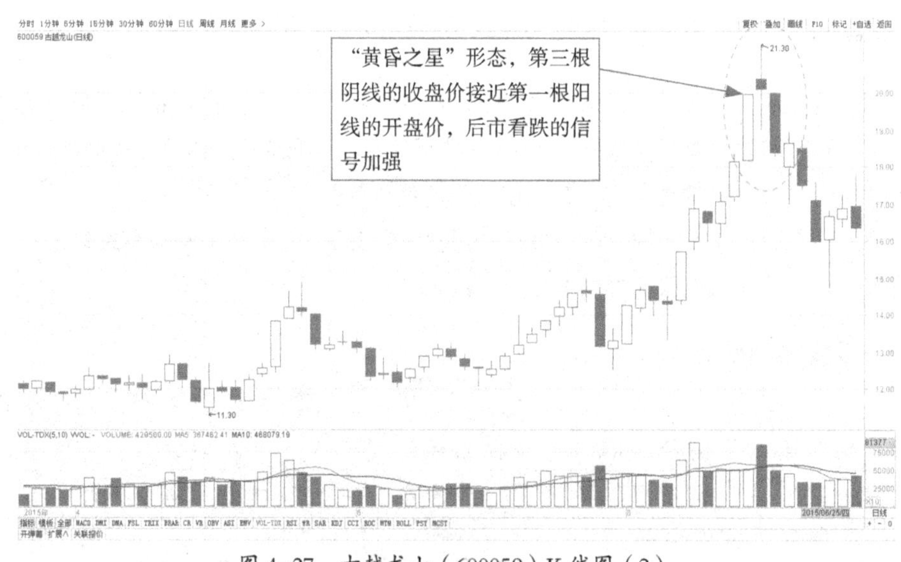

图 4-27　古越龙山（600059）K 线图（2）

形成“黄昏之星”形态后，股价继续下跌，在不到一个月的时间，股价从最高的 21.30 元下跌到最低的 8.64 元，下跌幅度之深，下跌速度之快，可以说令人防备不及，如图 4-28 所示。

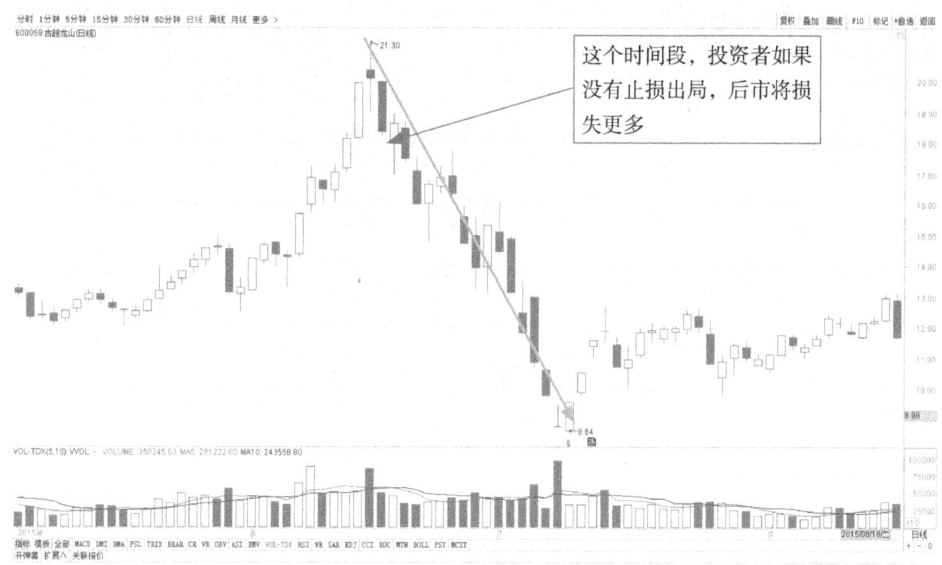

图 4-28 古越龙山（600059）K 线图（3）

4.2.2 乌云盖顶

“乌云盖顶”形态是上升行情中常见的见顶回落信号。在行情运行到高价位时出现一根大阳线，次日，股价高开收于一根阴线，且阴线的收盘价低于 1/2 阳线实体。图 4-29 所示为常见的“乌云盖顶”K 线组合形态。

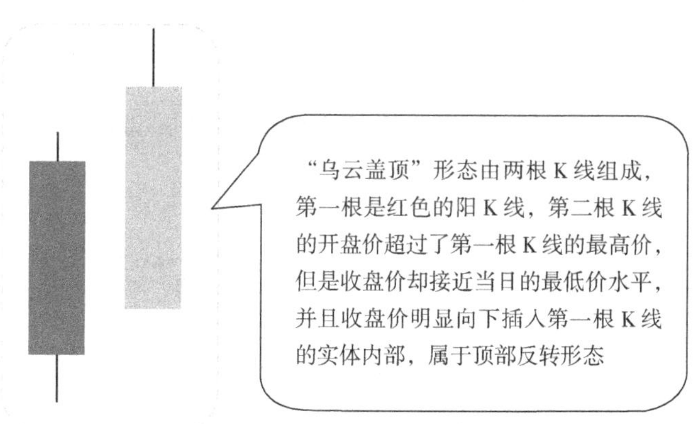

图 4-29 “乌云盖顶”形态

下面举例分析“乌云盖顶”形态的卖出信号。

图 4-30 所示为建发股份（600153）2015 年 3 月至 6 月期间的 K 线图。从图中可以看到，股价经历了一波强势上涨，并在高位区出现了连续多根阳线，将股价再次拉高。

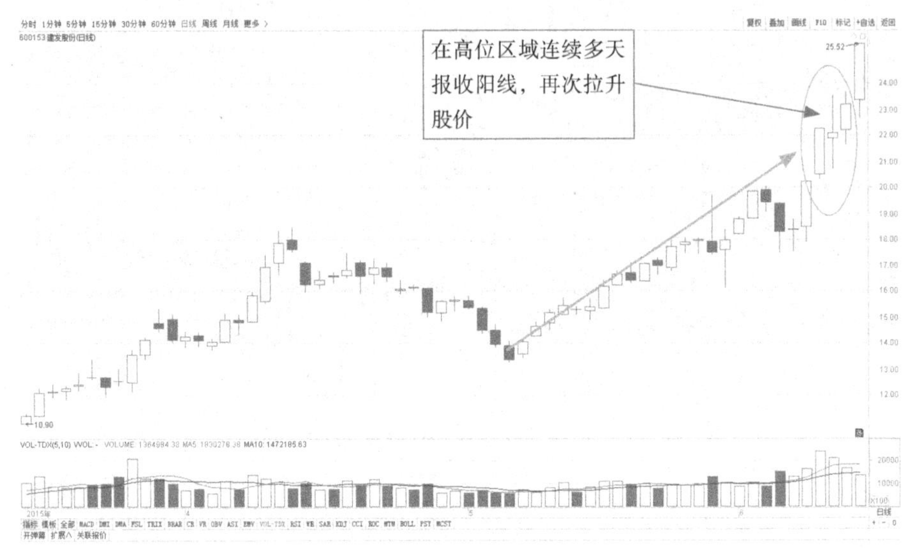

图 4-30 建发股份（600153）K 线图（1）

2015 年 6 月 12 日，股价跳空高开高走，涨幅达 10%，收出一根大阳线；次日，股价继续跳空高开，但是上涨受阻，当日以低于上个交易日的收盘价阴线报收，形成“乌云盖顶”形态，如图 4-31 所示。

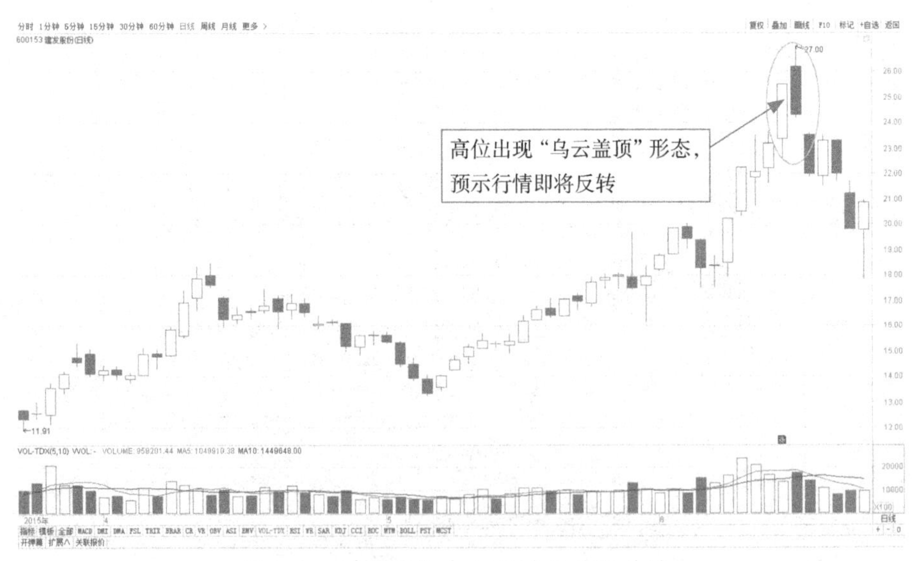

图 4-31 建发股份（600153）K 线图（2）

从后市的行情可见，不到半个月的时间，该股的价格从最高的27.00元下跌到最低的10.56元，如图4-32所示。

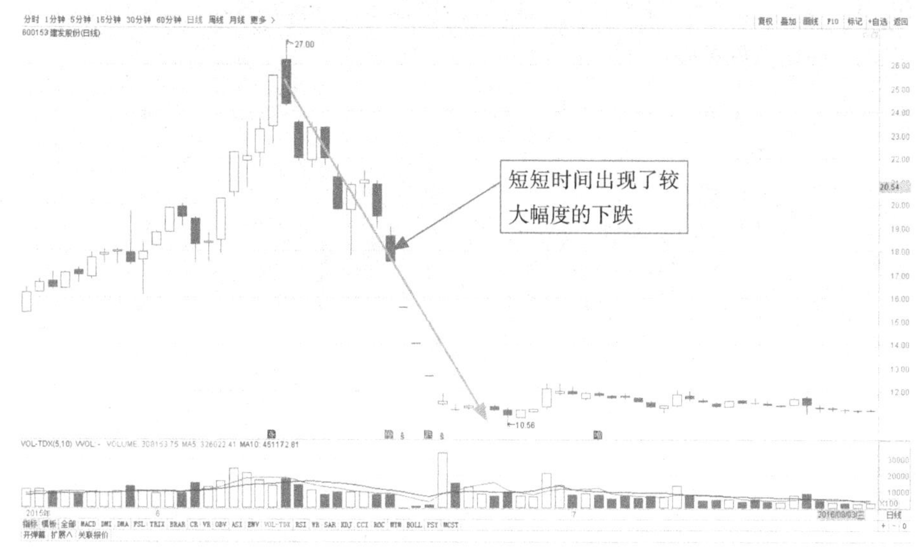

图4-32　建发股份（600153）K线图（3）

4.2.3　三峰顶天

"三峰顶天"形态是指股价在上升到一定高度后，连续出现三个高点大体相同的顶部，当第三个高点出现时是强烈的最后卖出信号，如图4-33所示。

图4-33　"三峰顶天"形态

下面举例分析“三峰顶天”形态的卖出信号。

图 4-34 所示为东方金钰（600086）2014 年 12 月至 2015 年 8 月期间的 K 线图。从图中可以看到，股价长时间的底部横盘走势结束后，被强势拉升，但不久便出现顶部再次进入高位横盘走势。

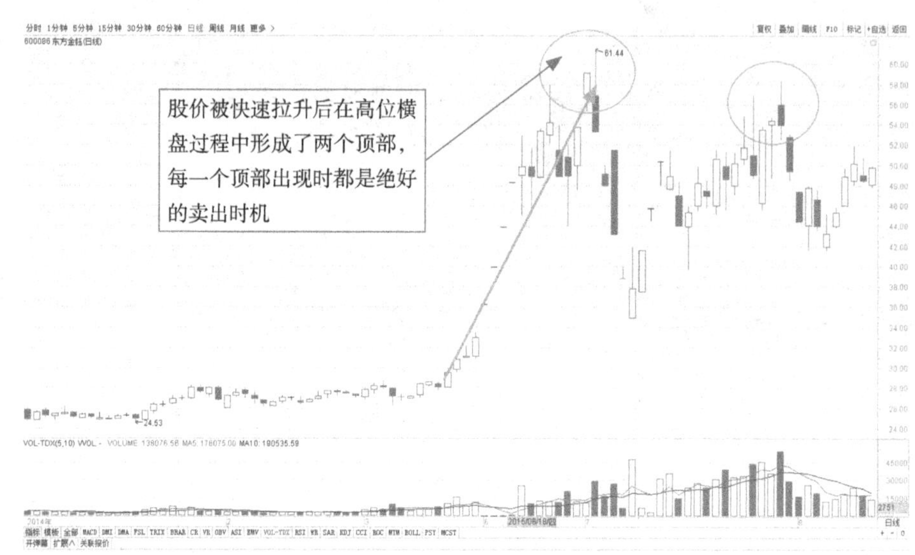

图 4-34　东方金钰（600086）K 线图（1）

随后，股价再次上冲，但受到空方打压，在高位形成 3 个顶部，形成了“三峰顶天”形态，后市反转下跌，如图 4-35 所示。

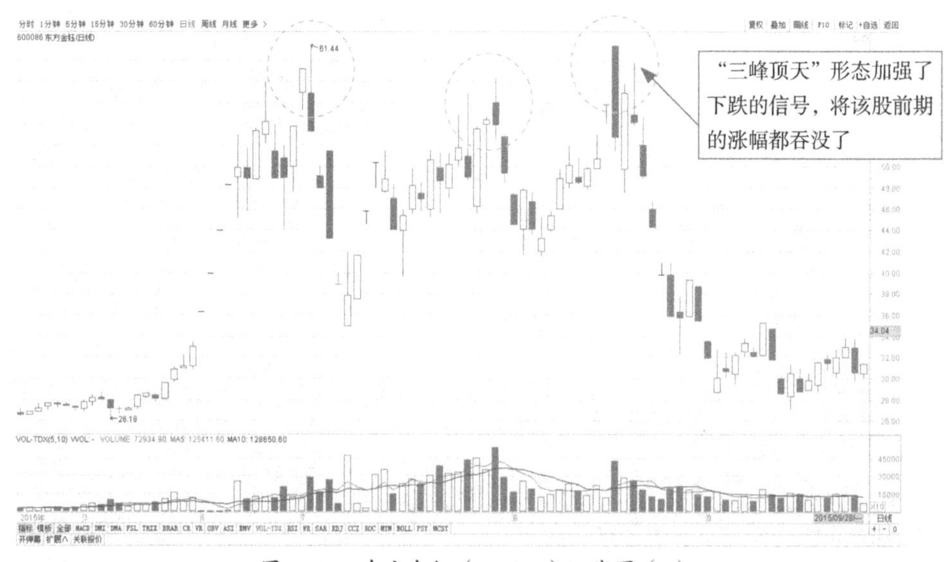

图 4-35　东方金钰（600086）K 线图（2）

4.2.4 高位双大量

“高位双大量”形态是指股价上升到高位时，连续两天出现非常接近的巨大成交量，说明市场对该股的后市并不看好，行情即将发生逆转，投资者应果断出局。图 4–36 所示为“高位双大量”K 线组合形态。

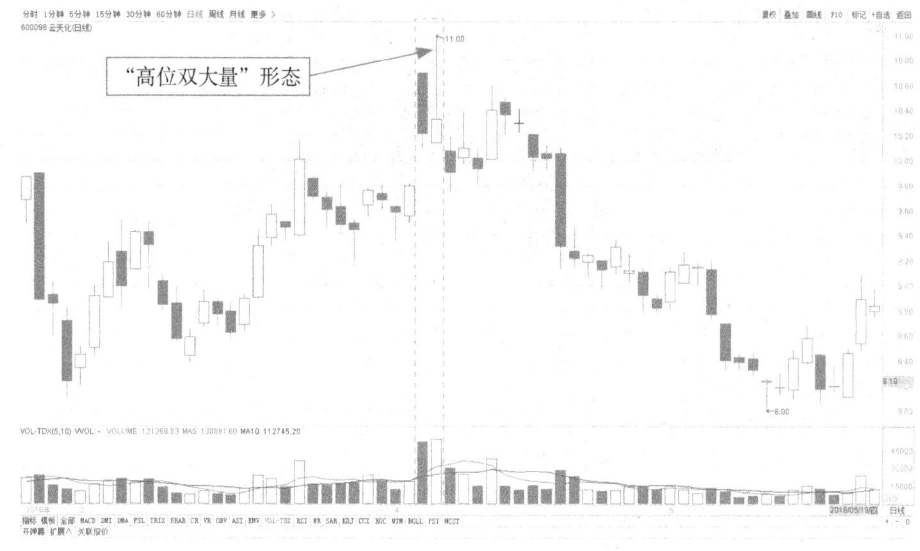

图 4–36 “高位双大量”形态

“高位双大量”形态通常是主力在高位出货造成的，它的出现说明个股前期上升趋势将发生逆转，一轮下降行情即将拉开。

“高位双大量”形态的操作要点如图 4–37 所示。

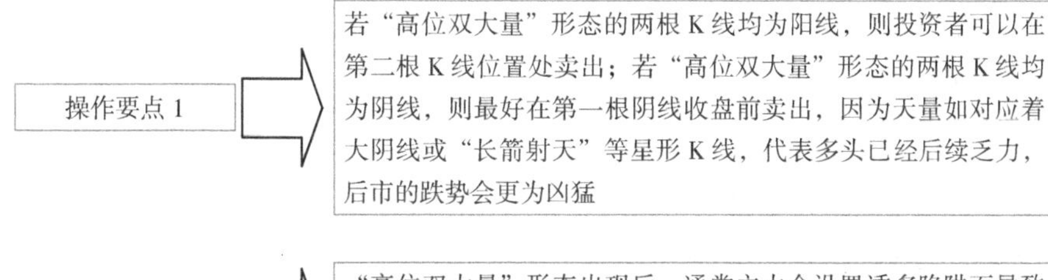

图 4–37 “高位双大量”形态的操作要点

下面举例分析“高位双大量”形态的卖出信号。

图 4–38 所示为天成控股（600112）2015 年 9 月至 11 月期间的 K 线图。从图中可

以看到，股价经历了一波大幅上涨行情，11 月 26 日放量跳空高开高走，以涨幅 5.27% 的大阳线报收。

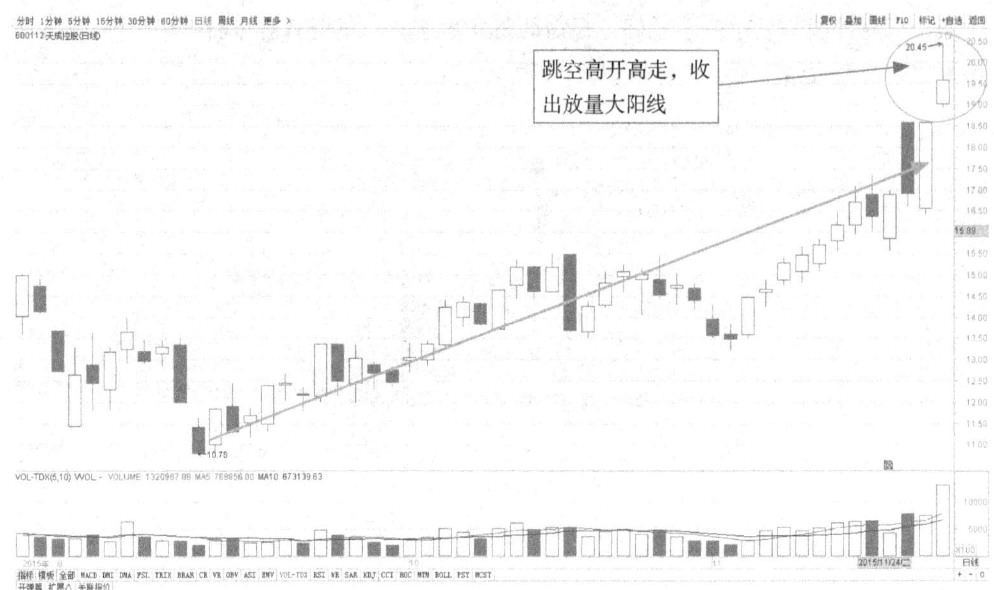

图 4-38　天成控股（600112）K 线图（1）

次日，再次收出一根放量跳空高开高走的大阳线，形成“高位双大量”形态，股价反转下杀，短期跌幅达 57%，如图 4-39 所示。

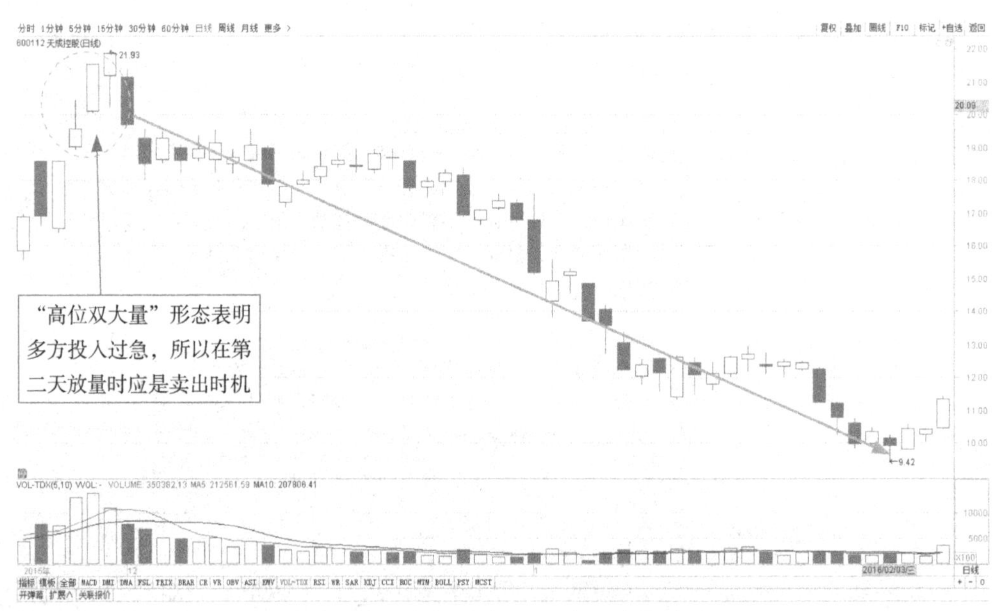

图 4-39　天成控股（600112）K 线图（2）

4.2.5 兄弟剃平头

“兄弟剃平头”形态是指股价经过一段持续上升后，接连在高位出现两根平顶的K线组合，如图4-40所示。此形态表明阶段性顶部到来，是强烈的卖出信号。

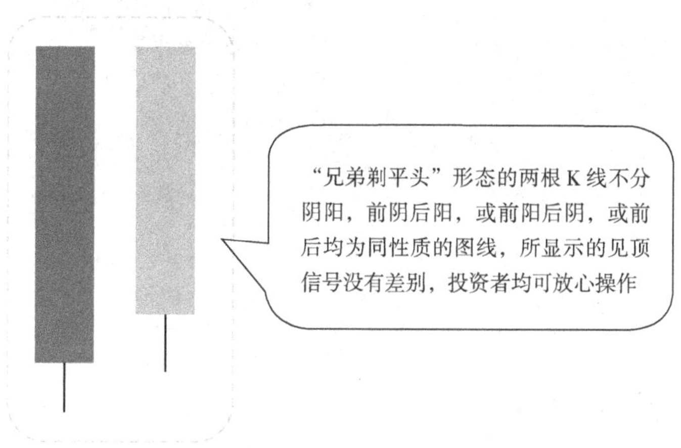

图4-40 “兄弟剃平头”形态

下面举例分析“兄弟剃平头”形态的卖出信号。

图4-41所示为澄星股份（600078）2014年12月至2015年6月期间的K线图。从图中可以看到，股价经历了一波较大涨幅的上升行情，并于2015年6月3日收出一根涨幅为10.01%的大阳线，可见主力的拉升意图十分明显。

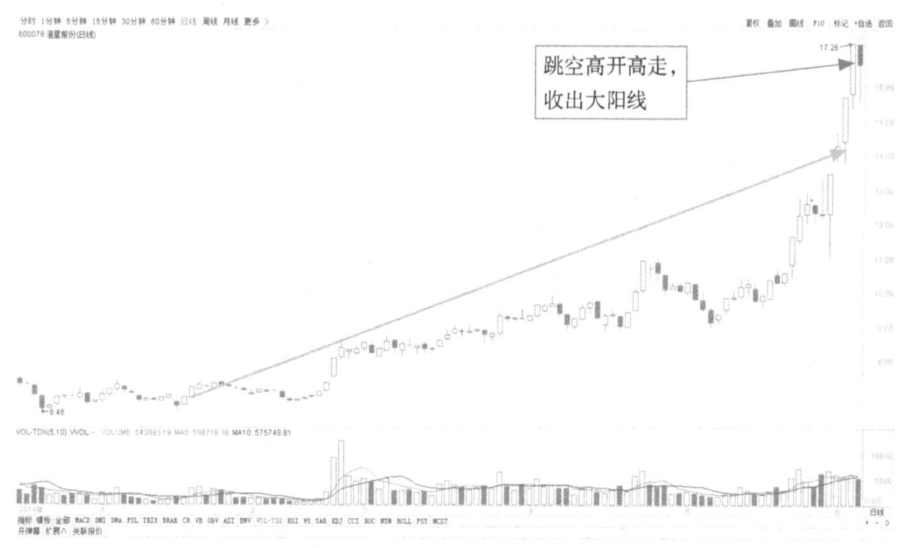

图4-41 澄星股份（600078）K线图（1）

股价上升到高位后，出现了两根最高价同值的K线，形成“兄弟剃平头”形态，是非常可信的见顶信号。该形态形成后，股价十有八九要进行回档整理，下跌的空间一般较大，投资者应注意卖出股票，如图4-42所示。

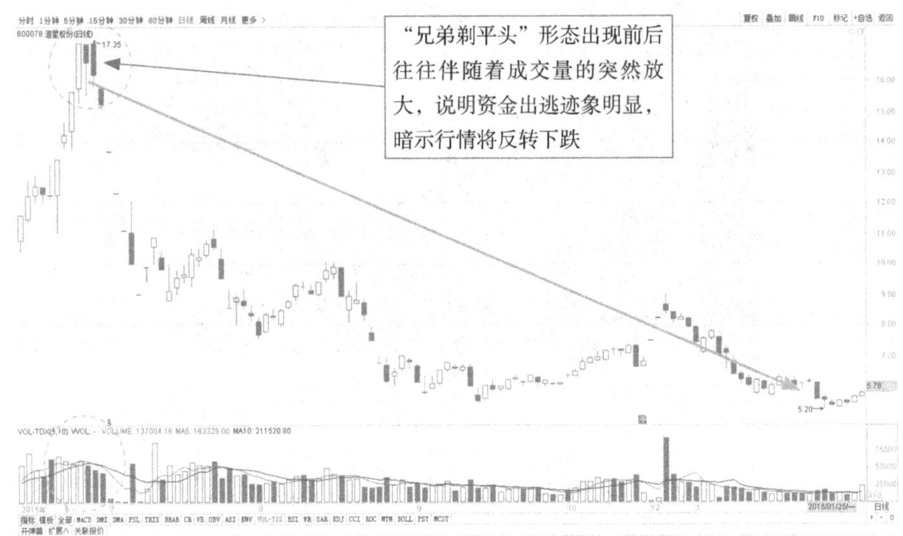

图4-42　澄星股份（600078）K线图（2）

4.2.6　三线下山

“三线下山”形态是指5日均线、10日均线、20日均线形成死叉，然后呈空头排列运行，且三数值较为接近，如图4-43所示。

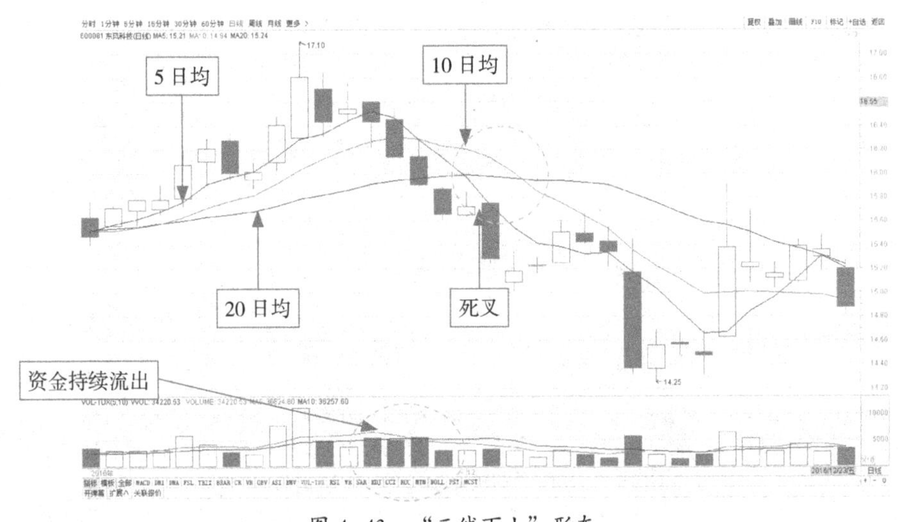

图4-43　“三线下山”形态

下面举例分析“三线下山”形态的卖出信号。

图 4-44 所示为同仁堂（600085）2015 年 9 月至 2016 年 2 月期间的 K 线图。从图中可以看到，该股在阶段性高位发出“三线下山”信号，资金出逃的幅度加大。对于这类股票，投资者需要十分谨慎。

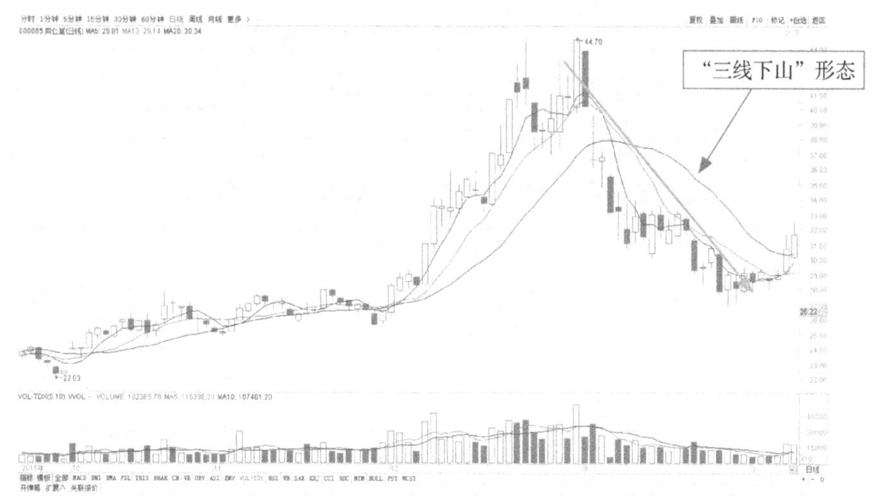

图 4-44　同仁堂（600085）K 线图

4.2.7　三线死同叉

“三线死同叉”形态是指 5 日均线在同一天下穿了 10 日均线、20 日均线和 30 日均线 3 条移动平均线，此为做空信号，应当卖出股票，如图 4-45 所示。

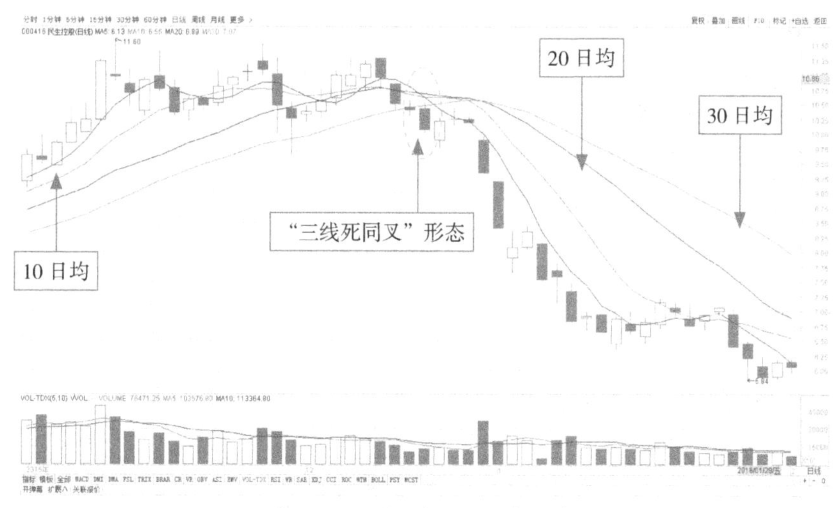

图 4-45　“三线死同叉”形态

下面举例分析“三线死同叉”形态的卖出信号。

图 4-46 所示为吉林化纤（000420）2016 年 1 月至 5 月期间的 K 线图。从图中可以看到，该股前期始终保持震荡上行的趋势，直到 2016 年 3 月 30 日这天 5 日均线同时下穿了 10 日均线、20 日均线和 30 日均线，形成“三线死同叉”形态，随后股价开始急剧下挫。

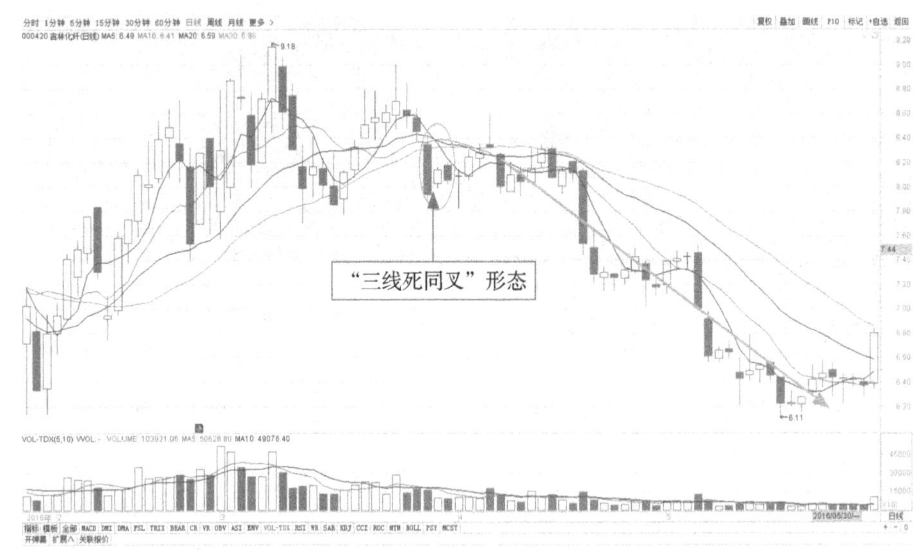

图 4-46 “三线死同叉”形态

专家提醒

“三线死同叉”形态的操作原则如下。

- 在上升行情末期出现“三线死同叉”形态时，下跌空间比较大；在整理行情的波段顶部出现“三线死同叉”形态时，是短线高抛低吸做差价的好机会，当然新手需要更加谨慎。
- 四条均线必须靠得较近扭在一起，“三线死同叉”形态才成立，且靠得越近有效性越高。

4.2.8 CR 高位扭成团

CR 指标的中文名称叫价格动量指标，又可以称为能量指标、带状能量线、中间意愿指标，是分析股市多空双方力量对比、把握买卖股票时机的一种中长期技术分析工具。

CR 指标由 CR 和 MA1、MA2、MA3、MA4 五条图线组成，可以反映出股价的压力带和支持带，如图4-47所示。

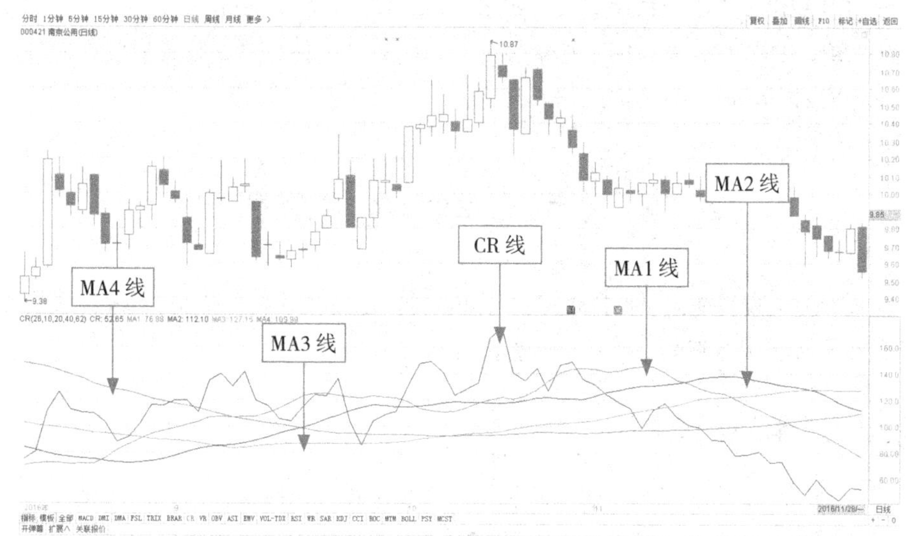

图4-47 CR指标

当CR线和MA1、MA2、MA3、MA4五条平均线在高位缠绕在一起时，即形成了“CR高位扭成团”形态，此时卖出信号极强，表明做多谨慎，如图4-48所示。

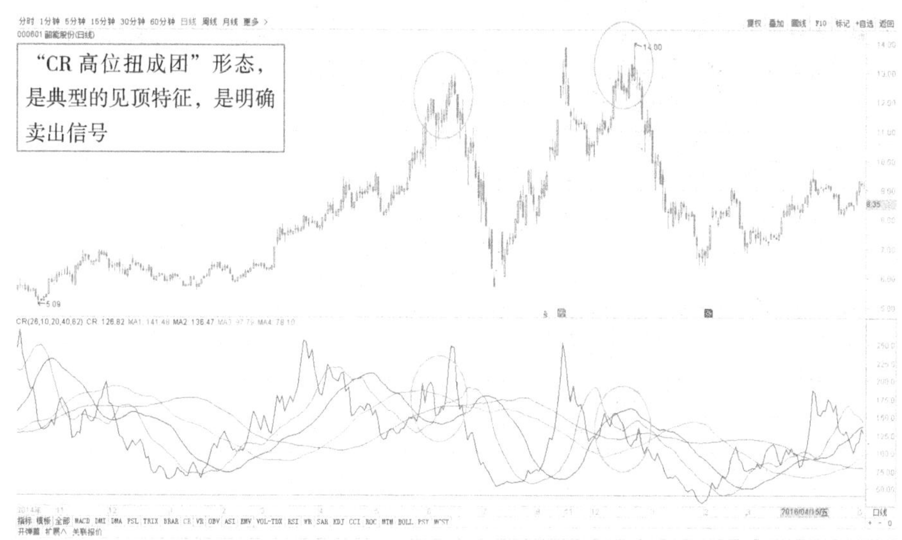

图4-48 “CR高位扭成团”形态

下面介绍一些CR指标的操作策略。

- 若CR线运行到400之上，而10日平均线则向下方运行，通常是比较明确的卖出信号；若CR线运行到40之下，则为明确的买进信号；

- CR 线由高点下滑至其他四条平均线下方时，股价容易形成短期底部；
- CR 线由下往上连续突破其他四条平均线时，为强势买进点；
- BR、AR、CR、VR 四个技术指标可以组成一个指标群，投资者将它们搭配使用可以提高股价走势分析的准确度。

4.3 K 线盘中的短线套利点

K 线图除了直观地记录价格走势这种功能外，还可以用来发现盘中的短线套利点。本节会在结合实例的基础上详细介绍这些内容。

4.3.1 巧用补仓套利

补仓套利是指当投资者由于判断有误，在高位购入个股被套牢后，若通过 K 线图判断该股即将出现短线上涨行情，则可以继续补仓买进，等到股价短线上涨后，只要有获利空间即可将补仓的股票卖出。

如图 4–49 所示，通过一个图解案例来说明巧用补仓套利的具体操作方法。

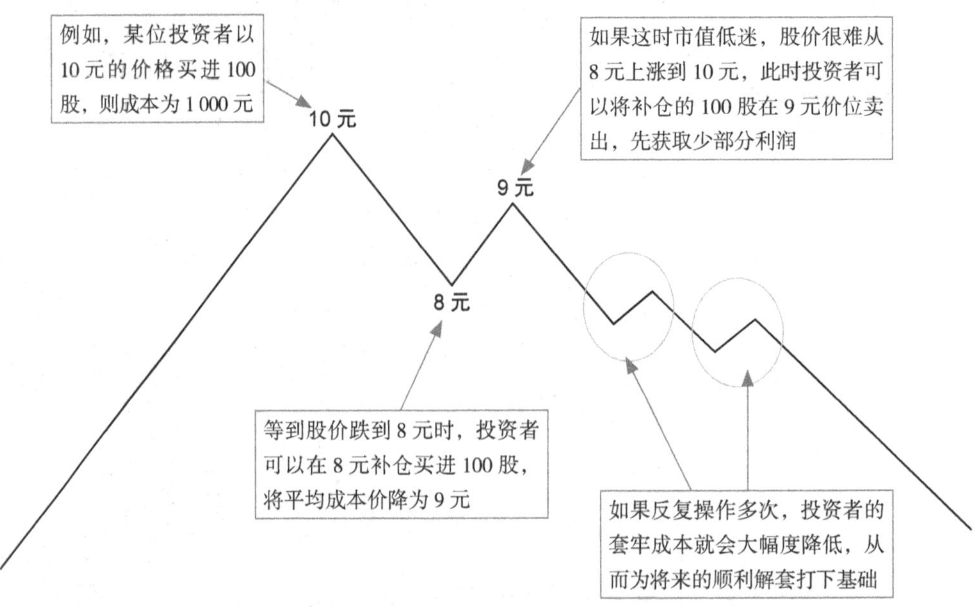

图 4–49 巧用补仓套利的操作方法

4.3.2 捕捉反弹的套利契机

在股价快速下跌行情中，如果受到多方支撑，此时股价将出现短暂的回升行情，这种现象就称之为反弹。抢反弹是指在股票回升之时抢购股票的行为。对于短线投资者来说，可以利用K线图来捕捉反弹的套利契机。

下面举例说明捕捉反弹的套利契机的操作技巧。

图4-50所示为*ST钒钛(000629)2015年4月至7月期间的走势图，从图中可以看出，该股前期经历快速下跌，市场抛压得到一定程度的缓解。在2015年7月9日这天，该股盘中实现扭转，K线收出一根长下影线的阳线，之后股价止跌企稳，K线连续收阳，发出"一针锥底"形态买入信号，投资者可以果断进场抢反弹。

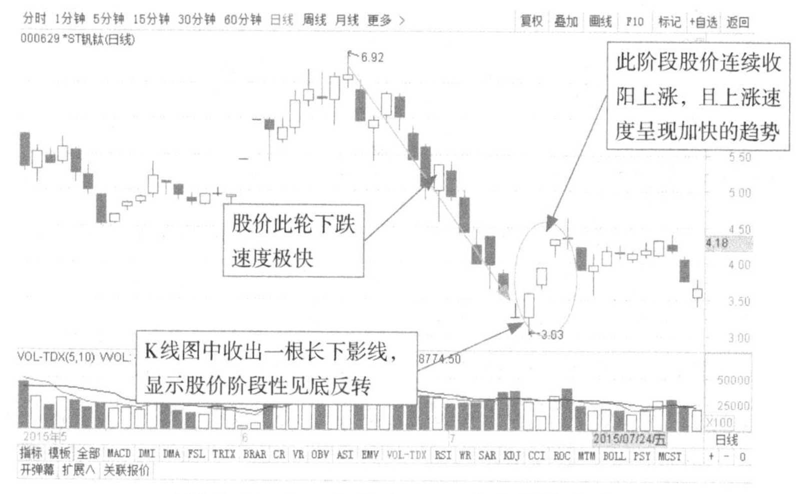

图4-50 *ST钒钛（000629）走势图（1）

专家提醒

虽然熊市下跌听起来十分可怕，但整体下跌走势不会一蹶不振，通常股价在下降过程中会伴随出现反弹走势。"一针锥底"的K线可以是阳线或阴线，尤其当出现长下影线的阳线时，其反弹欲望的表现要大于阴线。总之，在股价下降趋势中，投资者利用"一针锥底"来发掘股价反弹是十分有效的信号，必须加以重视。

如图4-51所示，该股下跌途中形成了一轮反弹走势。正是标识位置的一针锥底开启了反弹，因此短线投资者要积极在反弹信号发出后买入股票抢反弹。

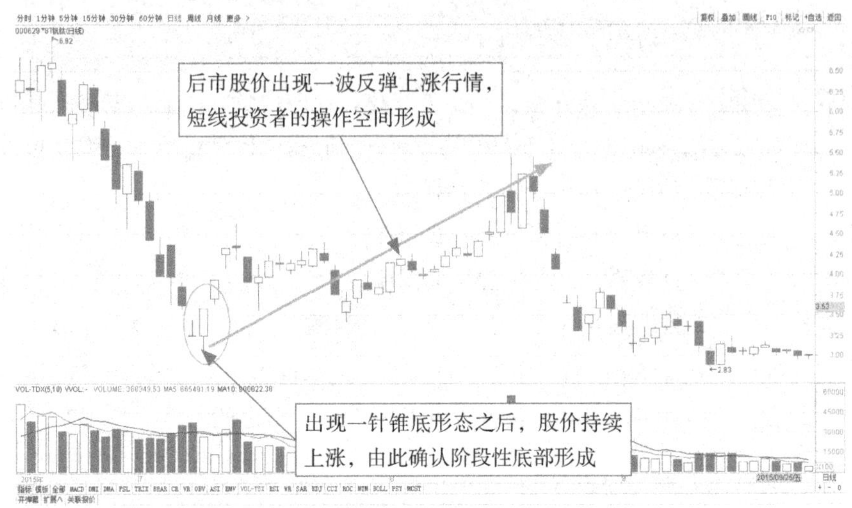

图 4-51　*ST 钒钛（000629）走势图（2）

4.3.3　在主力被套自救中发现套利机会

其实，主力也会遭遇被套的困境，对于与主力一同被套的投资者来说，可以在主力被套自救中发现短线套利机会。当然，跟随主力操作的个股存在更大的风险，而且操作难度也更大，投资者必须谨慎对待。

主力被套常用的自救方法就是低位摊平，而且这种方法非常简单有效，当然前提就是需要一定的资金。低位摊平的自救方法通过 K 线盘口可以很明显地看出来，如图 4-52 所示。

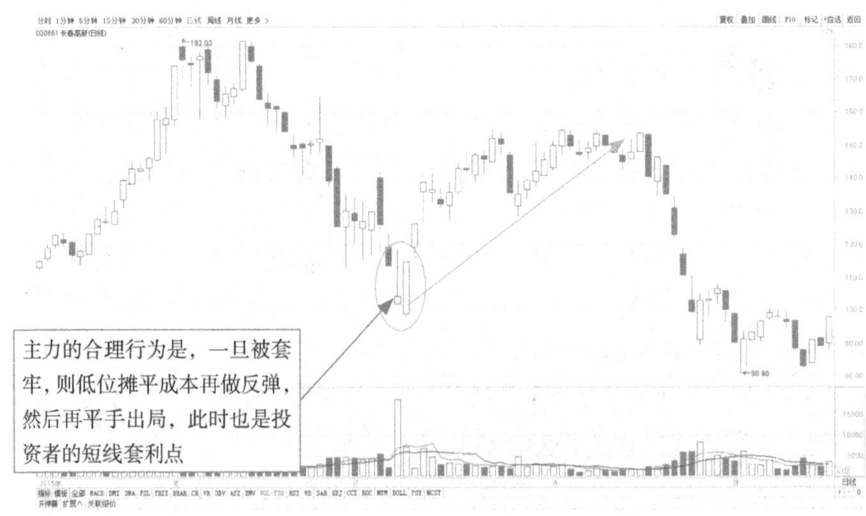

图 4-52　低位摊平

4.3.4 如何在套利中止盈、止损

对于进行套利交易的短线投资者来说，除了必须要知道基本套利技巧外，还应该设立在交易中的止盈点和止损点，这样才能在股市投资中更好地保障资金安全，如图 4-53 所示。

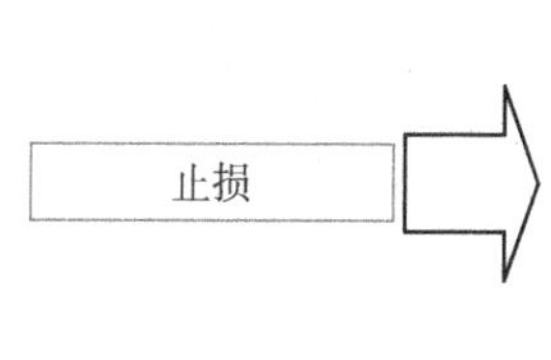

止损就是指当投资者亏损到自己不能承受的点位时，立刻进行平仓。在股市盘面中，价格波动比较频繁，因此对于短线操作来说设置止损点是非常必要的。具体的方式是根据自己的风险承受能力与 K 线盘面进行确定。在设置止损点之后，要坚决执行，即使预测后市可能出现反转，也应该坚决执行，不可有翻盘的心态。翻盘的心态往往是导致失败的根源

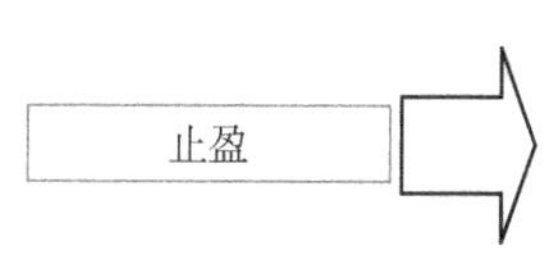

止盈和止损是相反的操作形式，当投资者的股票投资盈利达到了自己想要的点位时，即可进行平仓操作。设置止盈可以防止后市出现下跌而导致前期的盈利变小或者消失，同时这也是股票投资不能贪婪的原则体现

图 4-53 止盈和止损的设置技巧

例如，天夏智慧（000662）在 2015 年 12 月 16 日上涨到 28.00 元，后面出现急剧下跌，如图 4-54 所示。此时，如果投资者前期就设置了止盈点，及时抛售该股，还可以获取较大的利润；如果犹豫不决，则后期会出现大的损失。

图 4-54 天夏智慧（000662）K 线图

4.3.5 小资金短线套利技巧

对于资金不多的中小型投资者来说，最喜欢寻找那些在次日涨停或大涨的个股进

行短线套利操作。当然，小资金短线套利的操作技巧非常多，这里不能一一讨论，下面通过一个案例来进行分析，帮助投资者选到好股。

例如，“顶天立地”形态就是小资金短线套利的强烈买入信号。在行情底部或者主力洗盘调整后出现放量大阳线，通常是强烈涨势的盘面表现，说明股市中的买方情绪高涨，疯狂涌进，而持有股票者则看到行情大好，不愿抛售，形成一种供不应求的局面。

图 4-55 所示为荣丰股份（000668）2016 年 8 月至 12 月期间的 K 线图。从图中可以看到，该股的主力资金非常强盛，在建仓后便推动股价一路向上发展。当主力的洗盘目的实现后，先以早盘低开埋筹在最底部，随后以单边大量买入放出巨量，于 10 月 13 日收出一根大阳线，形成“顶天立地”形态。此时，只要市场趋势没有发生太大的改变，或者该股基本面没有出现不良情况，那么后市极具短线套利机会。

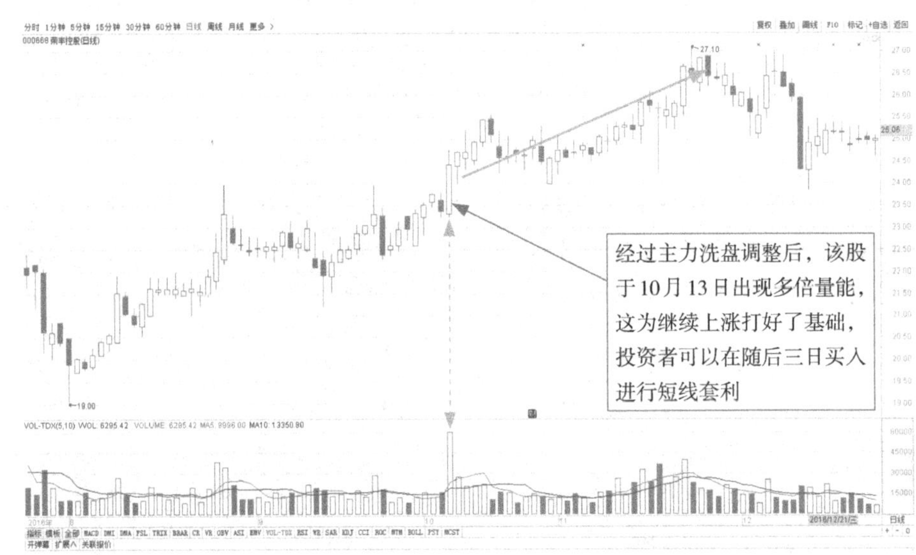

图 4-55　荣丰股份（000668）K 线图

CHAPTER 5

第5章 使用技术图形看盘

上一章介绍了使用K线组合形态看盘的方法，这种方法只适用于短线投资者。如果要分析股价的中长期走势，则需要借助K线技术图形来完成。本章将具体介绍如何使用K线技术图形看盘，来分析股票的价格走势。

要点展示

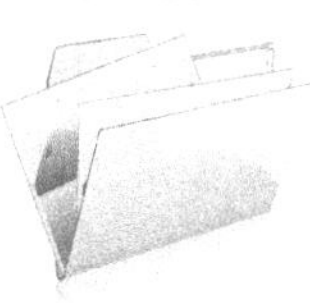

- 普通技术图形的看盘策略
- 特殊技术图形的看盘策略

5.1 普通技术图形的看盘策略

技术图形是一种直接通过 K 线历史价格图预测股价变动趋势的盘面分析方法，但它不是单一的 K 线，而是多根 K 线按特定的方式组合起来所形成的 K 线组合形态。在股市中，常见的普通技术图形包括三角形、旗形、楔形、头肩底、潜伏底、双重顶、圆顶、V 形、矩形等。本节将介绍这些技术图形的看盘策略。

5.1.1 上升三角形

上升三角形是一个整理形态，通常出现在个股上涨趋势中。股价每次上涨的高点基本保持水平，回落的低点却不断走高，这样将每次上涨的高点和回落的低点分别用直线连接起来，就构成一个底边向上倾斜的三角形，即上升三角形。

图 5-1 所示为上升三角形整理形态示意图。

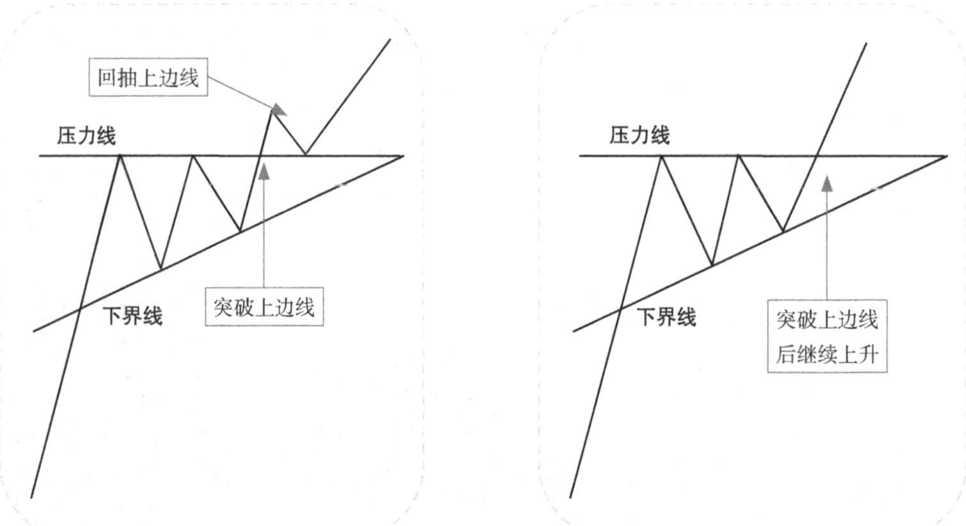

图 5-1　上升三角形整理形态示意图

在上升三角形整理形态的产生过程中，个股的成交量会不断萎缩，在股价向上突破三角形的压力线时需要放大量，而且突破后通常会有回抽上边线的过程，回抽后在原来高点连接处止跌回升，从而确认突破的有效性，但也有些强势个股突破上边线后不会回抽便持续上升。

下面举例分析上升三角形整理形态。

图 5-2 所示为恒天海龙（000677）在 2014 年 7 月至 12 月期间的走势图，此股在

上升途中出现了一个上升三角形形态。上升三角形显示买卖双方在该范围内的较量，但买方的力量在争持中已稍占上风。另外，也可能是有计划的市场行为，部分人士有意把股价暂时压低，以达到逢低大量吸纳之目的。大部分的上升三角形都在上升的过程中出现，且暗示有向上突破的倾向。股价向上突破上升三角形顶部水平的上边线阻力，并有成交量激增的配合，就是一个短期买入信号。

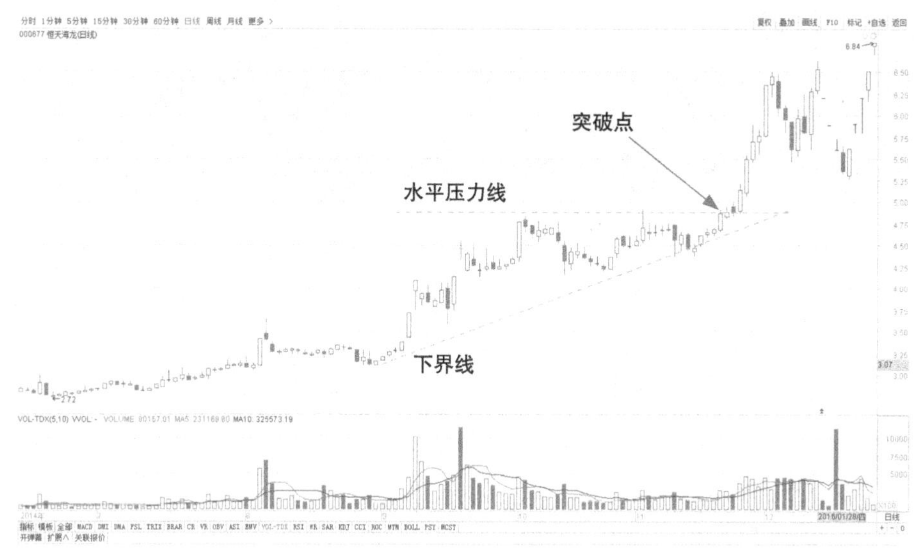

图 5-2　恒天海龙（000677）K 线图

专家提醒

如果上升三角形整理形态出现在个股上升行情的初期或者途中，则是一个较好的买入信号。但为了资金安全，投资者可以在股价突破水平压力线后，小幅回调再创新高时买进，以确认突破有效。当然，如果该股整理前是强势股，则也可以在放量突破水平压力线的同时就进场做多。

5.1.2　下降三角形

下降三角形整理形态在形成的过程中，波动幅度逐渐减小，且每次震荡的高位不断走低，低位保持基本水平，从外观上来看，即股价变动的上限逐渐向下倾斜，下限则呈现为水平线。其形态如图 5-3 所示。

下降三角形整理形态说明该整理区内空方力量略大于多方力量。下降三角形整理形态被跌破后，可能回抽下边线，回抽至下边线位置受阻继续下跌，可确认为有效跌破。

如果跌破时力度较强，则可能不会回抽。

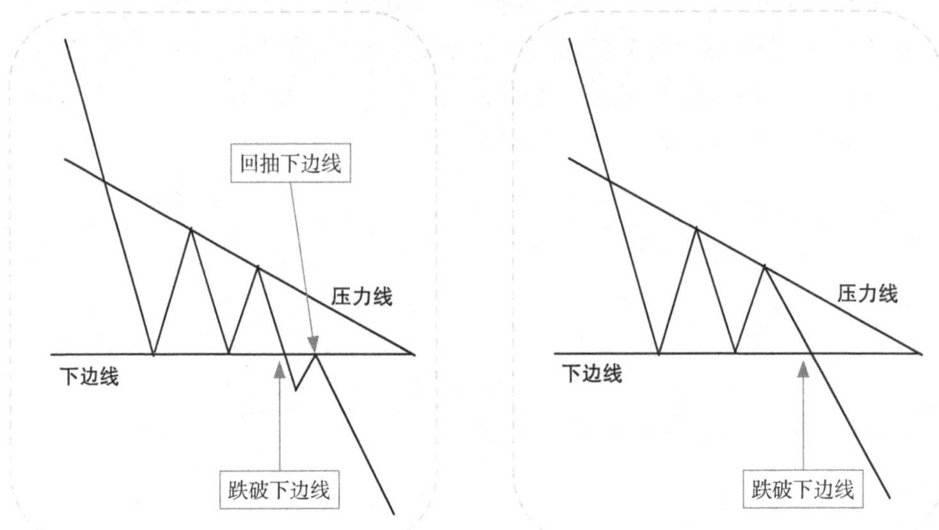

图 5–3　下降三角形整理形态示意图

专家提醒

下降三角形整理形态的分析要点如下。

- 要点 1：下降三角形一般见于整理形态。在下跌行情途中出现该形态，说明后市将继续下跌。
- 要点 2：下降三角形的成交量一般递减，当股价放量跌破形态下限时下跌的动能增大，即使无量配合，有效跌破下限后仍会继续下跌。
- 要点 3：在下跌行情底部，股价有效突破下降三角形的上限，并且有较大成交量配合时，下跌行情有可能反转，投资者可以适当地考虑买入股票。

下面举例分析下降三角形整理形态。

图 5–4 所示为当代明城（600136）在 2015 年 1 月至 2016 年 5 月期间的走势图。从图中可以看到，该股股价在见顶回落后，进入长期的整理阶段，每次反弹高点逐渐降低，回落低点基本保持水平，形成下降三角形整理形态。

从后市的运行情况看，该股继续走出一波急速下跌行情，在跌破水平支撑线位置处没有离场的投资者，后市将受更大的损失，如图 5–5 所示。

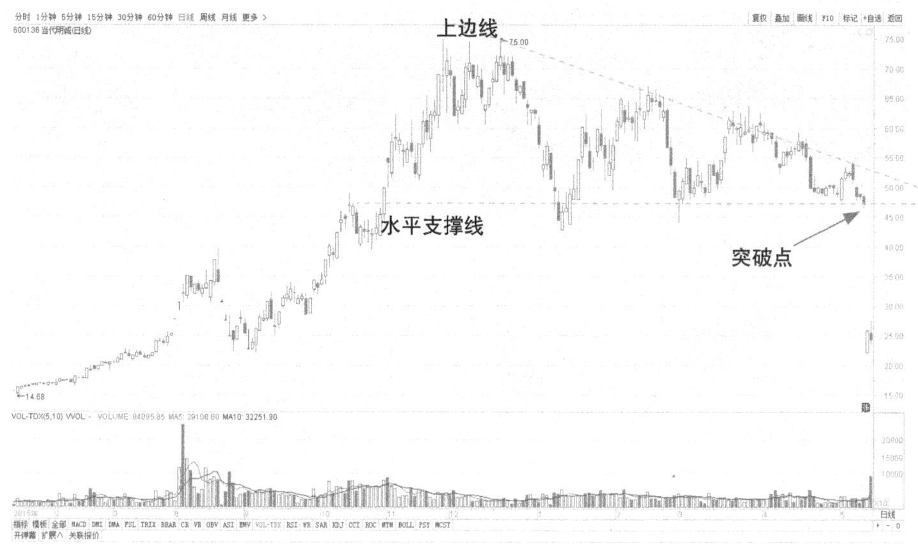

图 5-4　当代明城（600136）K 线图（1）

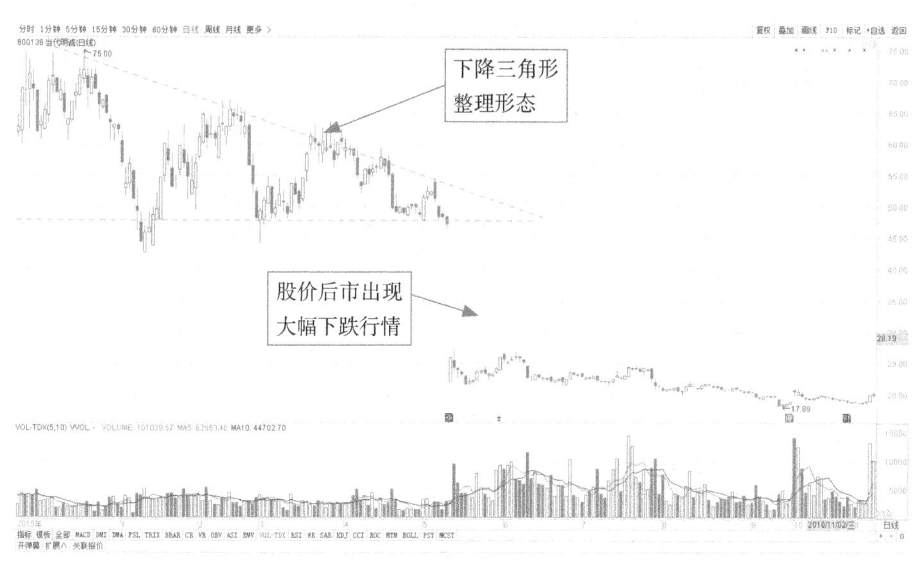

图 5-5　当代明城（600136）K 线图（2）

专家提醒

在下降三角形形态内，许多投资者在未跌破水平支撑位时，会以为其水平支撑为有用强支撑，而当作底部形状认可。其实这种形态不应轻率地判断为底部。特别是大多数人都将它误认为底部区域时，应越加当心。

5.1.3 上升旗形

旗形整理形态是指股价的运行轨迹如同一面挂在旗杆上的旗帜。这种形态通常出现在急速且大幅变动的行情中，如图 5-6 所示。

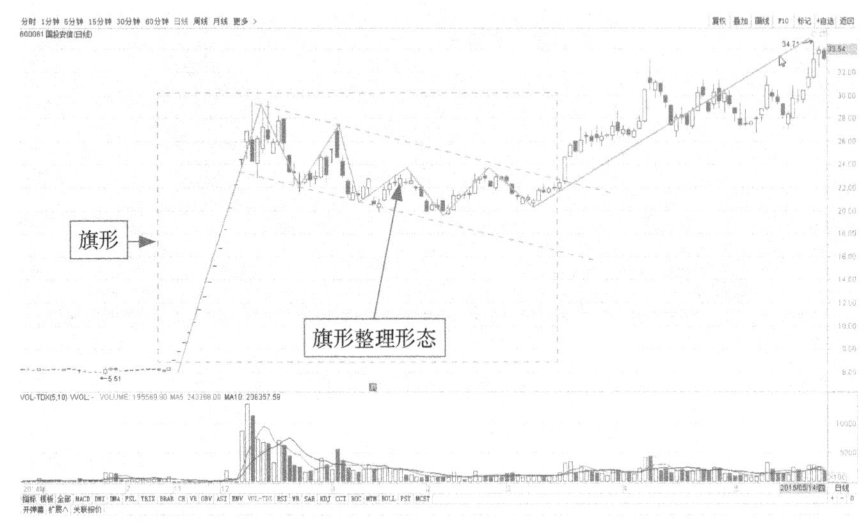

图 5-6 旗形整理形态

上升旗形整理形态通常出现在上涨行情途中，股价经过一段快速的上升后出现整理，形成了一个成交密集、略向下倾斜的价格波动密集区。将这一区域的高点与低点分别连接在一起，形成略下倾的平行四边形。其示意图如图 5-7 所示。

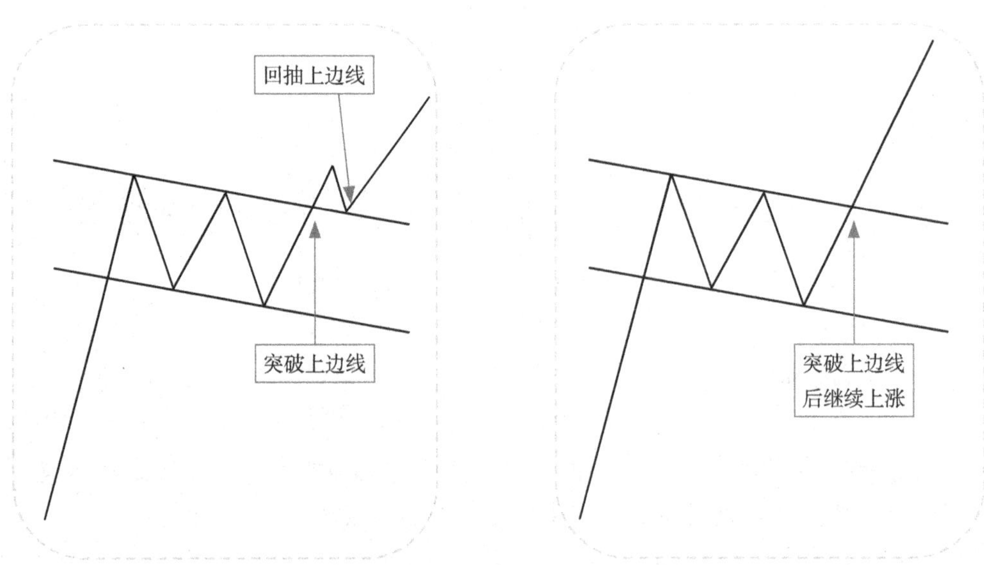

图 5-7 上升旗形整理形态示意图

下面举例分析上升旗形整理形态。

图 5-8 所示为南京高科（600064）在 2014 年 5 月至 2015 年 3 月期间的走势图。从图中可以看到，该股在上涨行情的阶段性高位开始回落下跌，整个回调阶段长达两个多月，形成了明显的上升旗形整理形态。

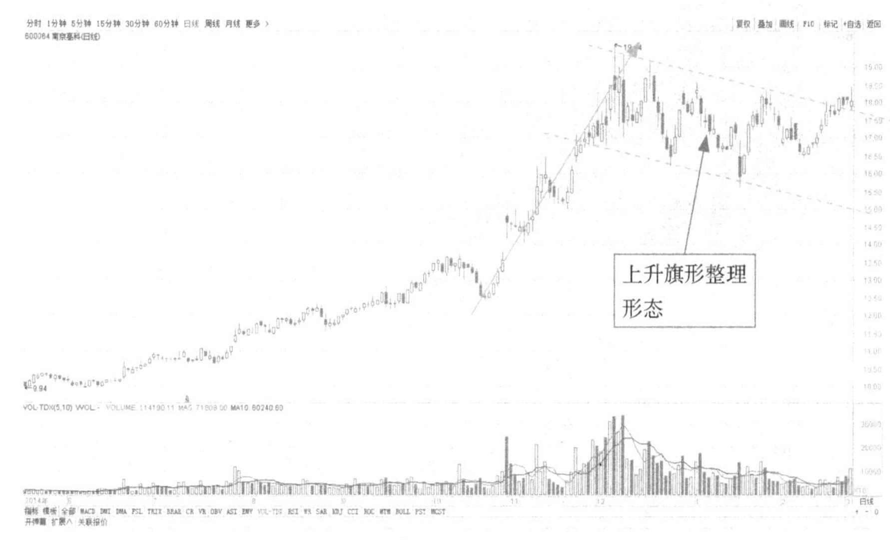

图 5-8　南京高科（600064）K 线图（1）

回调结束后，该股连续收出多日的阳线，将股价强势拉升，向上有效突破形态的上边线，随后该股继续前期的涨势，展开一波强势上涨的上升行情，如图 5-9 所示。

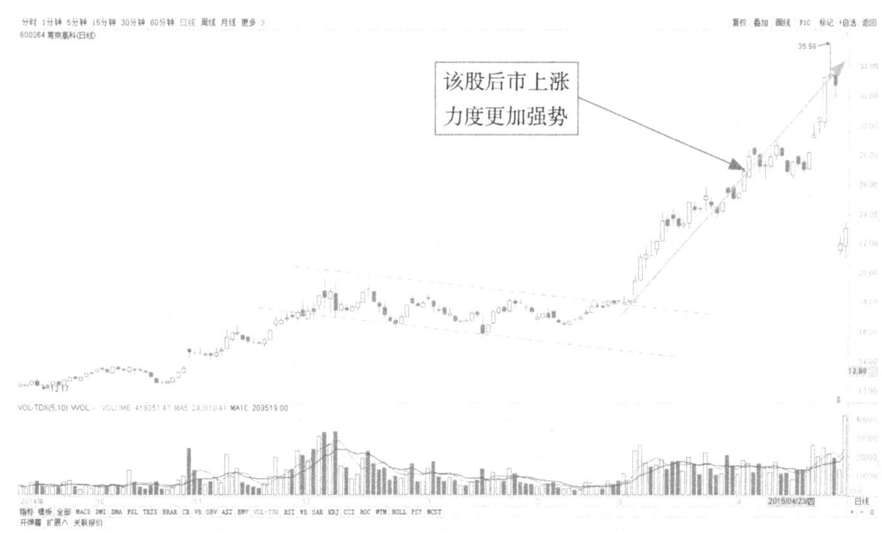

图 5-9　南京高科（600064）K 线图（2）

5.1.4 下降旗形

下降旗形整理形态与上升旗形整理形态完全相反。当股价跌破下边线后，即继续延续之前的下跌行情，如图 5-10 所示。

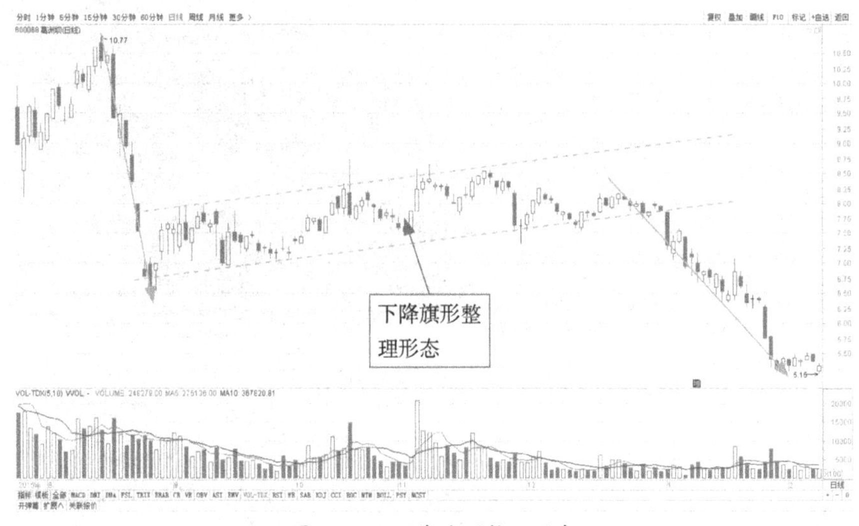

图 5-10 下降旗形整理形态

下降旗形整理形态通常出现在下跌行情途中。股价经过一段下跌走势后出现整理行情，形成了一个成交密集、略向上倾斜的价格波动密集区。将其中的高点与低点分别连接在一起，即可形成一个略上倾的平行四边形。其示意图如图 5-11 所示。

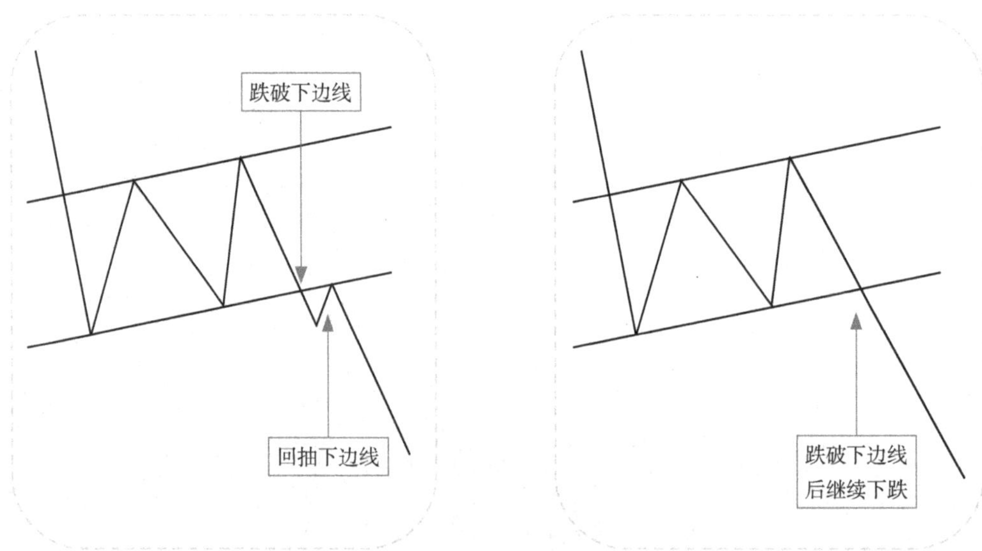

图 5-11 下降旗形整理形态示意图

下面举例分析下降旗形整理形态。

图 5-12 所示为吉林森工（600189）在 2015 年 5 月至 12 月期间的走势图。从图中可以看到，该股经历了一波见顶反转行情，随后在阶段性低位开始反弹，整个反弹整理行情持续了近 3 个月，形成明显的下降旗形整理形态。

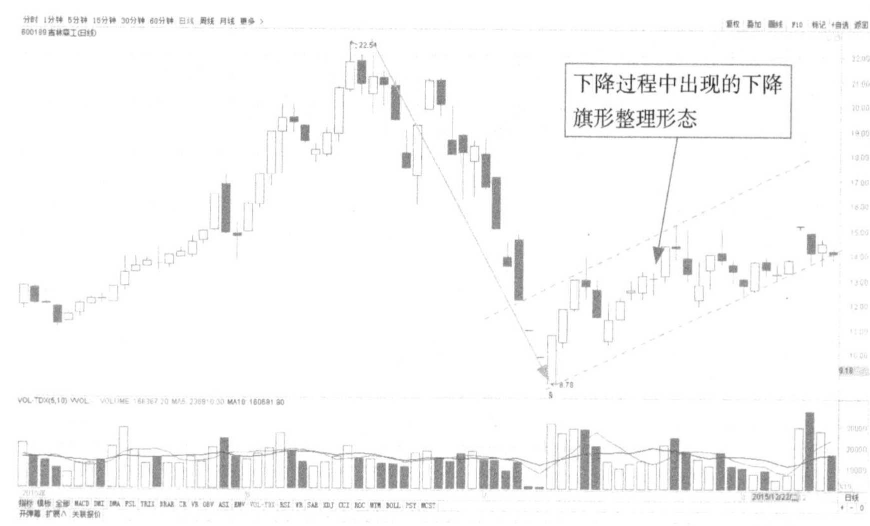

图 5-12 吉林森工（600189）K 线图（1）

随后该股向下有效跌破下降旗形整理形态的下边线，并且跌破后未出现回抽，股价继续步入下跌行情，如图 5-13 所示。下降旗形整理形态通常是主力制造的诱多陷阱，此为发出卖出信号，投资者可以在阶段性的反弹高点落袋为安。

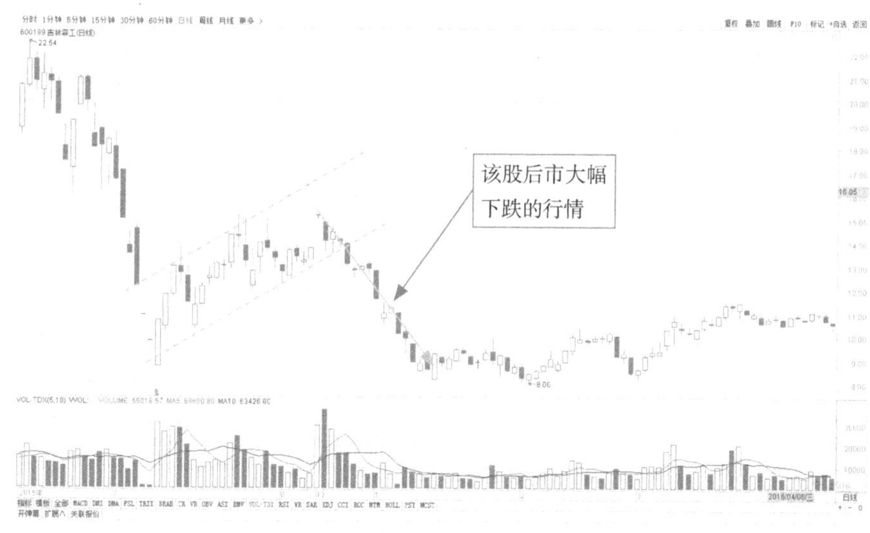

图 5-13 吉林森工（600189）K 线图（2）

5.1.5　上升楔形

楔形整理形态是指股价在两条收敛的直线之间变动，且直线同时向上走高或者向下走低，如图 5-14 所示。

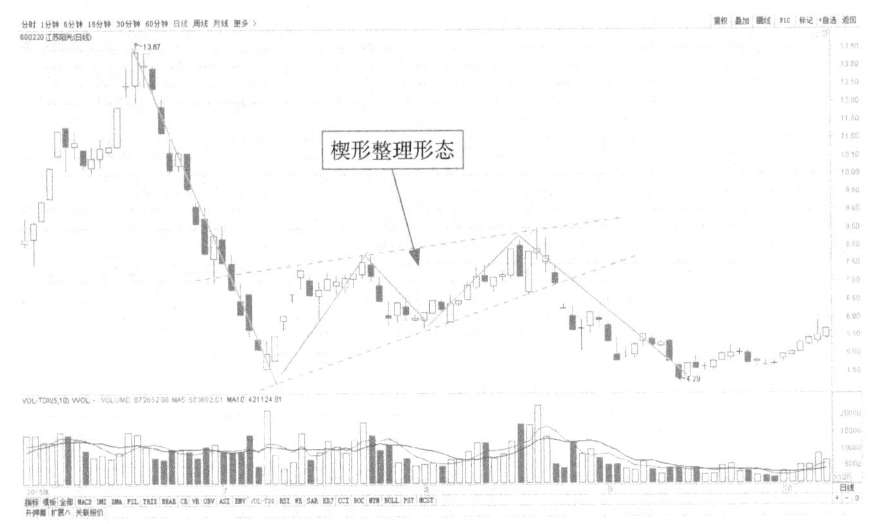

图 5-14　楔形整理形态

上升楔形整理形态通常出现在下跌行情途中，由两条向上且斜率不同的直线形成，是多方力量逐渐衰弱的盘面表现，当股价有效跌破下边线后，就是卖出信号。其示意图如图 5-15 所示。

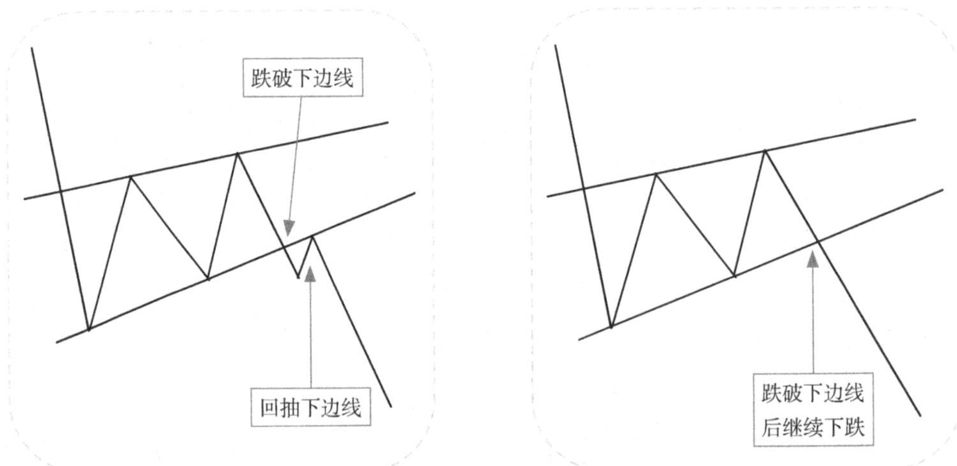

图 5-15　上升楔形整理形态示意图

下面举例分析上升楔形整理形态。

图 5-16 所示为桂冠电力（600236）在 2015 年 4 月至 8 月期间的走势图。从图中可以看到，该股经历了一波深幅下跌行情，在阶段性底部受到多方支撑出现反弹整理行情，形成了明显的上升楔形整理形态。

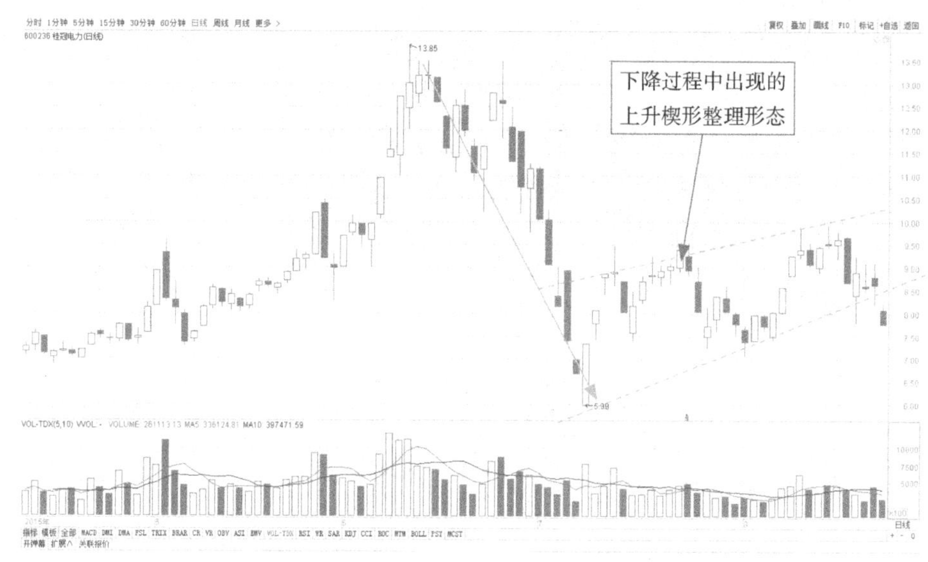

图 5-16 桂冠电力（600236）K 线图（1）

在跌破上升楔形整理形态的下边线时，该股连续收出两根跳空低开低走的阴线，发出强烈的卖出信号，如图 5-17 所示。上升楔形整理形态通常只是一次下跌后技术性反弹而已，投资者应果断止损离场。

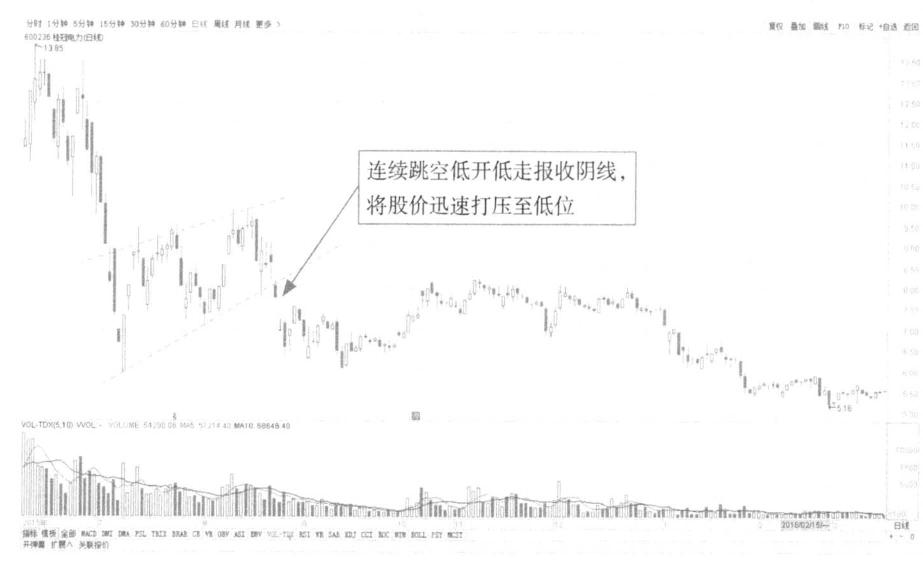

图 5-17 桂冠电力（600236）K 线图（2）

5.1.6 下降楔形

下降楔形整理形态通常出现在上涨走势中，由两条同时向下且斜率不同的直线形成，如图 5-18 所示。

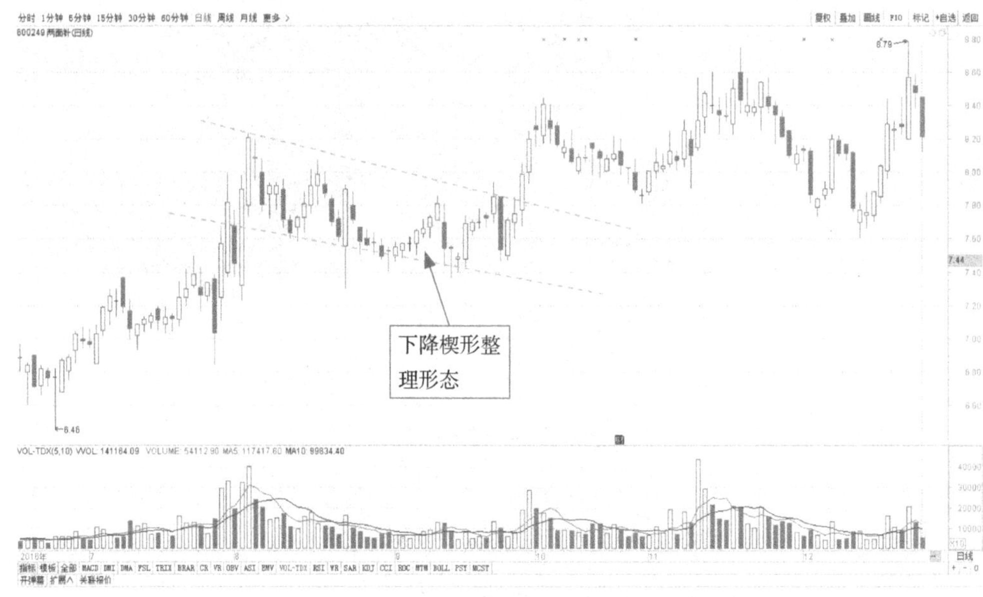

图 5-18 下降楔形整理形态

下降楔形整理形态说明股价上升途中回调无力，而且回调速度越来越慢，这是空方无力打压该股的盘面表现。也就是说这可能是由于主力洗盘造成的，一旦股价突破上边线，后市继续看涨。其示意图如图 5-19 所示。

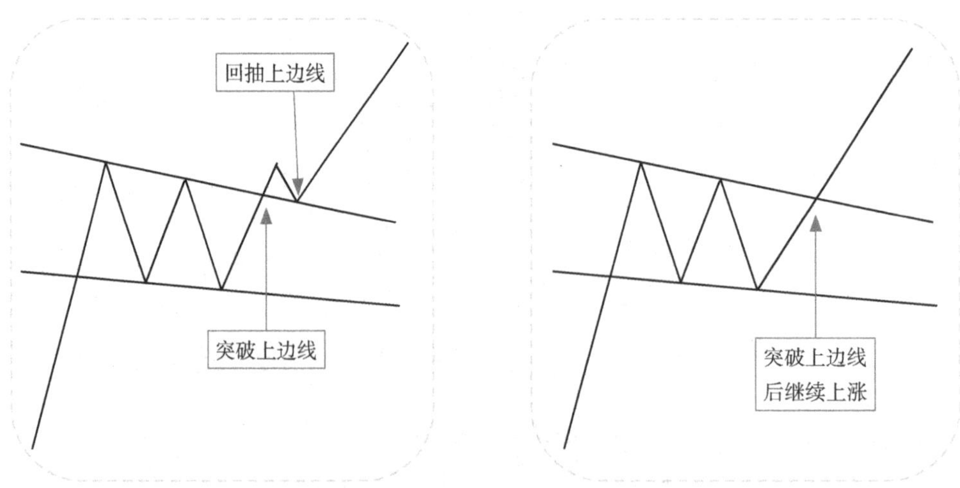

图 5-19 下降楔形整理形态示意图

下面举例分析下降楔形整理形态。

图 5-20 所示为海正药业（600267）在 2013 年 6 月至 2014 年 7 月期间的走势图。从图中可以看到，该股在上升过程中经历了长时间的回调整理走势，形成了明显的下降楔形整理形态。

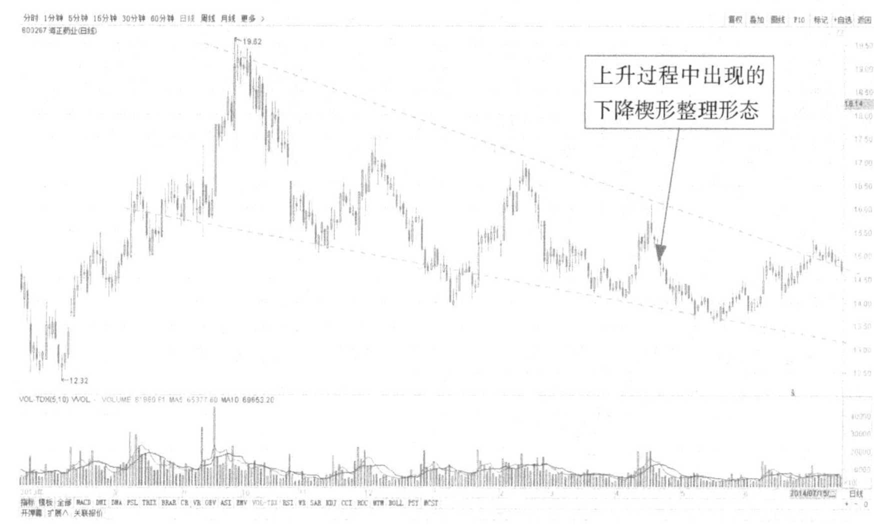

图 5-20　海正药业（600267）K 线图（1）

随后该股出现连续的阳线报收向上突破上边线，并且经过短暂回抽后继续向上运行，如图 5-21 所示。在股价向上突破上边线和回抽位置，都是介入的好机会，随后该股继续上涨，走出一波强劲的上涨行情。

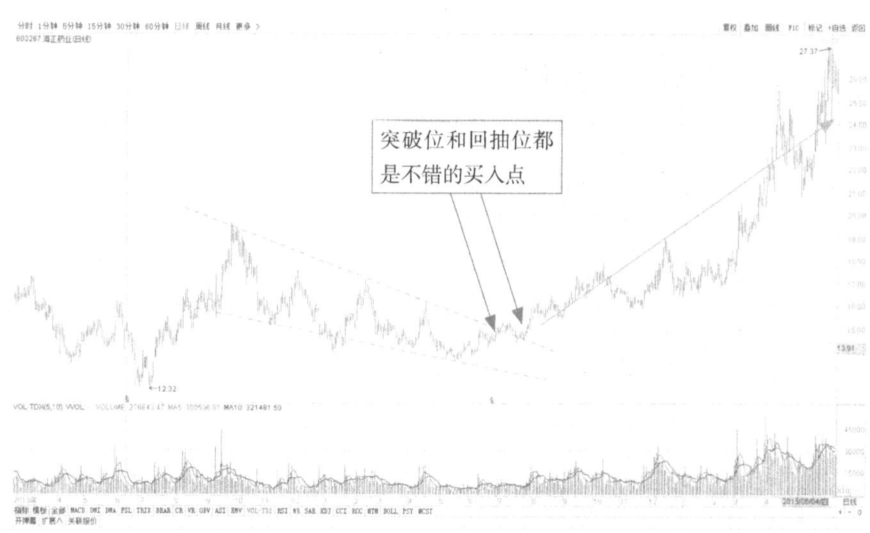

图 5-21　海正药业（600267）K 线图（2）

5.1.7 扩散三角形

扩散三角形是一种对称三角形形态，股价在这个区间内整理时，波动幅度越来越大，而且每次震荡的高位逐渐走高，低位逐渐走低。从外观形态上看，即股价变动上限逐渐向上扩展，股价变动下限则逐渐向下扩展，形成一种扩散之势。其示意图如图 5-22 所示。

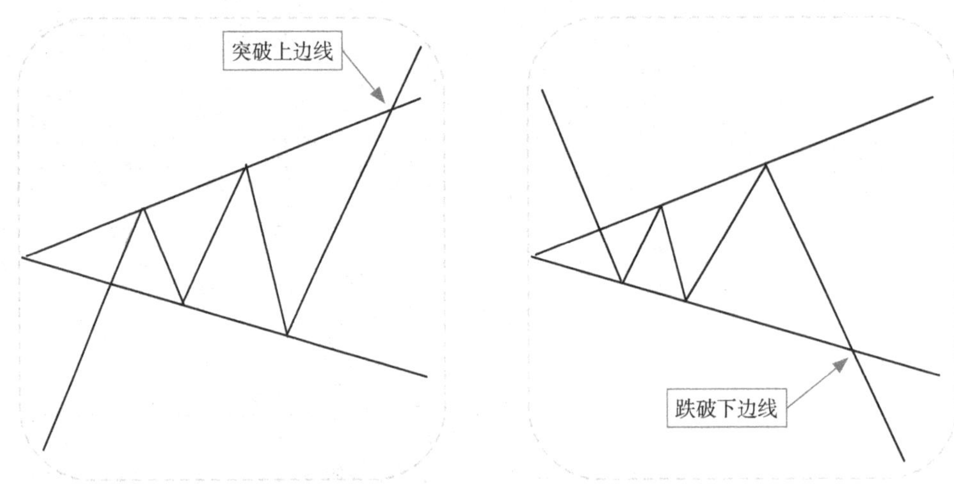

图 5-22 扩散三角形整理形态示意图

在分析扩散三角形整理形态时，投资者需要注意图 5-23 所示的几点要点和操作策略。

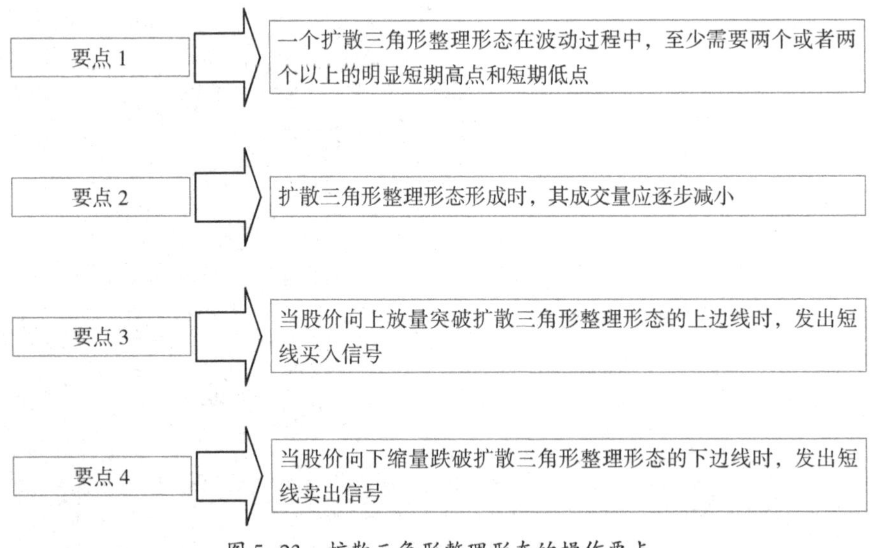

图 5-23 扩散三角形整理形态的操作要点

下面举例分析扩散三角形整理形态。

图 5-24 所示为四川路桥（600039）在 2016 年 8 月至 11 月期间的走势图。从图中可以看到，该股在上升过程中出现了一个扩散三角形整理形态，可以看到成交量出现了明显的减少。

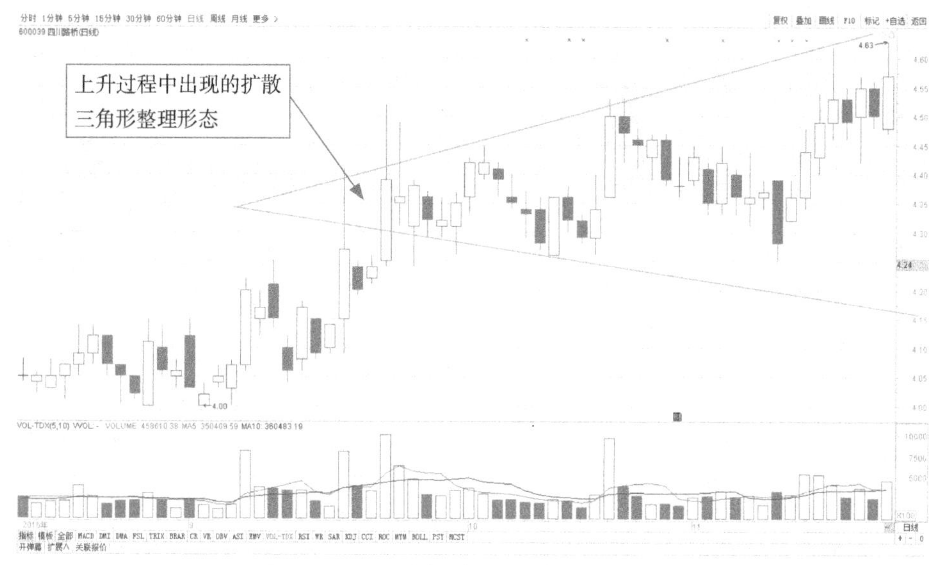

图 5-24　四川路桥（600039）K 线图（1）

随后，该股出现了连续多日的阳线报收，且步步将股价拉升，如图 5-25 所示。

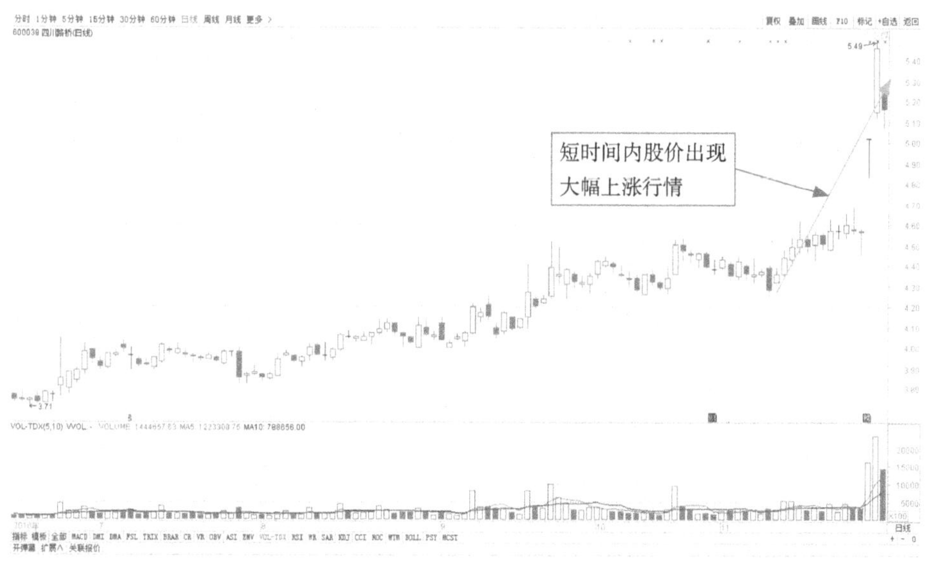

图 5-25　四川路桥（600039）K 线图（2）

5.1.8 收敛三角形

收敛三角形是指股价在这个区间内整理时，波动幅度越来越小，而且每次震荡的高位逐渐走低，低位逐渐走高。从外观形态上看，即股价变动上限逐渐向下移动，股价变动下限则逐渐向上移动，形成一种收敛之势。其示意图如图 5-26 所示。

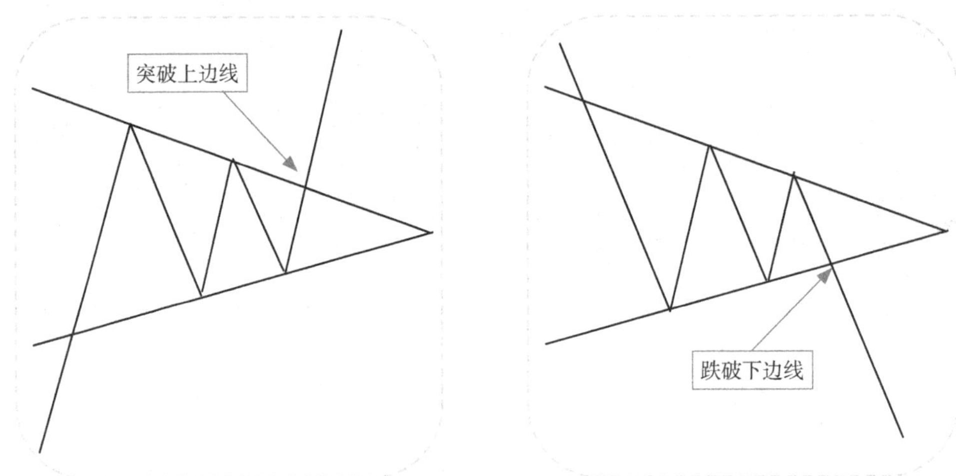

图 5-26 收敛三角形整理形态示意图

收敛三角形整理形态的操作策略与扩散三角形整理形态相似，它们都是一种中继信号，同时需要成交量的配合。

收敛三角形整理形态有时候在离三角形末端较远的位置也可以出现突破，投资者需要注意图 5-27 所示的几点要点和操作策略。

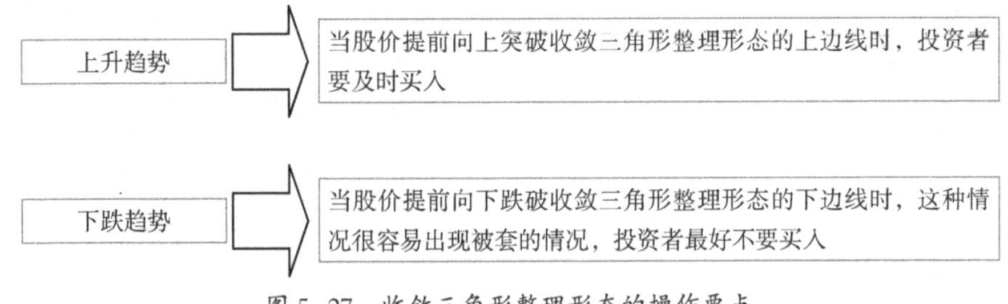

图 5-27 收敛三角形整理形态的操作要点

下面举例分析收敛三角形整理形态。

图 5-28 所示为同方股份（600100）在 2015 年 4 月至 2016 年 3 月期间的走势图。从图中可以看到，该股在下跌途中出现了一个收敛三角形整理形态，当价格跌破三角形的下边线时，就是新一轮跌势开始的信号。在短线操作中，投资者可以在此点位置处进行卖出操作。

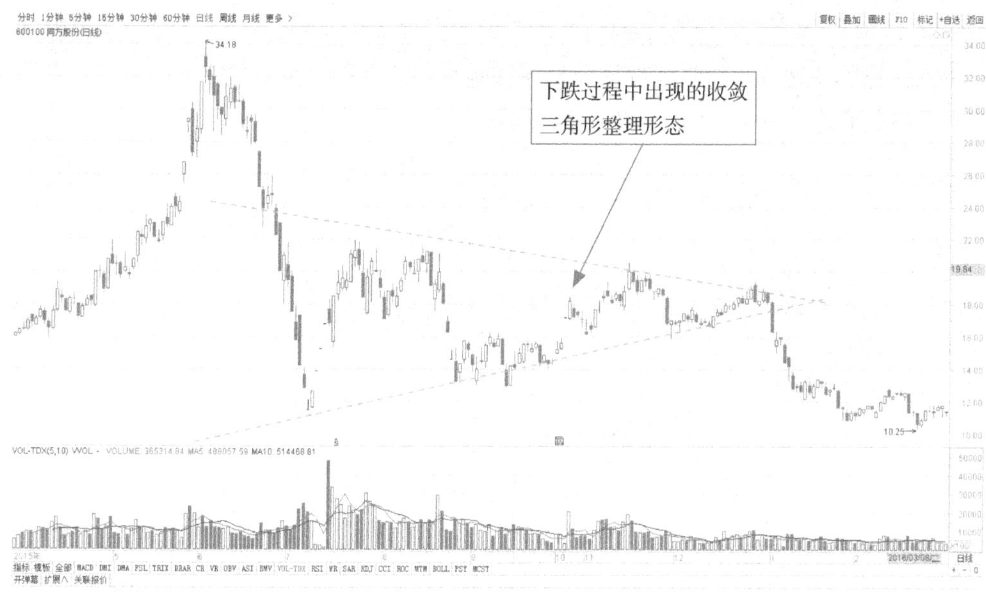

图 5-28　同方股份（600100）K 线图

5.1.9　底部三角形

底部三角形整理形态是一个直角三角形的反转形态，通常出现在股价长期下跌的低位区。股价在多次探底时几乎在同一位置处获得支持反弹，但每次反弹的高点在不断下移，随着成交量的放大，股价最终反弹成功，上破上边线（即压力线），开始了一轮新的上涨走势。其形态示意图如图 5-29 所示。

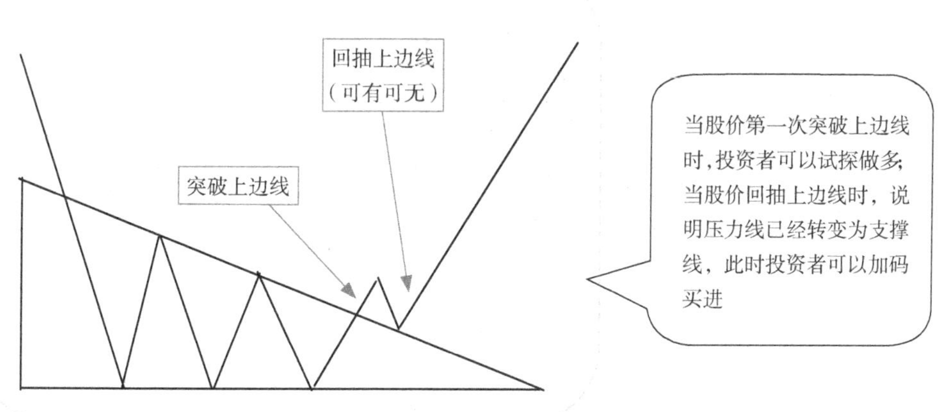

图 5-29　底部三角形整理形态示意图

下面举例分析底部三角形整理形态。

图 5-30 所示为新湖中宝（600208）在 2010 年至 2014 年期间的走势图。从图中可以看到，该股在这 5 年的时间内经历长期的熊市行情，股价在低位区形成了一个底部三角形整理形态，说明反转走势即将出现。

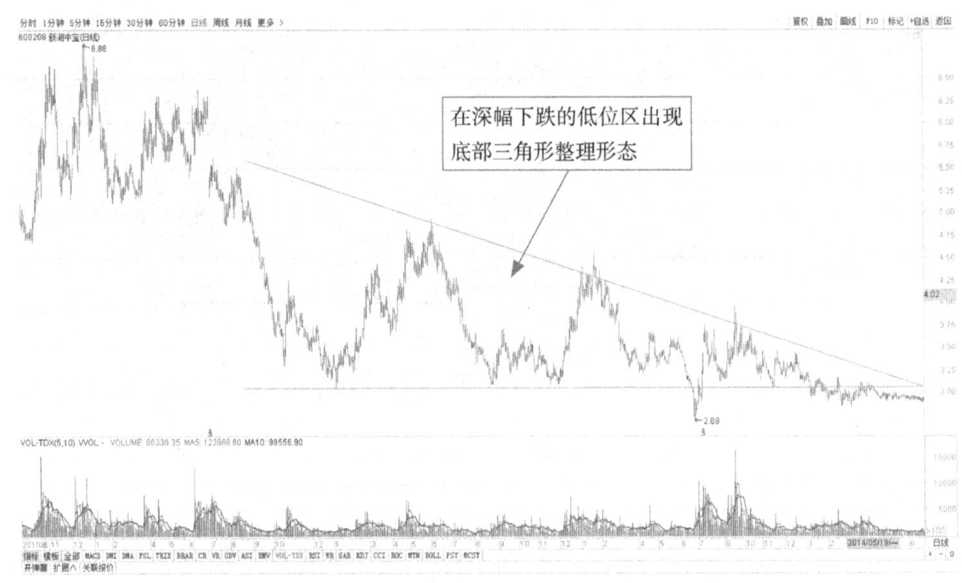

图 5-30　新湖中宝（600208）K 线图（1）

随后，股价突破上边线拐头上涨步入上升行情。投资者可以在上涨初期的调整阶段逢低吸纳，买入该股，等待上涨，如图 5-31 所示。

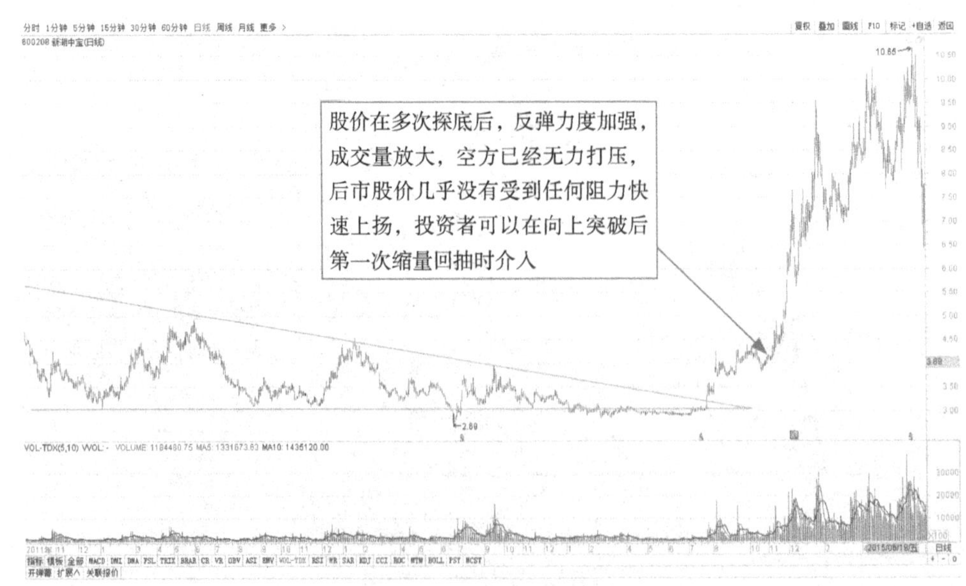

图 5-31　新湖中宝（600208）K 线图（2）

同样，在下跌行情底部出现下降三角形整理形态，如果股价有效突破下降三角形的上边线，并且有较大的成交量配合，其寓意与底部三角形整理形态类似，下跌行情有可能反转。投资者可以适当地考虑买入该股。

5.1.10 头肩底

头肩底可以说是双底形态的复合形态，该形态一般出现在股价下跌的低位。图 5-32 所示，为标准的头肩底反转形态。它由左肩、头部、右肩三部分组合而成，此时，颈线所在位置充当了整个头肩底反转形态的阻力位。

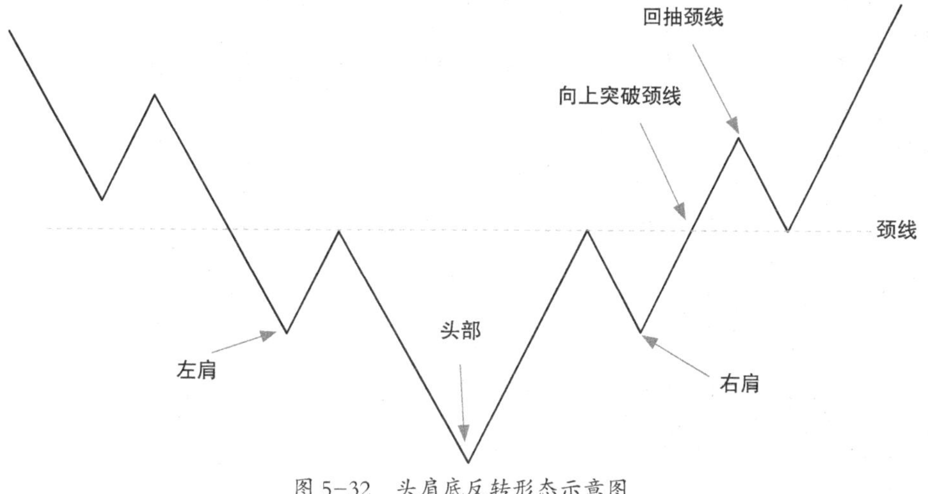

图 5-32　头肩底反转形态示意图

- 左肩：股价下跌到低位后反弹形成左肩。
- 头部：随后股价反弹遇到颈线受阻，回落创新低后，再反弹形成头部。
- 右肩：当股价上涨到上次反弹高位附近（即颈线位置）时受阻回落，并在第一次股价下跌低位附近止跌企稳，后市股价上涨突破阻力线（颈线）形成完整的头肩底反转形态。

头肩底反转形态的分析要点如下。

- 要点 1：如果股价在右肩位置向上突破颈线或者突破后的拉升阶段，伴随有成交量的放大，说明后市看好，投资者可以顺势介入，如图 5-33 所示。
- 要点 2：如果股价在向上突破颈线后出现短暂回调，只要在颈线位置再次获得支撑，并企稳回升，也是投资者介入的好时机，如图 5-34 所示。

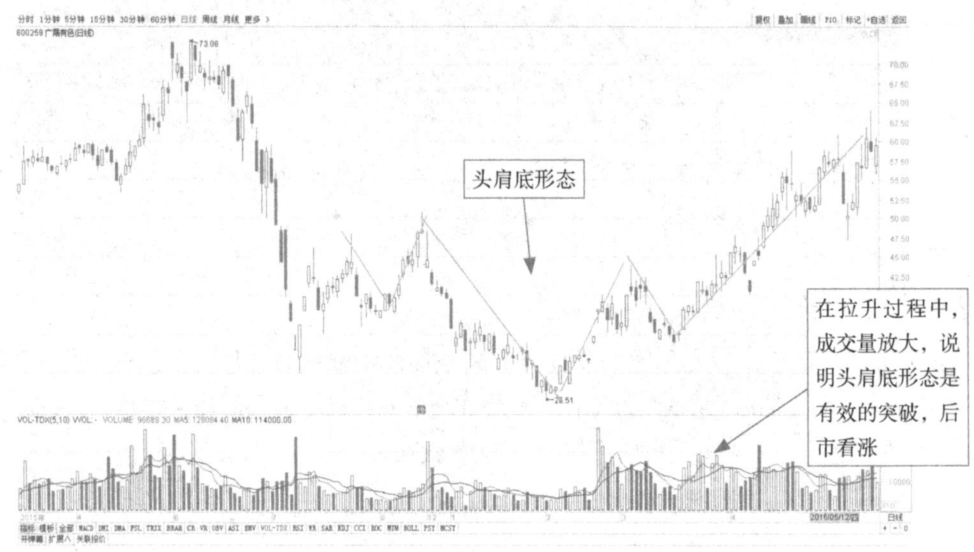

图 5-33　头肩底形态走势分析（1）

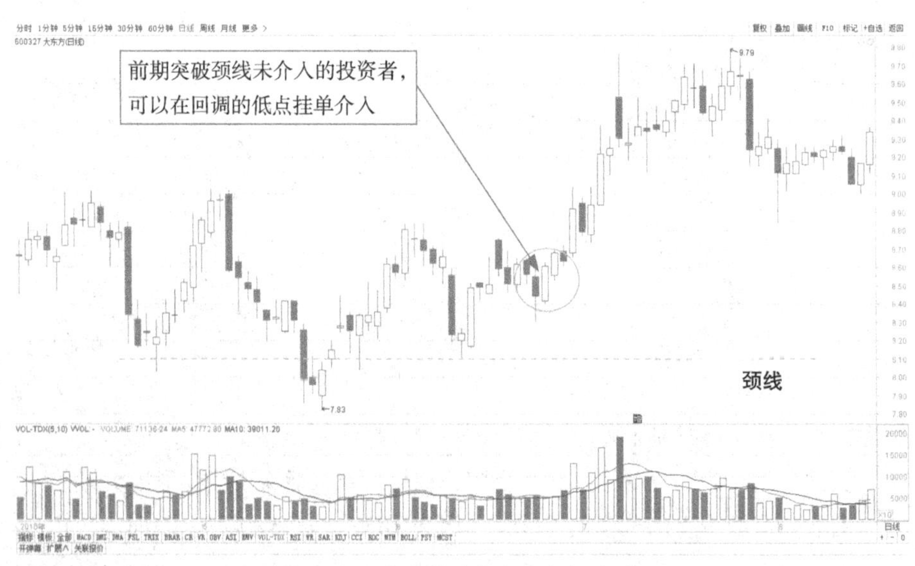

图 5-34　头肩底形态走势分析（2）

- 要点 3：如果股价在向上突破颈线后出现短暂回调，且回调的价格再次跌破颈线，并跌到头部以下的位置，则形成的头肩底形态是无效的，不能根据头肩底来预测行情走势。

5.1.11　头肩顶

头肩顶也可以称为三重顶，它可以说是双顶形态的复合形态，比双顶多了一次明显的冲顶过程。头肩顶是在上涨行情接近尾声时的看跌形态，图形以左肩、头部、右肩及颈线构成，如图 5-35 所示。在头肩顶形成过程中，左肩的成交量最大，头部的成交量略小些，右肩的成交量最小，成交量呈递减现象。

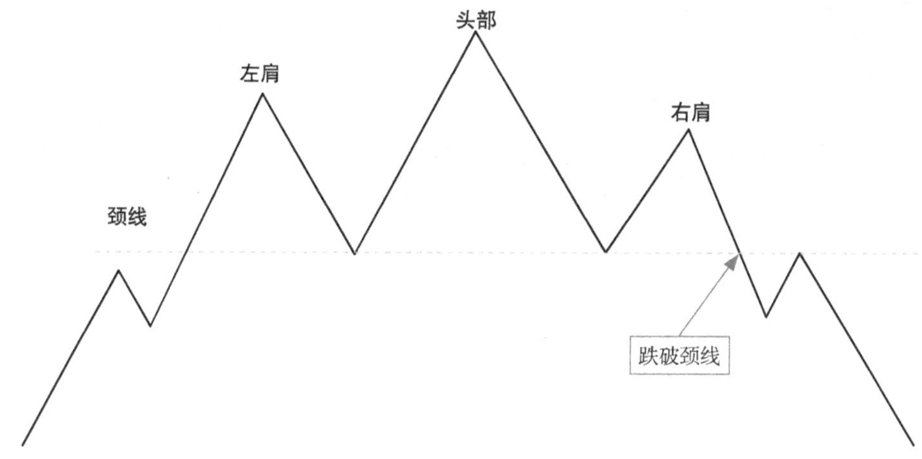

图 5-35　头肩顶形态示意图

成交量呈递减现象，说明股价上升时的买方力量越来越弱，上升行情即将到头。一旦出现头肩顶形态，说明股价见顶，投资者应及时出局。

下面举例分析头肩顶转势形态。

图 5-36 所示为中远航运（600428）2015 年 4 月至 2016 年 3 月期间的走势图，股价在高位出现了头肩顶转势形态。

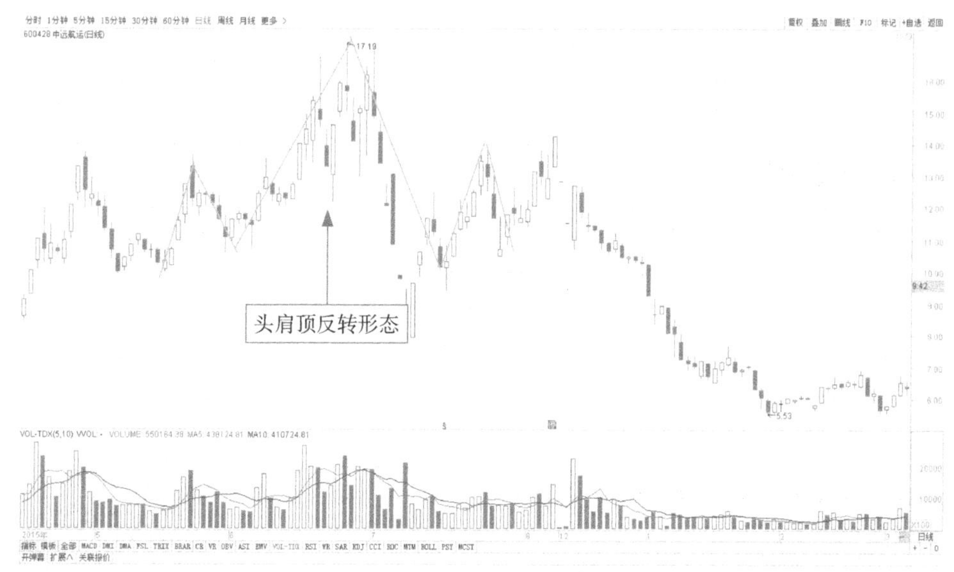

图 5-36　中远航运（600428）K 线图

从该股的K线走势图中可以看到，在头肩顶转势形态中，在股价没有跌破颈线位之前，颈线的位置对股价形成强力的支撑，而一旦股价跌破头肩顶形态的颈线以后，往往意味着多空平衡被打破，空方开始占据优势，单边式下跌即将开始。投资者可以在颈线位被跌破的时候及时卖出。

5.1.12　潜伏底

潜伏底反转形态是指股价经过深幅下跌后，长时间在底部进行横向整理，此时股价的波动幅度非常小，而且成交量也十分稀疏。其形态如图5-37所示。

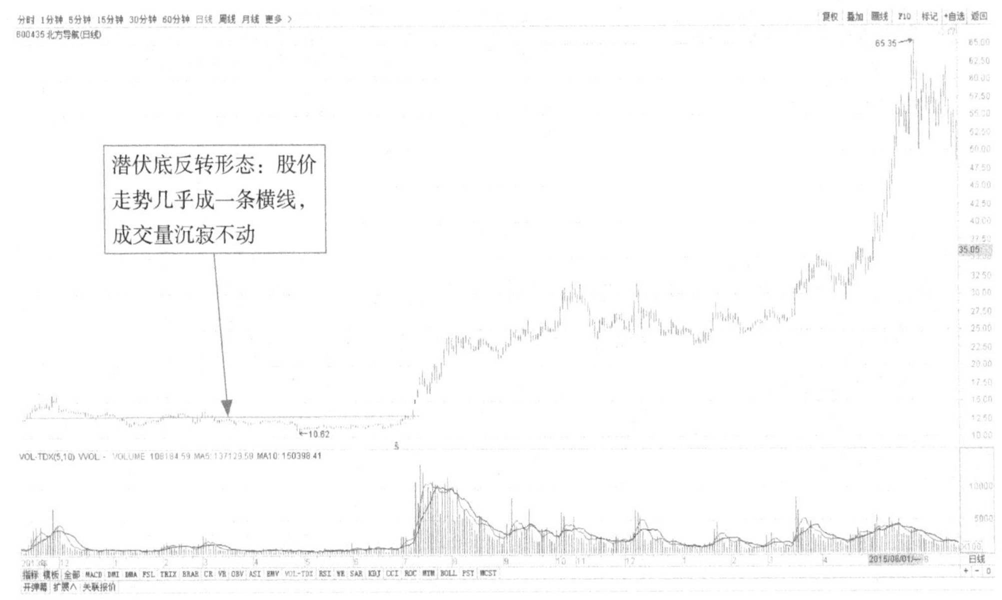

图5-37　潜伏底反转形态

专家提醒

潜伏底反转形态通常出现在市场冷淡之时，以及股本比较少的冷门股盘面中。通常，这些个股的流通量比较少，而且上市公司也不喜欢宣传，投资者难以看到投资前景，因此经常被市场所忽视。在这种情况下，这些个股的交易频率非常低，出现了一种长时间的供求平衡现象，因此形成了潜伏底形态。

下面举例分析潜伏底反转形态。

图5-38所示为杭萧钢构（600477）在2014年6月至2015年6月期间的K线走势图。从图中可以看到，该股在这一年中大部分时间内都是非常低迷的，股价在一个狭

窄的区域里上下移动，既没有上升的意图，也没有下跌的迹象，给人一种沉闷的感觉。有一天，可能受到某些突如其来的利好消息影响，如公司盈利大增、分红前景好等，该股突然出现非同寻常的大量成交，股价也脱离潜伏底大幅向上拉升。

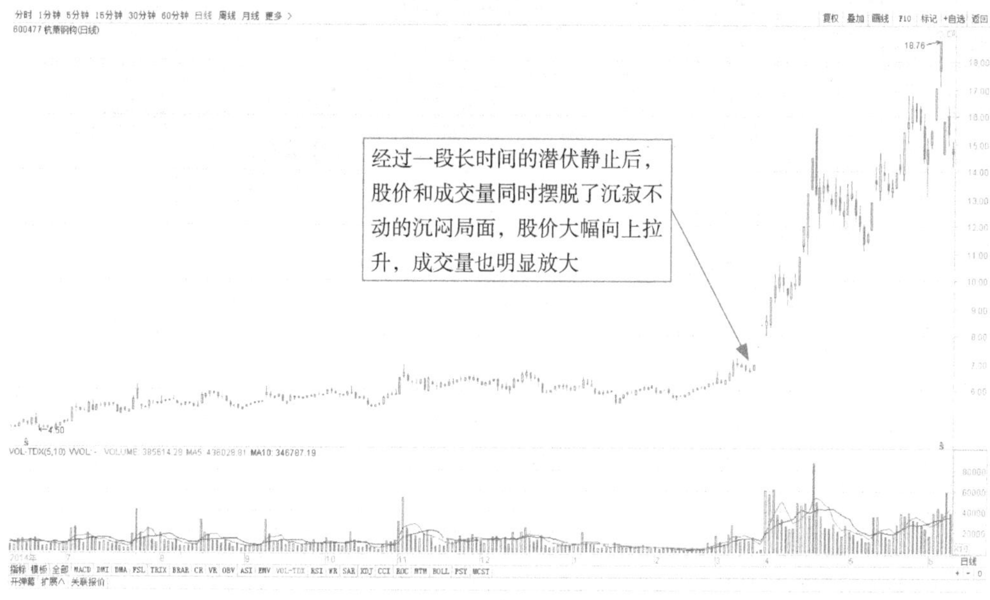

图 5-38　杭萧钢构 K 线图

5.1.13　双重顶

双重顶反转形态又称为 M 形顶，是双重底的反面形态。股价连续两次上冲高点后都回落了，形成两个顶部，是典型的卖出形态，若出现在股价顶部，则为明显的卖出信号，如图 5-39 所示。

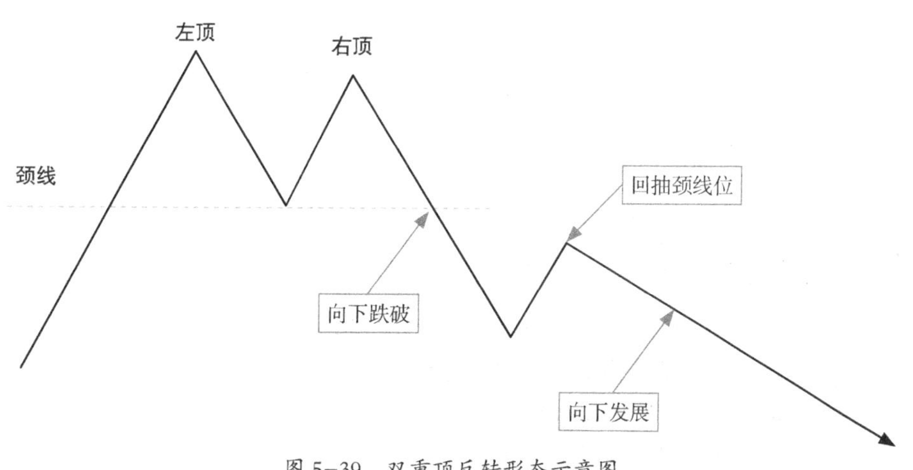

图 5-39　双重顶反转形态示意图

下面举例分析双重顶反转形态。

图 5-40 所示为千金药业（600479）2015 年 3 月至 7 月的 K 线走势图。从图中可以看到，该股股价在上涨后的高位区域整理一段时间后，形成了一个明显的双重顶反转形态。此形态预示股价即将见顶，投资者可以趁机离场。

图 5-40　千金药业（600479）K 线图

专家提醒

在个股盘面中，双重顶反转形态的两个顶点通常在同一水平线位置附近，两个顶点的连线叫压力线。双重顶反转形态的第二个顶点通常比第一个顶点低，但也有少数情况比第一个顶点略高。

在 K 线图中出现双重顶反转形态后，股价通常会面临大幅度的回调走势，因此出现该形态，且股价放量跌破颈线时，投资者应及时卖出该股。如果双重顶反转形态出现回抽走势，此时就是投资者最后的离场机会。

5.1.14　双重底

双重底反转形态又称 W 底，一般在股价下跌低位出现的频率比较高。其走势大致形成字母 W 形，是一个后市看涨的见底反转形态。

双重底反转形态的分析要点如下。

- 要点 1：双重底反转形态的低点通常在同一水平线，其连线叫支撑线。股价第一次冲高回落后的顶点称为颈部，当股价放量突破颈线时，行情可能见底回升，如图 5-41 所示。

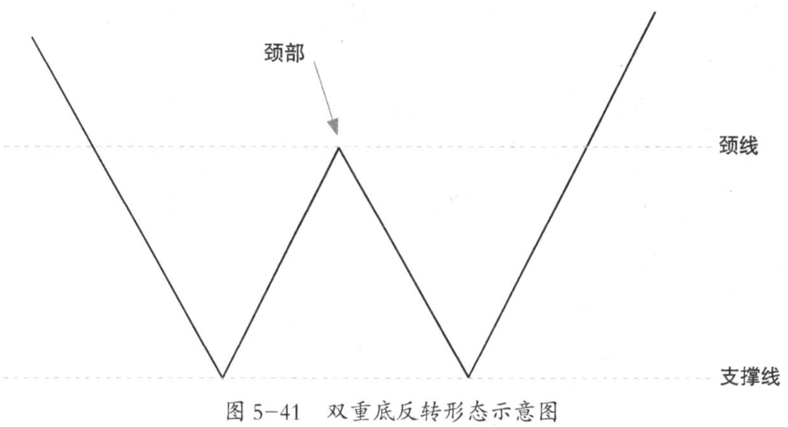

图 5-41　双重底反转形态示意图

- 要点 2：双重底反转形态形成之后，股价有可能出现回落的行情，股价最终会在颈部价格附近止跌企稳，后市看涨，投资者可以在第二次突破回落止跌后介入，如图 5-42 所示。

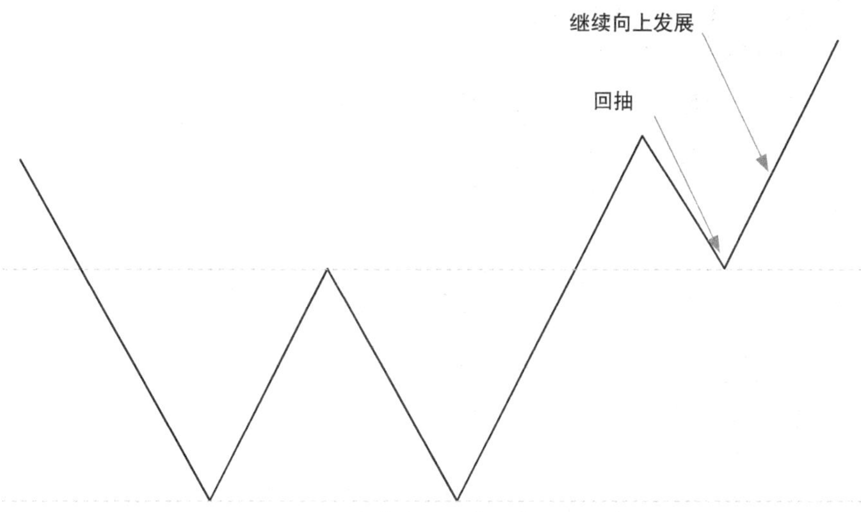

图 5-42　双重底反转形态形成后的回落

- 要点 3：在实际操作中存在着双重底反转形态两个低点之间的距离不对称的情况，通常，左底成交量大于右底，突破颈线若伴随放量，则上涨信号比较明确，如图 5-43 所示。

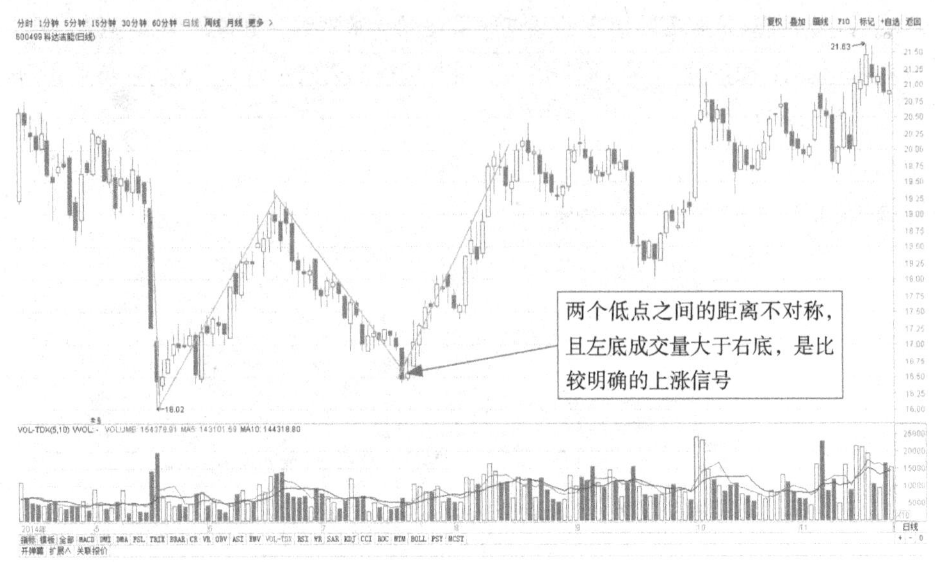

图 5-43　实际中的双重底反转形态经常出现底部不对称的情况

- 要点 4：双重底反转形态在底部构筑的时间越长，其产生的回升效果就越长。完整形态的双重底构筑时间至少需要一个月左右，过短的时间间隔可能是主力设置的技术陷阱。

下面举例分析双重底反转形态。

图 5-44 所示为贵航股份（600523）2015 年 6 月至 2016 年 3 月期间的 K 线走势图。从图中可以看到，该股在 13.63 元处运行到阶段性低位。

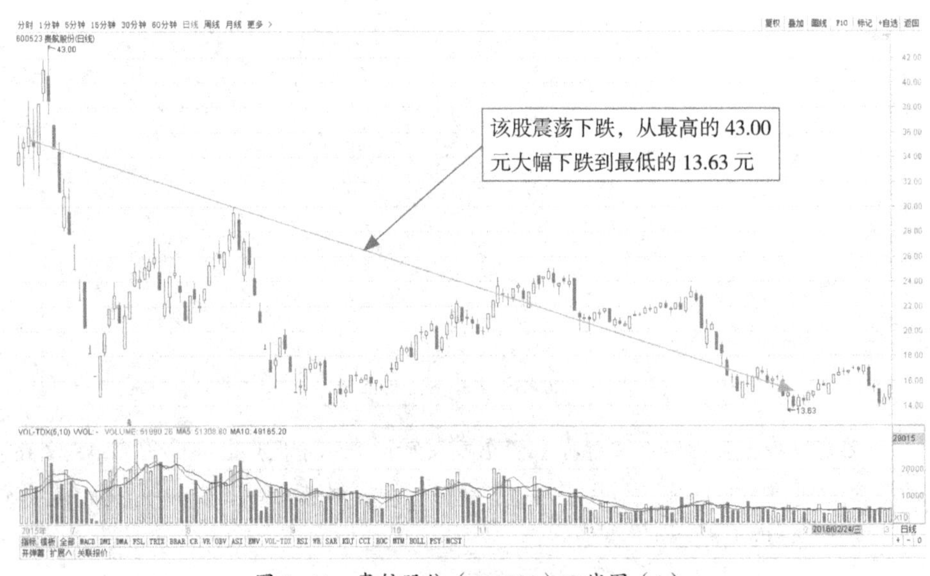

图 5-44　贵航股份（600523）K 线图（1）

随后，股价止跌企稳发生反弹行情，双重底反转形态的左底形成；然而反弹走势不久后就遭到空方打压，股价再次下跌回来，在与左底水平的位置附近止跌回升，双重底反转形态初步形成，如图 5-45 所示。

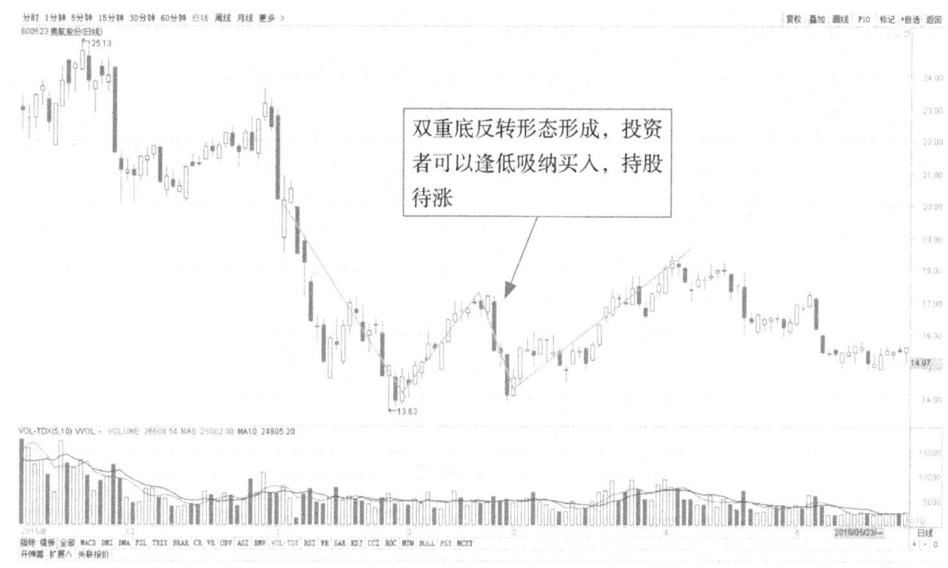

图 5-45　贵航股份（600523）K 线图（2）

该股在底部形成双重底反转形态后，股价突破颈线逐步上升，后市展开一轮上涨行情，如图 5-46 所示。

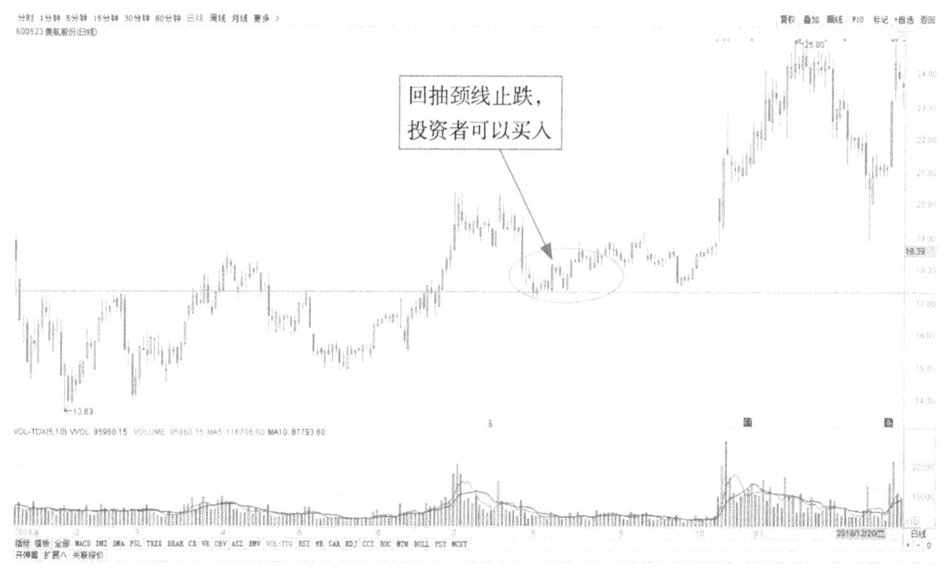

图 5-46　贵航股份（600523）K 线图（3）

5.1.15 上三浪

上三浪反转形态是指股价在深幅下跌后的低位区出现了连续的三波上涨走势，将原本呈空头排列的均线形态转变为多头排列。这通常是场外买盘资金大幅增加的盘面表现，预示个股即将反转向上。其形态如图 5-47 所示。

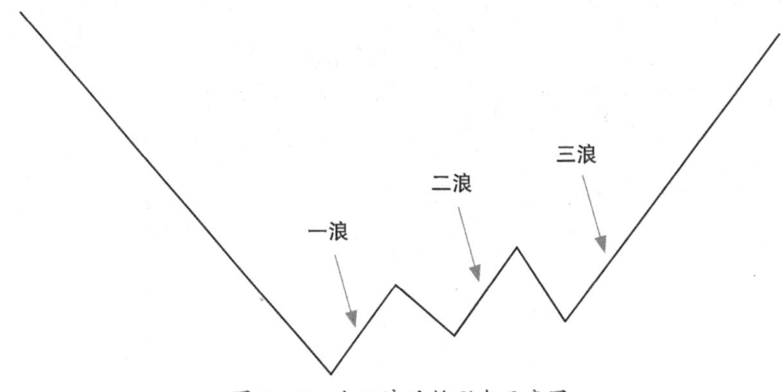

图 5-47 上三浪反转形态示意图

下面举例分析上三浪反转形态。

图 5-48 所示为法拉电子（600563）2015 年 6 月至 10 月期间的 K 线走势图。从图中可以看到，该股在深幅下跌后出现了一个上三浪反转形态。这三波走势虽然显得较为短促，但是彻底改变了均线的排列形态，使得均线系统由空头排列形态转变为多头排列形态。

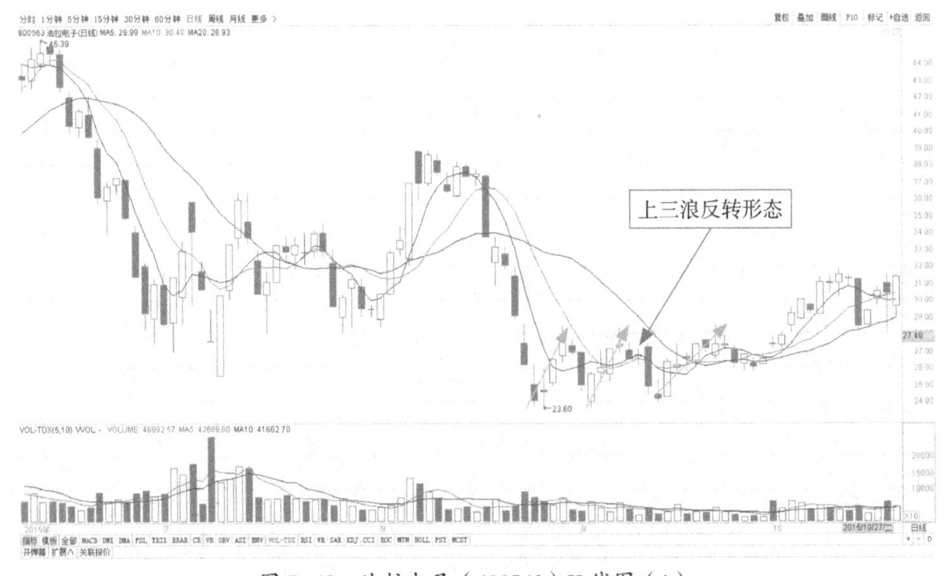

图 5-48 法拉电子（600563）K 线图（1）

随后，股价重心出现缓缓上移的迹象，这正是买盘资金强劲且持续流入该股的典型表现，后市进入一波较大幅度的上涨行情，如图 5-49 所示。

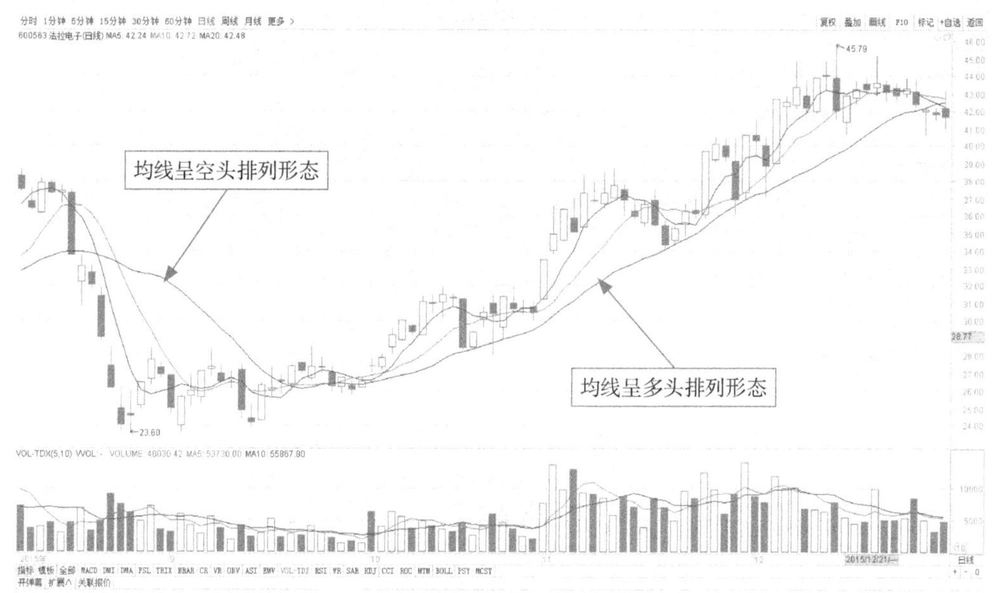

图 5-49　法拉电子（600563）K 线图（2）

5.1.16　喇叭形

喇叭形反转形态又可以称为扩大形或增大形，这种形状其实也可以看成是一个对称三角形倒转过来的结果，是三角形的变形体，大多出现在顶部，为看跌形态。其形态示意图如图 5-50 所示。

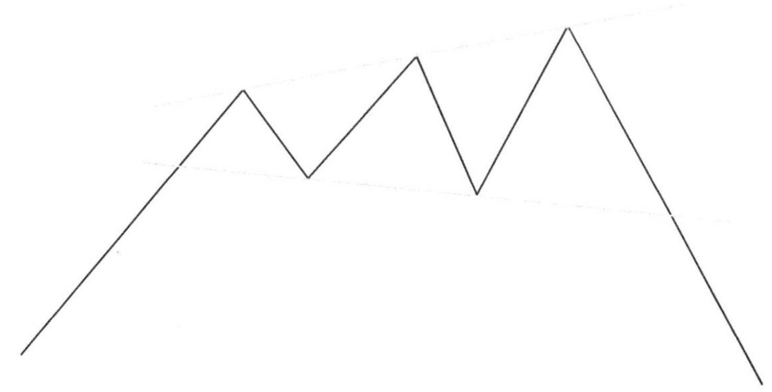

图 5-50　喇叭形反转形态示意图

下面举例分析喇叭形反转形态。

图 5-51 所示为浙江东日（600113）2014 年 6 月至 2015 年 7 月期间的 K 线走势图。从图中可以看到，该股股价在高位经过一段时间的运行后下跌，然后再上升再下跌，上升的高点较上次为高，下跌的低点亦较上次的低点为低，形成一个喇叭形反转形态。

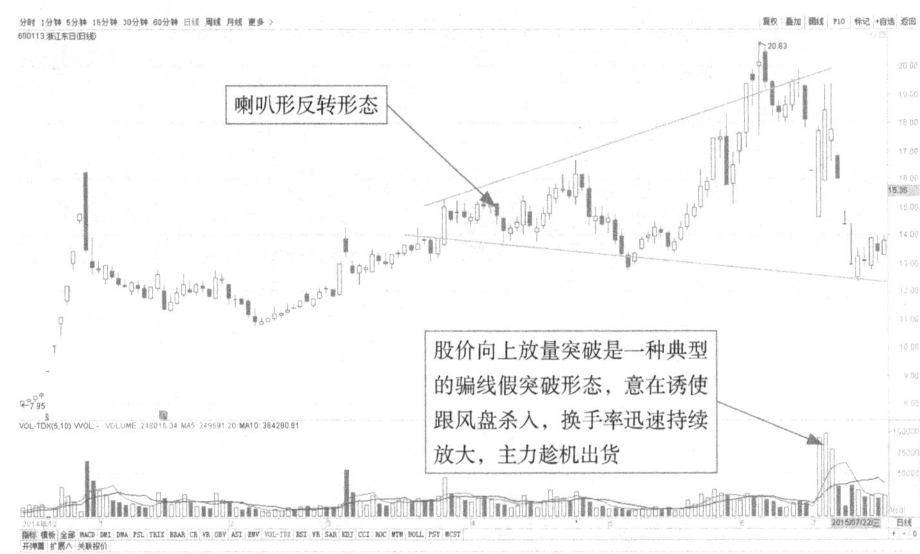

图 5-51　浙江东日（600113）K 线图（1）

随后，股价持续下跌，后市走出一波深幅下跌行情，如图 5-52 所示。因此，股价跌破形态下限时，投资者应及时卖出止损。

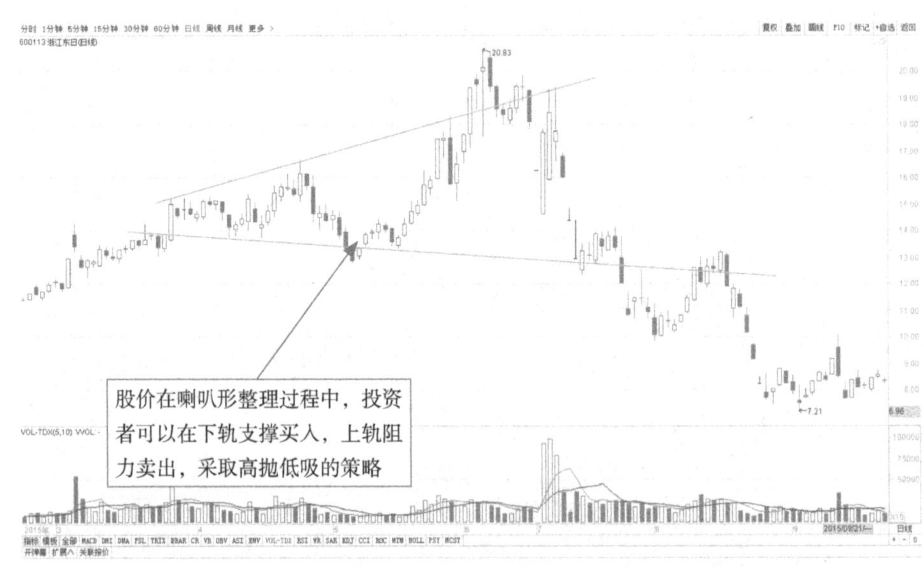

图 5-52　浙江东日（600113）K 线图（2）

5.1.17 圆顶

圆顶反转形态形似圆弧，这种形态较为清晰地勾勒出多空双方力量的转化过程，是短线投资者在分时图中识别趋势反转的重要形态之一，如图 5-53 所示。

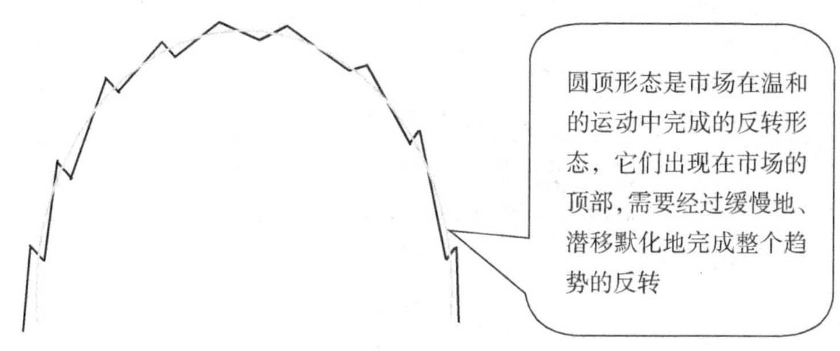

图 5-53 圆顶反转形态示意图

圆弧顶形态多出现在一波缓慢上涨行情之后，空方的抛售力度逐步增强，这使得股价走势呈现出圆弧状的反转过渡，如图 5-54 所示。

图 5-54 圆顶反转形态

投资者要注意及时出击，把握好圆弧顶走势中的卖点，一般来说。如果价格前期累计涨幅较大，且在高位区的一波走势后有明显的滞涨倾向，股价重心开始缓缓下跌，即可减仓出局。

5.1.18 圆底

圆底反转形态是一种比较强烈的行情逆转信号，通常在下跌行情底部出现。当股价经过逐步缓慢下跌运行到低位时，又逐步缓慢拉升，形成一个圆弧底，如图 5-55 所示。圆底形态一般说明后市看涨。

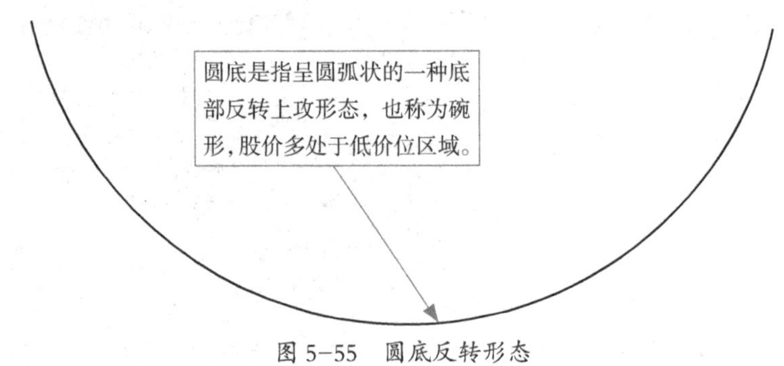

图 5-55 圆底反转形态

下面举例分析圆底形态的盘面。

图 5-56 所示为北京城建（600266）2016 年 4 月至 8 月的 K 线走势图。该股在阶段性底部形成了一个圆底反转形态。这有可能是主力机构或先知先觉者入场悄悄收集筹码，且由于股价低廉，又不断吸引买盘使股价攀升，形成了碗形的股价走势，表示多方力量渐趋增强，股价及成交量缓缓上升，后市看涨。

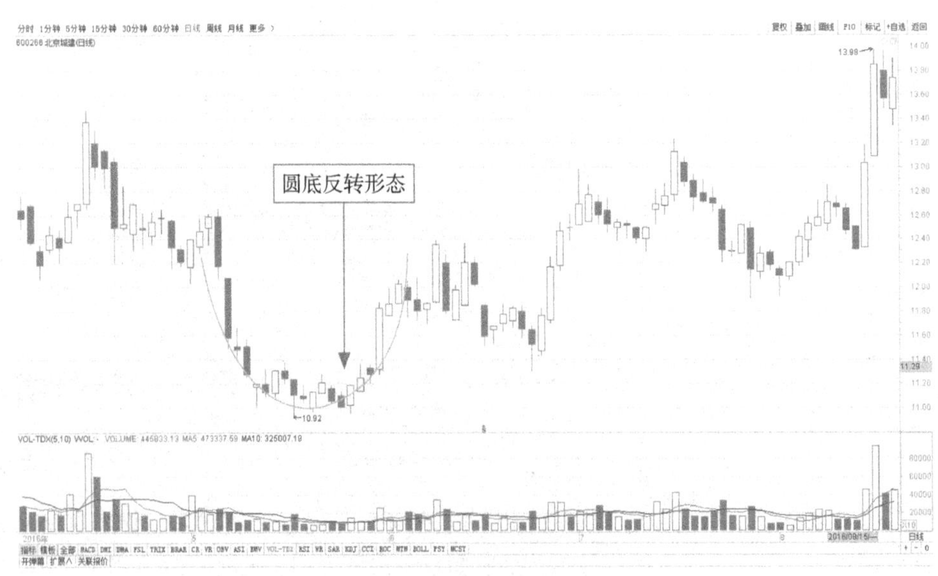

图 5-56 北京城建（600266）K 线图

5.1.19 V形

V形反转形态又称为尖底反转。当股价大幅下跌后，突然触底止跌步入上涨行情，底部为尖底，就像英文字母V，后市看涨。其示意图如图5-57所示。

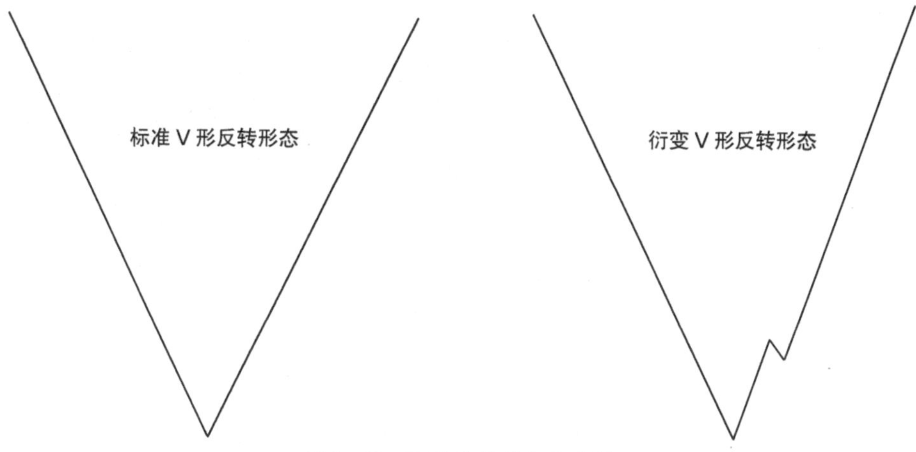

图5-57 V形反转形态示意图

尖底反转形态的分析要点如下。

- 要点1：在实战过程中，V形反转形态形成之后，股价很可能会横盘整理一段时间。这是因为空方不甘心，在做最后的“垂死挣扎”，当空方完全失败后，股价才会继续上升。
- 要点2：如果投资者等V形反转形态形成后再追进，此时股价已经上涨不少了，不过这样虽然获利少一些，但风险也会更小一些，同时投资者可以利用上涨过程中的回调低点介入。
- 要点3：当V形反转形态形成后，如果股价在高于前期高点的位置横向整理，说明主力的控盘能力非常强，后市具有很强的上涨动力。
- 要点4：当V形反转形态形成后，如果股价在前期高点的位置附近上下波动，则表示股价向上的动力相对较弱；而且横盘整理的时间越长，股价上涨的动力也就越弱。
- 要点5：V形反转形态形成的过程中，在行情转势时成交量会特别大，且反转势力强劲，反转后的上涨持续时间较长。

下面举例分析尖底形态的盘面。

图5-58所示为红豆股份（600400）2015年5月至7月期间的K线走势图。从图中可以看到，该股阶段性见顶后出现了急速下跌行情。

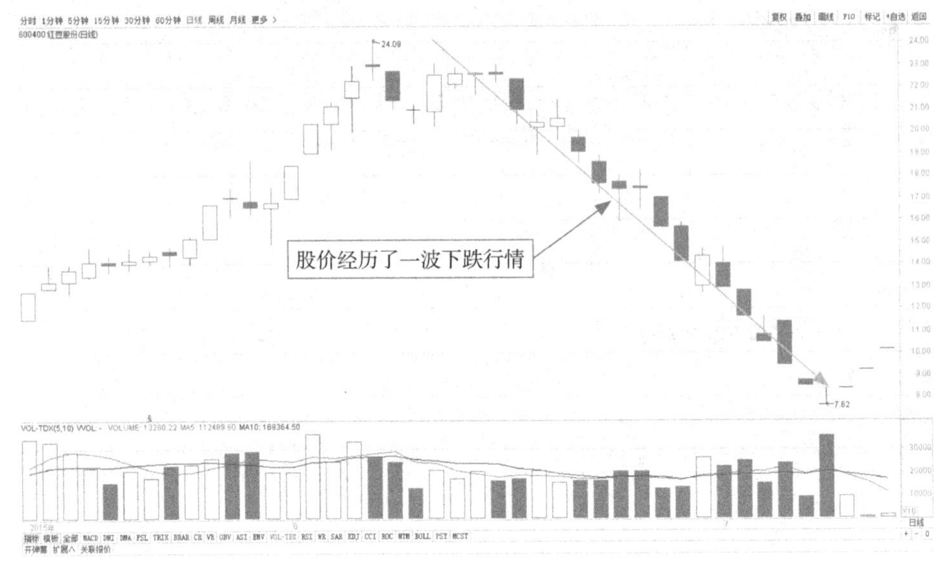

图 5-58　红豆股份（600400）K 线图（1）

随后股价见底止跌，连续收出三根“一字涨停”线。这说明主力拉升意图非常明显，投资者可以在接下来的交易日买入股票，待拉升后卖出，快进快出，获取利益。“一字涨停”形态说明当天开盘就有大量买单封住涨停，而卖单数量远远小于买单。这是因为人们非常看好这只股票，都不愿意卖掉，因此在“一字涨停”期间，几乎不可能买到这只股票。随后股价步入一轮上涨行情，形成明显的 V 形反转形态，如图 5-59 所示。

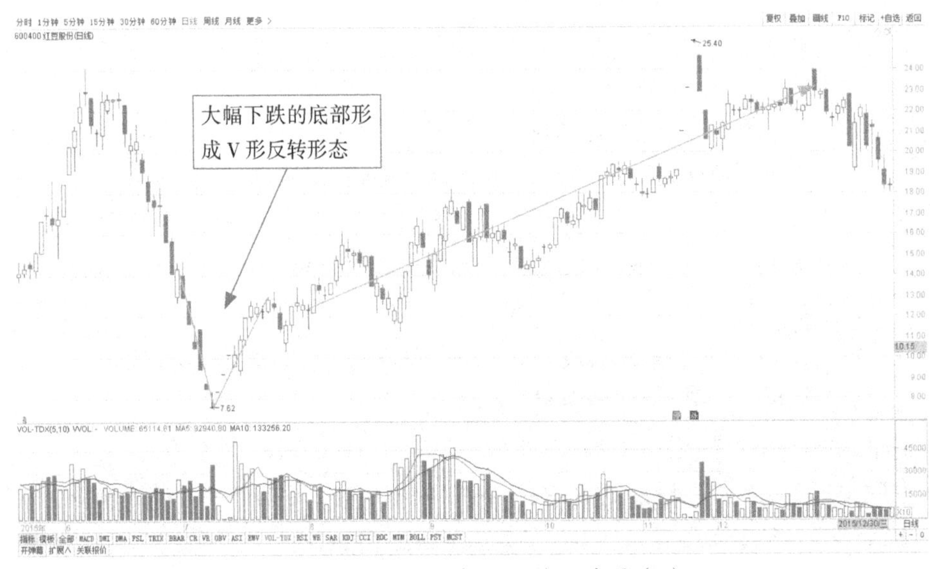

图 5-59　红豆股份（600400）K 线图（2）

5.1.20 倒V形

倒V形反转形态又称为尖顶反转形态。当股价大幅上涨后，突然出现快速下跌的行情，头部为尖顶，就像是倒写的英文字母V。其示意图如图5-60所示。

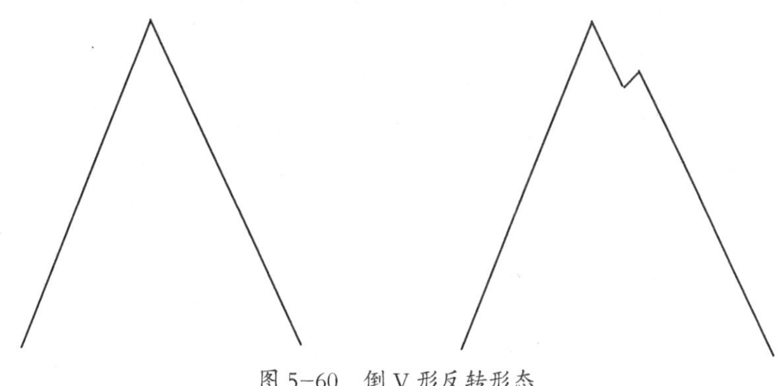

图5-60 倒V形反转形态

在实际走势中，出现尖顶反转形态的个股比较常见。对于这类暴涨的个股，投资者一旦发现股价暴涨后出现了快速回调一定要及时清仓止损，否则将会遭受极大的损失。

下面举例分析倒V形反转形态。

图5-61所示为仰帆控股（600421）2014年6月至2015年7月的K线走势图。从图中可以看到，该股股价走势形成了一个明显的倒V形反转形态，股价快速下跌结束了前期漫长的上涨趋势。

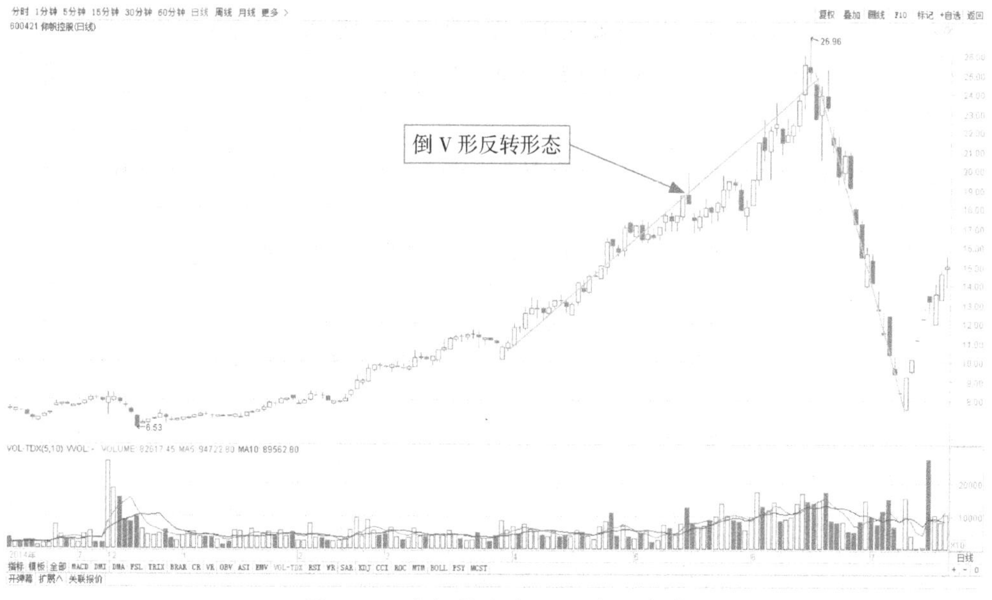

图5-61 仰帆控股（600421）K线图

5.1.21 矩形

矩形整理形态又称箱形整理。它是指股价在波动变化的过程中，其上限和下限呈两条水平的直线，上限为股价的上涨阻力线，下限为股价的下跌支撑线，如图5-62所示。

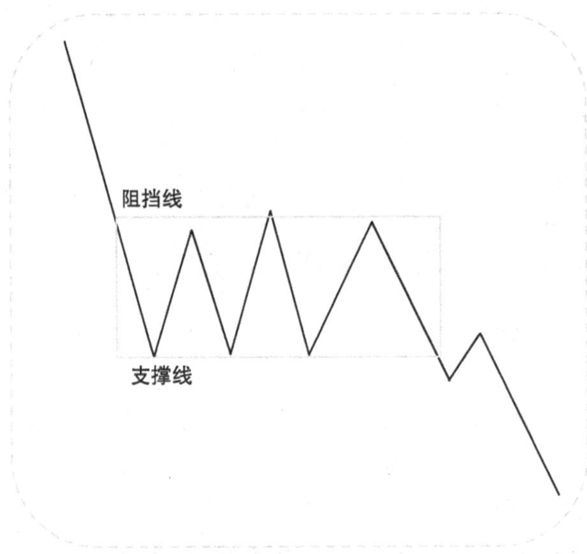

图 5-62 矩形整理形态示意图

“矩形整理”形态为冲突型形态，是描述实力相当的争战双方的竞争，其形成原理如下。

（1）“矩形整理”形态在形成之初，多空双方全力投入，各不相让。空方在价格涨到某个位置就抛压，多方在股价下跌到某个价位就买入，时间一长就形成两条明显的上下界线。

（2）随着时间的推移，双方的战斗热情会逐步减弱，成交量减少，市场趋于平淡。如果原来的趋势是上升，那么经过一段矩形整理后，会继续原来的趋势，多方会占优势并采取主动，使股价向上突破矩形的上界；如果原来是下降趋势，则空方会采取行动，突破矩形的下界。

下面举例分析矩形整理形态。

图5-63所示为*ST吉恩（600432）在2013年12月至2015年6月期间的走势图。此股在上升初期出现了横盘震荡走势，这种横盘震荡的整理形态就是矩形整理形态。矩形整理形态明显告诉投资者，多空双方的力量在该范围之间完全达致均衡状态，在这段期间谁占不了谁的便宜。看涨的一方认为其价位是很理想的买入点，于是股价每回落到该水平即买入，形成了一条水平的需求线。与此同时，另一批看跌的投资者对股市没有信心，认为股价难以升越其水平，于是股价回升至该价位水平，便即沽售，

形成一条平行的供给线。

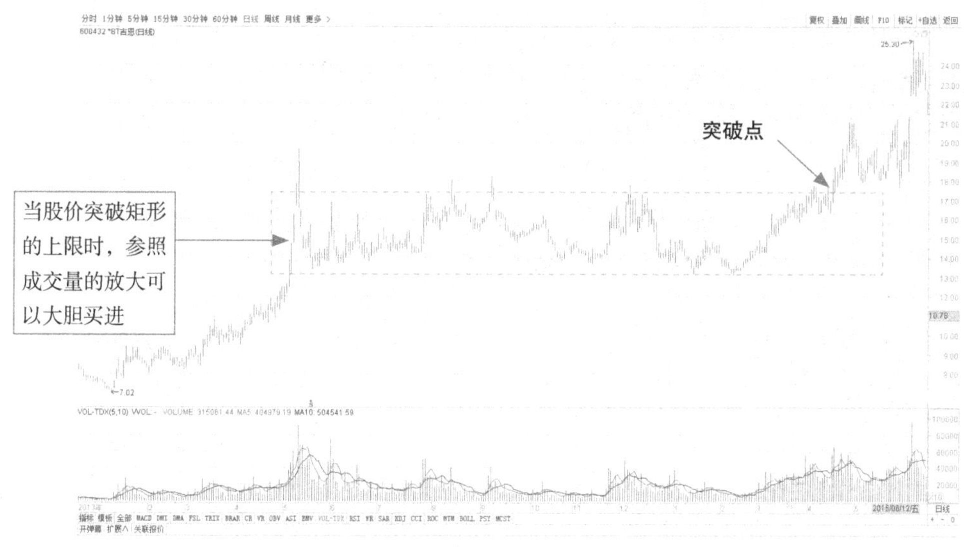

图 5-63 *ST 吉恩（600432）K 线图

另外，“矩形整理”形态也可能是投资者因后市发展不明朗，投资态度变得迷惘和不知所措而造成。所以，当股价回升时，一批对后市缺乏信心的投资者退出；而当股价回落时，一批憧憬着未来前景的投资者加进。由于双方实力相当，于是股价就来回在这一段区域内波动。一般来说，矩形是整理形态，在牛皮市、升市和跌市中都可能出现。长而窄且成交量小的矩形在原始底部比较常出现。突破上下限为买入和卖出的信号，涨跌幅度通常等于矩形本身宽度。

专家提醒

“矩形整理”形态在其形成的过程中极可能演变成“三重顶(底)”形态，正是由于矩形的判断有这么一个容易出错的可能性，在面对矩形和三重顶（底）进行操作时，几乎一定要等到突破之后才能采取行动，因为这两个形态今后的走势方向完全相反。一个是持续整理形态，要维持原来的趋势；另一个是反转突破形态，要改变原来的趋势。

5.2 特殊技术图形的看盘策略

除了以上常见的K线技术形态外，比较特殊的技术图形还有缺口、岛形等形态。本节将介绍这些特殊技术图形的看盘策略。

5.2.1 缺口

当股价在快速大幅变动中有一段价格没有任何交易，显示在股价趋势图上是一个真空区域，这个区域称为“缺口”。它通常又称为跳空。当股价出现“缺口”，经过几天甚至更长时间的变动，然后反转过来，回到原来“缺口”的价位时，称为“缺口”的封闭，又称“补空”。

如图 5-64 所示，相邻的两根 K 线在垂直方向上没有重叠部分，则形成一个“缺口”，即图形上没有发生任何交易的那个价格区。

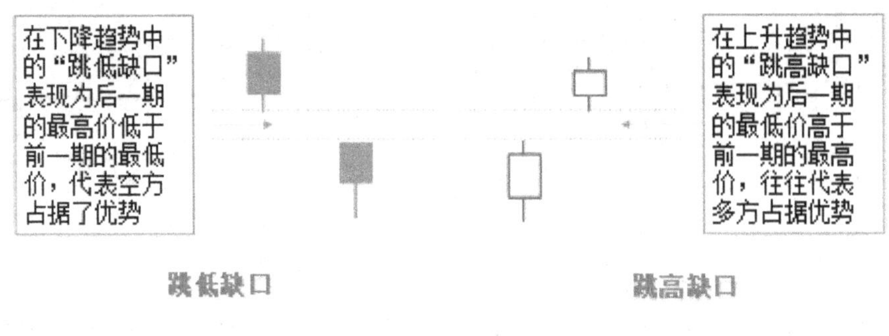

图 5-64 “缺口”

“缺口”产生的原因往往在于突发事件所导致的供求关系的骤然变化。“缺口”既可以出现在上升趋势中，也可以出现在下降趋势中。虽然缺口没有直接在股价的形态学研究中提出，但是它对股价形态走势的研判具有十分重要的意义，因此值得投资者研究和掌握。缺口可以分为普通缺口、突破缺口、持续缺口和衰竭缺口 4 种。

1. 普通缺口形态

普通缺口形态通常在密集的交易区域中出现，如在较长时间形成的横盘整理或反转形态（如三角形反转、矩形反转）等地方都可能有这类缺口形成，并且其在短期内就会补空（又称填补，即在一段时间后，股价反转回到原来缺口的价位），如图 5-65 所示。

一般来说，普通缺口属于短期供需失衡或突发性消息所造成的缺口。普通缺口在整理形态要比在反转形态时出现的机会大得多，所以当发现发展中的三角形和矩形有许多缺口时，就应该增强它是整理形态的信念。

2. 突破缺口形态

突破缺口是指在密集的反转或整理形态完成后，股价以一个很大的空缺跳空远离前期形态的缺口，如图 5-66 所示。

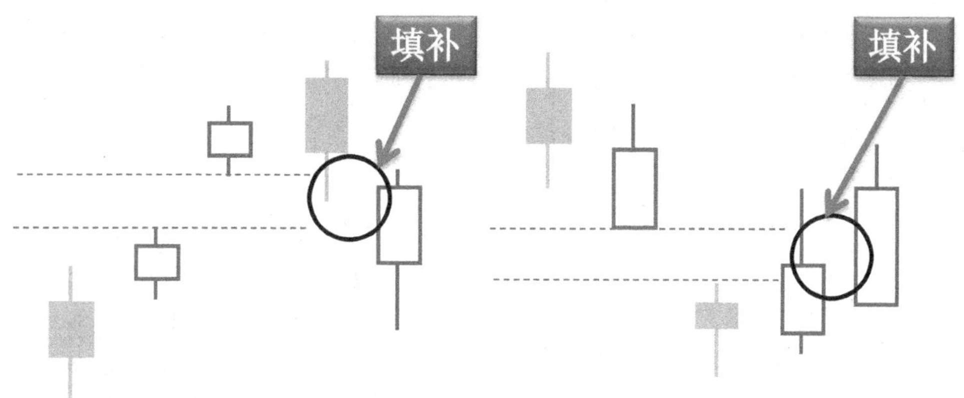

形态解析

在盘整行情中出现的"缺口"称为普通缺口，通常在较短时间内即被回补。普通缺口是最常见的"缺口"，一般在几个交易日内便会完全填补。它能帮助投资者辨认清楚某种形态的形成。

◆ 要点1：如果看好股价的后市发展，且在下降行情的低位出现普通缺口，则暗示股价很快会填补回升，投资者可考虑介入。

◆ 要点2：如果看空股价的后市发展，且在上升行情的高位出现普通缺口，则暗示股价很快会填补回落，投资者可考虑抛售。

图 5-65　普通缺口形态

突破性缺口常出现在整理形态即将结束时，由于技术面或基本面的优势，在多空拉锯中做出跳空上涨或跳空下跌而脱离盘整的情形，比如投资者常见的跌破支撑、突破阻力。

突破缺口的分析意义较大，经常在重要的转向形态如头肩式的突破时出现，可帮助投资者辨认突破讯号的真伪。如果股价突破支持线或阻力线后以一个很大的缺口跳离形态，可见突破十分强而有力，很少有错误发生。

在实战操作中，当出现向上突破性缺口后，投资者第一时间介入都是正确的，如果第一时间即当日没能把握好介入点也没关系，仍可以利用其后的震荡回调收阴时介入，或者利用多种低位买入法介入。

专家提醒

形成突破缺口的原因是其水平的阻力经过长时间的争斗后，供给的力量完全被吸收，短暂时间缺乏货源，买进的投资者被迫要以更高价求货。又或是其水平的支持经过一段时间的供给后，购买力完全被消耗，沽出的须以更低价才能找到买家，因此便形成缺口。

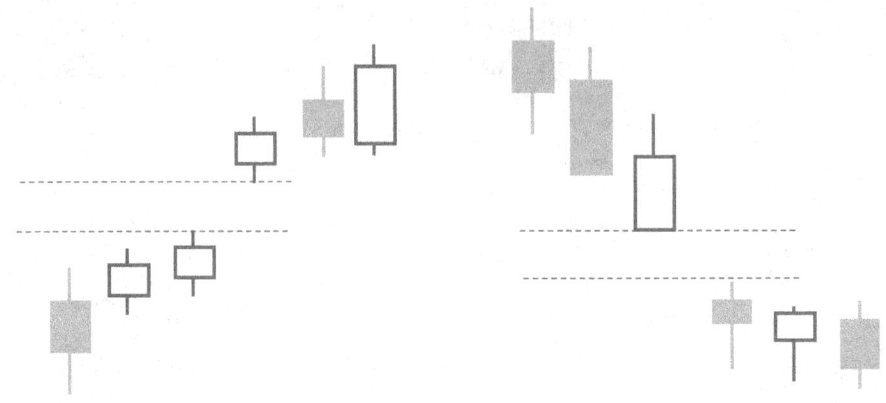

形态解析

在盘整期间多空双方奋力搏杀，最终会有一方占据优势，从而使价格急速变化，形成向上或向下跳空缺口，并为一段中期的上升或下跌揭开序幕，这种缺口称为突破缺口。这种形态的出现已经完全脱离了原有的密集波动区域，预示着一个较大的上升或者下跌行情的展开。其对后市行情的延续发展，具有十分强烈的指导作用。

- ◆ 要点1：突破缺口出现表示行情真正的突破已经形成，且突破缺口越大，股价未来的变动就会越强烈。
- ◆ 要点2：如果在上升行情中放量出现该形态，则股价将继续向上运行。
- ◆ 要点3：如果在下跌行情中出现该形态，即使无量配合股价也会继续下跌，若成交量放大，则会加速股价下跌。
- ◆ 要点4：如果在发生突破缺口前成交量放大，而缺口形成后成交量反而缩小，则该缺口可能很快会被填补。
- ◆ 要点5：如果在发生突破缺口后成交量不断放大，则短期内该缺口将不会被填补。

图 5-66　突破缺口形态

3. 持续缺口形态

持续缺口又称为中途缺口或继续缺口。它通常在出现突破缺口形成后的上涨或者下跌行情的途中。其作用是在原有的股价形态上加强股价的上涨或者下跌力度，如图 5-67 所示。

专家提醒

持续缺口的形成原理如下。股价在突破整理区域急速上升或者下跌时，成交量在初期是最大的，然后在上涨或者下跌过程中不断减少。当原来具有优势一方重新取得优势后，放量跳空高开，或者跳空下跌，便形成持续性缺口。此后，成交量在后续的上涨或者下跌行情中慢慢地减少，这就是持续性缺口形成时成交量的变化情况。

4. 衰竭缺口形态

衰竭缺口也叫消耗性缺口，与普通缺口相似，该缺口形态很快会被填补，通常在上升行情的顶部或者下跌行情的底部出现，如图 5-68 所示。

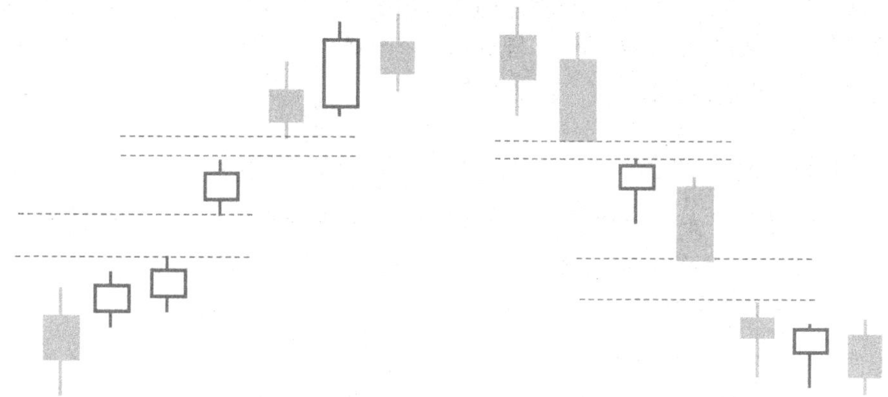

形态解析

持续缺口是股票价格向某一方向有效突破之后，由于股价剧烈波动而在涨升或下跌途中出现的缺口，它是一个趋势的持续信号。在缺口产生的时候，交易量可能不会增加，但如果增加的话，则通常表明一个强烈的趋势。

◆ 要点1：持续缺口一般不会在短期内被封闭，因此投资者可在向上运动的持续性缺口附近买入股票或在向下运动的持续性缺口附近卖出股票，而不必担心是否套牢或者踏空。

◆ 要点2：在某一段上升或者下降趋势中，持续缺口可能有一个，也可能有多个，而且每出现一个持续缺口，表明股价的上升或者下降趋势将加强。并且在上升行情中，每一个持续缺口出现时，其成交量都会大于形成缺口前的成交量。

图 5-67 持续缺口形态

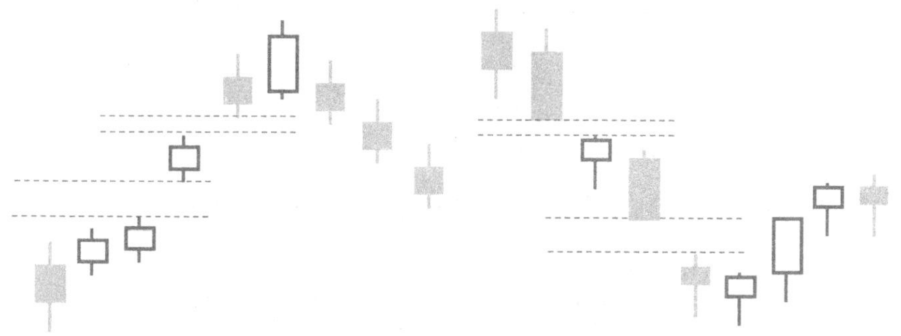

形态解析

衰竭缺口出现在一段行情即将结束之时，表明股价变动的结束。在缺口出现后短期内行情反转，并回补缺口，则说明前者是衰竭缺口。若反转后在同一价位区域出现与前者反向的缺口，则结论更加确定无疑。

◆ 要点1：若一轮行情走势中已出现突破缺口与持续缺口，那么随后出现的缺口就很可能是衰竭缺口。

◆ 要点2：衰竭缺口的出现表明衰竭跳空已经形成，股价的趋势将暂告一段落。如果在上升途中，则表示即将下跌；若在下跌趋势中出现，就表示即将回升。

◆ 要点3：持续缺口是股价大幅变动中途产生的，因而不会于短时期内封闭，但是衰竭缺口是变动即将到达终点的最后现象，所以多半在2～5天的短期内被封闭。

图 5-68 衰竭缺口形态

衰竭缺口很少是突破前一形态大幅度变动过程中的第一个缺口。绝大部分的情形是它的前面至少会出现一个持续缺口。因此可以假设，在快速直线上升或下跌变动中期出现的第一个缺口为持续缺口，但随后的每一个缺口都可能是衰竭缺口，尤其是当这个缺口比前一个空距大时，更应特别注意。

专家提醒

在突破缺口以后出现的缺口，既可能是是持续缺口，也可能是衰竭缺口，投资者可以从以下 3 点对衰竭缺口进行研判。

- 如果缺口出现后，在下一个交易日有反转行情，且收盘价停在缺口边缘，则缺口为衰竭缺口。
- 在下降行情中，如果出现缺口后，成交量急剧萎缩，则该缺口为衰竭缺口。
- 在上升行情中，如果缺口出现的当日或者次日成交量剧增，且在一段时间内不可能出现比这这个更大的成交量，则该缺口为衰竭缺口。

5.2.2 底部岛形反转

岛形底转势形态是一个孤立的交易密集区，与先前的价格趋势隔着一个竭尽缺口，又与之后的价格趋势相隔着一个突破缺口，使整理期间的形态宛如一个孤岛，如图 5-69 所示。

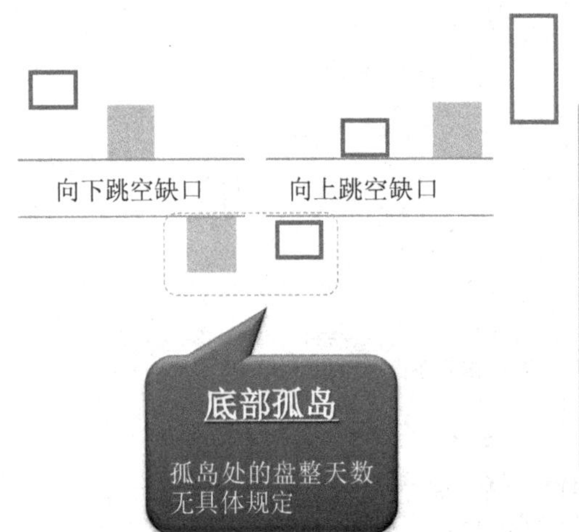

岛形底转势形态的特征如下：

- 在股价相对低位区域发生。
- 在下跌行情中，股价已有了一定的跌幅后，某日突然跳空低开，留下了一个缺口，日后几天股价继续下沉。
- 当股价下跌到某低点又突然峰回路转，股价开始急速回升，并留下了一个向上跳空的缺口。
- 前后两个缺口处在同一价位区域，岛形反转时常伴随着很大的成交量

图 5-69　岛形底转势形态与特征

岛形底转势形态常会伴随着很大的成交量。如果成交量很小，这个岛形底转势形

态就很难成立。

岛形底是个转势形态，它表明股价已见底回升，将从跌势转化为升势。虽然这种转势并不会一帆风顺，多空双方会有一番激烈的争斗，但总的形势将有利于多方。因此，投资者对那些填补向上跳空缺口之后，再度发力上攻跃上跳空缺口上方的个股要继续密切加以关注，持筹的仍可持股做多，空仓的可适时跟进。

岛形底转势形态有两个提示：

- 岛形底转势后，股价免不了出现激烈的上下震荡，但多数情况股价在下探上升缺口后会止跌，然后再次发力上攻。
- 一旦确认岛形底转势形态，投资者应及时介入做多。需要注意的是，对填补向上跳空缺口后，股价还继续下沉的个股就不可再看多了，此时投资者应及时空仓出场以保证资金安全。

5.2.3 顶部岛形反转

岛形顶转势形态的主要特征为股价或大盘经过一段时间上涨，出现一个向下的跳空缺口，而这个缺口与该股上升时向上的跳空缺口基本处于同一区域，于是整个股价K线图分成了上下两截，在上面的一部分K线就像远离海岸的孤岛。其形态如图5-70所示。

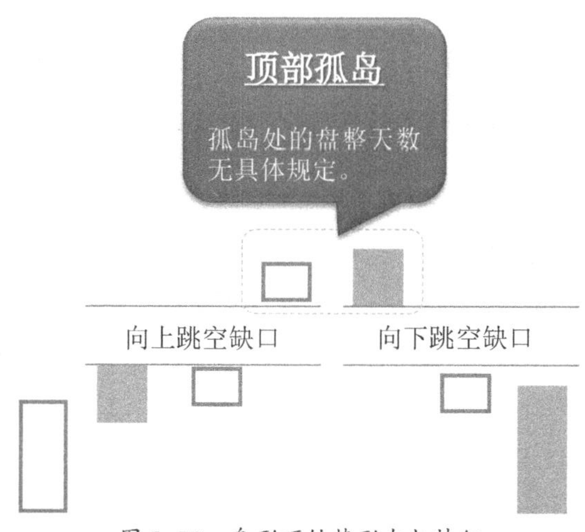

图5-70 岛形顶转势形态与特征

岛形顶转势形态的特征如下。

- 股价持续上升，市场气氛乐观。
- 某日股价突然出现较大的向上跳空缺口，随后股价在高位徘徊挣扎，股价几天都在进行窄幅波动。
- 最后，股价又以向下跳空方式开始下跌。
- 前后两缺口基本处于同一价位区域。

岛形顶转势形态一旦确立，说明近期股价看空已成定局，此时持筹的投资者只能认输出局，如果继续持股必将遭受更大的损失；而空仓的投资者近期最好也不要再过问该股，即使中途有什么反弹，也尽量不要参与，可关注其他一些有潜力的股票，换股操作为宜。

CHAPTER 6

第6章 运用量价分析看盘

有盘口就有成交量，成交量是盘口分析的重要指标，是股价上涨下跌的原动力，是市场资金筹码多寡的最直接体现。本章将主要介绍成交量与股价相结合的实战分析，量价结合是有力的实战看盘工具，是判断市场强弱的重要技术。

要点展示

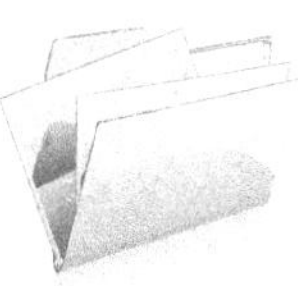

- 从量看盘——初识成交量
- 解析放量与缩量盘口特征
- 解析量价组合的盘口特征

6.1 从量看盘——初识成交量

在股市中，成交量是研判股市行情的重要依据，它可以反映股价走势的强弱即主力操盘的痕迹。通过对成交量的分析，在一定程度上能帮助投资者提高判断的准确性和可靠性。

6.1.1 成交量的定义与查看

在进行量价分析之前，首先需要对成交量的一些基本概念有一定的了解，包括成交、成交量、成交量值。其具体含义如表 6-1 所示。

表 6-1 成交量的相关概念

相关概念	基本含义
成交	买卖双方报价一致从而达成交易的行为
成交量	指定时间内成交的数量，其计算单位为手，1 手相当于 100 股
成交量值	指实际成交金额（每股成交价 × 成交量），其基本统计单位是元，在行情分析软件上都是以万元为统计单位

在炒股软件中输入 VOL（成交量）命令，按【Enter】键确认，即可显示成交量窗口，如图 6-1 所示。

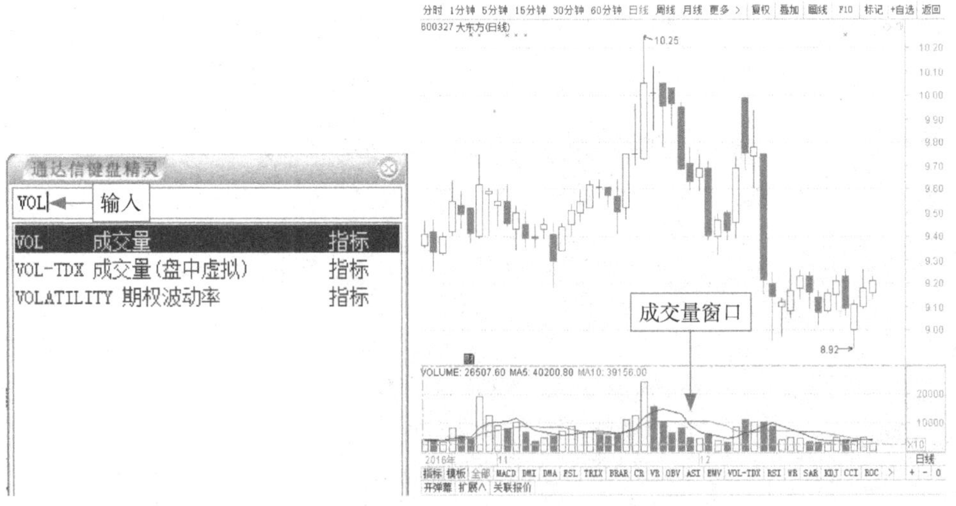

图 6-1 显示成交量窗口

VOL 指标即成交量指标，在股票交易中是股票活跃度的表现，VOL 指标的不同形态，预示不同的行情，有助于掌握股价运行趋势。VOL 是成交量类指标中最简单、最常用的指标。它由成交量柱线和三条简单平均线组成。

6.1.2 了解成交量平均线

成交量平均线也称为均量线。它是一种反映一定时期内市场成交情况的技术性指标。常用的均量线为 5 日均量线、10 日均量线、35 日均量线和 135 日均量线。

1. 5 日均量线和 10 日均量线

5 日均量线和 10 日均量线作为成交量涨跌的判断依据，对投资者操盘有明显的指导作用。

下面将举例分析 5 日均量线和 10 日均量线。

当 5 日均量线在 10 日均量线下方向下运行且无拐头趋势时，说明跌势将继续，如图 6-2 所示。

当 5 日均量线在 10 日均量线上方向上运行时，说明股价仍将反复震荡上涨，如图 6-3 所示。

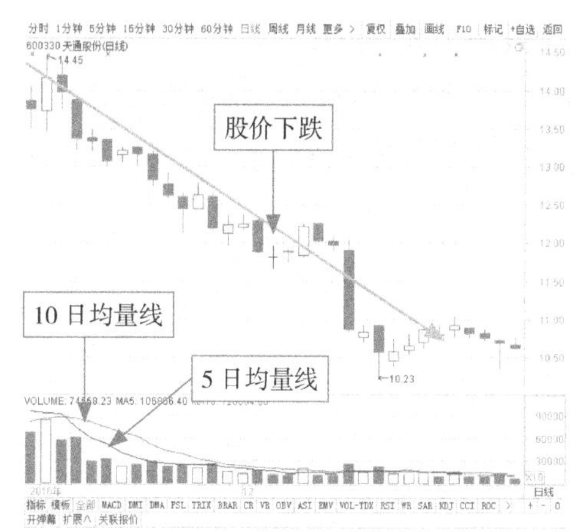

图 6-2 天通股份（600330）均量线分析（1）

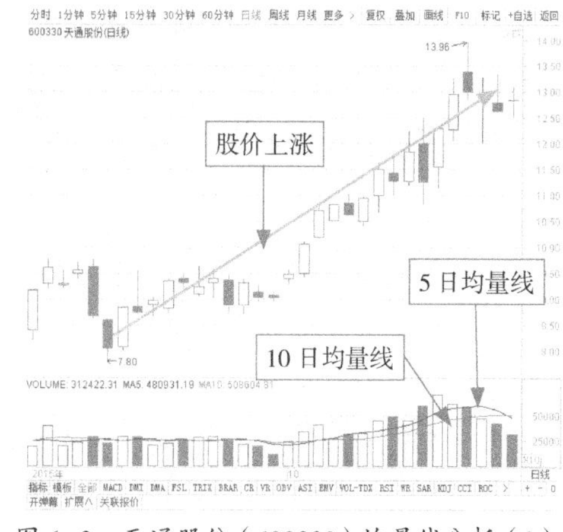

图 6-3 天通股份（600330）均量线分析（2）

2. 35 日均量线和 135 日均量线

35 日均量线是主力洗盘线，下面将举例分析 35 日均量线。

在个股上涨过程中，随着成交量持续放大引起 5 日均量线上穿 35 日均量线形成金叉，且当日成交量是 5 日均量 2 倍以上，视为最佳买入点，如图 6-4 所示。

随着股价再创新高，如果 5 日均量线向上疲软且有拐头现象，或者下穿 35 日均量线形成死叉，一旦量缩价跌，就是短线卖点，如图 6-5 所示。

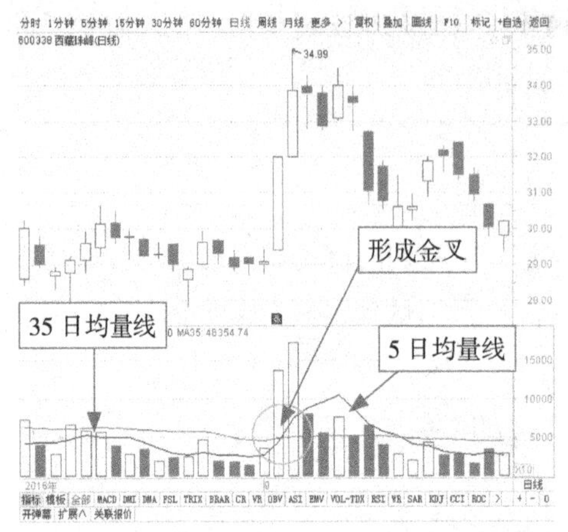

图 6-4　西藏珠峰（600338）均量线分析（1）

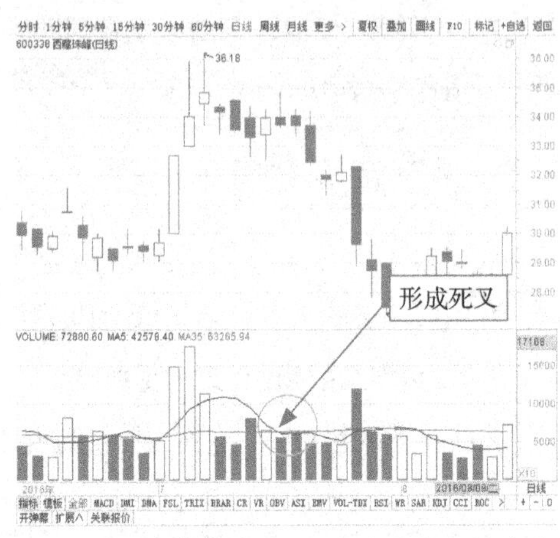

图 6-5　西藏珠峰（600338）均量线分析（2）

135 日均量线是资金异动线。成交量在 135 日均量线下方时，投资者应持币观望；当成交量突破 135 日均量线时，说明有资金异动，这个时候投资者就需要密切关注该股了。

图 6-6 所示为广州发展（600098）2016 年 9 月至 12 月期间的走势图。从图中可以看到，股价在 9、10、11 月的底部横盘整理阶段时，成交量基本在 135 日均量线下方运行。2016 年 11 月 9 日，股价平开高走收大阳线，成交量出现巨量突破 135 日均量线，并在其上方持续放量拉升，随后股价走出一波上涨行情，成交量大部分在 135 日均量线上方运行。

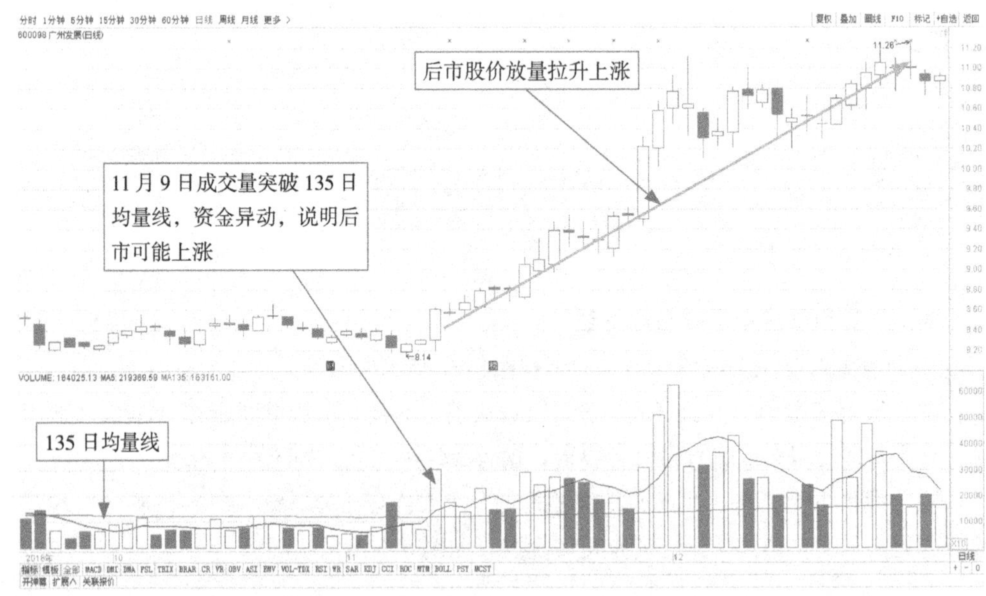

图 6-6　广州发展（600098）均量线分析

6.1.3 成交量的基本形态

成交量放大实质上是因市场多空双方的买卖意愿不统一而形成的，如果市场的看法一致，成交量就会很小。

股票交易采取撮合成交的规则，总是会有一部分投资者看多，一部分投资者看空，双方持不同的观点，于是多方买进空方抛出筹码，从而形成成交量。一般而言，成交量有以下几种形态。

1. 缩量

缩量是指个股在某个阶段的成交量与其历史成交量相比，出现明显减小的形态，如图 6-7 所示。

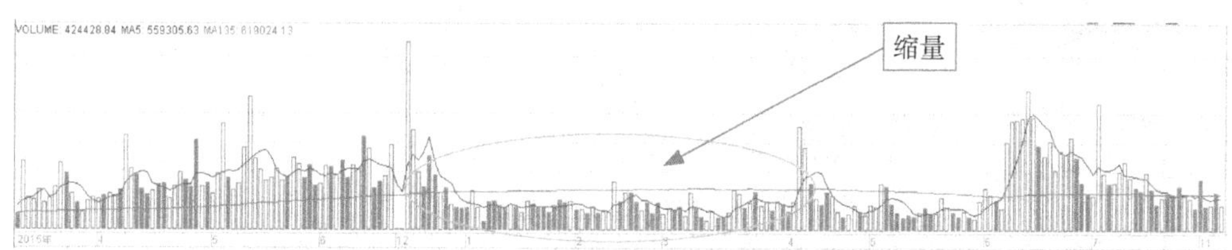

图 6-7 成交量缩量示意图

在不同的行情中，成交量缩量形态的意义不同，具体情况如图 6-8 所示。

上涨行情缩量

在上涨行情途中出现缩量形态，这主要是主力洗盘的一种手法，后市还会上涨，投资者可以在该阶段逢低吸纳。如果在高位出现缩量，说明上涨动能衰减，后市可能逆转，投资者应抛售出局

下跌行情缩量

在下跌行情途中，如果出现缩量形态，说明后市还将继续下跌，投资者应果断卖出，离场观望，待股价下跌到一个低价位出现放量后再介入。这样不失为一个有效的回避风险的方法

图 6-8 缩量的形态分析

2. 放量

放量是指个股在某个阶段的成交量与其历史成交量相比，出现明显增大的形态，即形成成交密集区，如图 6-9 所示。放量说明市场形成明显的买卖方向对立的多空双方，多方认为买入机会来临，于是急于买入筹码，空方则认为顶部将至，于是急于抛售筹码，导致空方抛出，多方接盘。

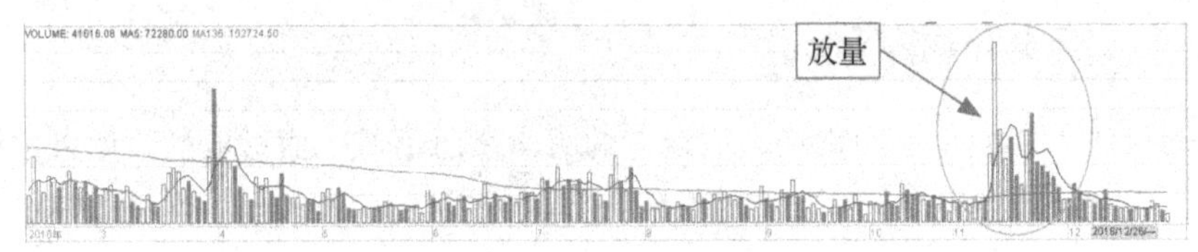

图 6-9　成交量放量示意图

通常，在股价低价位区和高价位区中，放量形态的意义不同，具体情况如图 6-10 所示。

股价高价位区放量

当股价大幅上涨运行到高价位区后，成交量出现放量形态，说明行情可能见顶逆转，投资者此时应该谨慎操作

股价低价位区放量

当股价深幅下跌运行到低价位区后，成交量出现放量形态，说明行情可能见底，后市看好，投资者可以低价建仓

图 6-10　放量的情况分析

3. 天量

天量是指股价在运行过程中突然放出巨大的量（至少是前一天成交量的两倍以上），如图 6-11 所示。天量天价是指股价经过大幅上涨后，在高价位放出巨量，同时股价也再度出现大涨。天量天价大多出现在股价见顶附近。如果出现天量天价，股价又在顶端出现滞涨现象，意味着股价行情将反转下跌，是尽早卖出的时候了。

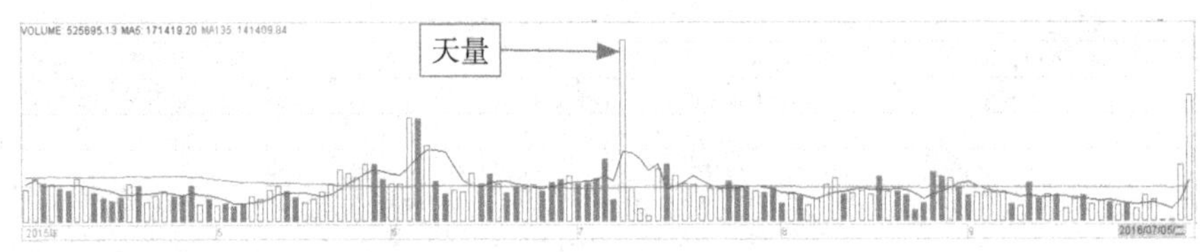

图 6-11　成交量天量示意图

专家提醒

值得注意的是，放量除了属于自然行为外，还可能是主力使用对倒操作来制造成交量，将大笔筹码自买自卖，从而放出天量，投资者对此应保持警觉。

天量出现的位置不同，其市场含义也不同，具体情况如图 6-12 所示。

股价的高价位区

此时可能是主力在高位放量出货，预示股价见顶，后市可能出现行情逆转，股市中常说的“天量天价”就是指这个现象。当股价大幅上涨后出现天量，投资者应果断出局，逃离风险

股价低价位区或上涨过程中

此时的天量是主力通过对敲手段制造的，其目的是清理浮筹。只要在出现天量后几个交易日中股价不跌破天量当日的低点，且股价超过前期高点，投资者就可以适当介入

图 6-12　天量的形态分析

4. 地量

地量是指个股成交量呈现出极度缩小的状态，而且一般还具有一定的持续性，如图 6-13 所示。

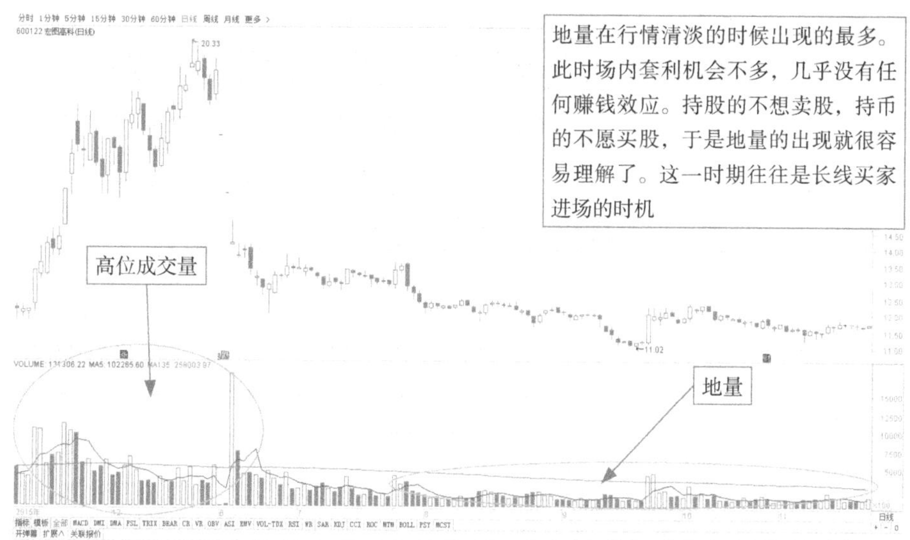

图 6-13　宏图高科（600122）2016 年 8 月至 11 月期间出现地量

专家提醒

地量通常出现在下跌行情的末期，是行情见底的重要反转信号。一般而言，成交量要缩至顶部最高成交量的 20% 以内，则股价有望见底；如果成交量大于这个比例，说明股指仍有下跌空间。

6.1.4 阴量与阳量

根据成交量对应的 K 线属性，可以将成交量分为阴量和阳量。

（1）阴量：当 K 线为阴线时，对应的成交量显示为绿色或黑色，称为阴量。一般正常成交量水平下的阴量对股价影响不大，而巨阴量则容易对股价的运行方向产生较大的影响，如图 6-14 所示。

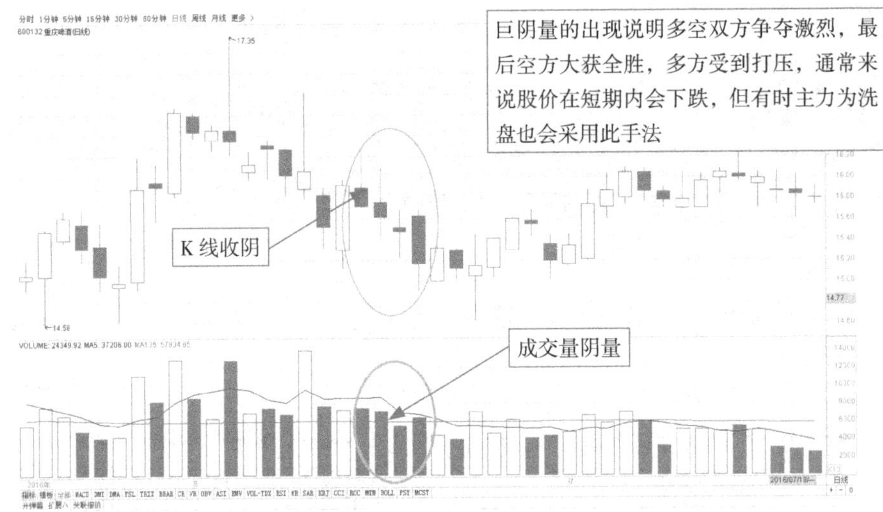

图 6-14　成交量阴量示意图

（2）阳量：当 K 线为阳线时，对应的成交量显示为红色或白色，称为阳量，如图 6-15 所示。阳量说明市场承接力强，多方取得胜利。

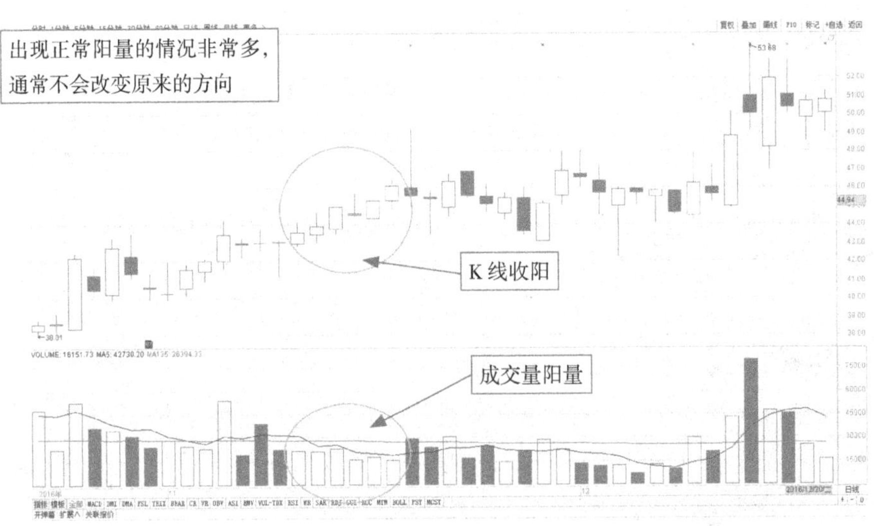

图 6-15　成交量阳量示意图

6.1.5 解析量价关系

量价配合与量价背离主要反映成交量与价格的关系，其具体分析如下。

（1）量价配合： 即成交量的增减与股价涨跌成正比。股价上涨（K线呈上升趋势），成交量增大，表明投资者看好后市，放心做多；股价下跌（K线呈下降趋势），成交量减少，如图6-16所示，表明投资者对后市充满信心，持股惜售。

（2）量价背离： 即成交量的增减与股价涨跌成反比。股价上涨（K线呈上升趋势），成交量却减少或持平；股价下跌（K线呈下降趋势），成交量却增大，如图6-17所示。

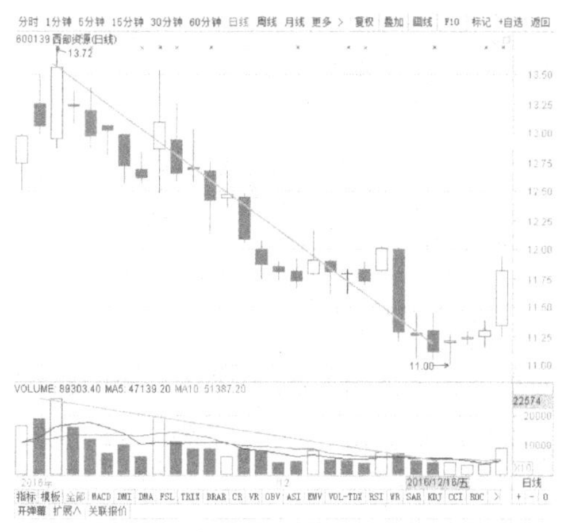

图6-16 量价配合

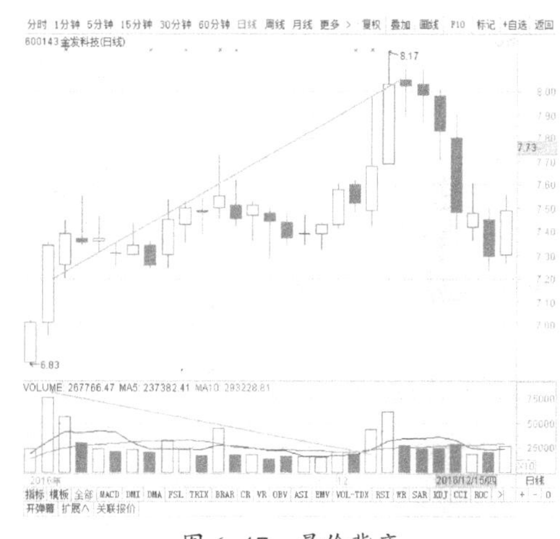

图6-17 量价背离

结合K线和成交量的走势形态进行分析，可提高判断的准确性，也是取得成功的重要保证。

6.2 解析放量与缩量盘口特征

分析放量与缩量对研究股价涨跌背后的动力十分有效。结合成交量的放大和缩小，股价的涨跌变化也就有了参考依据，这就更有利于投资者观察股价变动的趋势，掌握盘口的运行特征。

6.2.1 温和放量的盘面分析

成交量温和放大是指成交量维持平稳放大的运行态势，没有出现天量，也没有出现地量，成交量慢慢放大，就像阶梯式的上升。

下面举例分析成交量温和放大的盘面。

图 6-18 所示为生益科技（600183）2016 年 1 至 5 月期间的 K 线走势图。该股在上涨初期遭到主力的打压洗盘，但成交量并未明显放大，说明此处出逃的筹码不多。

图 6-18　生益科技（600183）K 线走势图（1）

如图 6-19 所示，打压整理后，股价开始回暖，上涨态势稳定，没有暴涨也没有暴跌。同时成交量温和放大，并伴随短时的减小，成交量整体保持稳定态势。随后股价出现了直线的拉升行情，前期温和的成交量这才放出天量。

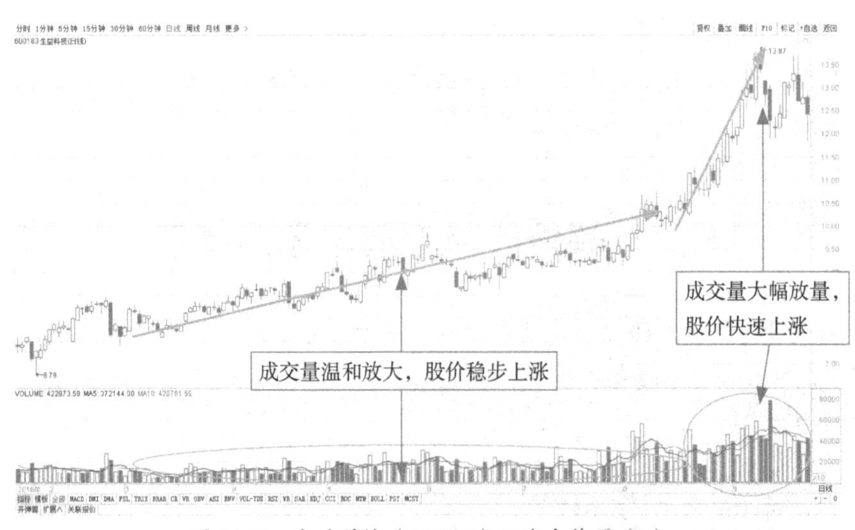

图 6-19　生益科技（600183）K 线走势图（2）

温和放量的形成是因为主力在缓慢吸筹，盘中的剩余浮筹已经很少，主力达到稳定的控盘，没有出现获利盘出局的现象，也没有出现大量筹码被哄抢的现象。在主力的控制之下，股价和成交量被限制在一定区域内。

6.2.2 天量天价的盘面分析

天量天价是指股价上涨的末期，相对于上涨初期，股价涨幅已经十分巨大，创出了新高。同时，成交量也表现不俗，放出了长时间以来最大的量。

下面举例分析成交量天量和股价天价的盘面。

图 6-20 所示为江苏吴中（600200）2014 年 1 月至 2015 年 6 月的 K 线走势图。从图中可以看出，该股从 2014 年 1 月至 2015 年 3 月，股价长期处于窄幅震荡的走势，大部分时间在横盘整理。2015 年 3 月初，股价开始急速拉升，直至 42.47 元高点，随后 K 线收出一根大阴线，出现天量天价。

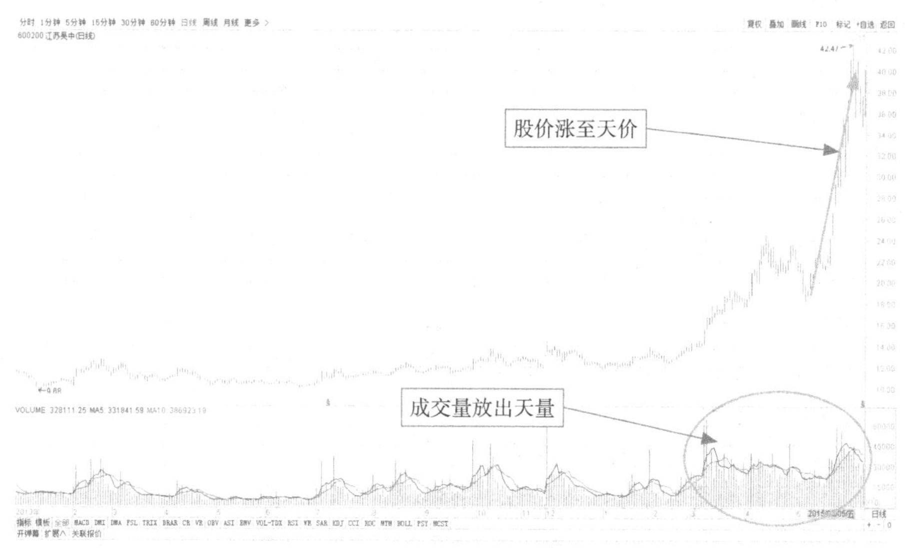

图 6-20 江苏吴中（600200）K 线走势图（1）

专家提醒

天量天价经常出现在股价上涨末期，是股价见顶的信号。股价经过长时间的上涨，已经涨至历史高位，由于市场的买入情绪已到达极限，成交量放出天量。这是提醒投资者，应注意减仓了。

该股出现天量天价后，市场做多氛围达到极限，股价已经见顶，随时可能出现下跌回落。果然，股价在高位几次大幅震荡后开始直线下滑，下跌初期还有一些放量，但随着股价的继续下跌，成交量开始逐步萎缩，显示此时已没有多少买盘，市场各方做空意见一致，如图 6-21 所示。

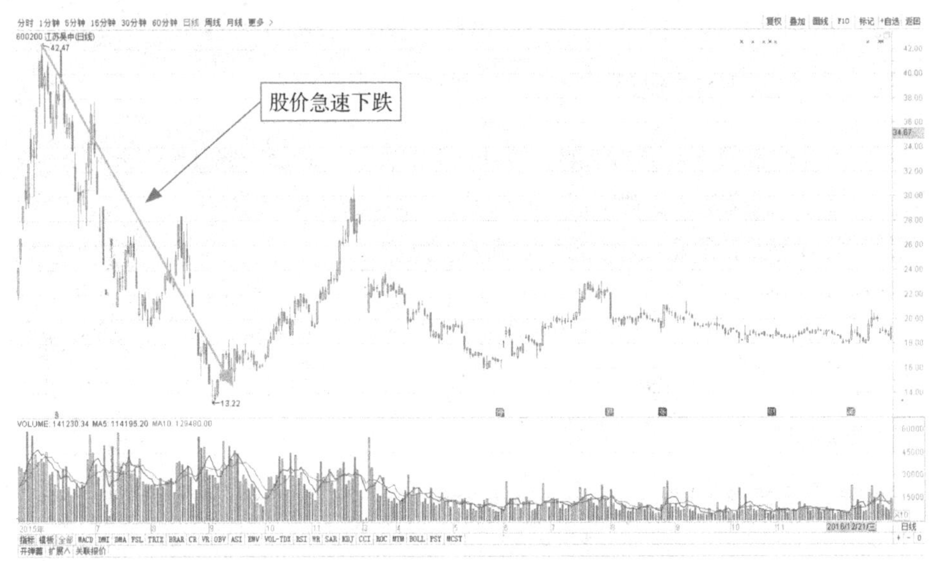

图 6-21　江苏吴中（600200）K 线走势图（2）

6.2.3　突放巨量的盘面分析

某股股价保持平稳运行，成交量保持平稳放大或缩小，而某日突然出现巨量，成交量放大水平居近一段时间之最，股价也有大幅的波动，这是市场不正常的表现。这种现象多半是市场中主力的故意操作行为导致的，例如应用对敲对倒的手法，故意造成股价的波动和成交量的大幅放大。

下面举例分析成交量突放巨量的盘面。

图 6-22 所示为昌九生化（600228）2016 年 1 至 9 月期间的 K 线走势图。从图中可以看出，该股从 9.61 元开始上涨，随后在一定区域内横盘震荡，股价有所回落，之后股价继续拉升，途中出现跳空上涨。当股价涨至 14.67 元高点时，当日收出穿头穿脚阳线，成交量巨幅放大，甚至超过前期跳空上涨所放出的巨量。此后，股价迅速回落，此处的突然巨量是股价洗盘的开端，随后股价的回落就是最好的证明。

后市走势如图 6-23 所示，在出现巨量洗盘后，股价经过整理再次逐步回升，此时成交量也再次放出天量。

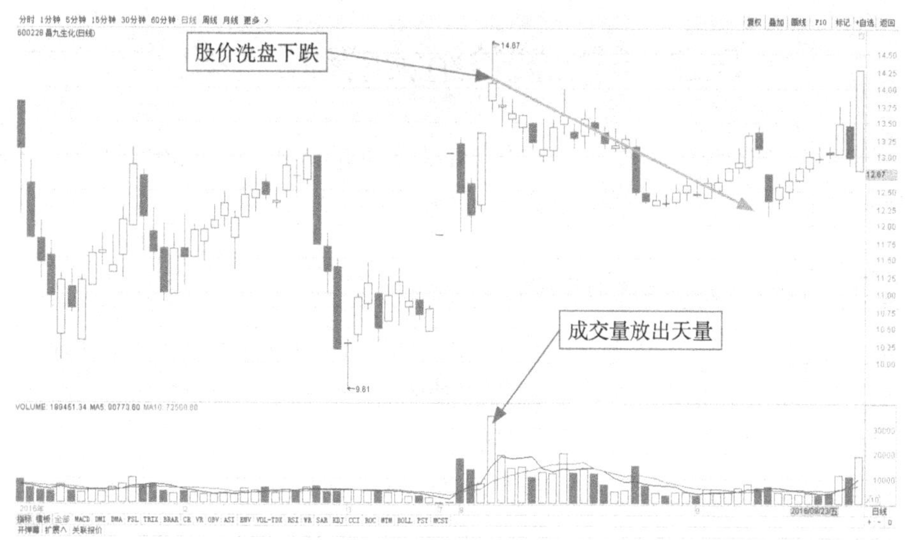

图 6-22　昌九生化（600228）K 线走势图（1）

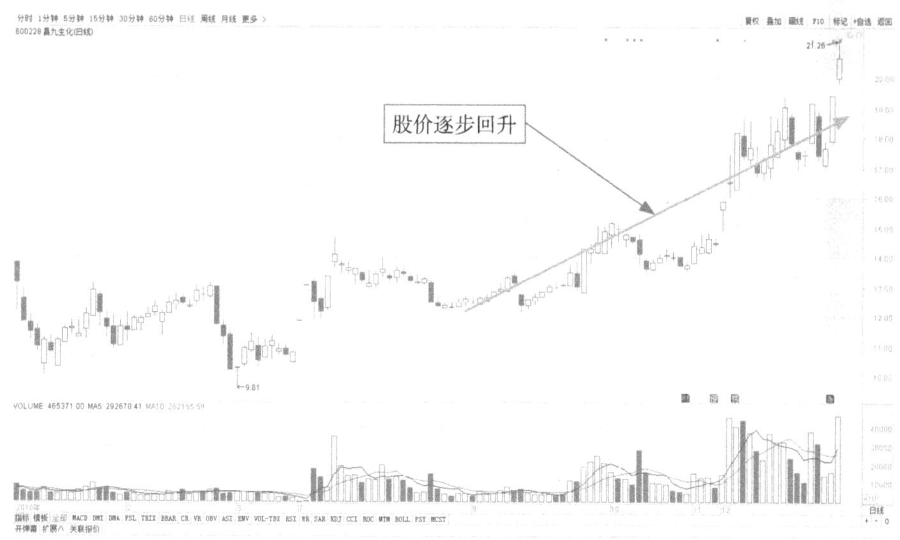

图 6-23　昌九生化（600228）K 线走势图（2）

专家提醒

如果在股价上涨阶段中期，成交量某日突然出现天量，且放出阴量，后市股价出现短期下跌，则可能是主力故意对敲震仓洗盘，以恐吓投资者出售筹码。如果股价在上涨阶段初期出现天量，则可能是主力的急促建仓行为。此时主力不在乎吸筹的隐秘性，而是让投资者关注，说明主力吸筹已接近尾声，希望场内的投资者买入以方便主力拉高股价。

6.3 解析量价组合的盘口特征

量价组合是指实战应用的分析方法，可以帮助投资者更好地把握股价变化趋势和盘口资金流向。

6.3.1 低位连续放量的盘面分析

经过连续的下跌，市场中抛压得到了有效的释放，股价来到了投资的洼地，因此会吸引一些长线资金有计划地流入。这就会造成低位区域的连续放量上涨。

下面将举例分析低位连续放量的盘面。

图 6-24 所示为卧龙地产（600173）2015 年 5 月至 10 月期间的 K 线走势图。从图中可以看出，该股在 2015 年 6 月 15 日见顶 13.97 元，当天收出一根长上影阴线配合巨量推动股价快速下跌，至底部 4.57 元后又开始缓缓上行，成交量缓缓放大。

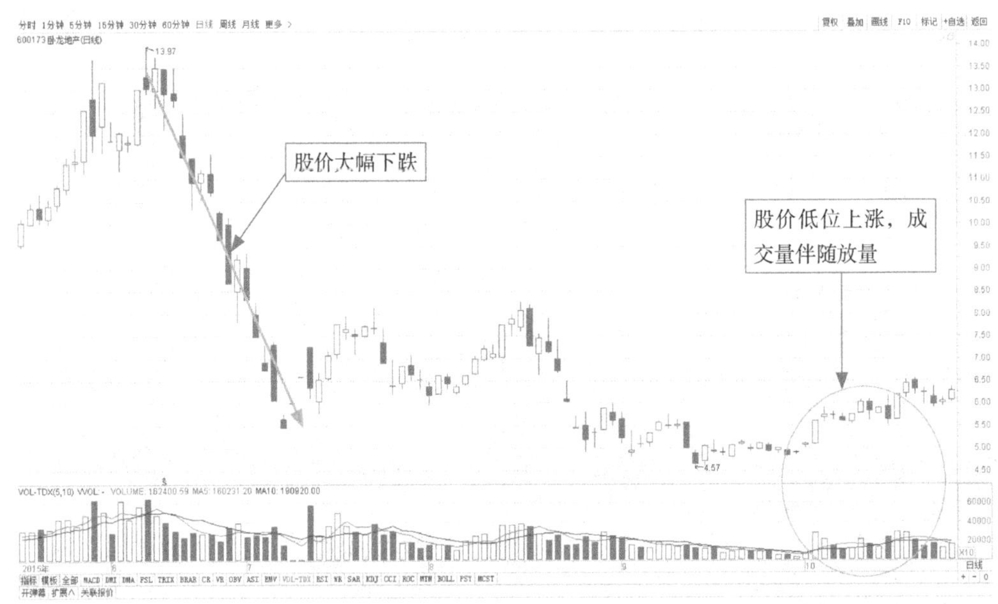

图 6-24　卧龙地产（600173）K 线走势图（1）

后市走势如图 6-25 所示，从图中可以看出，该股股价在跌至 4.57 元低点后开始缓缓拐头向上，显示市场由下跌为主导的走势即将改变。同时，成交量缓缓放大，股价上涨一段时间后突飞猛进，成交量开始大幅放量。

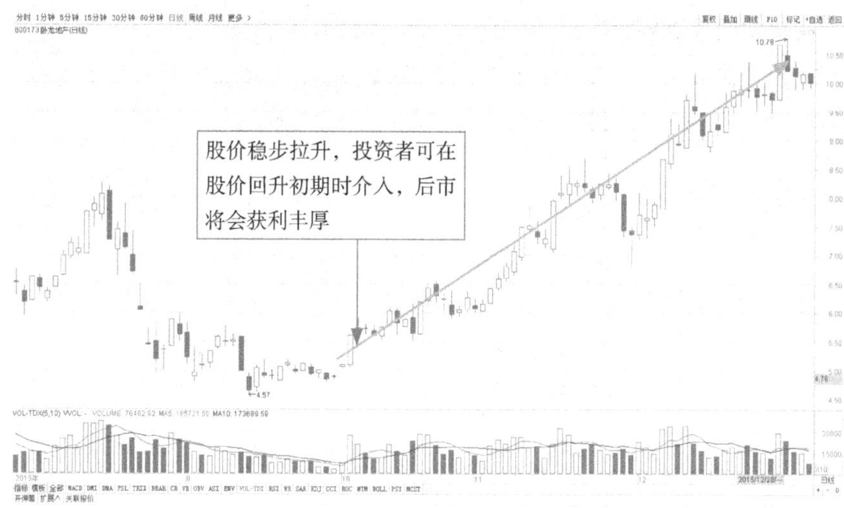

图 6-25　卧龙地产（600173）K 线走势图（2）

6.3.2 向上跳空放量的盘面分析

股价向上跳空显示出了多方的强势，同时成交量的快速放大显示出市场资金在积极换手，由此发出强势上涨的信号。下面举例分析向上跳空放量的盘面。

图 6-26 所示为东方创业（600278）2015 年 12 月至 2016 年 5 月期间的 K 线走势图。从图中可以看出，该股前期处于下跌后的底部横盘整理态势，成交量萎缩至地量水平。2016 年 4 月 25 日股价连续两天跳空上涨，成交量放出天量。

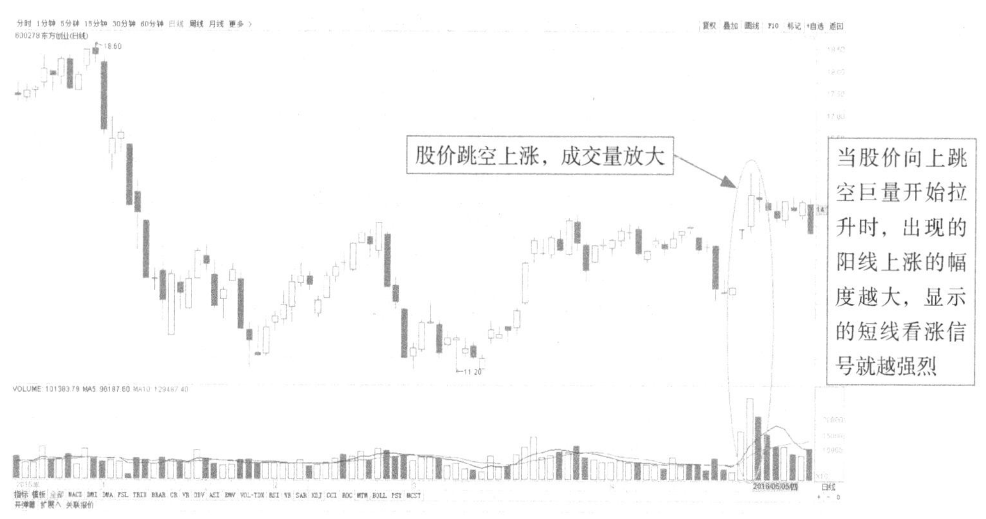

图 6-26　东方创业（600278）K 线走势图（1）

后市走势如图 6-27 所示。从图中可以看出，该股跳空涨停显示拉升有力，再加上伴随而来的成交量放大，是主力拉抬股价的表现。主力制造跳空涨停来吸引投资者的关注，后市股价涨幅巨大。投资者在跳空后介入会利润颇丰。

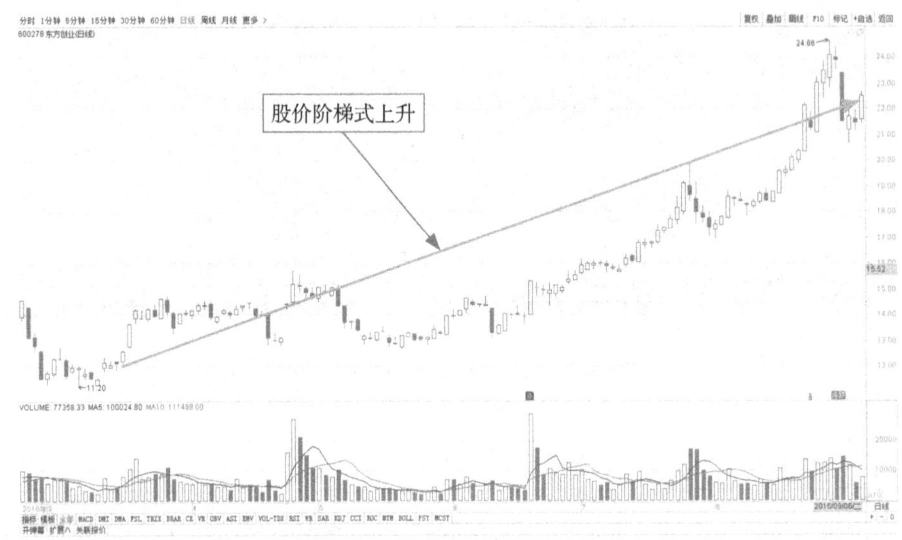

图 6-27　东方创业（600278）K 线走势图（2）

专家提醒

成交量是反映股市上人气聚散的一面镜子。人气旺盛才可能买卖踊跃，成交量自然放大；相反，在人气低迷时成交量必定萎缩。在实际操作中，成交量萎缩反映出许多问题。其中最关键的是说明筹码安全性好，也就是说没有人想抛出这只股票了，而如果同时股价不下跌，就更说明市场抛压穷尽。

6.3.3　向下跳空放量的盘面分析

股价向下跳空显示了市场的弱势，同时跳空下跌伴随着成交量的大幅度放大，由此可见主力已经完成了自身的出逃计划，并大幅打压股价，同时大量获利盘出局，此处为明显的卖出信息。

下面举例分析向下跳空放量的盘面。

图 6-28 所示为广汇汽车（600297）2015 年 6 月至 2016 年 1 月期间的 K 线走势图。从图中可以看出，该股股价前期处于横盘走势，于 2015 年 12 月 25 日出现跳空下跌并伴随放量的态势。

后市走势如图 6-29 所示。从图中可以看出，股价在出现跳空下跌后，成交量有所放大，显示此处的获利盘和套牢盘开始慌乱出逃。由于此前股价已经在下跌，因此跳空的下跌更能刺激投资者的恐慌。后市股价会继续深幅下跌，未及时出局的投资者应抓住下跌反弹的机会清仓。

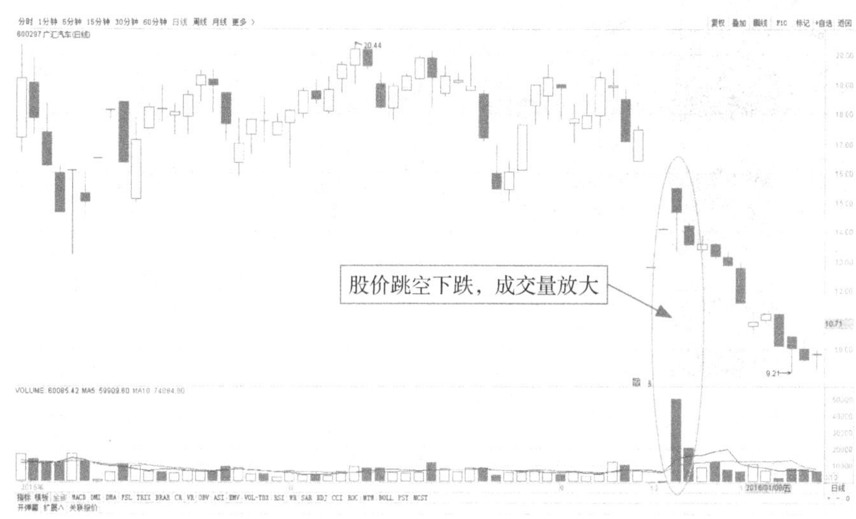

图 6-28 广汇汽车（600297）K 线走势图（1）

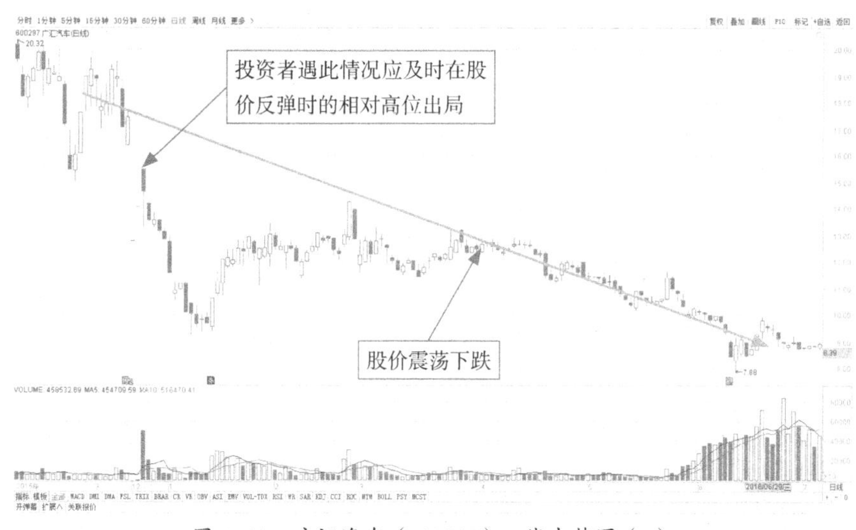

图 6-29 广汇汽车（600297）K 线走势图（2）

6.3.4 量增价升的盘面分析

量增价升是指股价随成交量不断增大而上升。在不同阶段出现量增价升形态，其代表的盘面意义也不同，如图 6-30 所示。

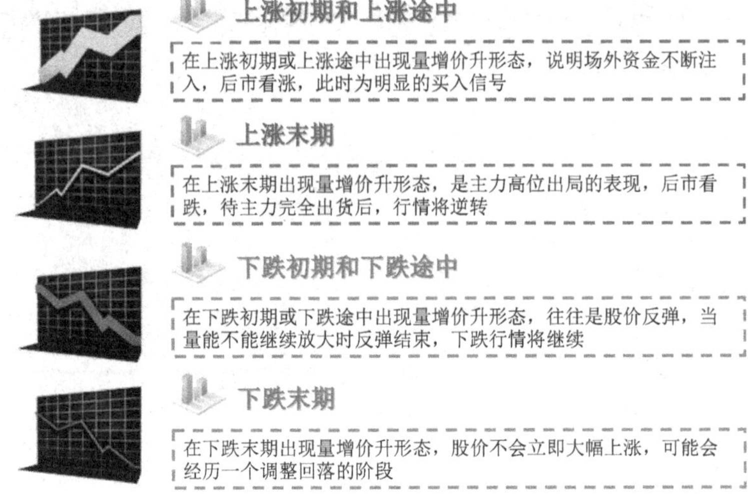

图 6-30　量增价升形态的盘面意义

下面举例分析股价上涨初期量增价升的盘面。

图 6-31 所示为白云山（600332）2015 年 12 月至 2016 年 3 月期间的 K 线走势图。从图中可以看出，该股股价从 33.70 元的顶部开始一路走低，跌至 19.60 元底部。股价见底后不久开始回升，同时成交量温和放大，显示量增价涨。

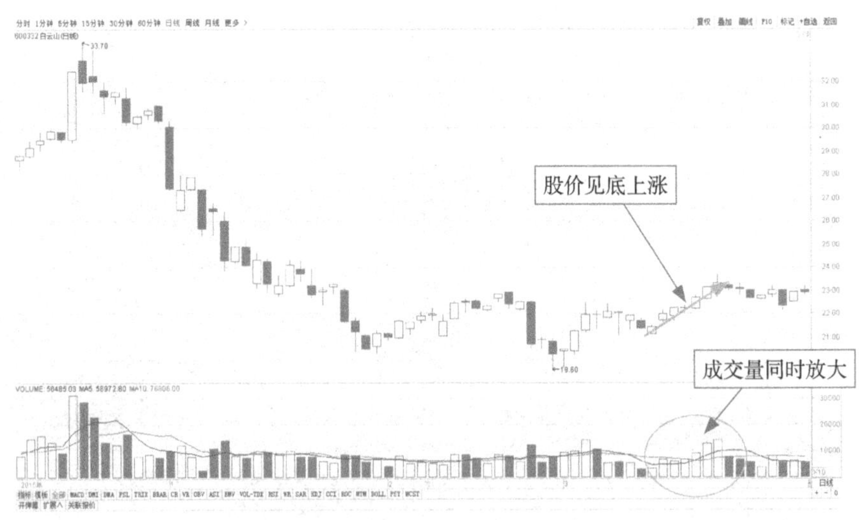

图 6-31　白云山（600332）K 线走势图（1）

后市走势如图 6-32 所示。从图中可以看出，股价从底部开始逐渐回升，在股价回升的同时，成交量不断放大。这样，成交量与股价相互配合，股价上涨吸引投资者买入，成交量放大；因成交量放大，又推动股价上涨。

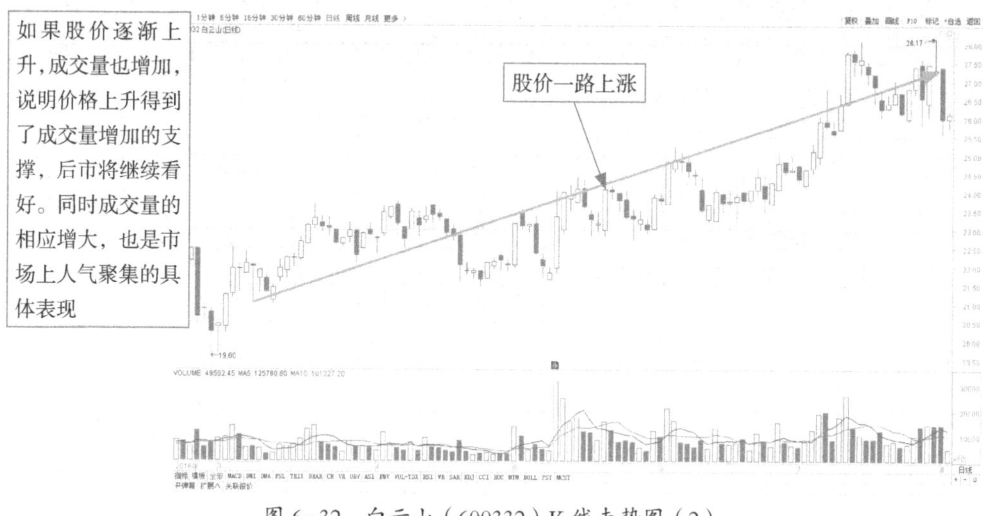

图 6-32　白云山（600332）K 线走势图（2）

6.3.5　量增价跌的盘面分析

量增价跌形态主要是指个股在股价下跌的情况下成交量反而增加的一种量价配合现象，是一种典型的短线价量背离的现象。在不同阶段出现量增价跌形态，其代表的盘面意义也不同，如图 6-33 所示。

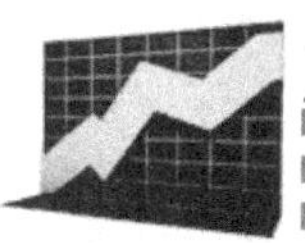

上涨初期和上涨途中

在上涨初期或上涨途中出现量增价跌形态，主要是主力在此震仓洗盘，只要股价在均线位置获得支撑回升，就会继续上涨

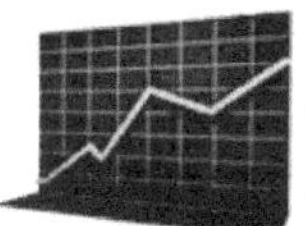

上涨末期

在上涨末期出现量增价跌形态，说明做多量能衰减，股价上涨乏力，行情即将反转，后市可能出现一波深幅下跌行情

下跌初期和下跌途中

在下跌初期或下跌途中出现量增价跌形态，主要是主力派发完成，股价上涨失去主力依托，做空动能强，这是明显的助跌信号，后市看空

下跌末期

在下跌末期出现量增价跌形态，说明有资金接盘，尤其是出现快速放量下跌的情况，往往是主力诱空，后期有望形成底部或产生反弹

图 6-33　量增价跌形态的盘面意义

下面举例分析股价上涨末期量增价跌的盘面。

图 6-34 所示为华夏幸福（600340）2016 年 5 月至 11 月期间的 K 线走势图。从图中可以看出，该股前期经历了一波放量上涨的走势，冲至 29.35 元高点后开始回落，并出现量增价跌的形态，显示有大量筹码在此出逃。

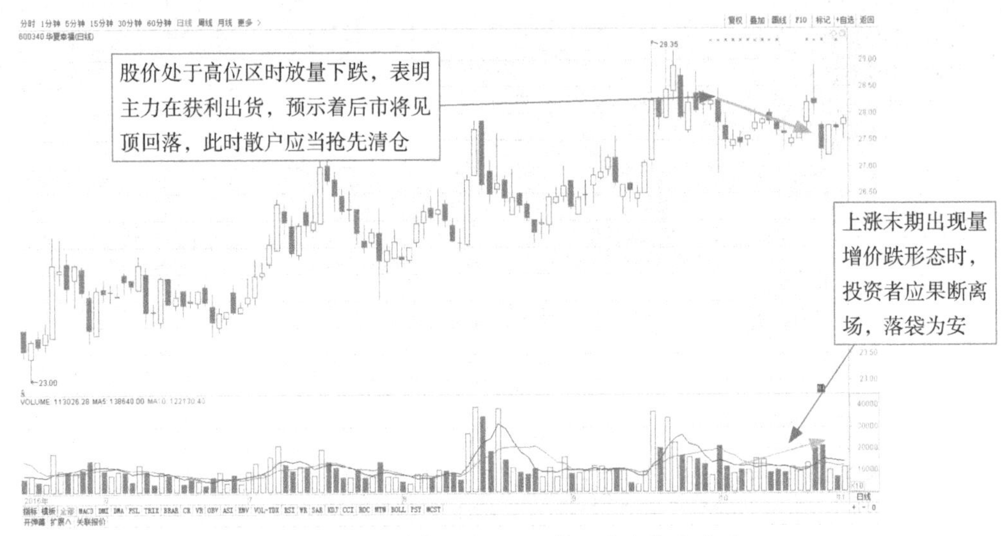

图 6-34　华夏幸福（600340）K 线走势图（1）

后市走势如图 6-35 所示。从图中可以看出，该股在高位震荡中形成量增价跌形态。量增表明卖盘比较汹涌，市场恐慌情绪高涨，股价后市开启了大幅度的下跌走势。因此，高位出现量增价跌时投资者必须离场。

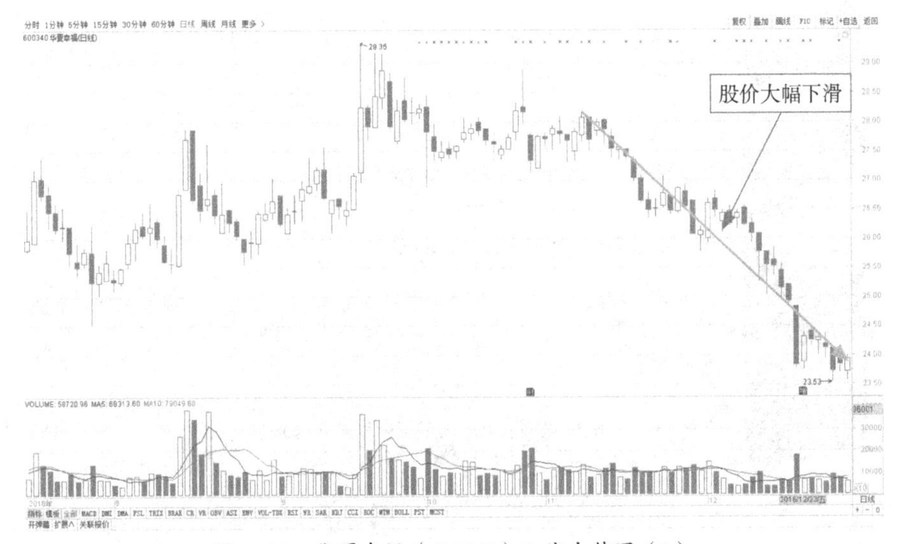

图 6-35　华夏幸福（600340）K 线走势图（2）

量增价跌形态用在股市上，表现为价格下跌，成交量反而上升，说明价格的下跌得到部分买家的认可大批购买，但也可能是主力在疯狂出逃，所以要看成交量、消息面、大市行情的局面。在大家都疯狂出逃时，也会有人认为是建仓的好时机，价跌量增实质上是买卖双方分歧较大的反映。

6.3.6 量增价平的盘面分析

量增价平形态是指股价随着成交量的不断增大而保持在某个价位范围内波动，它意味着多、空双方的意见分歧比较大；或者是大盘在成交量放大的情况下，指数却没有出现上涨，而是在原来的点位上下波动。

通常情况下，量增价平形态会出现在谷底时期、多头初升段、多头主升段、多头回调整理、多头末升段、空头主跌段、空头盘整或反弹等7种行情结构中，如表6–2所示。

表6–2 量增价平形态的盘面意义

阶段	盘面意义
谷底时期	当股价下跌很深，量价关系转为量增价平，代表股价有可能在此止跌见底，但是股价不会立即上涨，因此投资者宜待底部形态确立后再伺机介入
多头初升段	在股价上涨初期，量增价平为筹码良性换手的现象，或是主力介入吃货的迹象，投资者可以在此逢低承接
多头主升段	若量增价平出现在多头主升段的中、末期，投资者应持观望态度。因为这种现象可能是主力在换手或是出货，不容易分辨，但往往是走势回调的征兆。投资者应该注意卖出时机
多头回调整理	当股价进入回调整理阶段时，量增价平有可能使走势回升，也有可能因为久盘形成头部，使股价反转下跌。若是回升盘，在整理过程中，理应不会破坏多头趋势的支撑关卡，那么在盘整过程中的量增价平，极有可能是主力的试单量；相对的，在整理过程中如果破坏多头关卡，那么量增价平就可能是出货量
多头末升段	股价在上涨末期走势减缓，并呈现盘软震荡，同时伴随成交量持续涌现，但是价格持平，即所谓的“量大不涨”，往往是股价反转的征兆，主要是主力在高位借助盘整形态趁机出货。一旦主力出货完毕，行情就会逆转步入下跌行情。此时，没有股票的投资者要持币观望，而持有股票的投资者则应考虑减仓或平仓

续表

阶段	盘面意义
空头主跌段	在下跌初期或下跌途中出现量增价平，表示逢低介入的短线买盘已经出现，有机会蕴酿短波段反弹，尤其是股价已经进入支撑区。不过这只是短线行情而已，有时根本不反弹却再度破底，股价跌破形态后后市会继续下跌。所以出现此现象投资者切勿认为已经转成回升，不妨等进入谷底期之后再开始注意是否打出底部形态
空头盘整或反弹	当股价进入空头的盘整或是反弹走势阶段时出现量增价平形态，尤其是量增幅度较大时，往往是反弹尾声，大的成交量处往往就是相对高点，投资者宜趁此时将短线多单顺势出脱

下面举例分析股价上涨初期量增价平的盘面。

图 6-36 所示为大有能源（600403）2016 年 1 月至 6 月期间的 K 线走势图。从图中可以看出，该股在上涨途中经历了长时间的横盘整理，并出现量增价平的形态，股价伴随着成交量的不断增大而保持在某个价位范围内波动。

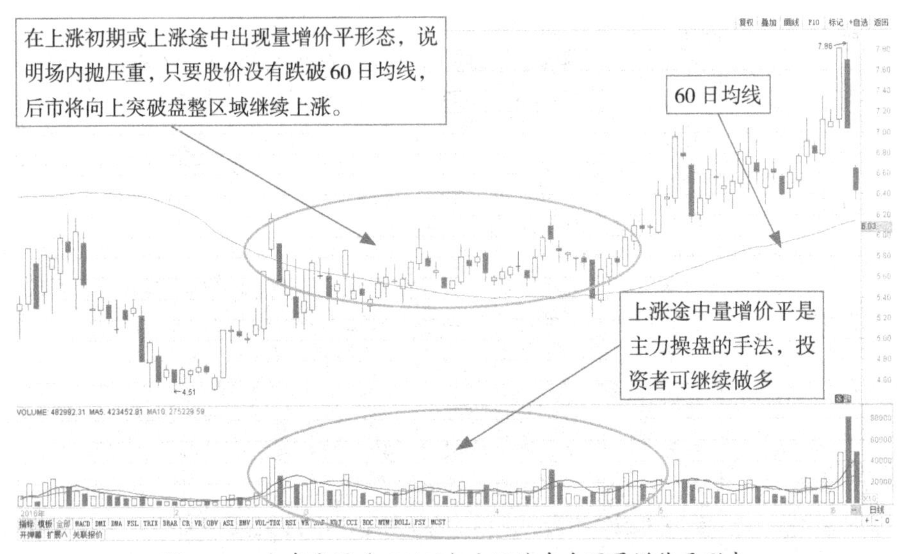

图 6-36　大有能源（600403）上涨途中出现量增价平形态

专家提醒

在下跌末期出现量增价平形态，预示有大量资金介入该股，后市股价有望见底，行情可能会发生逆转。投资者应密切关注，仔细分析，可在下跌行情的低位等待机会，做好买入准备。

6.3.7 量减价升的盘面分析

量减价升形态是不健康的量价结构，股价随着成交量的不断减小而上升，属于典型的背离现象。在不同阶段出现量减价升形态，其代表的盘面意义也不同，如图 6-37 所示。

上涨途中

在上涨途中出现量减价升形态，这是主力大量吸筹后锁仓拉升股价的表现，后市会继续上涨。但若在大盘中出现该形态，则说明大盘走势转弱，投资者应谨慎做多

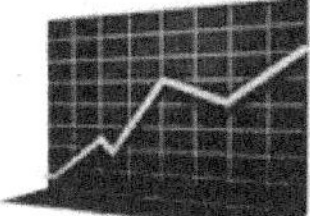

上涨末期

在上涨末期出现量减价升形态，这是明显的量价背离，是强烈的行情逆转信号，后市将进入一段下跌行情

上涨初期和下跌末期

在上涨初期或下跌末期出现量减价升形态，股价上涨无成交量的配合，说明上涨高度有限，后市可能会出现股价回落下调或者横盘整理

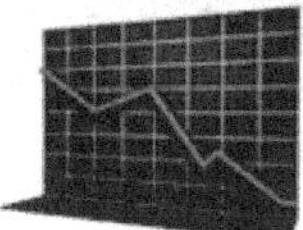

下跌初期和下跌途中

在下跌初期和下跌途中出现量减价升形态，说明价格会反弹，但是如果成交量不能继续放大，股价反弹将结束，后市继续看跌

图 6-37 量减价升形态的盘面意义

专家提醒

股市的上涨需要资金的支持，每一轮上涨行情同时也是一个成交量持续放大的过程。但成交量不可能无限放大，当达到一定水平（即“天量”）后就会难以为继，股市继续上涨的基础也就发生动摇。一旦成交量由持续放大变为持续萎缩，往往都伴随着调整行情的展开。

下面举例分析股价上涨途中量减价升的盘面。

图 6-38 所示为国电南瑞（600406）2016 年 5 月至 10 月期间的 K 线走势图。从图中可以看出，该股从前期下跌至 12.68 元低点，股价开始逐步回暖，上涨初期股价涨幅较小，涨速较慢。2016 年 7 月 12 日，股价突然放出巨量跳空高开高走，以一根大阳线开启快速拉升走势，同时成交量不断减少。这显示此时主力通过前期的吸筹拉升，已经达到了高度控盘状态，场内的浮筹已经不多。或者说，市场的各方一致做多，操盘意见达成一致，后市该股大有作为。

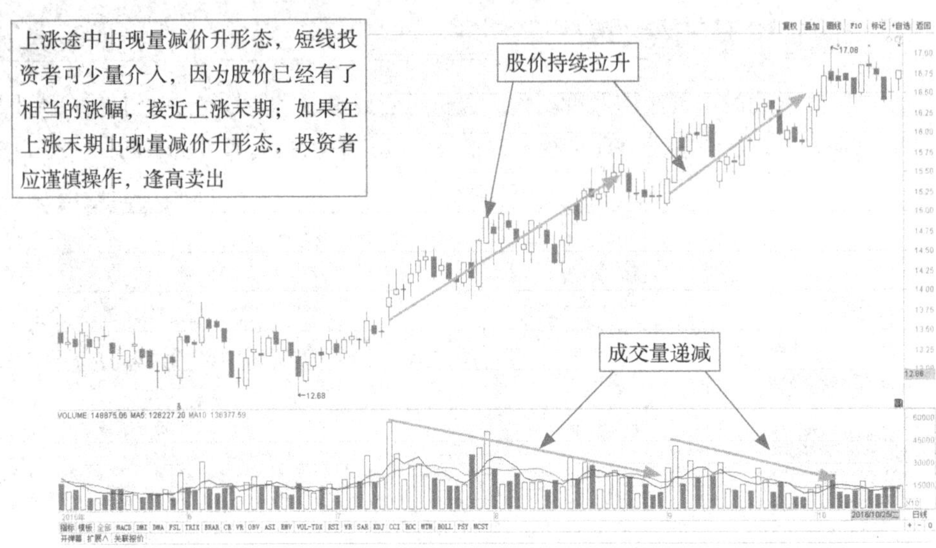

图 6-38　国电南瑞（600406）上涨途中出现量减价升形态

6.3.8　量减价跌的盘面分析

量减价跌表现为股价持续下跌，成交量也同步伴随缩减，即缩量跌阴。在不同阶段出现量减价跌形态，其代表的盘面意义也不同，如图 6-39 所示。

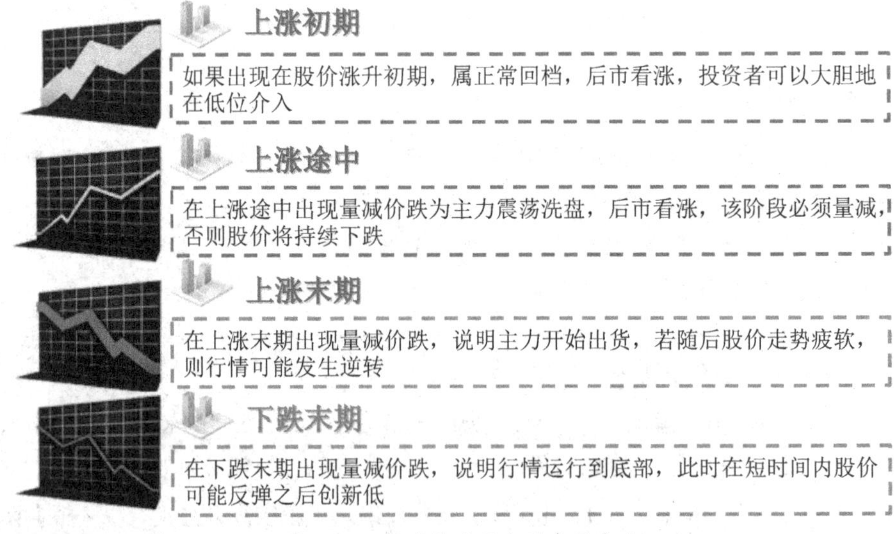

图 6-39　量减价跌形态的盘面意义

下面举例分析股价上涨途中量减价跌的盘面。

图 6-40 所示为青松建化（600425）2016 年 8 月至 12 月期间的 K 线走势图。从图

中可以看出，该股前期见底回升，连续走出小阳线。上涨后不久，股价快速下跌，成交量锐减，形成量减价跌的态势。股价在4.28元处止跌反弹，随后在上涨过程中出现洗盘整理，但成交量并未放大反而缩小。这说明此时主力控盘较好，没有太多的获利盘和浮动筹码涌出，预示股价后市上涨有力。

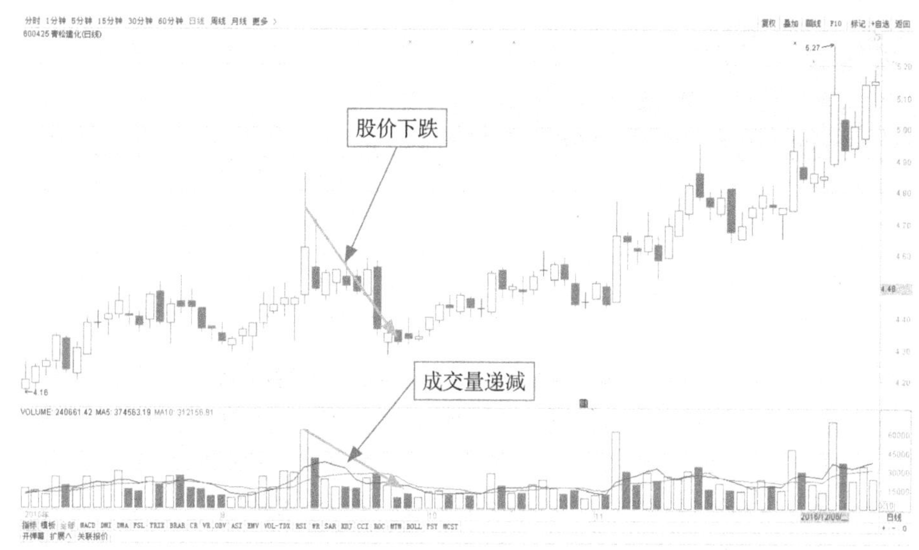

图6-40 青松建化（600425）上涨途中出现量减价升形态

另外，对于出现价跌量缩的个股，投资者应密切关注大盘走势。如大盘仍有上升空间，则个股可能会止跌向上；如果大盘向下，出现价跌量缩的个股可能向下跌破。

专家提醒

在下跌行情转为上升行情之前，成交量会发出信号。下跌行情快要结束的时候，股价波动小。成交量经过一段时间的整理，多已萎缩，随后成交量有放大迹象，股价有时回升，有时则沉寂不动。几次较大换手后，上涨势在必行。

在上升行情中，成交量的变化一般都领先于价格的变化，所以大盘再创新高时并不一定要求新的“天量”出现。通常，“天量”会早于“天价”出现，不过“天量”出现也往往意味着上升行情进入了下半程。在此过程中，上升行情仍然需要持续放量，只是要求这个成交量足以推动大盘持续上行即可。

第7章 使用切线理论看盘

股市中讲究“顺势而为”。切线理论对股票投资“顺势而为”是非常重要的，这种势就是趋势。投资者可以利用这一理论分析和预测股价的后期运行趋势，从而判断股票的买卖时机。本章将系统地介绍使用切线理论看盘的关键点——趋势线的使用技巧和方法。

要点展示

- 从势看盘——了解盘口趋势
- 通过单根趋势线分析盘面
- 通过组合趋势线分析盘面

7.1 从势看盘——了解盘口趋势

盘口的趋势其实就是股价变动趋势的体现，对股价运行趋势的把握和预测有助于投资者能更好地抓住行情的首尾，更有效地进行买卖操作。

7.1.1 了解股价运行的趋势

趋势中的“势”是指股价未来运行变化的方向和线路；而股价运行轨迹是在总体观察的基础上得出的，并不是精确到每一天，每一小时，只是一个大致的方向，所以叫“趋”。

股市中技术分析的三大假设之一就是，市场中的股价按一定的趋势运行，在没有外界因素的作用下，股价会延续前期的趋势继续运行，由此可见，趋势在股价分析中的重要地位。

下面举例分析股价运行的趋势。

图 7-1 所示为太原重工（600169）2014 年 5 月至 2015 年 6 月期间的 K 线走势图。从图中可以看出，该股股价从 2014 年 5 月开始一直上扬，期间虽然有下跌回调走势，但没过多久便又重新回升，并且没有改变总体的态势，从 13.78 元的高点向前看，股价就像走扶梯一般顺势向上运行。

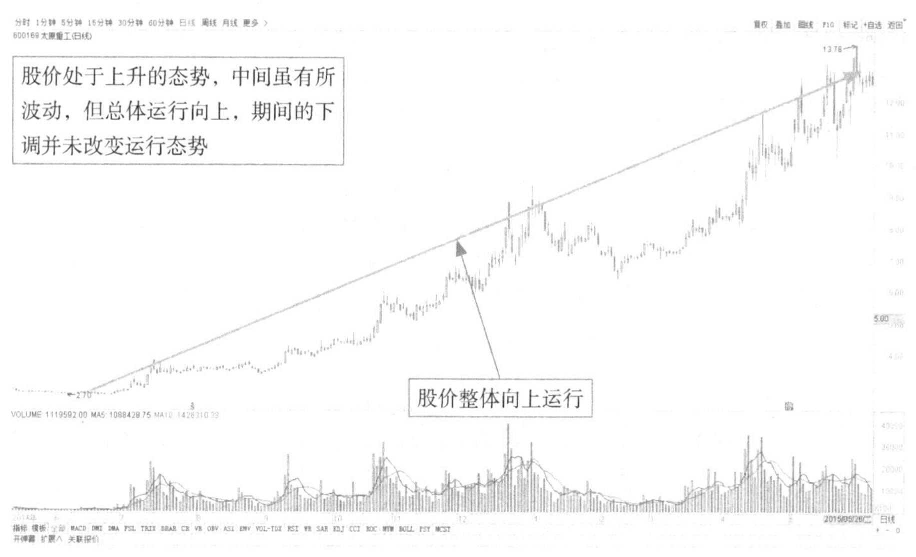

图 7-1 太原重工（600169）股价呈整体向上态势

图 7-2 所示为太原重工（600169）2015 年 6 月至 2016 年 6 月期间的 K 线走势图。

从图中可以看出，该股从 13.78 元处的高点开始回落，不久股价再次反弹至一定高度。这次反弹并未改变下跌走势，股价没有反转向上，而是继续下跌。纵观股价从 13.78 元高点跌至 3.70 元低点，整体处于下跌态势中。

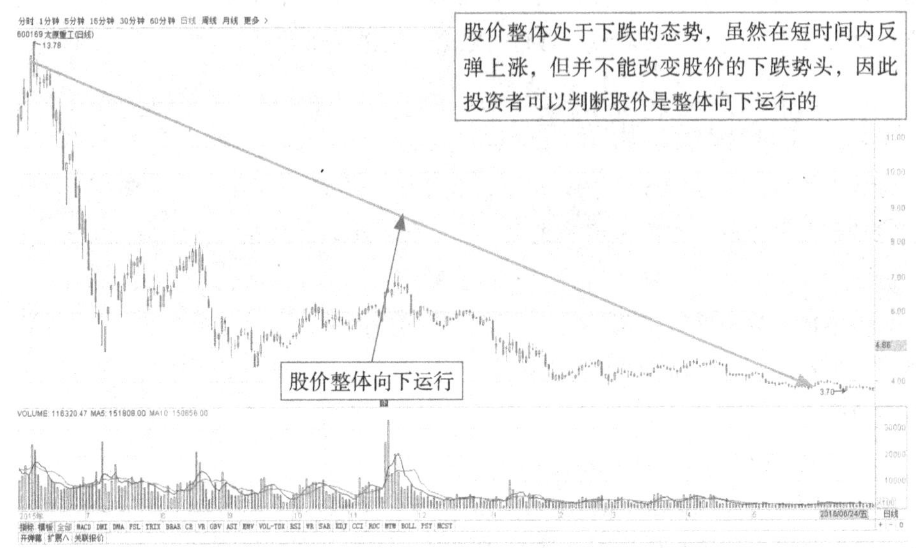

图 7-2 太原重工（600169）股价呈整体向下态势

通常情况下，股价不会每天都是一样的价格，整个市场是在无休止的波动当中的。因此，趋势不在乎股价短时间内的上下波动，而是股价在很长一段时间内整体的运行态势。只要整体的态势是可以分辨的，那么就可以判断出此阶段股价的运行趋势。

专家提醒

一个完整的趋势是通过不断的巩固和加强形成的，市场的多空双方在斗争中统一，找到一个可以共同接受的平衡点。

趋势变化的原理如下。

（1）多方主导向上趋势。如果市场中多方主导股价运行态势，那么随着股价的推高，市场中的买盘会逐渐减少，因为先知先觉的投资者会注意到股价涨幅已经非常大，同时主力可能也已经将股价推升到出货位置，后市看跌。此时，买盘不断减少，成交量也减少，市场向上的趋势发展就缺少了必要动力，多方逐步衰弱，向上趋势逐渐趋缓。

（2）空方主导向下趋势。空方在前期虽然处于劣势，但在股价上升趋势中不断地养精蓄锐，蓄积能量。待多方由盛转衰之时，空方反戈一击，重创多方，先前的上升态势终于被改变，一个反向趋势也即将来临。

7.1.2 趋势运行的三大方向

股票行情运行的趋势一旦形成，股价就会顺着这个方向继续运行下去，直到出现明显的转势信号。趋势线的趋势方向主要有3种，分别是上升趋势、下降趋势、震荡趋势。

1. 上升趋势

下面举例分析上升趋势的盘面。

图7-3所示为卧龙地产（600173）2014年10月至2015年6月期间的K线走势图。从图中可以看出，该股从2014年11月开始了一轮以上升趋势为主的上涨行情，期间股价窄幅波动，每一波段顶部都高于前顶，每一波段底部都高于前底，使股价总体保持了上升的趋势。

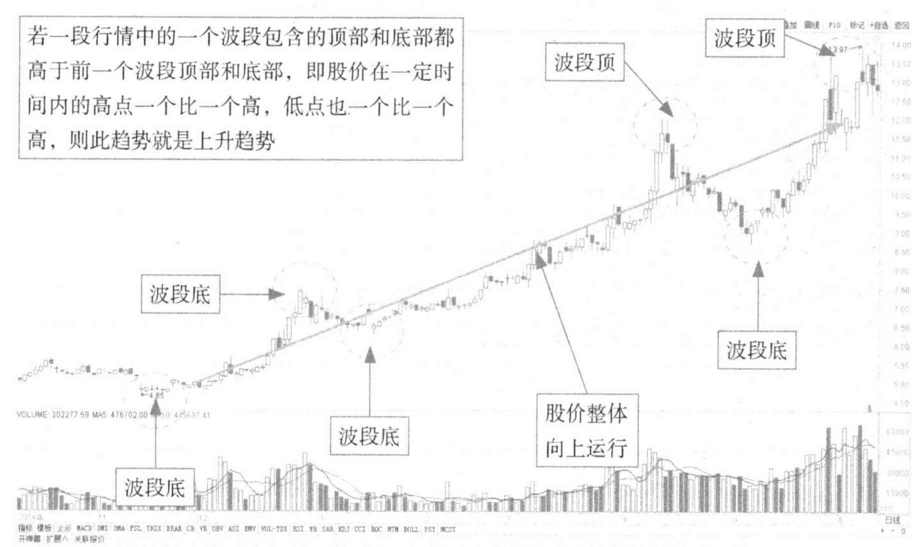

图7-3 卧龙地产（600173）股价呈上升趋势（1）

专家提醒

多空双方必有一方要妥协示弱，那么相反的另一方就会强势。强势的一方成为推动趋势继续发展的主要动力，弱势的一方会从中阻挠，形成一个趋势中的反向回调或反弹，但无法改变整体的运行方向。

2015年12月28日，股价涨至10.78元高点后有所回落，跌破多根均线，也打破了原有的上升趋势，这一段时间的底部比前底更低。但没过多久，股价又开始反转向上，回归了前期的上升轨迹，一直涨至11.94元的高点，如图7-4所示。

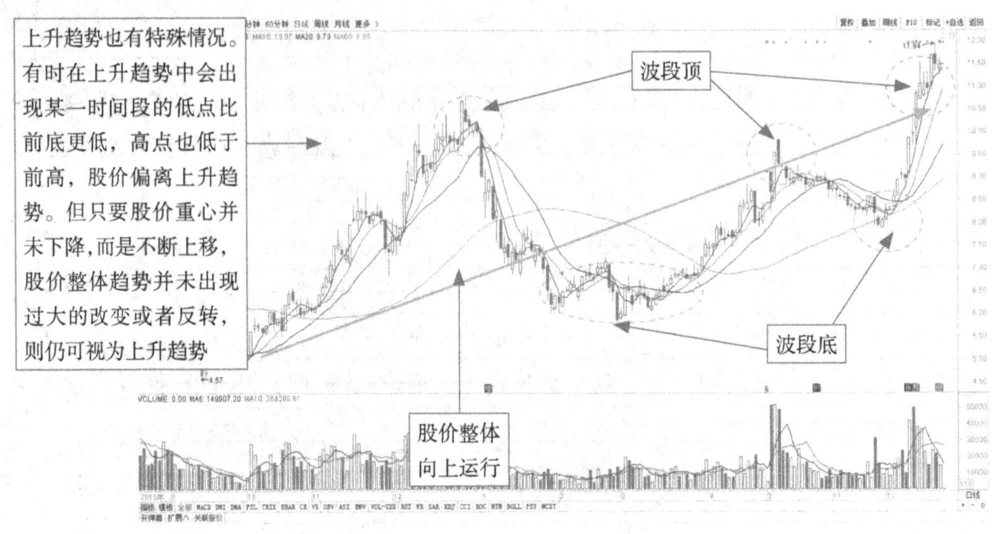

图 7-4　卧龙地产（600173）股价呈上升趋势（2）

2. 下降趋势

下面举例分析下降趋势的盘面。

图 7-5 所示为伊力特（600197）2010 年 8 月至 2012 年 1 月期间的 K 线走势图。从图中可以看出，该股从 2010 年 8 月的 19.55 元高点处开始一路下跌，途中每一个下跌低点都比上一个低，反弹的高点也逐级降低，股价一路下滑，走出了明显的下降趋势。

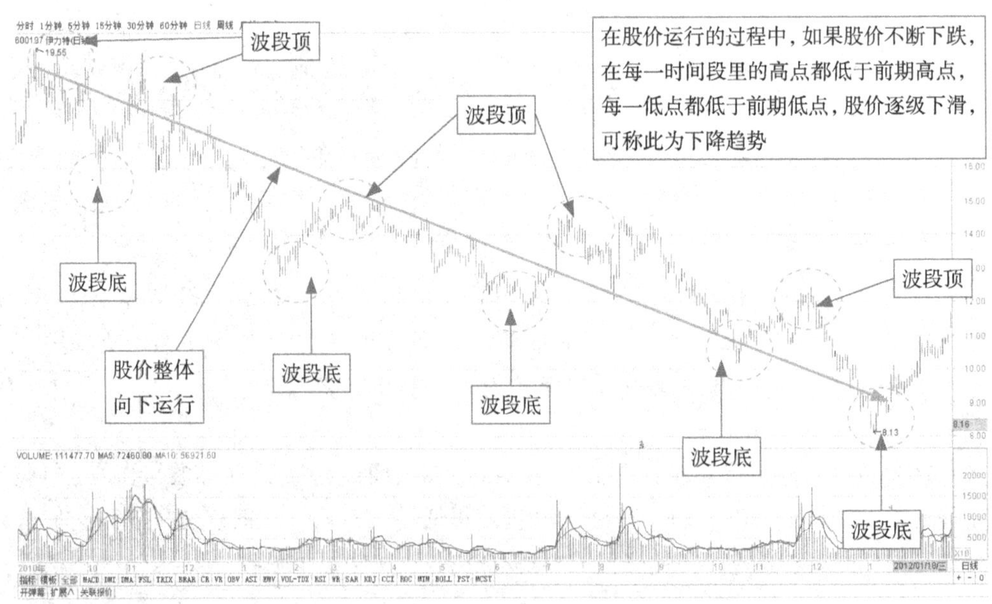

图 7-5　伊力特（600197）股价呈下降趋势（1）

在2012年7月，股价突然冲高至17.05元，但此时已经无济于事，很快股价继续下跌，一直跌至8.78元低点，如图7-6所示。

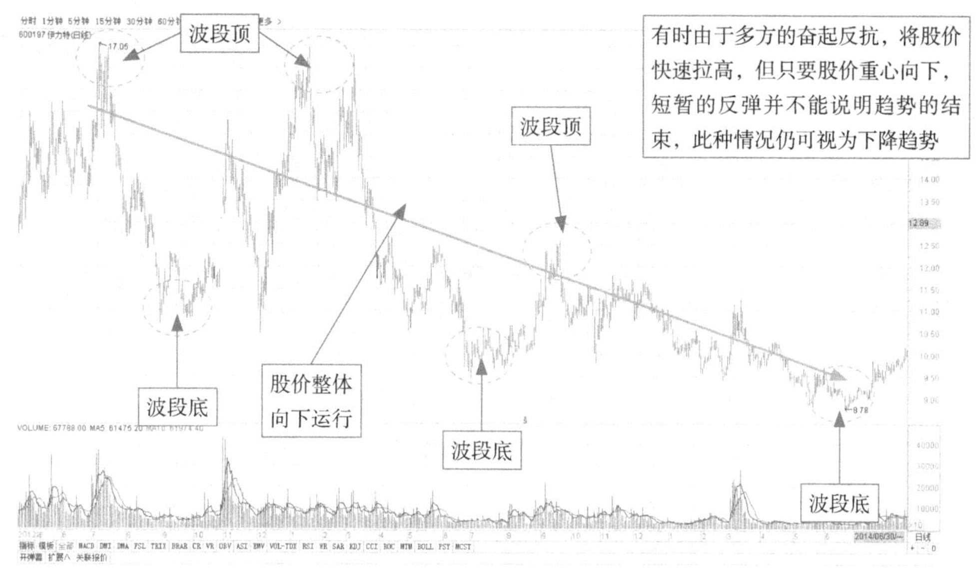

图7-6 伊力特（600197）股价呈下降趋势（2）

3. 震荡趋势

震荡趋势是指股价进行横向整理，表现为在很长一段时间里，下一波段的高点与低点与前期波段基本持平，股价在一定价格区间内窄幅震荡，如图7-7所示。

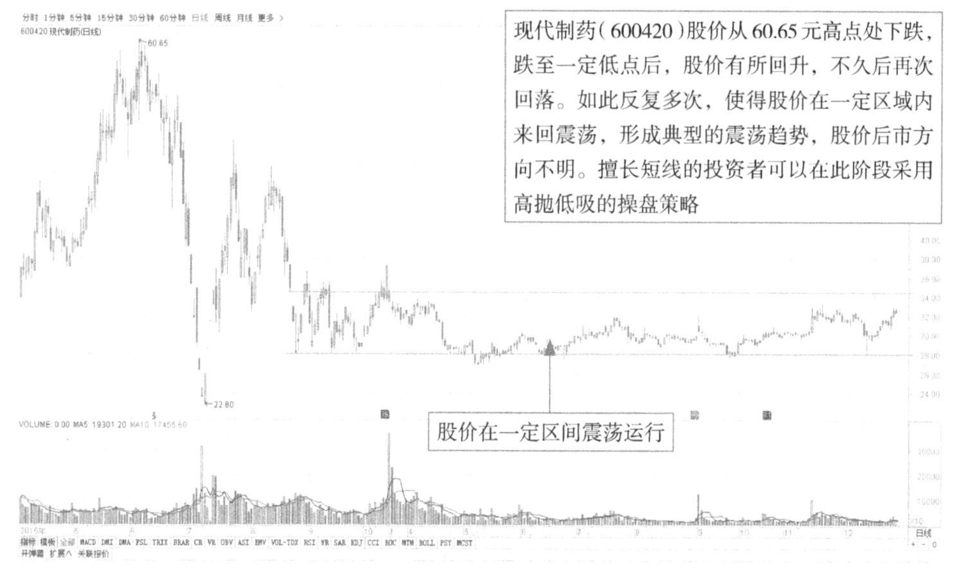

图7-7 现代制药（600420）股价呈震荡趋势

7.1.3 趋势运行的三大类型

趋势理论是指一旦市场形成了上升（或下降）的趋势后，股价就将沿着上升（或下降）的方向运行，主要有以下三种趋势。

1. 长期趋势

长期趋势是指股价广泛或全面性上升或下降的变动情形，是在技术分析中讨论最多的趋势，是股价的主要趋势或大趋势，在股价分析中占有重要地位。

长期趋势的变动持续时间通常为一年或一年以上，股价总升（降）的幅度超过20%。对投资者来说，长期趋势持续上升就形成了多头市场，持续下降就形成了空头市场。长期趋势比较适合长期投资者，可以帮助他们尽可能地在多头市场上买入股票，而在空头市场形成前及时地卖出股票。

由于证券分析行情软件界面大小的限制，时间越长的行情，在软件上的K线就会越小，股价短期的波动就不容易看出，而股价长期的趋势就会显示得越直观。

下面举例分析长期趋势的盘面。

图7-8所示为北方导航（600435）2014年5月至2015年5月期间的K线走势图。从图中可以看出，该股从2014年5月见底11.20元后，开启了一轮上涨走势，股价逐级递增。到2015年5月，股价已经涨至63.35元高点。在此阶段中，股价保持长期上升趋势，虽然有短暂回调，但大势不变，这一年的涨幅超过460%。

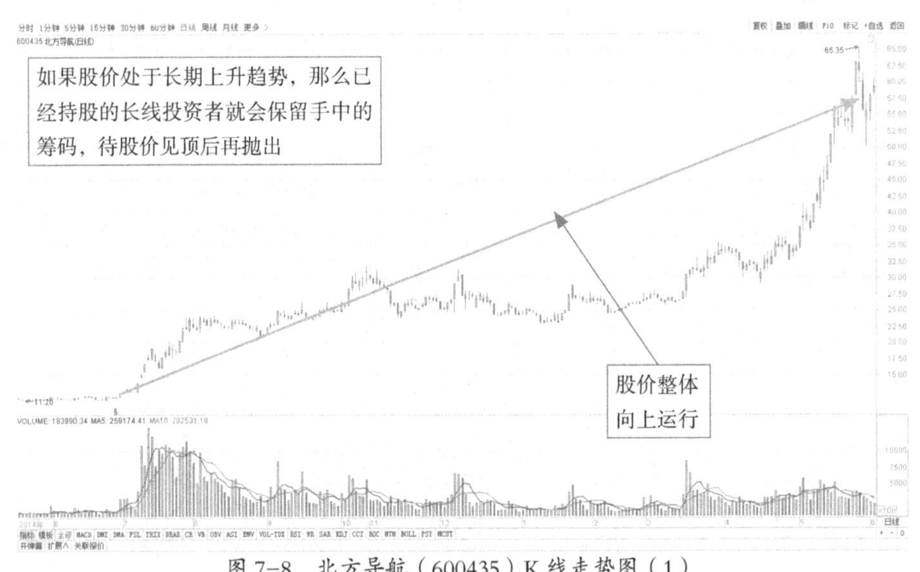

图7-8 北方导航（600435）K线走势图（1）

如图7-9所示，北方导航（600435）股价在2015年5月见顶后结束了前期近一年的上升趋势，开始反转向下，急速下跌至一定低位后又有所反弹。但股价并未就此打住，随后股价保持了长期的下降趋势，到了 2016 年 6 月底，股价跌至 12.58 元的低点。

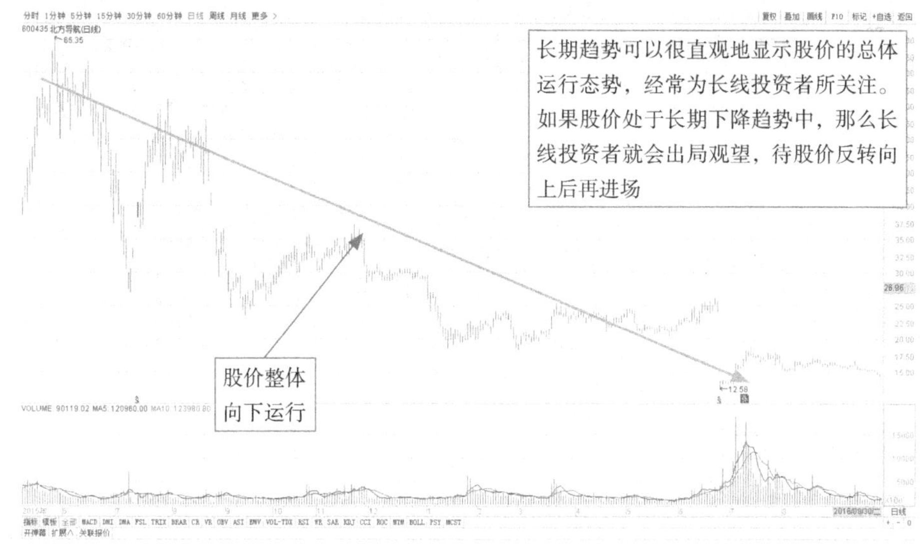

图 7-9　岷江水电（600131）K 线走势图（2）

专家提醒

长期趋势需要在较长时间段中才会显示出来，并且一旦形成长期趋势，就需要充足的时间来构筑运行，如果运行一段时间后趋势被破坏，就不能称之为长期趋势。

2. 中期趋势

中期趋势在道氏理论中又可称为次级趋势。因为中期趋势经常与长期趋势的运动方向相反，并对其产生一定的牵制作用，因而也称为股价的修正趋势。这种趋势持续的时间从三周至数月不等，其股价上升或下降的幅度一般为股价基本趋势的 1/3 或 2/3。中期趋势比较适合想从股市中获取短期利润的投机者。

下面举例分析中期趋势的盘面。

图 7-10 所示为涪陵电力（600452）2013 年 6 月至 2016 年 11 月期间的 K 线走势图。从图中可以看出，该股股价从 6.57 元处开始上涨，此时上涨势头并不是特别强劲，股价震荡上行。到了 2015 年 2 月，股价突然发力上攻，一直上涨至 34.40 元高位。随后股价有所回落，跌至 13.34 元后进行短暂整理，随后股价继续上冲。与这段上升趋势的底部相比，中期趋势的顶部上涨了 400% 左右，中期趋势的底部上涨了 100% 左右，因此中期趋势的回调幅度大概为 60%。

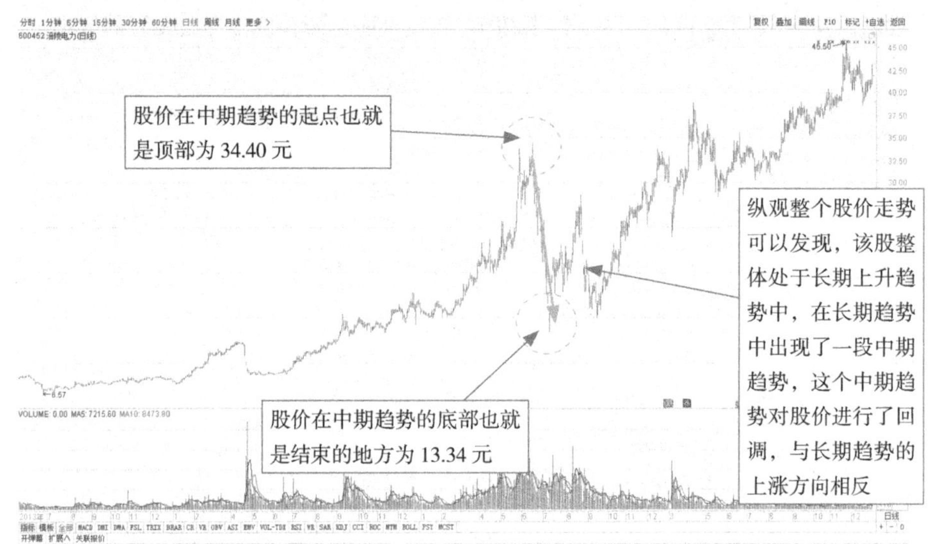

图 7-10　涪陵电力（600452）K 线走势图

3. 短期趋势

短期趋势是指股价在短时间内的变化趋势，时间范围大概在数天至三个星期。短期趋势虽然时间短，但它体现了股价在每天或者每个星期的变动情况。短期趋势是股价不断上下波动的最直观体现，如图 7-11 所示。通常，无论是中期趋势，还是长期趋势，都是由多个短期趋势构成的。

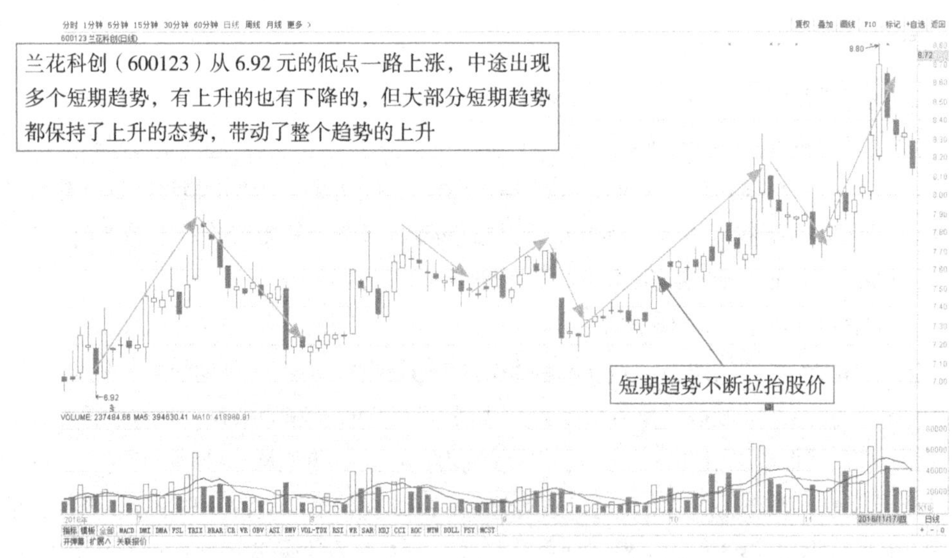

图 7-11　兰花科创（600123）K 线走势图

7.1.4 股价趋势的转折点

当一个趋势运行至终点，也就是主导该轮走势的力量已经逐步衰弱时，市场中的对立方就会反戈一击，重新主导股价形成与前期相反的趋势。此时，形成股价向另一种趋势转变的过程就是趋势的转折，而转折处的高点或者低点就是股价的转折点。

下面举例分析股价趋势的转折点。

图 7-12 所示为华鑫股份（600621）2015 年 1 月至 2016 年 6 月期间的 K 线走势图。从图中可以看出，该股在前期处于上升趋势中，股价被逐级抬高，到了一定的高度，股价短暂震荡后开始急转直下，趋势顶点处就是转折点。上升趋势走至尽头，股价开始进入下降趋势，股价快速回落，跌幅较大，且超过前期低点。

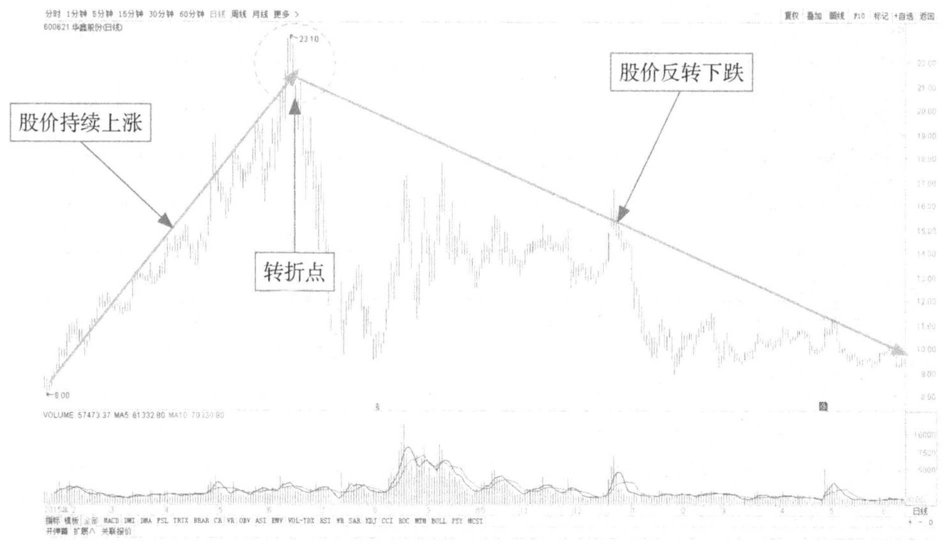

图 7-12 华鑫股份（600621）K 线走势图

7.2 通过单根趋势线分析盘面

趋势线是股价运行的方向。在股价变化过程中，将逐步上涨的低点或者下跌的高点用直线连接起来就形成了趋势线。

7.2.1 绘制趋势线

趋势线的绘制十分简单，就是应用证券行情的分析软件进行绘图。具体方法是在 K 线图中将一段行情的低点和高点相连接，形成一根具有方向性的直线。

下面以通达信软件为例，介绍绘制趋势线的方法。

步骤 1 图 7-13 所示为新湖中宝（600208）2014 年 10 月至 2015 年 6 月期间的 K 线走势图。从图中可以看出，股价从低点处走出一轮上升行情，其中有两次回调，回调形成两个低点。

步骤 2 选取右侧工具栏中的画线工具，如图 7-14 所示。

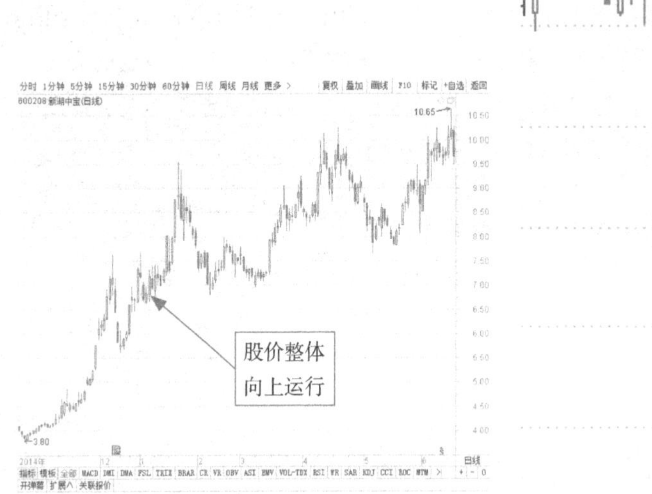

图 7-13 新湖中宝（600208）K 线走势图

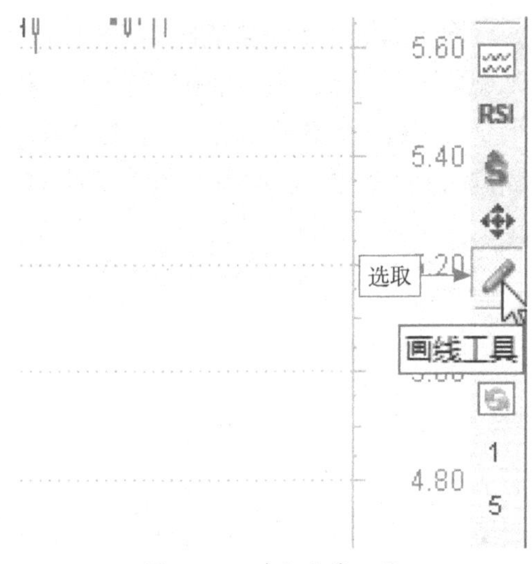

图 7-14 选取画线工具

步骤 3 弹出“画线工具”面板，选择“箭头”选项，如图 7-15 所示。

步骤 4 要想直观地感受股价的上升走势，可以绘制上升趋势线来衡量股价的运行趋势。于是，在 K 线图中连接股价运行轨迹中的两个低点，便形成了一个上升趋势线，如图 7-16 所示。

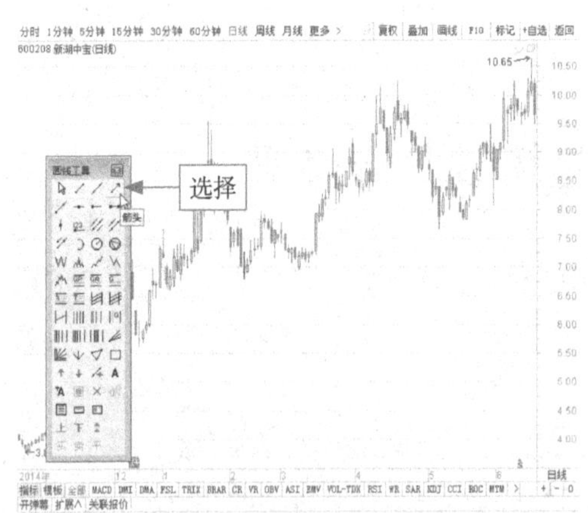

图 7-15 选择“箭头”选项

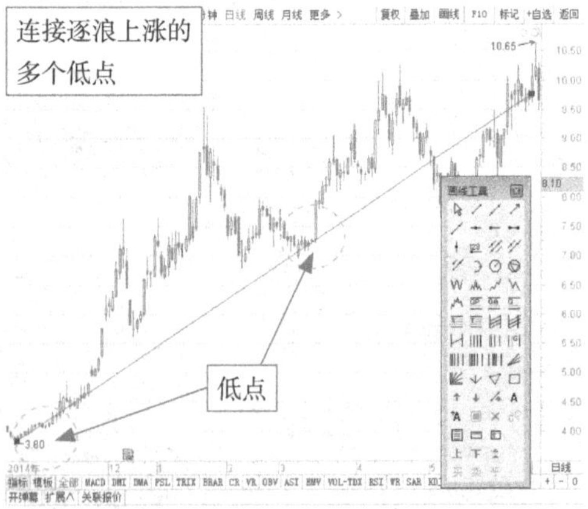

图 7-16 绘制带箭头的趋势线

步骤 5 将光标移动到趋势线上单击鼠标右键，在弹出的快捷菜单中选择“编辑画线”选项，如图 7-17 所示。

步骤 6 弹出“画线属性”对话框，设置相应的颜色和线宽，如图 7-18 所示。

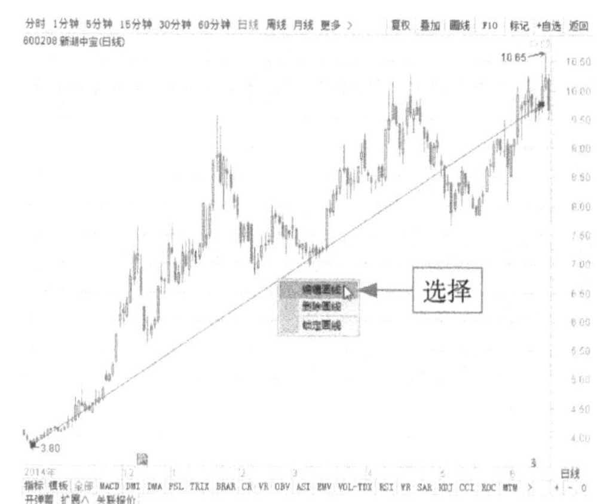

图 7-17 选择“编辑画线”选项

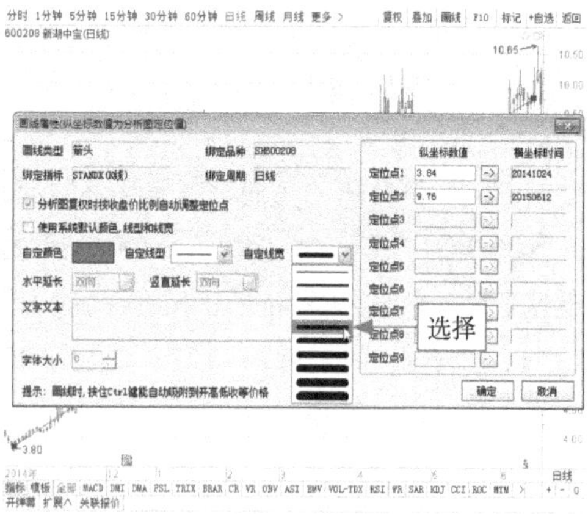

图 7-18 设置画线属性

步骤 7 单击“确定”按钮，即可改变趋势线的属性。投资者可以更清晰地观察到，该股整体保持了上升走势，两次回调并未改变上升趋势，如图 7-19 所示。

步骤 8 同理，绘制下降趋势时，可以将行情运行过程中逐浪下跌的多个高点或者最具代表意义的高点进行连接形成趋势线，如图 7-20 所示。下降趋势形成，表示市场中多方势力逐渐衰弱，空方势力正在逐步加强，后市看跌，投资者应立即设置止损。

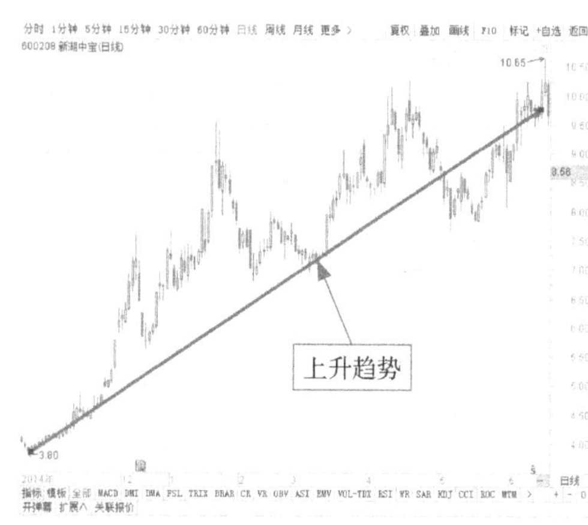

图 7-19 改变趋势线的属性

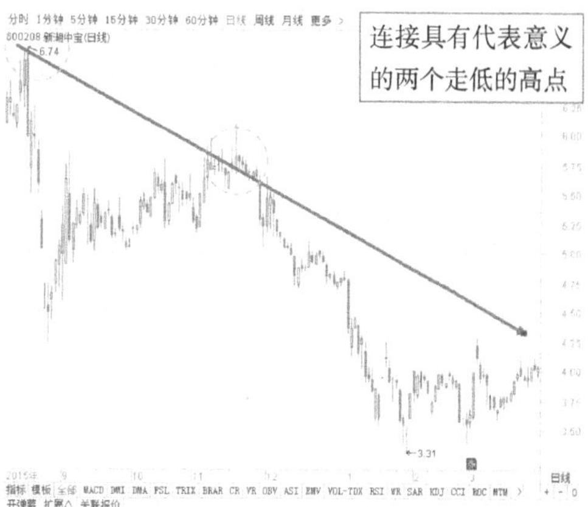

图 7-20 绘制下降趋势

7.2.2 趋势线被有效突破

趋势线被有效突破是股价发生逆转的信号。

- 在上涨行情中，当股价向下跌破上涨趋势线后，如果继续走弱，此时视为一个卖出点。
- 在下跌行情中，当股价向上突破下跌趋势线后，如果继续走强，此时视为一个买入点。

下面举例分析趋势线被有效突破的盘面。

图 7-21 所示为汇通能源（600605）2015 年 5 月至 10 月期间的 K 线走势图。股价顺着下跌趋势线的方向大幅下跌后在 2015 年 9 月左右运行到一个低位。2015 年 10 月 15 日，股价报收大阳线，5 日、10 日、20 日均线分别拐头向上运行，突破 60 日均线形成金叉，后市看涨。

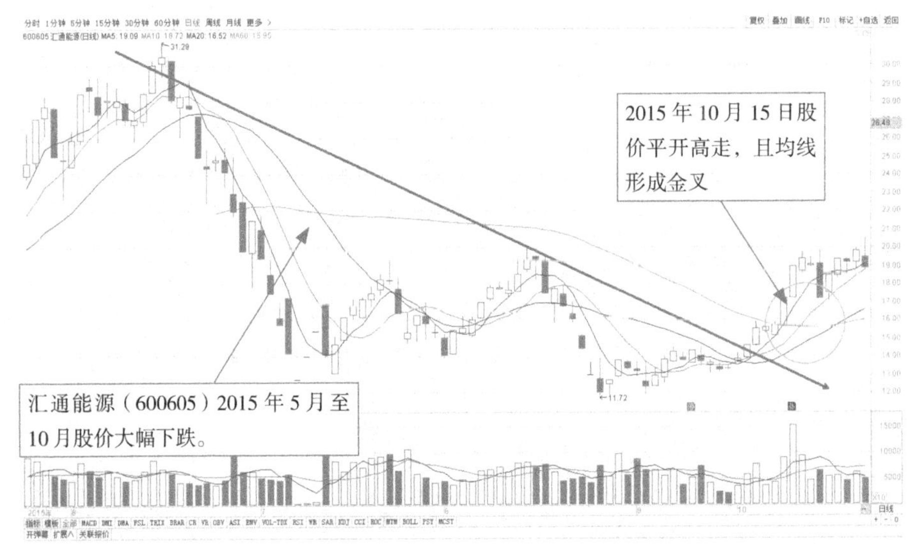

图 7-21　汇通能源（600605）K 线走势图（1）

专家提醒

有时，在新趋势形成的过程中，可能会存在形成失败的情况，即还未等趋势有效确认是否形成，该趋势便无法延续下去，而是形成新的转折。例如，在连接两个波段低点形成上升趋势后，没过多久，上升趋势便有所改变，股价不再向上运行，而是急转直下，则该上升趋势无效，或者只是一轮短期趋势或者中期调整趋势。

随后股价持续上涨走出一波上涨行情，如图 7-22 所示。因此，低价位股价有效突破下跌趋势线，投资者可以坚持做多，持股待涨。

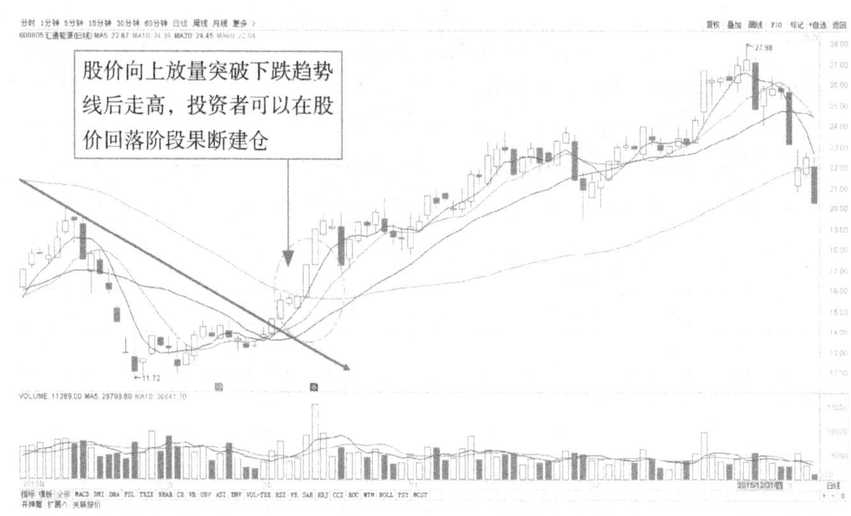

图 7-22 汇通能源（600605）K 线走势图（2）

7.2.3 趋势线的时效性

股价顺着趋势线移动的时间越长，则说明趋势线越可靠，即上涨趋势将继续上涨，下跌趋势将继续下跌。

下面举例分析趋势线的时效性。

图 7-23 所示为新世界（600628）2010 年 2 月至 2013 年 6 月期间的走势图。从图中可以看到，股价前期经历了一波大幅下降行情，在低位企稳回升。

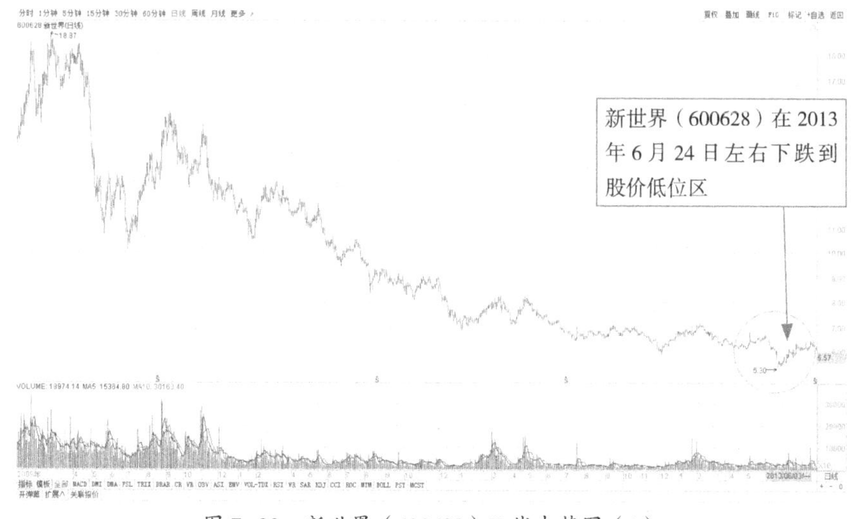

图 7-23 新世界（600628）K 线走势图（1）

随后股价顺着趋势线的方向持续放量上涨半年多，如图 7-24 所示。

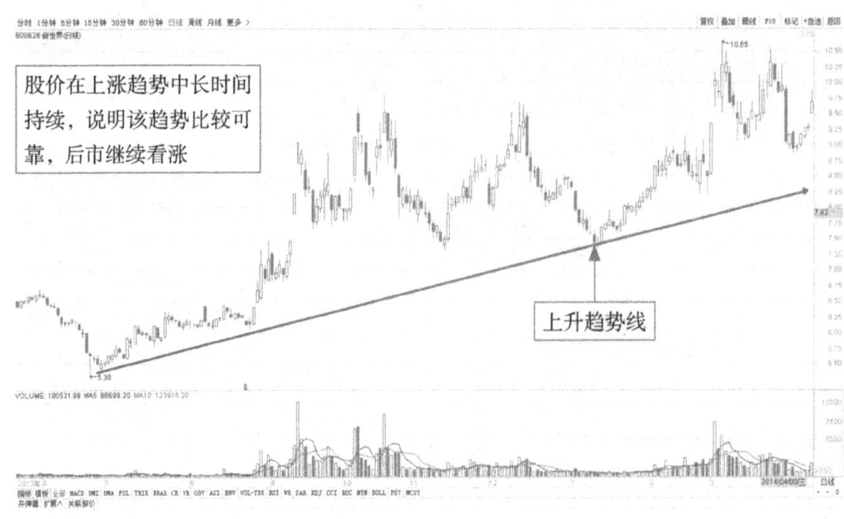

图 7-24　新世界（600628）K 线走势图（2）

2013 年 6 月至 2015 年 8 月，股价顺着 60 日均线向上攀升了两年多的时间，如图 7-25 所示。

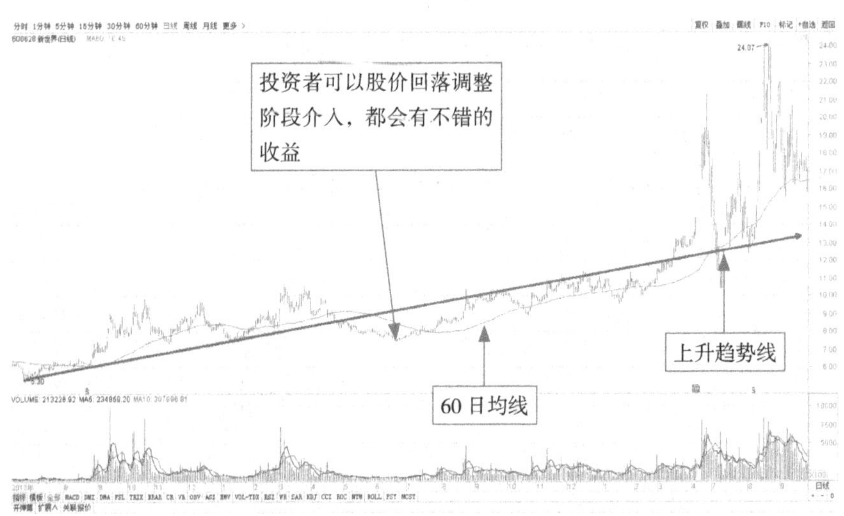

图 7-25　新世界（600628）K 线走势图（3）

7.2.4　结合趋势线与成交量分析盘面

不管趋势线维持时间的长短，最终都会在某个位置反转。尤其是在股价运行到顶部或底部的时候，投资者更要谨慎使用趋势线。为了提高趋势预测的准确性，投资者可以结合成交量来进行综合分析。下面举例分析。

在上涨趋势末期，追涨盘和跟风盘盲目介入拉抬股价，主力则在高位顺势出货，因此成交量呈现放量形态。此时上涨趋势即将结束，后市看跌，投资者一定要及时止损出局，如图 7-26 所示。

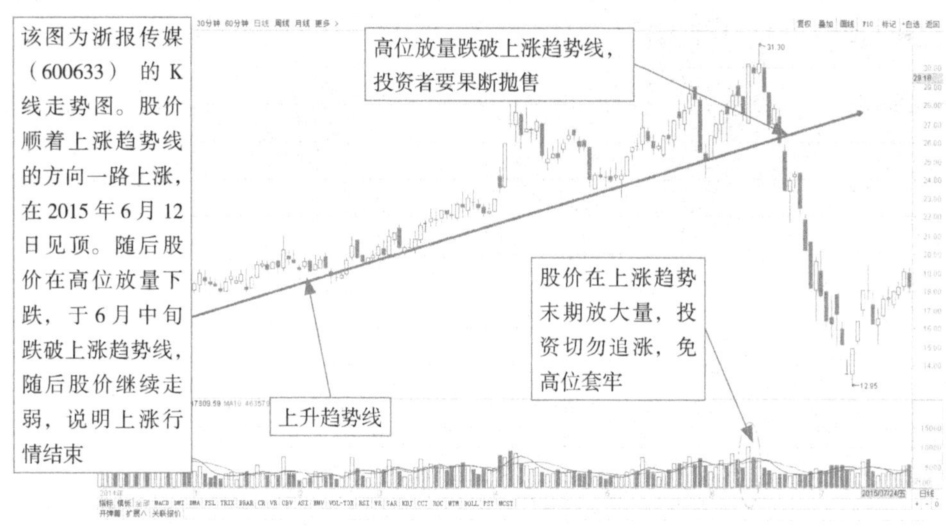

图 7-26　浙报传媒（600633）K 线走势图

在下跌趋势末期，套牢盘失去持股信心，见价就卖拉低股价，主力则在底部大量吸筹，因此成交量呈现逐步放大。此时下跌趋势即将结束，后市看涨，如图 7-27 所示。

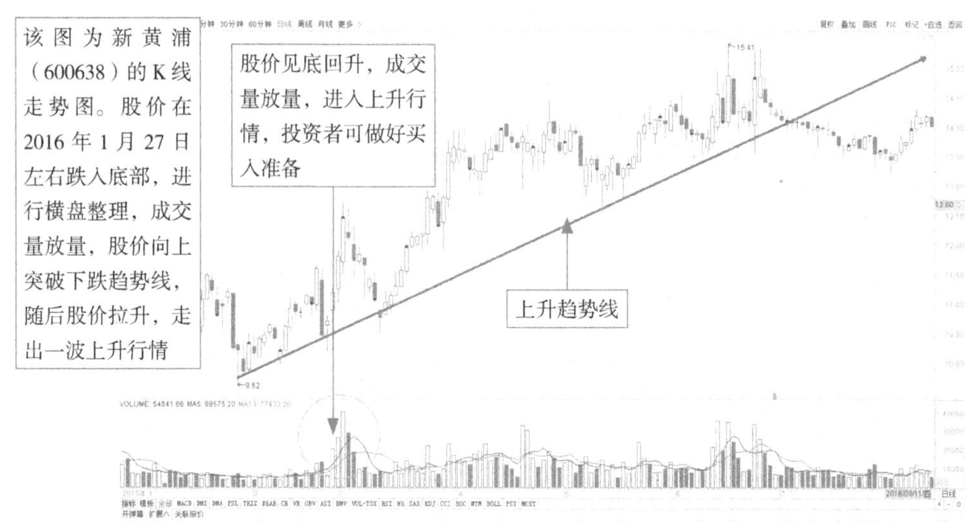

图 7-27　新黄浦（600638）K 线走势图

7.2.5 顶部或底部偏离趋势线

对于趋势是否达到末期，投资者还可以通过高点或者低点与趋势线的偏离情况来进行判断。下面举例分析顶部或者底部偏离趋势线。

图 7-28 所示为曲江文旅（600706）2015 年 8 月至 2016 年 3 月期间的 K 线走势图，顶部与趋势线偏离，后市看跌。

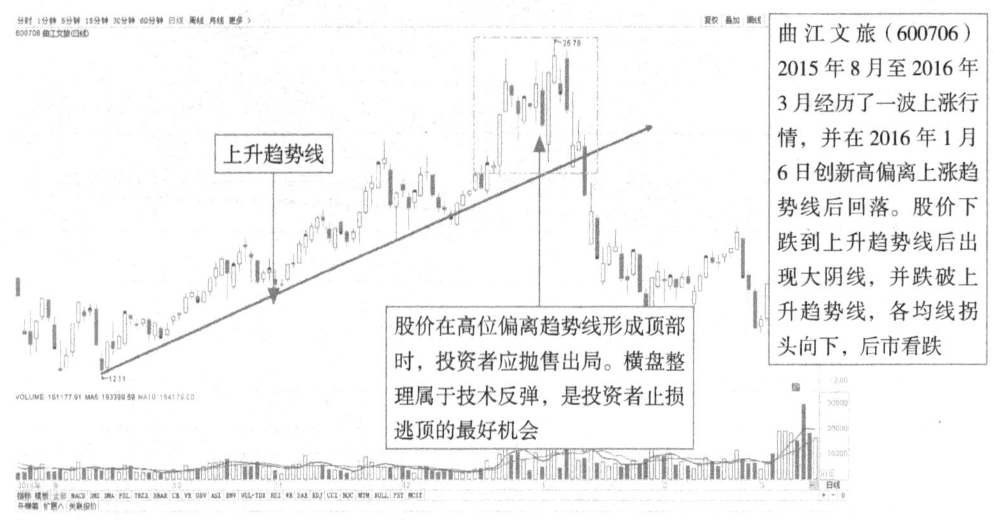

图 7-28　曲江文旅（600706）K 线走势图（1）

图 7-29 所示为曲江文旅（600706）2015 年 6 月至 12 月期间的 K 线走势图，底部与趋势线偏离，后市看涨。

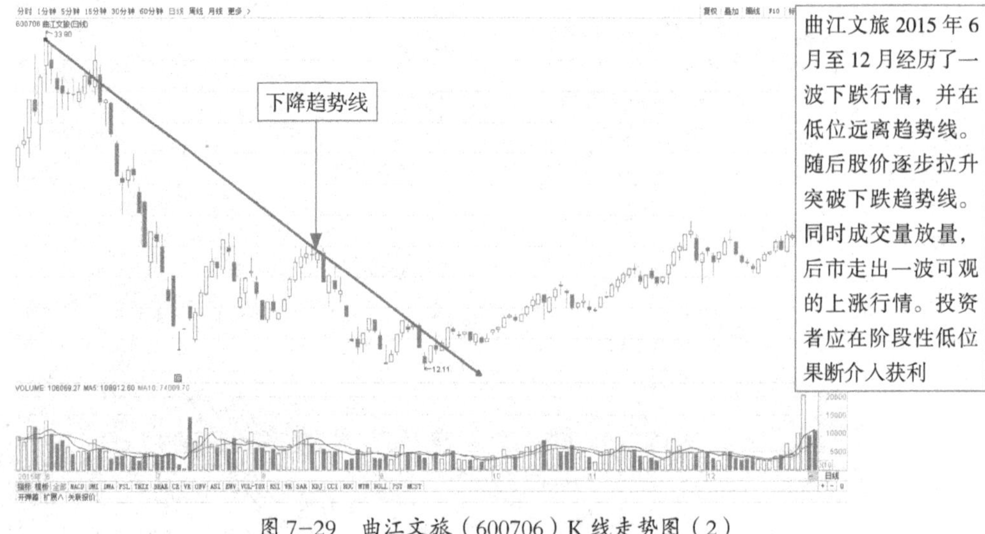

图 7-29　曲江文旅（600706）K 线走势图（2）

通常情况下，在趋势末期，股价都会出现加速上涨或下跌的现象，其高点或低点大都远离趋势线。

7.3 通过组合趋势线分析盘面

趋势线的组合使用主要是缓慢趋势线和快速趋势线的组合使用。下面将研究上涨行情中缓慢上涨趋势线和快速上涨趋势线的组合使用，以及下跌行情中缓慢下跌趋势线和快速下跌趋势线的组合使用方法。

专家提醒

在股市实际操作过程中，凭借单根趋势线不能准确判断K线行情的发展趋势，而且股价突破趋势线有时候是暂时的，因此需要靠多根趋势线来进行组合分析，以此来提高趋势分析的准确性和可靠性。

7.3.1 缓慢上涨和快速上涨趋势线组合

在上涨行情中，缓慢上涨趋势和快速上涨趋势线的组合有如下两种情况。

（1）先快后慢：在上涨初期，股价急速上涨，随后股价回落调整，暂时跌破上涨趋势线创新低后反弹形成新趋势，后市沿着这个趋势继续上涨，如图7-30所示。

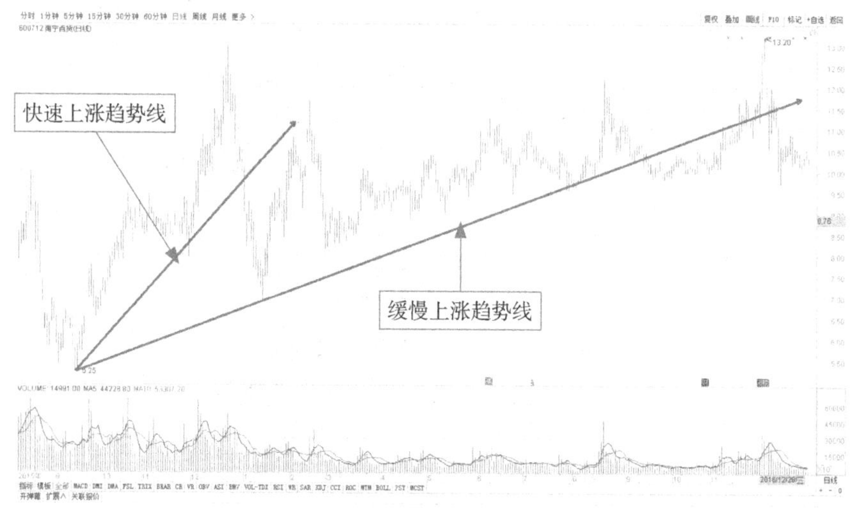

图7-30 先快后慢上涨趋势组合

（2）先慢后快：在上涨行情途中，股价在原上涨趋势上方急速上涨形成新趋势，最终也会在原趋势线获得支撑回升，如图 7-31 所示。

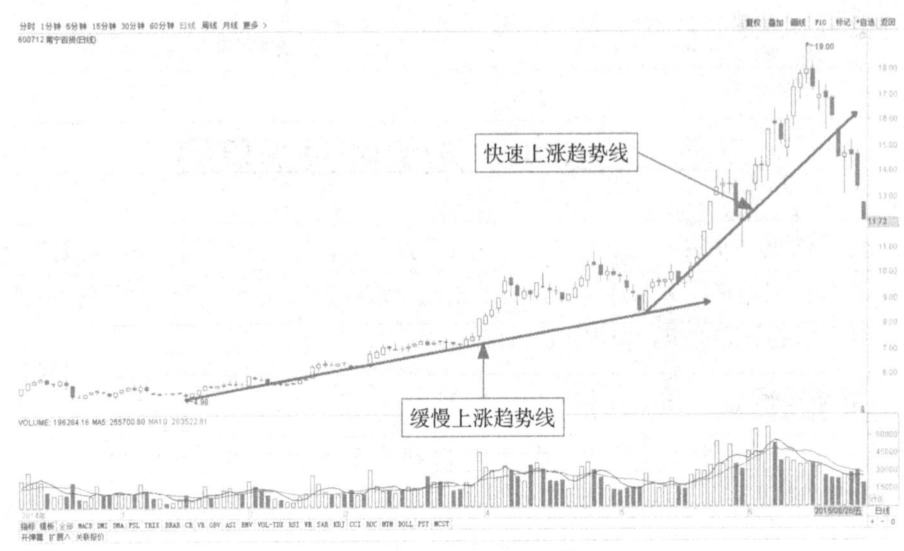

图 7-31　先慢后快上涨趋势组合

7.3.2　缓慢下跌和快速下跌趋势线组合

在上涨行情中，如果在缓慢上涨趋势上方出现快速下跌趋势，此时往往是主力洗盘的一种手段。因为股价整体重心向上，股价回落在时间和空间上都是有限的，后市股价还会继续上涨。此时投资者可以持股待涨，不要轻易看空、做空。

专家提醒

在上升趋势中，各波段回调的低点用直线相连，这些点大都在一条直线上，后市回调的低点同样也会落在这条直线上；在下跌趋势中，各反弹高点也一致保持在一条直线上。这就是支撑线与阻力线在股价走势中的作用。

（1）支撑线：当股价回落至由之前低点绘制的支撑线附近时，通常股价会止跌回升，这就是支撑线在对股价起作用。

（2）阻力线：阻力线起到了阻截多方反攻的作用，当股价反弹到前一波段高点时遇阻回落，停止上涨而继续前期的下降趋势。

在下跌行情中，缓慢下跌趋势和快速下跌趋势线组合有如下两种情况。

（1）先快后慢：在行情下跌初期，股价下跌趋势急速，随后股价反弹调整暂时突破下跌趋势线创新高后回落形成新趋势，后市沿着这个趋势继续看跌，如图 7–32 所示。

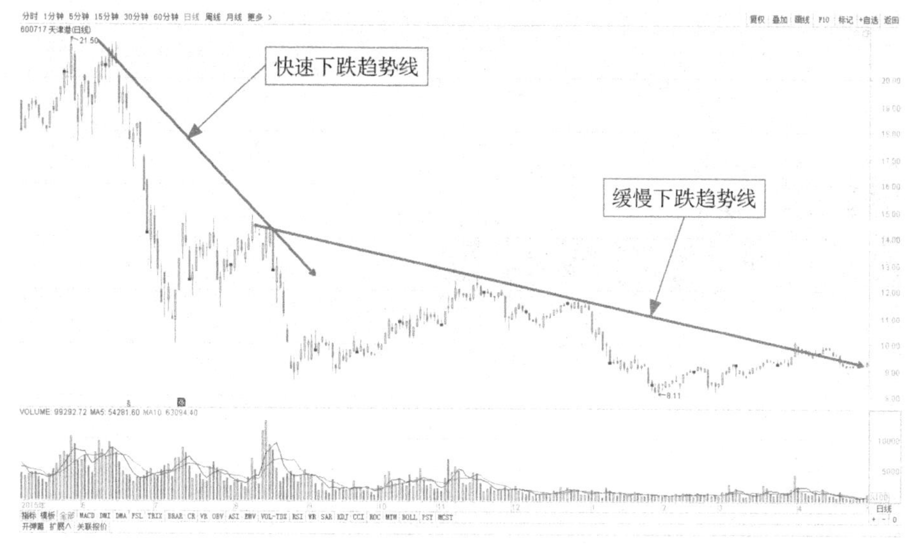

图 7–32　先快后慢下跌趋势组合

（2）先慢后快：在下跌行情途中，股价在原下跌趋势下方急速下跌形成新趋势，即使股价反弹上涨突破新趋势，最终也会在原趋势线处受阻回落，如图 7–33 所示。

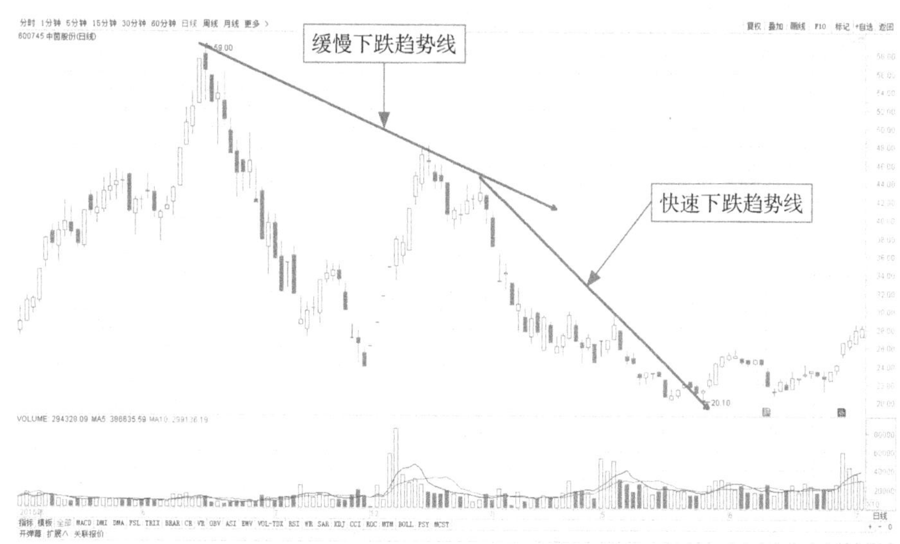

图 7–33　先慢后快下跌趋势组合

CHAPTER 8

第8章 使用各类均线看盘

投资者在看盘的时候可以把移动平均线作为一个参考指标。移动平均线能够反映出价格趋势走向。所谓移动平均线，就是把某段时间的股价加以平均，再依据这个平均值作出平均线图像。这样不但更加直观明了，而且也大大提高了盘面分析的可靠性。

要点展示

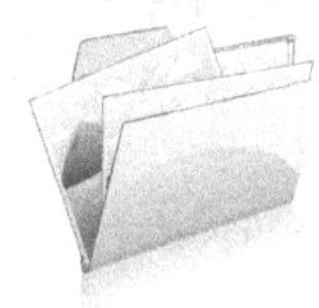

- 从线看盘——认识移动平均线
- 掌握均线中金叉和死叉的盘面意义
- 各种股价移动平均线的实战操盘技巧

8.1 从线看盘——认识移动平均线

从线看盘主要是指使用各种移动平均线来分析和预测股价的走势。移动平均线是分析价格变动趋势的指标，它可以配合 K 线图使用，与 K 线走势图相结合，是分析股价走势的强大法宝。

8.1.1 MA——股价移动平均线

股价移动平均线是分析价格运行趋势的一种方法，它是按固定样本数计算股价移动平均值的平滑连接曲线，其直接加载在主图上，如图 8-1 所示。

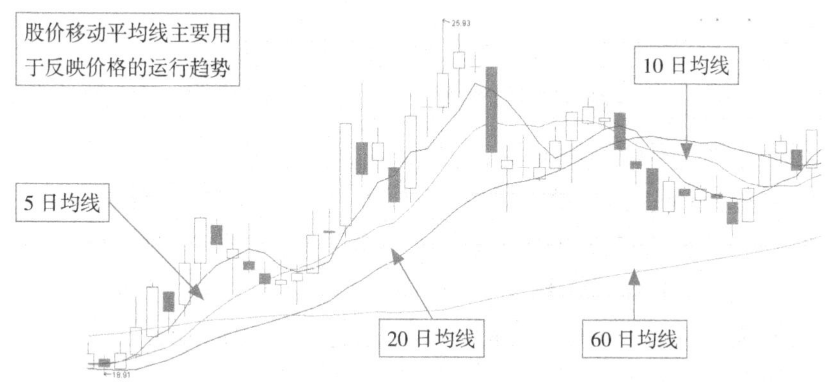

图 8-1 默认显示的股价移动平均线

专家提醒

移动平均线是以道琼斯的平均成本概念为基础的理论，采用统计学中的“移动平均”原理，将一段时间内的股价加以平均，从而显示股价在一定时期内的变动趋势。同时，投资者可以通过平均线当前的走势来预测股价后期的变动。根据移动平均线的周期，可将其分为短期移动平均线（SMA）、中期移动平均线（MMA）和长期移动平均线（LMA）。

8.1.2 MACD——平滑异同移动平均线

平滑异同移动平均线（Moving Average Convergence Divergence，MACD）是移动平均线派生的技术指标。它对股票买卖时机具有研判意义，适合初涉股市的投资者进行技术分析。

MACD是从双移动平均线得来的，由快的移动平均线减去慢的移动平均线计算而来。MACD比单纯分析双移动平均线的差阅读起来方便快捷。图8-2所示为MACD指标在盘面中的表现形式。

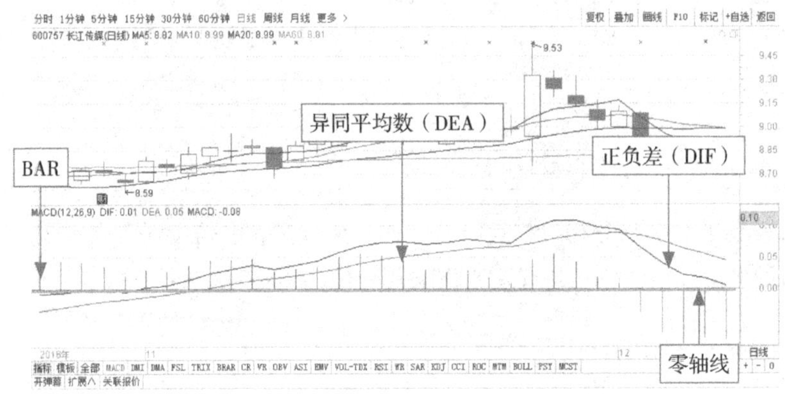

图8-2　平滑异同移动平均线（MACD）

MACD由正负差（DIF）和异同平均数（DEA）两部分组成。

（1）正负差（DIF）。DIF是快速平滑移动平均线与慢速平滑移动平均线的差，快速和慢速的区别是进行指数平滑时采用的参数的大小不同，短期的移动平均线是快速的，长期的移动平均线是慢速的。

（2）异同平均数（DEA）。DEA作为辅助指标，是DIF的移动平均，也就是连续的DIF的算术平均。

（3）柱状线（BAR）。BAR是DIF与DEA线的差，在指标走势区呈现为彩色的柱状线。红色表示BAR值为正，绿色表示BAR值为负。由于BAR值是由DIF减去DEA再乘以2所得，因此投资者经常把BAR由绿变红（即由负变正）时视为买入时机，将BAR由红变绿（由正变负）时视为卖出时机。

8.2　掌握均线中金叉和死叉的盘面意义

当多条均线同时存在的时候就会出现交叉，这些交叉点对股价运行趋势的分析和预测具有非常大的参考意义。

8.2.1　均线金叉——买入信号

股价在上涨的过程中，上升的短期移动平均线由下而上穿过上升的中、长期移动平均线形成交叉就是金叉。当出现金叉时，表示市场短期走强，预示着股价短期有较

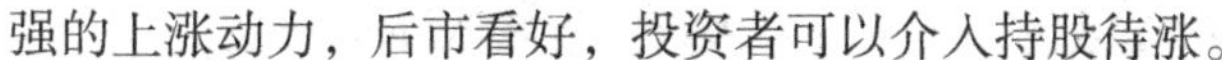

强的上涨动力，后市看好，投资者可以介入持股待涨。

下面举例分析均线金叉中的盘面买入信号。

图 8-3 所示为红阳能源（600758）2015 年 4 月至 2016 年 7 月期间的走势图，股价前期经历了一波大幅下降行情，在低位企稳回升。

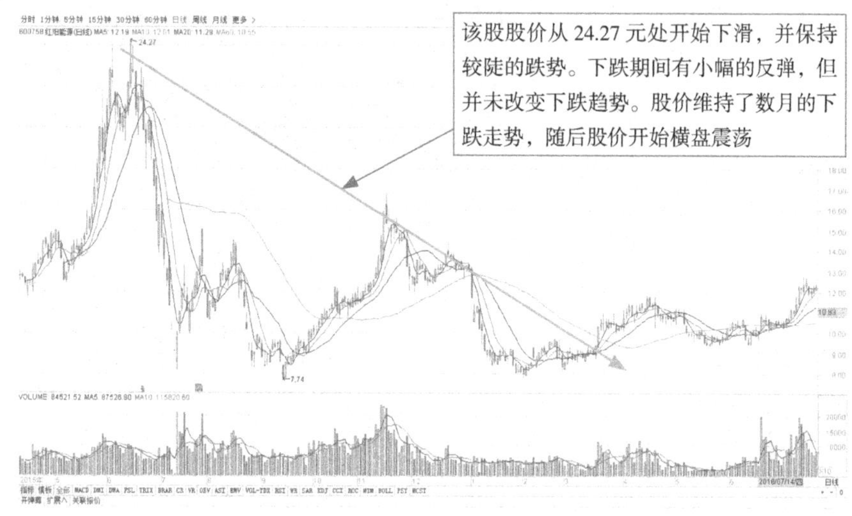

图 8-3　红阳能源（600758）K 线走势图（1）

该股后市走势如图 8-4 所示。从图中可以看出，横盘一段时间后，该股开始强势上涨，5 日、10 日、20 日均线先后向上穿 60 日均线形成金叉，股价先于均线有所表示，均线在股价上涨一段时间后出现金叉，同时成交量放量，投资者在近几日介入，短期持有后卖出都会获利。

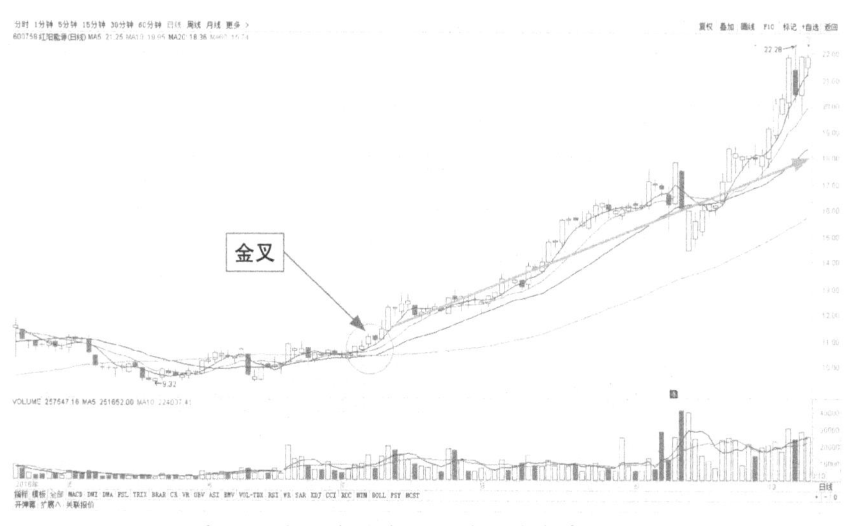

图 8-4　红阳能源（600758）K 线走势图（2）

8.2.2 均线死叉——卖出信号

股价在下降的过程中，下降的短期移动平均线由上而下穿过下降的中、长期移动平均线形成交叉就是死叉，如图 8-5 所示。当出现死叉时，表示后市看空，投资者可以离场观望。

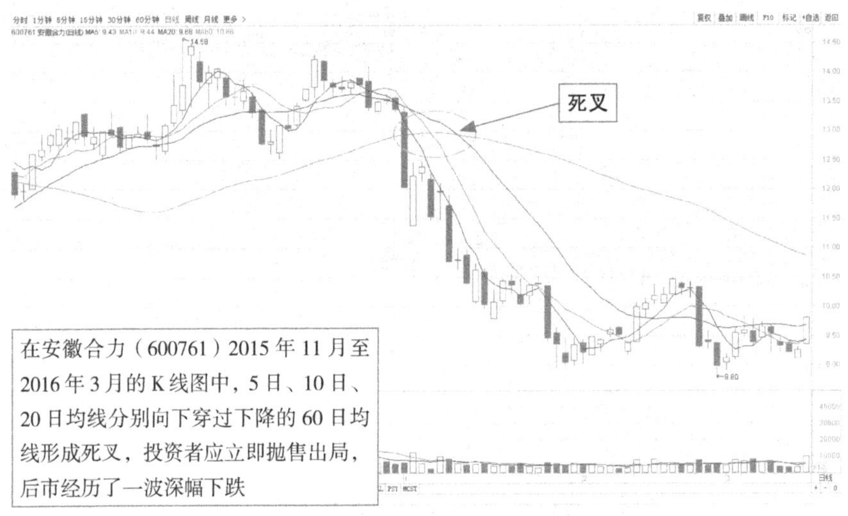

图 8-5 均线死叉

专家提醒

MACD 中的金叉和死叉的形成与股价移动平均线相似。在 MACD 中，金叉和死叉是 DIF 与 DEA 的交叉点形成。MACD 指标的看盘技巧如下。

- DIF 向上突破 DEA 时是买入信号。
- DIF 向下跌破 DEA 时只能认为是回档，做获利了结。
- DIF 和 DEA 均为正值时，属于多头市场。
- DIF 和 DEA 均为负值时，为空头市场。
- DIF 向下突破 DEA 时是卖出信号。
- DIF 向上突破 DEA 时只能认为是反弹。

8.3 各种股价移动平均线的实战操盘技巧

股价移动平均线具有趋势性。通常移动平均线向右上方运行，表示股价会上涨；股价移动平均线向右下方运行，表示股价会下跌。但单根移动平均线有时候会频繁发

出错误信号，所以在实战操作中，通常将多根移动平均线进行组合应用。投资者研究移动平均线，若能正确掌握，再配合当日走势的强弱，即可抓住买进和卖出的时机。

8.3.1 各种周期移动平均线的作用

根据移动平均线的周期的长短，可以将其分为短期移动平均线、中期移动平均线和长期移动平均线 3 种类型。其具体的介绍如表 8-1 所示。

表 8-1 各种周期移动平均线的作用

均线周期	具体含义	主要类型	盘面意义
短期移动平均线	指一个月以下的移动平均线，其波动较大，过于敏感，适合短期投资者	5 日均线和 10 日均线	5 日均线代表一个星期股价运行方向；10 日均线代表半个月股价运行方向
中期移动平均线	指一个月以上、半年以下的移动平均线，其走势较沉稳，因此常被使用	20 日均线、40 日均线和 60 日均线	20 日均线代表一个月股价运行方向；40 日均线代表两个月股价运行方向；60 日均线（季线）代表三个月股价运行方向
长期移动平均线	是指半年以上的移动平均线，其走势过于稳重不灵活，适合长线投资者	120 日均线和 240 日均线	120 日均线（半年线）代表半年股价运行方向；240 日均线（年线）代表一年股价运行方向

专家提醒

需要注意的是，MA 指标具有一定的滞后性。在股价原有趋势发生反转时，由于 MA 的追踪趋势的特性，MA 的行动往往过于迟缓，调头速度落后于大趋势，这是 MA 的一个极大的弱点。等 MA 发出反转信号时，股价调头的深度已经很大了。

8.3.2 突破 5 日均线——买入信号

当股价向上突破 5 日均线时，表明市场中资金介入，预示股价将脱离弱势而步入强势，显示出短线机会。

下面举例分析突破 5 日均线的盘面买入信号。

图 8-6 所示为水井坊（600779）2015 年 11 月至 2016 年 3 月期间的走势图。从图中可以看出，该股在 13.69 元的高位处震荡下跌，连收多根跳空低开的阴线，股价表现十分弱势，一直跌至 8.83 元的低点。

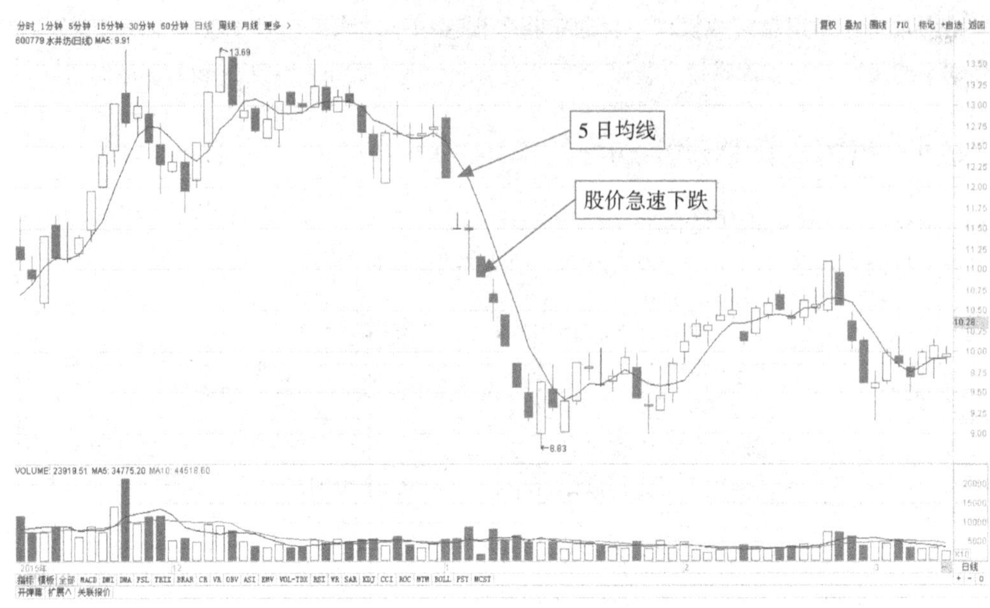

图 8-6　水井坊（600779）K 线走势图（1）

该股后市走势如图 8-7 所示。从图中可以看出，该股跌至低点后跳空突破均线，可惜股价很快回补缺口，跌回均线以下。随后股价继续向上运行，7 月下旬，股价向上强势突破 5 日均线，此后开始一路上升，涨势可观。投资者应在突破处买入，后市获利不小。

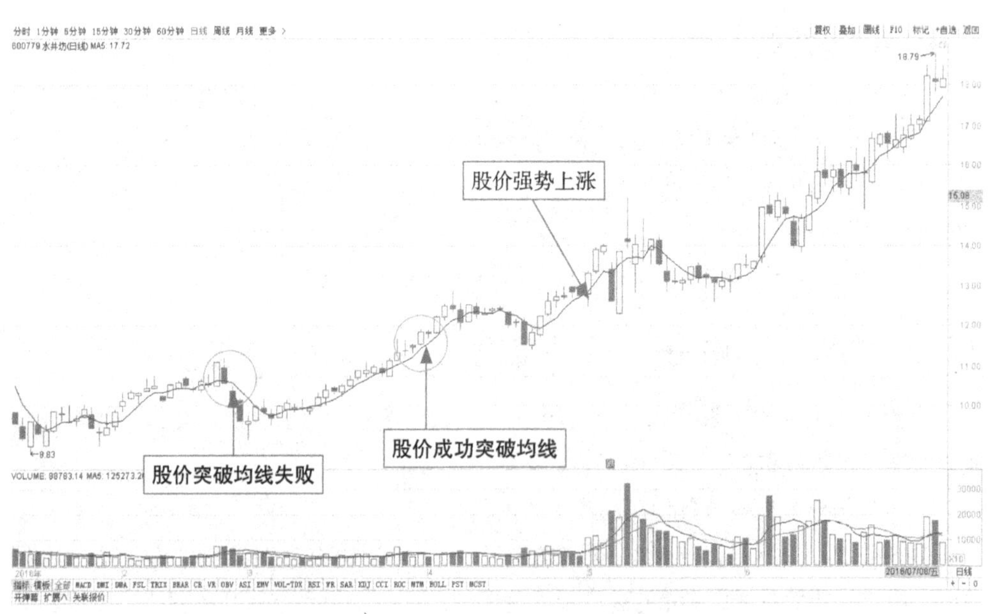

图 8-7　水井坊（600779）K 线走势图（2）

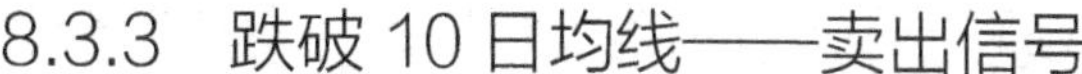

8.3.3 跌破 10 日均线——卖出信号

市场在处于强势时，股价会保持上涨的态势，待进入回调后，并不会轻易击穿 10 日均线。一旦当股价向下击穿 10 日均线，说明空头力量开始主导市场，此时短线投资者要及时卖出股票，以保住前期的胜利果实，如图 8-8 所示。

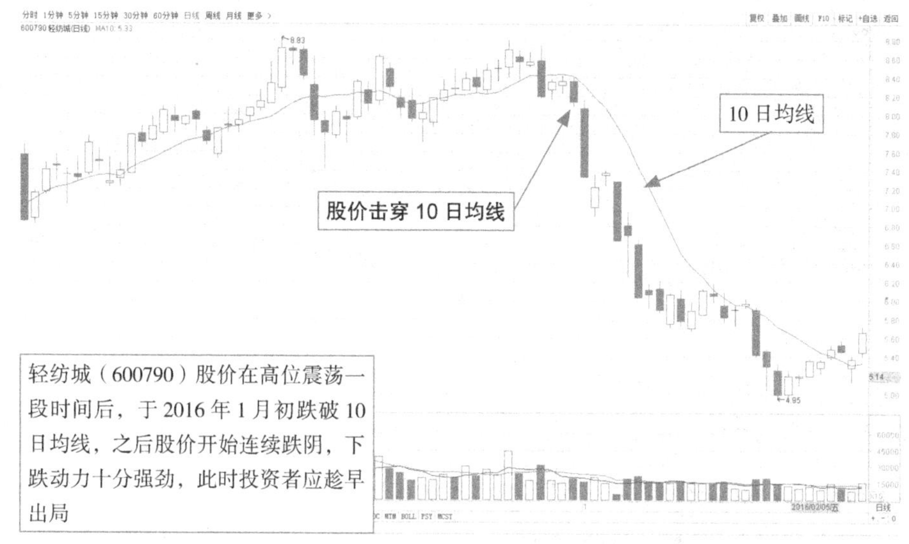

图 8-8 轻纺城（600790）K 线走势图

8.3.4 均线多头排列——积极追涨

周期较小的移动平均线在周期大的移动平均线上方，并且向上发散的均线排列就是多头排列，如图 8-9 所示。该形态说明市场短期介入的投资者的平均成本超过长期持有投资者的平均成本，市场做多气氛浓厚，股价上涨有力，投资者可以积极追涨，并由此获得短线操作的收益。

专家提醒

短期移动平均线组合主要用于分析和预测个股短期的行情变化趋势，主要组合分析方法如下。

- 5 日均线为多方护盘中枢，否则上升力度有限；10 日均线是多头的重要支撑，当有效跌破该均线时，市场就可能转弱。
- 30 日均线是衡量市场短、中期趋势强弱的重要标志，当向上运行时短期做多，当向下运行时短期做空。

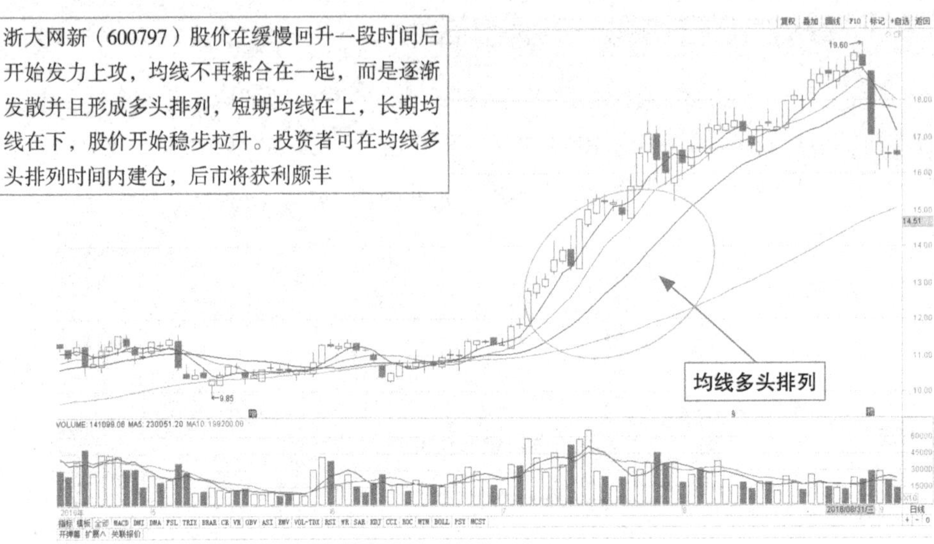

图 8-9　浙大网新（600797）K 线走势图

8.3.5　均线空头排列——谨慎观望

周期较小的移动平均线在周期大的移动平均线下方，并且向下发散的均线排列就是空头排列，如图 8-10 所示。该形态说明市场短期介入的投资者的平均成本低于长期持有投资者的平均成本，市场做空情绪高涨，投资者应以观望为主。

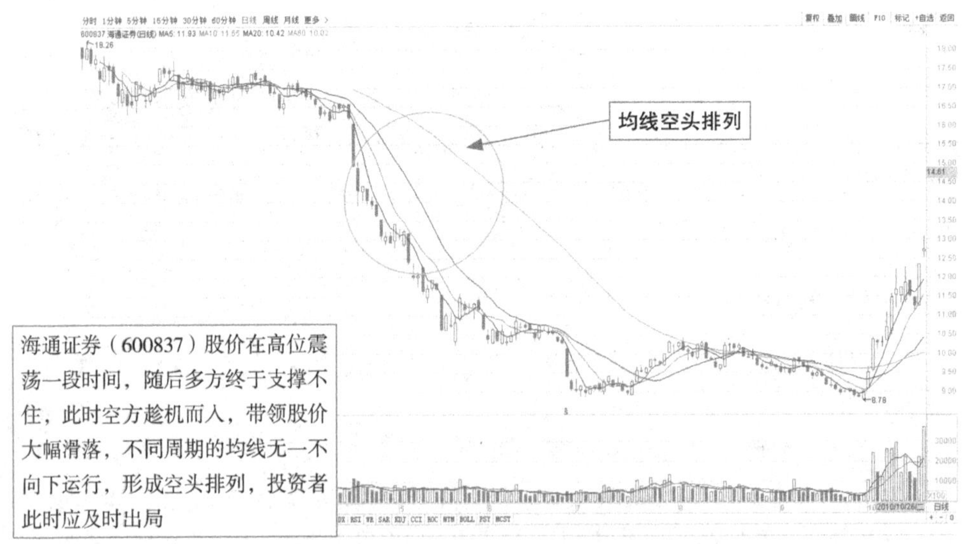

图 8-10　海通证券（600837）K 线走势图

CHAPTER 9

第9章 运用技术指标看盘

技术指标是人们为研究预测市场运行趋势而发明的一种指标参数。这些指标因为包含股市中的各种综合信息以及历史上的各种成功经验，所以对于后市走势的研判具有重要的指导意义。

要点展示

>>> 随机指标（KDJ）：反映价格趋势的强弱

>>> 多空指标（BBI）：多空双方的分水岭

>>> 布林线（BOLL）：确定股价波动范围

>>> 指数平均线（EXPMA）：判断未来走势

>>> 趋向指标（DMI）：判断行情是否发动

9.1 随机指标（KDJ）：反映价格趋势的强弱

随机指标（KDJ）是由乔治·莱恩（George·Lane）首创的。它是通过当日或最近几日最高价、最低价及收盘价等价格波动的波幅反映价格趋势的强弱。KDJ 是一个超买超卖指标。

9.1.1 什么是 KDJ 指标?

KDJ 指标有 3 条曲线，分别是 K 线、D 线和 J 线，如图 9-1 所示。

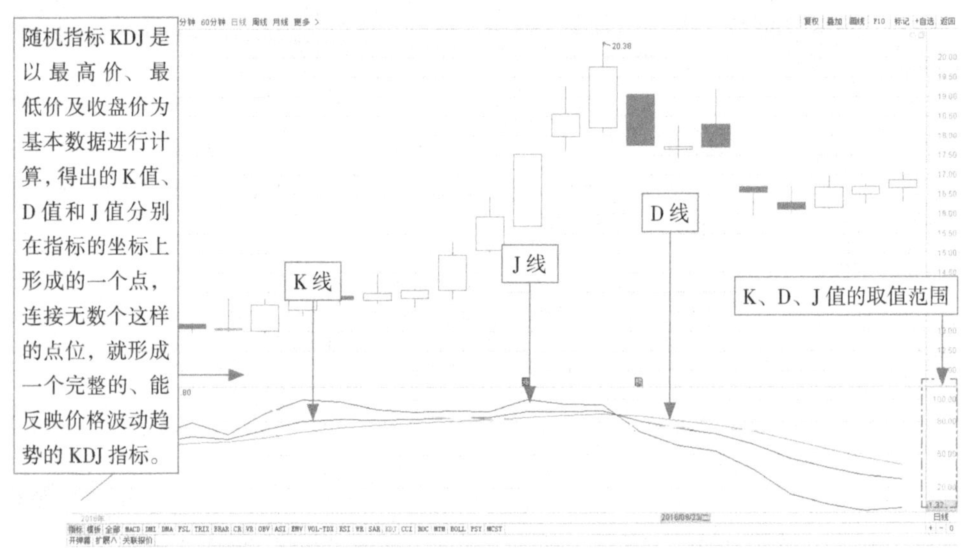

图 9-1　随机指标（KDJ）的盘面特征

专家提醒

其中，K、D 和 J 值的取值范围都是 0 ~ 100。当 K、D、J 的值在 20 线以下为超卖区，视为买入信号；K、D、J 的值在 80 线以上为超买区，视为卖出信号；K、D、J 的值在 20 ~ 80 线为徘徊区，投资者应观望。

9.1.2 KDJ 指标的看盘买入法

在 KDJ 指标中，当 J 线和 K 线几乎同时向上突破 D 线形成的交叉即为金叉。根据金叉出现的位置不同，其盘面意义也不同。

（1）低位金叉：当股价大幅下跌运行到低位，KDJ 曲线在 20 线附近徘徊形成金叉，股价放量向上突破中长期均线，说明行情即将逆转。此时的KDJ金叉就是低位金叉，投资者可考虑买入，如图9-2所示。

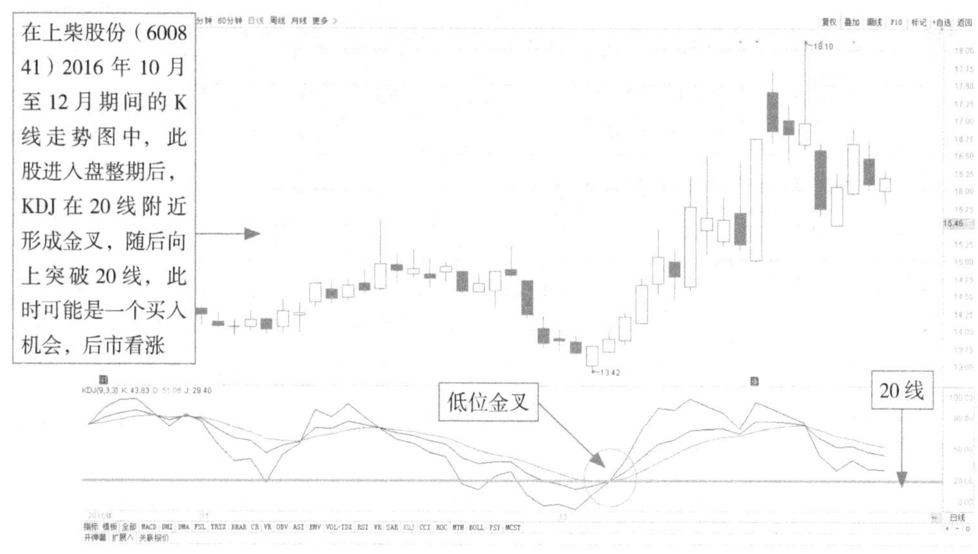

图9-2　KDJ指标低位金叉

（2）中位金叉： 当股价经过一段较长时间的中位盘整期，KDJ曲线在50线附近徘徊形成金叉，股价放量向上突破中长期均线，说明行情可能转强。此时的KDJ金叉就是中位金叉，中短投资者可建仓介入。

（3）高位金叉： 当股价大幅上涨后在中高位盘整，KDJ曲线处于80线附近徘徊形成金叉，并伴随放量，说明股市处于强势之中，股价短期内将再次上涨。此时的KDJ金叉就是高位金叉，短线投资者可介入获利。

专家提醒

在KDJ指标中，当J线和K线几乎同时向下跌破D线形成的交叉即为死叉，根据死叉出现的位置不同，其盘面意义也不同。

（1）中位死叉：当股价经过较长时间的下跌后，股价反弹在中长期均线下方受阻，KDJ曲线向上未突破80线，最终在50线附近徘徊形成中位死叉，说明行情处于极度弱市，股价将继续下跌，投资者应离场观望。

（2）高位死叉：当股价大幅上涨运行到高位，KDJ曲线处于80线附近形成死叉，同时股价向下跌破中短期均线，说明上涨行情即将结束，此时形成高位死叉，投资者应逢高卖出。

9.2 多空指标（BBI）：多空双方的分水岭

多空指标（Bull And Bear Index，BBI）是针对普通移动平均线（MA）指标的一种改进。任何事物都需要在不断推陈出新的改进中才能进步发展，技术指标也不例外。由于 BBI 指标具有判断多空的特性，对一些成长性较好的股票有特殊的指导意义，如果将该指标用在周线图中会收到意想不到的效果。

9.2.1 什么是 BBI 指标？

BBI 指标是一种将不同日数移动平均线加权平均之后的综合指标，属于均线型指标，一般选用 3 日、6 日、12 日、24 日等 4 条平均线，如图 9-3 所示。在使用移动平均线时，投资者往往对参数值选择有不同的偏好，而多空指标恰好解决了中短期移动平均线的期间长短合理性问题。

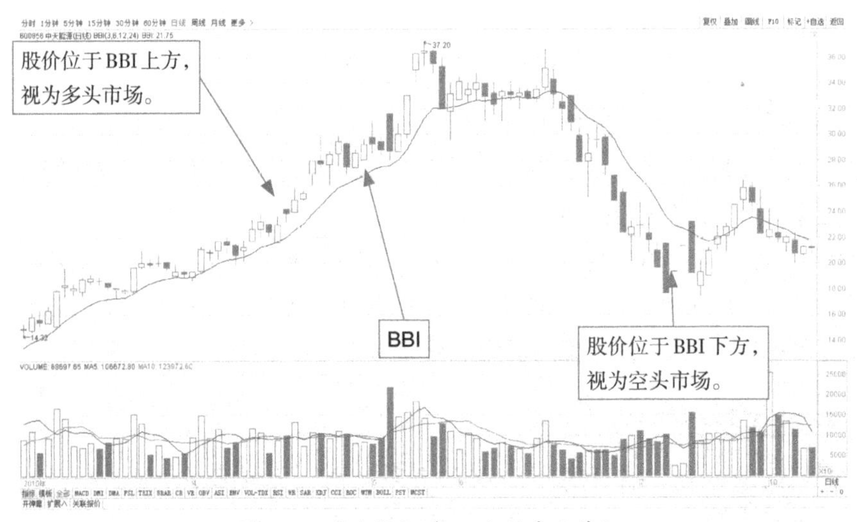

图 9-3 多空指标（BBI）的盘面特征

在 BBI 指标中，近期数据较多，远期数据利用次数较少，因而是一种变相的加权计算。由于多空指标是一条混合平均线，所以既有短期移动平均线的灵敏，又有明显的中期趋势特征，适于稳健的投资者。

9.2.2 BBI 指标在看盘中的应用

股价上穿 BBI 线，再跌穿 BBI 线，同时 BBI 线也开始转为向下，说明牛市已经结束，接下来便是熊市的到来了。股价在 BBI 指标以上运行的时间越久，跌穿 BBI 指标发出的卖出信号也就越准确。

图 9-4 所示为江南嘉捷（601313）2015 年 9 月至 2016 年 1 月的 K 线走势图，可以很清晰地看到图中所画圈处，K 线突破 BBI 线，后市又跌破 K 线。BBI 指标先后发出买入和卖出信号，投资者可以在这两个交易点进行买入、卖出操作。

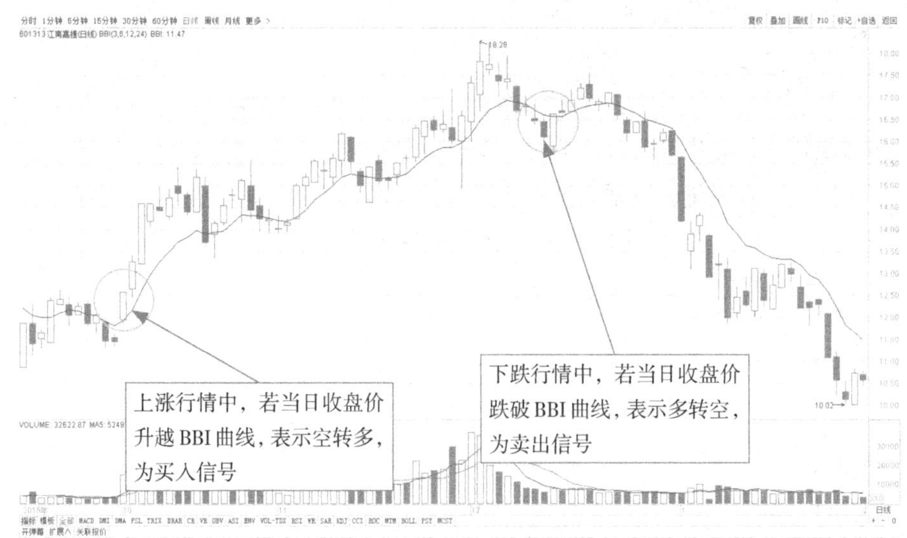

图 9-4 江南嘉捷（601313）K 线走势图

专家提醒

投资者在运用 BBI 技术指标时应注意以下几点。

- 本质上来说，BBI 技术指标与移动平均线差别不大，因而移动平均线的运用窍门，均适用于 BBI 技术指标。
- BBI 技术指标更适合用于单边的趋势性行情，在盘整走势中会频频宣布买卖信号。指标信号的频发现象，在趋势不明朗时更为严重。
- 相对股价变化，BBI 技术指标具有滞后性，这一点在研判短期走势时十分显著。常常会发生股价已接近短期头部时，BBI 才出现买入信号，股价已接近短期底部时，BBI 才出现卖出信号。
- 在移动平均线指标 MA 中，设置了多条平均线，分成长、中、短期，并且同时应用，相互比对，非常有效地弥补了单一平均线的缺陷。而 BBI 指标只设置了一条平均线，仅起到了短期多空分水岭的作用。
- BBI 指标剖析股票运转趋势有极好的参阅效果，可是投资者在实际操作中，要注意和其他技术指标结合起来一同判别，这样能够提高准确性。

9.3 布林线（BOLL）：确定股价波动范围

布林线（BOLL）由约翰·布林（John·Bollinger）创造，是利用统计学原理，求出股价的标准差及其信赖区间，从而确定股价的波动范围以及未来走势。

9.3.1 什么是 BOLL 指标?

布林线指标是利用波带显示股价的安全高低价位，因此称为布林带。其上、下限范围不固定，随着股价的波动而变化。当股价涨跌幅度加大时，带状区变宽；当涨跌幅度减小时，带状区变窄。因其灵活、直观和趋势性的特点，BOLL 指标已成为市场上广泛应用的热门指标。图 9-5 所示为布林线在盘面中的表现。

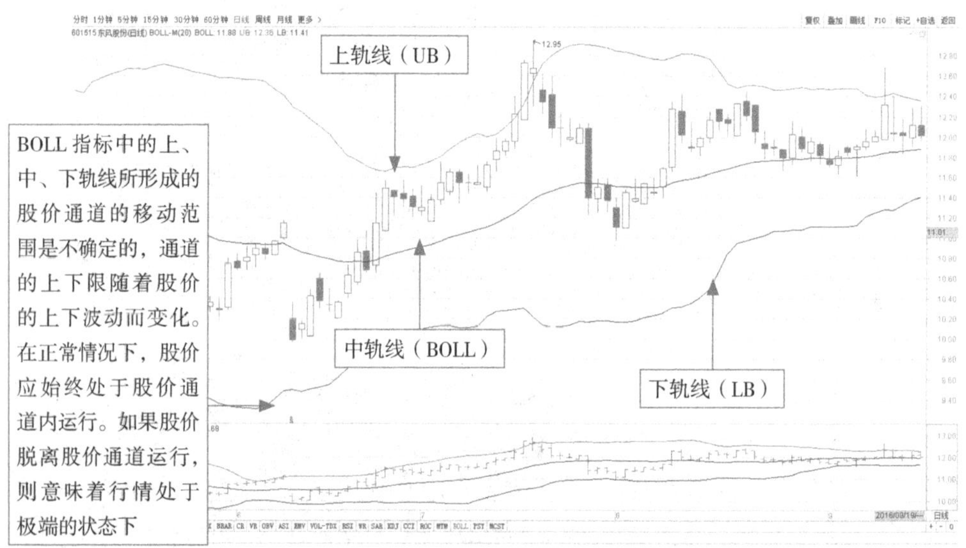

图 9-5　布林线（BOLL）指标的盘面特征

9.3.2 BOLL 指标的应用技巧

在BOLL指标中，股价通道的上下轨线是显示股价安全运行的最高价位和最低价位。上轨线、中轨线和下轨线都可以对股价的运行起到支撑作用，而上轨线和中轨线有时则会对股价的运行起到压力作用。当布林线的上、中、下轨线几乎同时处于水平方向横向运行时，则要看股价目前的走势处于什么样的情况来判断。

（1）BOLL 线上轨线形成压力。在 BOLL 指标中，上轨线就相当于股价前行过程中的压力线，只是这条压力线为曲线而非直线。每当股价运行到 BOLL 指标上轨线附近时，就有可能发生回调，如图 9-6 所示。

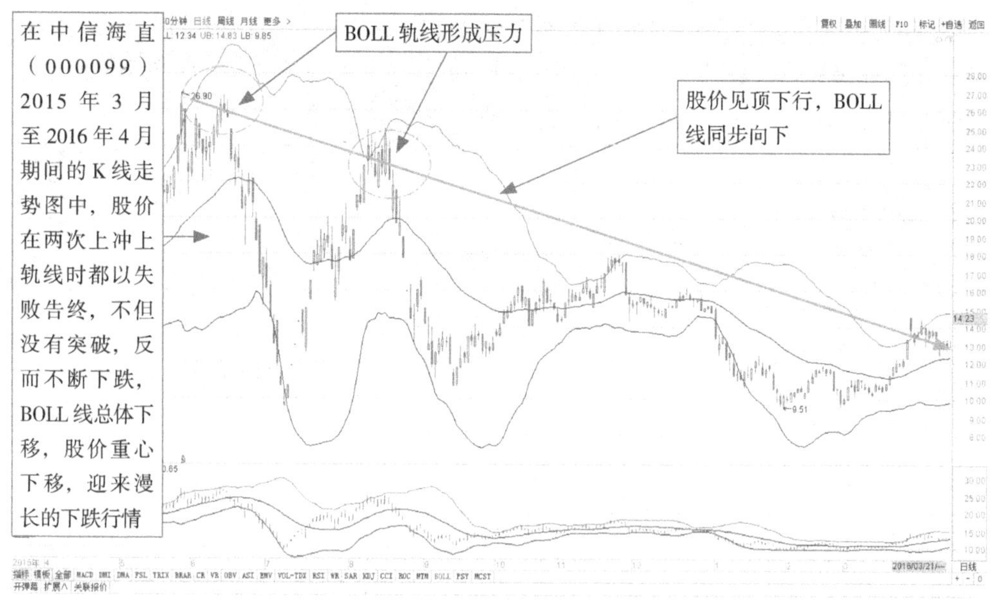

图 9-6 中信海直（000099）K 线走势图

（2）BOLL 线下轨线形成支撑。在 BOLL 指标中，下轨线就相当于股价下跌过程中的支撑线，只是这条支撑线为曲线而非直线。每当股价运行到 BOLL 指标下轨线附近时，就有可能发生反弹，如图 9-7 所示。

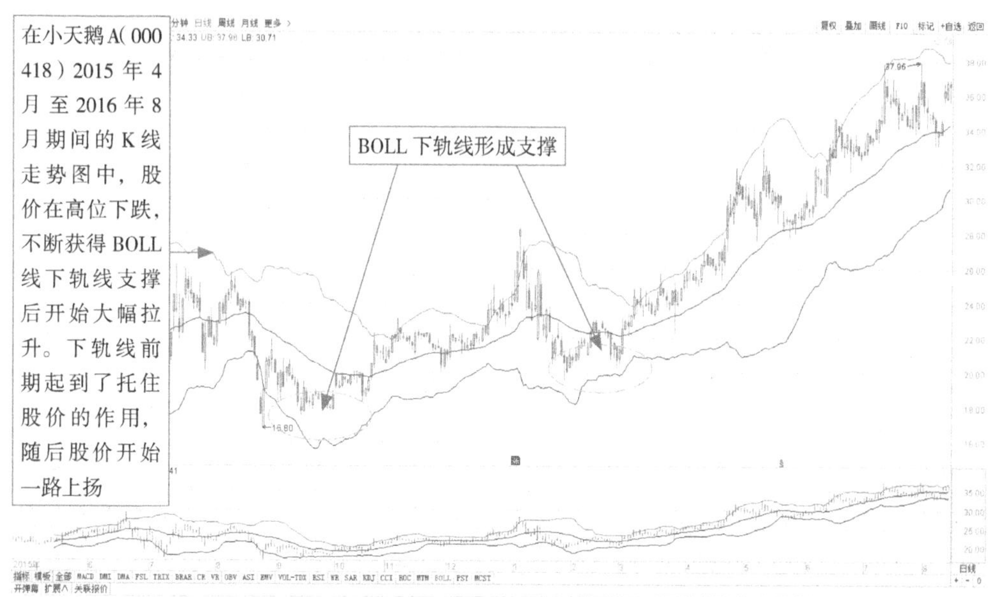

图 9-7 小天鹅 A（000418）K 线走势图

9.3.3 BOLL“喇叭口”的研判

BOLL 指标开口变小代表股价的涨跌幅度逐渐变小，多空双方力量趋于一致，股价将会选择方向突破。开口越小，股价突破的力度就越大。最佳的买入时机是在股价放量向上突破，布林线指标开口扩大之初，如图 9-8 所示。

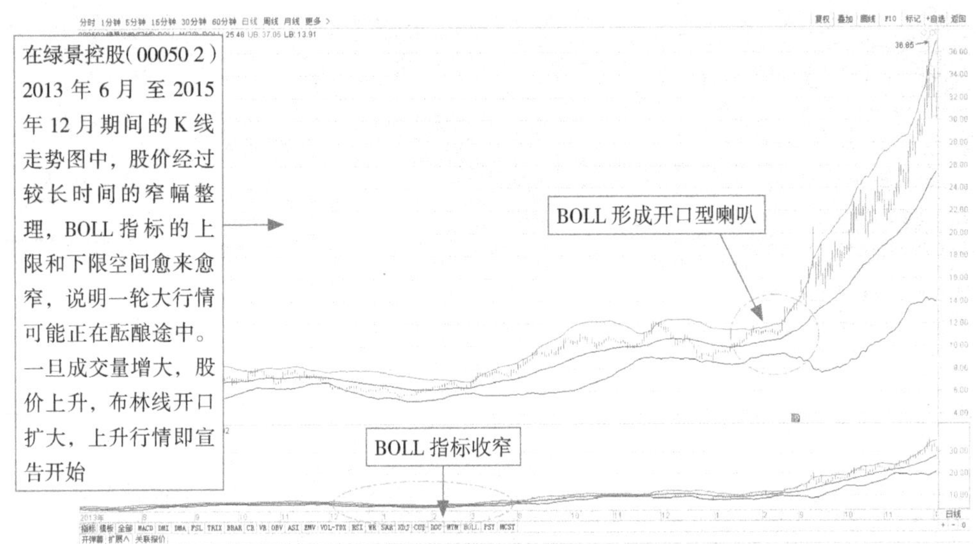

图 9-8 绿景控股（000502）K 线走势图

9.4 指数平均线（EXPMA）：判断未来走势

指数平均数（EXPMA），其构造原理是对股票收盘价进行算术平均，并根据计算结果来进行分析，用于判断价格未来走势的变动趋势。

9.4.1 什么是 EXPMA 指标?

指数平均线指标（Exponential Moving Average，EXPMA），是平均线的一种，它是利用快线和慢线的上下交叉信号，来研究判断行情的买卖时机。

EXPMA 指标是对移动平均线的弥补。EXPMA 指标由于其计算公式中着重考虑了价格当天（当期）行情的权重，因此在使用中可克服 MACD 其他指标信号对于价格走势的滞后性。同时，EXPMA 指标也在一定程度中消除了 DMA 指标在某些时候对于价格走势所产生的信号提前性，是一个非常有效的分析指标。EXPMA 指标由 EXP1 和 EXP2 组成，如图 9-9 所示。

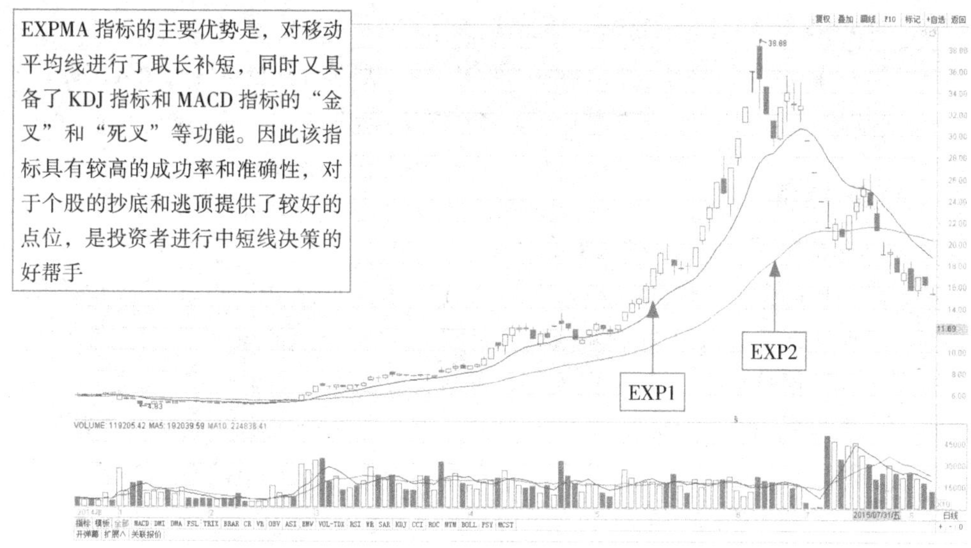

图 9-9 指数平均线（EXPMA）指标的盘面特征

9.4.2 EXPMA 指标的盘面运用

EXPMA 指标的盘面运用方法如下。

- 当 EXP1 由下往上穿越 EXP2 时，股价随后通常会不断上升，那么这两根线形成金叉之日便是买入良机，如图 9-10 所示。

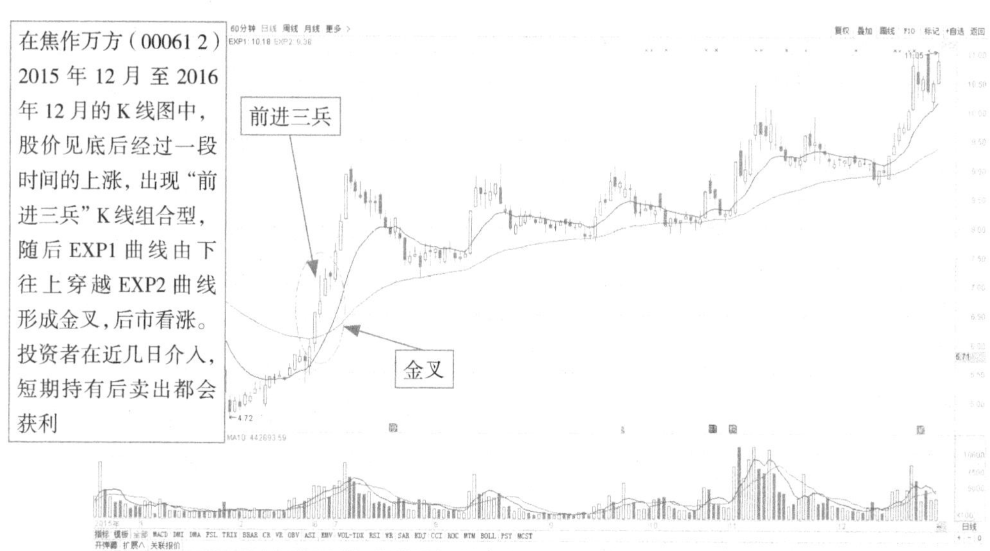

图 9-10 焦作万方（000612）K 线走势图中出现 EXPMA 金叉

- 当一只个股的股价远离 EXP1 后，随后很快便会回落，然后再沿着 EXP1 上移，可见 EXP1 是一大支撑点。

- 当 EXP1 由上往下穿过 EXP2 时，形成死叉，股价往往已经发生转势，日后将会以下跌为主，则这两根线的交叉之日便是卖出时机。

专家提醒

使用 EXPMA 指标时的注意事项如下。

- EXPMA 指标一般为中短线选股指标，比较适合以中短线为主的投资者，据此信号买入者均有获利机会。但对中线投资者来说，其参考意义似乎更大，主要是因为该指标稳定性大，波动性小。
- 若 EXP1 和 EXP2 始终保持距离地上行，则说明该股后市将继续看好，每次股价回落至 EXP1 附近，只要不击穿 EXP2，则这种回落现象便是良好的买入时机。
- 对于卖出时机而言，投资者不要单纯以 EXPMA 指标形成死叉为根据，可以结合 K 线图中的看跌信号进行判断。

9.5 趋向指标（DMI）：判断行情是否发动

DMI 指标又叫动向指标、趋向指标或移动方向指数，其全称叫 Directional Movement Index，是由美国技术分析大师威尔斯·威尔德（J.Welles Wilder）所创造的，是一种中长期股市技术分析方法。

9.5.1 什么是 DMI 指标?

DMI 是属于趋势判断的技术性指标。其基本原理是通过分析股价在上升及下跌过程中供需关系的均衡点，即供需关系受价格变动之影响而发生由均衡到失衡的循环过程，从而提供对趋势判断的依据。图 9-11 所示为 DMI 指标在盘面中的表现形式。

DMI 指标是把每日的高低波动的幅度因素计算在内，从而更加准确地反映行情的走势，及更好地预测行情未来的发展变化。DMI 指标共有 PDI、MDI、ADX、ADXR 四条线，也是它的四个参数值，分为多空指标（PDI、MDI）和趋向指标（ADX、ADXR）两组指标。

上升指标 PDI 和下降指标 MDI 的应用法则如下。

- 当股价走势向上发展，PDI 上升，MDI 下降。因此，当图形上 PDI 从下向上递增交叉 MDI 时，形成金叉，表明市场上有新买家进场，为买入信号。如果

ADX 伴随上升，则预示股价的涨势可能更强劲。

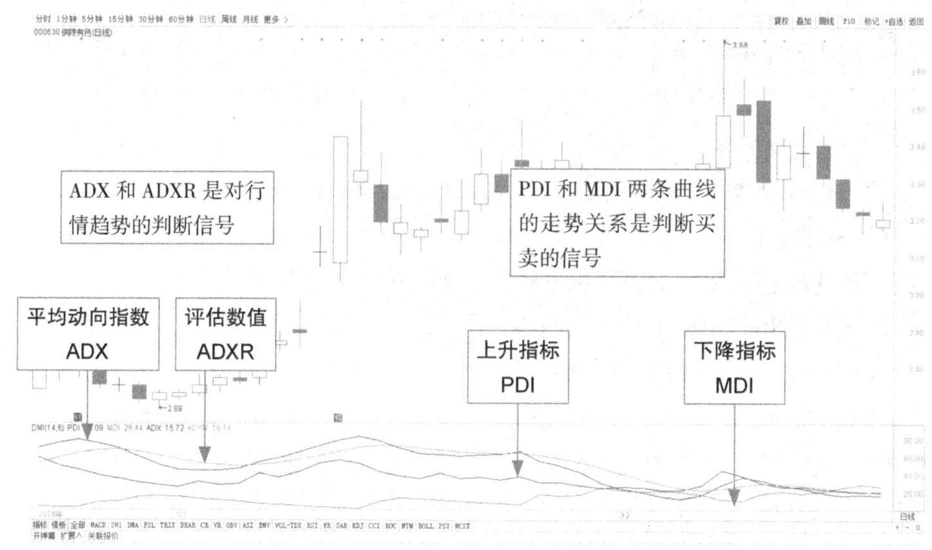

图 9-11 趋向指标（DMI）的盘面特征

- 当股价走势向下发展，MDI 从下向上递增交叉 PDI 时，形成死叉，表明市场上做空力量在加强，为卖出信号。如果 ADX 伴随上升，则预示跌势将加剧。
- 当股价维持某种上升或下降行情时，PDI 和 MDI 的交叉突破信号相当准确；但走势出现牛皮盘整时，PDI 和 MDI 发出的买卖信号视为无效。

9.5.2 DMI 指标的看盘技巧

在 DMI 指标中，ADX 为动向值 DX 的平均数，而 DX 是根据 MDI 和 PDI 两数值的差和对比计算出来的百分比，因此，利用 ADX 指标能更有效地判断市场行情的发展趋势。

（1）判断行情趋势。

- 当行情走势由横盘向上发展时，ADX 值会不断递增。因此，当 ADX 值高于前一日时，可以判断当前市场行情仍在维持原有的上升趋势，即股价将继续上涨。如果 MDI 和 PDI 同时增加，则表明当前上升趋势将十分强劲。
- 当行情走势进入横盘阶段时，ADX 值会不断递减。因此，判断行情时，应结合股价走势（MDI 和 PDI）进行判断。
- 当行情走势由盘整向下发展时，ADX 值会不断递减。因此，当 ADX 值低于前一日时，可以判断当前市场行情仍维持原有的下降趋势，即股价将继续下跌。如果 MDI 和 PDI 同时减少，则表示当前的跌势将延续。

（2）判断行情是否盘整。

- 当市场行情在一定区域内小幅横盘盘整时，ADX值会出现递减情况。
- 当ADX值降至20以下，且呈横向窄幅移动时，可以判断行情为牛皮盘整，上升或下跌趋势不明朗，投资者应以观望为主，不可依据MDI和PDI的交叉信号来买卖股票。

（3）判断行情是否转势。当ADX值在高点由升转跌时，预示行情即将反转，可分为以下两种情况。

- 在涨势中的ADX在高点由升转跌，预示涨势即将告一段落。
- 在跌势中的ADX值从高位回落，预示跌势可能停止。

下面举例分析DMI指标的看盘技巧。

如图9-12所示，建新矿业（000688）在2016年10月25日，股价跳空高开高走收阳线，并站于5日、10日和30日均线之上，而且成交量也呈现出放大迹象，此时的PDI和MDI呈现金叉形态，是典型的买进信号，散户投资者可在此处积极买进

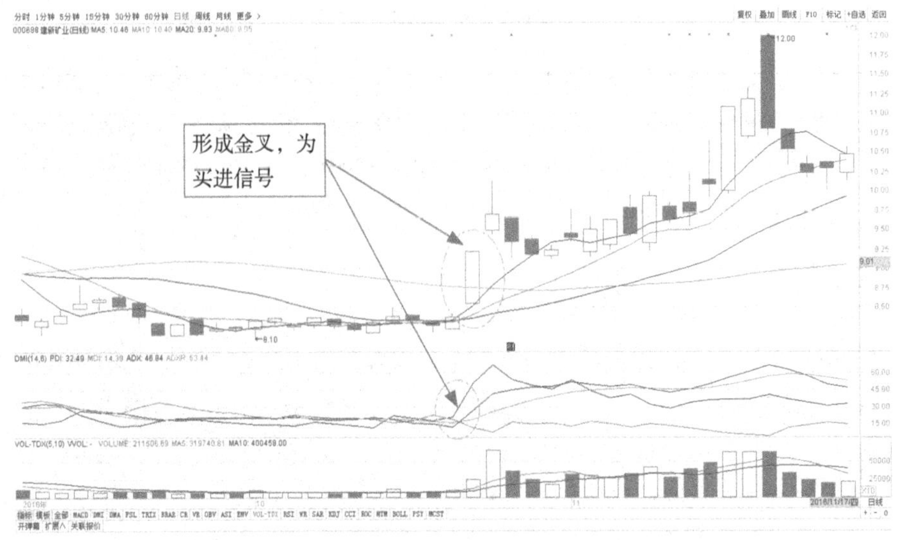

图9-12　建新矿业（000688）K线走势图

第 10 章 识别主力盘面信息

学前提示

在股市中，主力有雄厚的资金，因此可以向上大幅度提升股价，如果投资者能够及时识别出主力的意图，则收益颇丰。主力在操作时一般十分隐蔽，但在走势图中仍可看到他们留下的蛛丝马迹，而 K 线形态和分时图就是散户识别主力意图的常用工具。

要点展示

- 从庄看盘——了解主力的真实面目
- 跟庄操作——识破主力的操盘手法

10.1 从庄看盘——了解主力的真实面目

主力是中国股市中的一股不容小觑的重要力量。它吸引投资者关注的原因不仅在于其来去无踪的神秘特征，更在于它对证券市场呼风唤雨的强大实力。“从庄看盘”主要是通过识别主力来分析个股未来的行情变动，正确识别庄股后跟庄操作，从而成为股市上的大赢家。

10.1.1 主力的概念和类型

主力是指利用资金、筹码、消息、心理等各种有利因素进行投资的资金雄厚的组织和个人。从主力的坐庄时间长短划分，可以将主力分为短线主力、中线主力和长线主力，如图 10-1 所示。

短线主力通常是快进快出，控盘周期不超过1个月，收集筹码隐蔽，一旦派发则使股价大幅变动

中线主力稳扎稳打，控盘周期一般为半年左右，喜欢营造波段式的上涨趋势，在关键位置有明确的买入或者出货信号

长线主力以价值取胜，控盘周期超过半年，有的甚至是2～3年。因为控盘能力强，从而推升股价持续走高，此类主力一般会选择业绩良好的个股

图 10-1 主力的主要类型

10.1.2 主力的优势和坐庄过程

主力相对市场中的散户而存在，在市场竞局中处在绝对的优势。

（1）资金雄厚： 主力具有雄厚的资金，融资渠道多，融资金额大。

（2）专业管理： 主力往往有专门的研究机构，对国家宏观经济形势和上市公司基本面有详尽的把握，因此具有专业的分析能力。

（3）计划周密： 主力操盘往往经过周密的考虑，有详细的计划，有完整的组织决策体系。

（4）公共关系：主力的社会关系广泛。

（5）隐蔽性强：主力为了不被法律规定所束缚，总会找到许多对策来实施自己的坐庄计划。例如，主力尤其喜欢开设大量的交易账户，这样一方面可以将自己的交易和其他散户鱼龙混杂，另一方面是保证自己不会被觉察。

简单来说，主力坐庄过程包括吸筹建仓阶段，然后根据试盘结果进行洗盘，洗盘完成后开始拉升，拉升至顶部后出货，如图 10-2 所示。

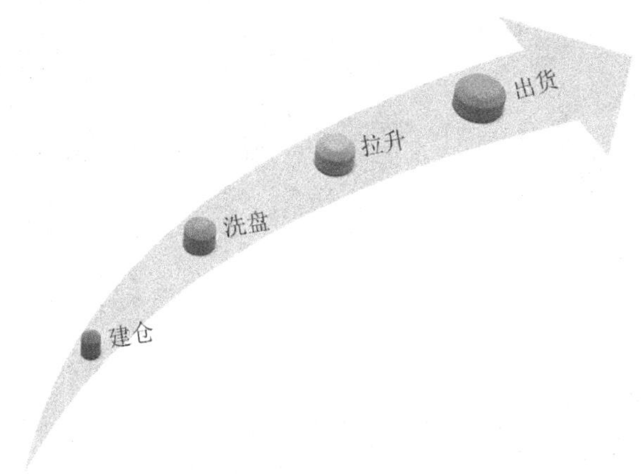

图 10-2　主力坐庄过程

10.2　跟庄操作——识破主力的操盘手法

主力是股市中重要的角色。由于主力拥有散户投资者所不具备的优势，因此常在股市中兴风作浪，这也让散户们又爱又恨。作为散户，在这个高风险的股票市场中，应当有自己的杀手锏来对付主力的各种手法。兵法曰："知己知彼，百战不殆。"本节将重点介绍主力坐庄的关键操盘手法，为散户提供了解主力的窗口，提高散户跟庄操作的技巧。

10.2.1　主力建仓操盘手法

主力建仓就是要收集到尽可能多的筹码，下面就来认识一下建仓的不同手法。

1. 横盘式建仓

主力一般在股价经过漫长下跌后介入建仓，由于资金的注入，股价逐步止跌企稳，但由于主力操作低调，因此股价表现为横盘的局面。

下面举例分析横盘式建仓的盘面。

图 10-3 所示为中航飞机（000768）2015 年 7 月至 2016 年 6 月期间的 K 线走势图。从图中可以看出，该股前期经历了一波下跌走势，股价回升至一定价位后开始横盘整理。

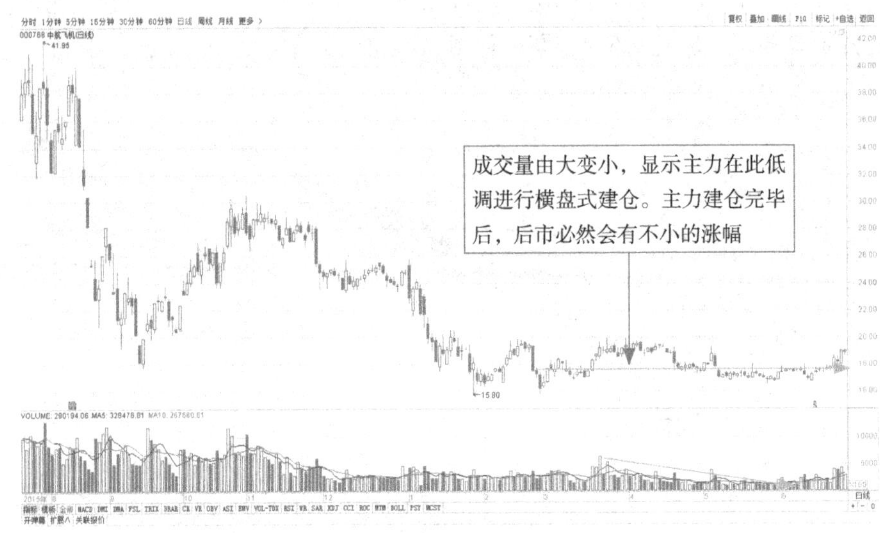

图 10-3　中航飞机（000768）K 线走势图（1）

如图 10-4 所示，该股在主力建仓完毕后展开强势上涨行情，股价节节攀升，显示主力利用横盘建仓手法收集到了充分的筹码，以致上涨如此顺利。

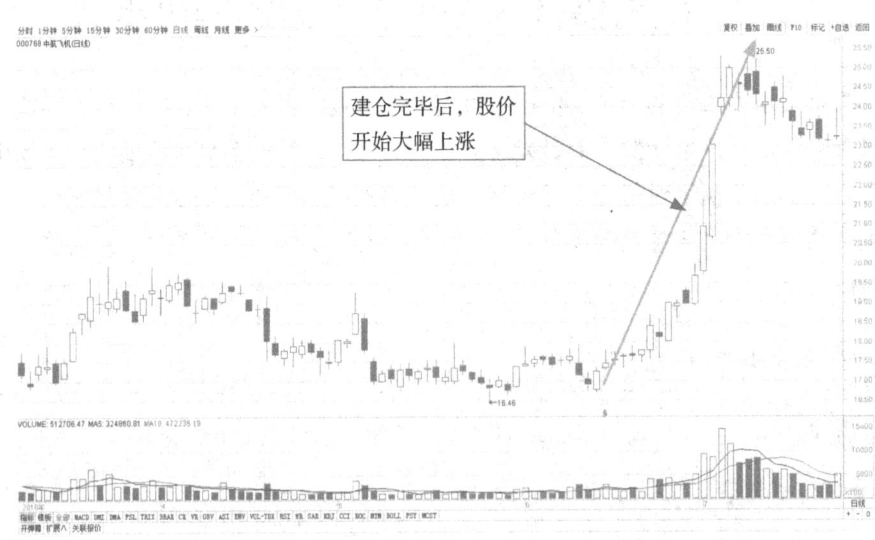

图 10-4　中航飞机（000768）K 线走势图（2）

2. 缓慢下跌建仓

主力有时也会采用缓慢下跌的方法进行建仓。其特点是股价处于缓慢下跌走势中，K线以小阴线和小阳线为主，有时会有小阴星或小阳星。

下面举例分析缓慢下跌建仓的盘面。

图10-5所示为汎江水电（600131）2016年3月至8月期间的K线走势图。从图中可以看出，该股从2016年4月19日开始缓慢下跌，同时平均线跟随股价向下运行，股价长期保持在60日均线下运行。成交量大部分时间都保持缩量，显示主力利用股价缓慢下跌之势在悄悄建仓。当主力建仓完毕后开始拉抬股价，后市涨势可观。

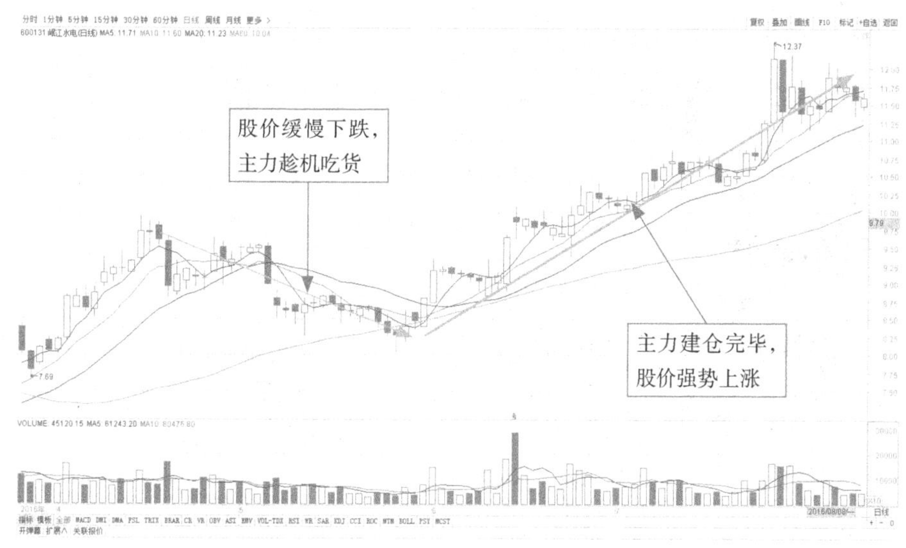

图10-5 汎江水电（600131）K线走势图

3. 拉高式建仓

拉高式建仓是一种特殊的建仓手法。采用此方法的主力往往资金实力十分雄厚，同时也表明主力十分急迫地想要吸取筹码。

下面举例分析拉高式建仓的盘面。

图10-6所示为建发股份（600153）2014年10月至2015年6月期间的K线走势图。从图中可以看出，该股前期经历了一波下跌走势，股价跌至6.18元低点，随后股价有所回升。主力利用股价回升之势拉高建仓，成交量有所放大，显示主力吃货引起了投资者的注意。

该股在主力拉高建仓之后，继续持上涨走势，延续前期的强势，说明主力资金雄厚，显示其急切拉升股价以求得获利的心情。

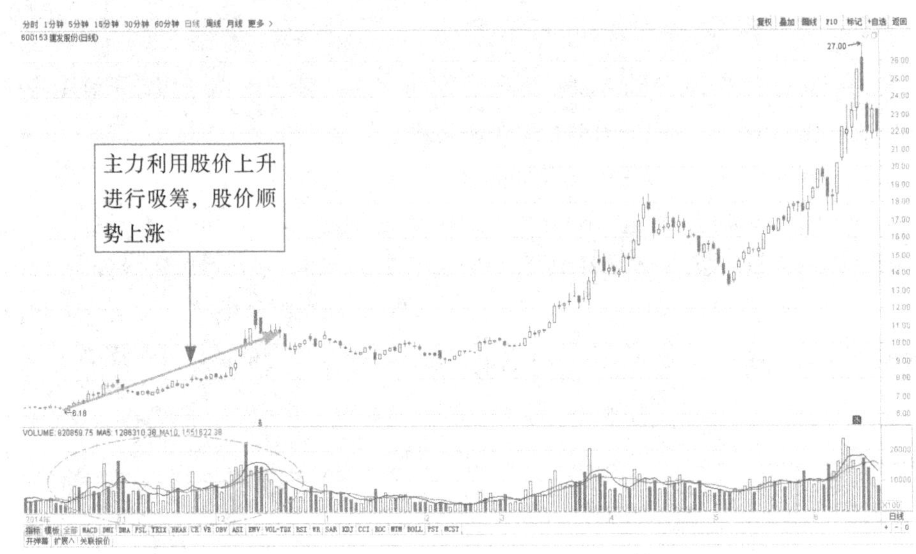

图 10–6　建发股份（600153）K 线走势图

专家提醒

主力建仓就是一个筹码换手的过程，主力买入，散户卖出，主力的吸筹建仓区域就是所持股票的成本区。因此，主力总是会想尽一切可能的办法来降低持仓成本。主力在建仓时所走出的 K 线形态和分时图，犹如一个人在雪地上行走一样，不可能踏雪无痕，必然会留下踪迹，而一旦主力开始对一只股票建仓，也必然会通过 K 线形态及分时图反映出来。

10.2.2　主力洗盘操盘手法

主力洗盘意在将跟风的投资者清理出局以降低拉升压力，下面就来了解一下主力洗盘的不同方法。

1. 打压式洗盘

打压式洗盘是常见的洗盘方式，主力挂出卖单恐吓不稳定筹码抛盘并一一接纳。此时的分时图往往出现盘中大跌的状况，在下跌后又被拉起，形成震荡走势。

下面举例分析打压式洗盘的盘面。

图 10–7 所示为冀东水泥（000401）2014 年 6 月 2015 年 3 月期间的 K 线走势图。从图中可以看到，该股前期从 7.60 元低点后开始缓慢上行，主力缓慢建仓，不久开始急速拉抬股价，而后主力展开凶狠的打压式洗盘，成交量由大变小，显示此处出逃的筹码不多。

如图 10–8 所示，主力在洗盘完成后，继续拉升股价。

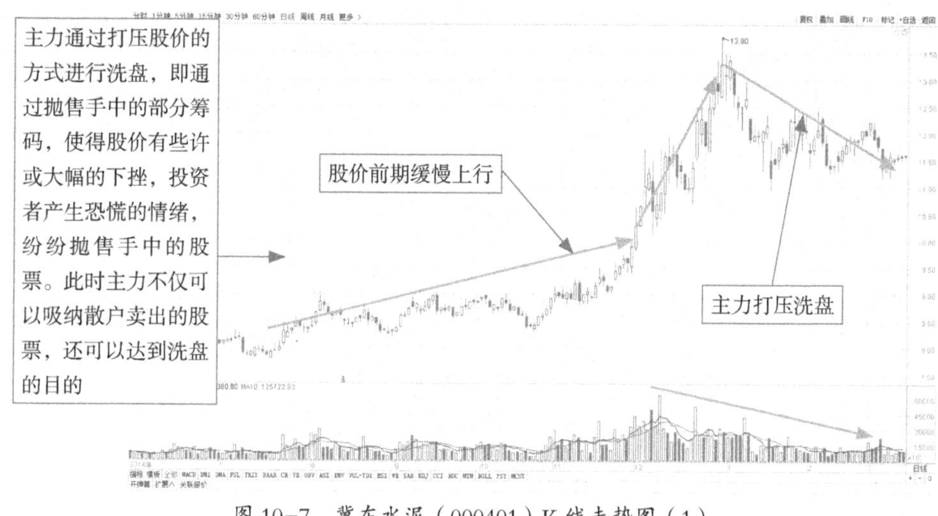

图 10-7　冀东水泥（000401）K 线走势图（1）

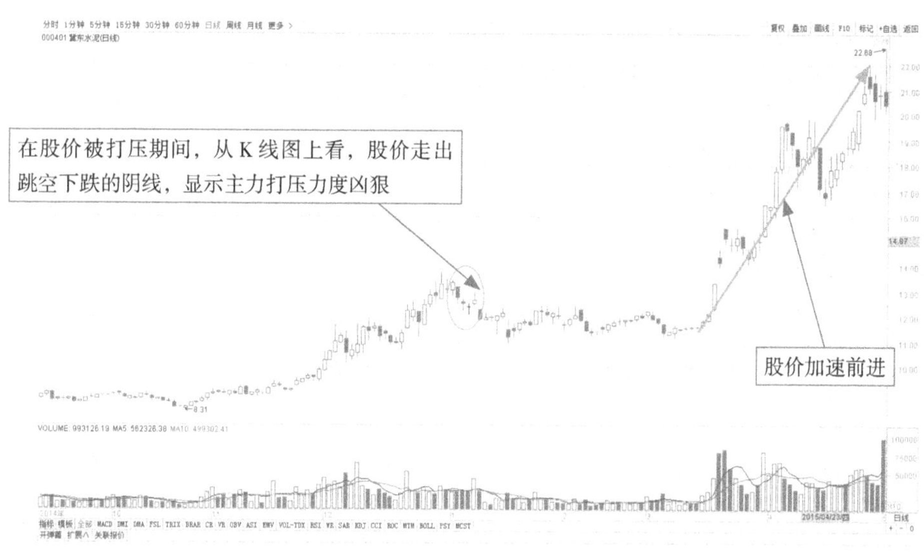

图 10-8　冀东水泥（000401）K 线走势图（2）

2. 平台式洗盘

平台式洗盘类似于横盘整理，表现为股价在一定范围内长时间的横盘整理。在横盘整理期间，成交量萎缩，股价走势平缓，K 线以小阴线和小阳线为主。

下面举例分析平台式洗盘的盘面。

图 10-9 所示为湖南投资（000548）2014 年 5 月至 2015 年 3 月期间的 K 线走势图。从图中可以看到，该股前期见底后开始缓慢上涨。随即主力展开两次平台式洗盘动作，股价近乎水平运行，成交量萎缩至地量，显示主力在此处控盘力度较高，没有多少筹

码出逃。

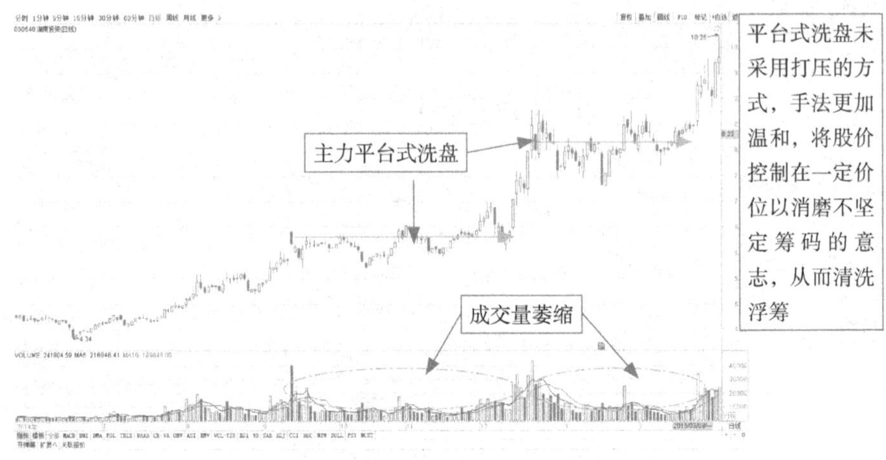

图 10-9　湖南投资（000548）K 线走势图（1）

该股后市走势如图 10-10 所示，经过主力的平台式洗盘后，股价开始大幅上涨，一举脱离前期的主力洗盘区域，后市前途无量。

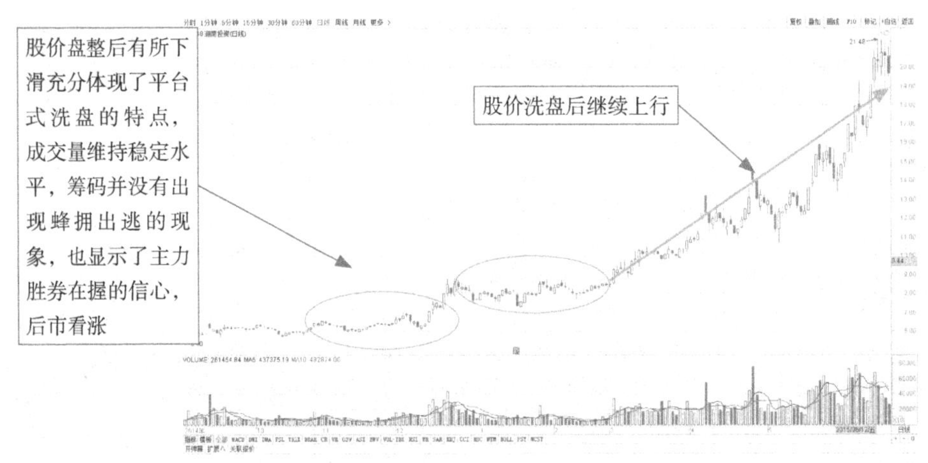

图 10-10　湖南投资（000548）K 线走势图（2）

专家提醒

有时候，主力为了既达到洗盘目的又不失去手中筹码，就会采取另一种无量洗盘的方法。无量洗盘的 K 线形态是在股价下跌的过程中成交量越来越小，与前期的放量相比，当前的量能大幅萎缩。缩量洗盘在技术形态上很容易辨别。此时，投资者买入的安全性也比放量买入的安全性要高得多，因为主力是无法在不断萎缩的成交量中完成出货操作的。

3. 边拉边洗式洗盘

主力通过边拉边洗式洗盘，盘面时升时落，不断地将获利盘清洗出去，K 线上多形成小阴线和小阳线或者十字星。下面举例分析边拉边洗式洗盘的盘面。

图 10-11 所示为佰利联（002601）2015 年 9 月至 2016 年 4 月期间的 K 线走势图。从图中可以看出，该股从 20.75 元低点处开始强势上涨。随后主力展开洗盘，打压股价至低位。不久股价回升但很快再次被打压，如此反复形成多个回调走势，显示主力在边拉股价边进行洗盘，股价在不断回调中前进。该股在主力洗盘结束后，开始了坚定的上升走势，主力不再边拉边洗，股价一飞冲天，涨幅惊人。

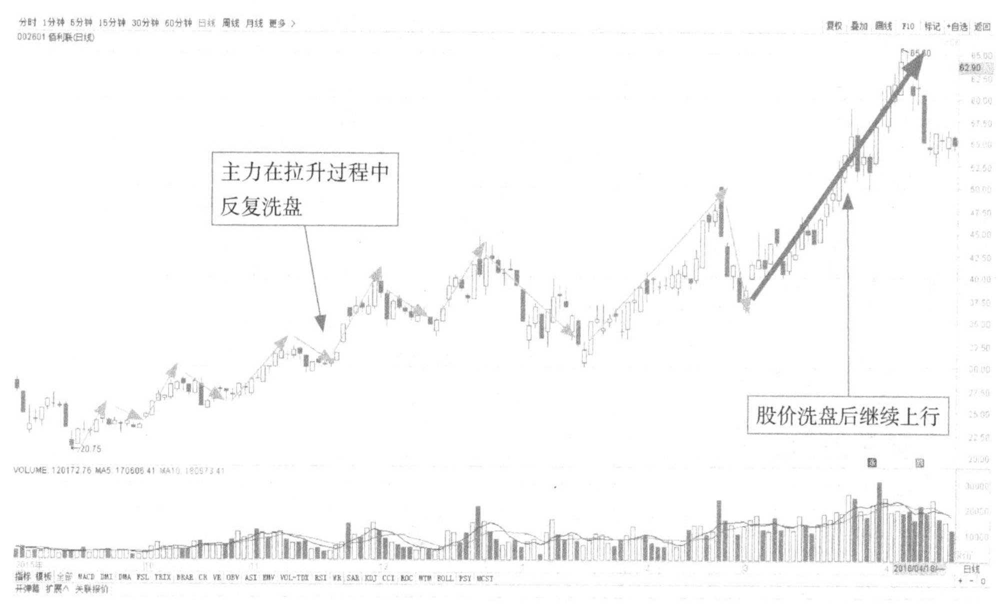

图 10-11 佰利联（002601）K 线走势图

10.2.3 主力拉升操盘手法

主力拉升是其在坐庄过程中赚取利润的必经之路，主力的实力在此暴露无遗。

1. 快速拉升

主力通过建仓、洗盘后，收集到了大量的筹码，并且高度控盘，于是主力开始了大手笔的拉抬股价。

下面举例分析快速拉升的盘面。

图 10-12 所示为大连电瓷（002606）2015 年 8 月至 2016 年 12 月期间的 K 线走势图。从图中可以看到，该股前期处于底部横盘走势中，随后主力完成建仓便开始快速拉升

股价，使股价呈现出近乎直线的上升态势，同时成交量放大，显示有大量买卖盘成交，随后股价有小幅回落。经过此轮小幅回调后，主力并未停止操作，而是继续大幅拉升股价，从前期的起点至高位涨幅已超过400%，涨势十分惊人。

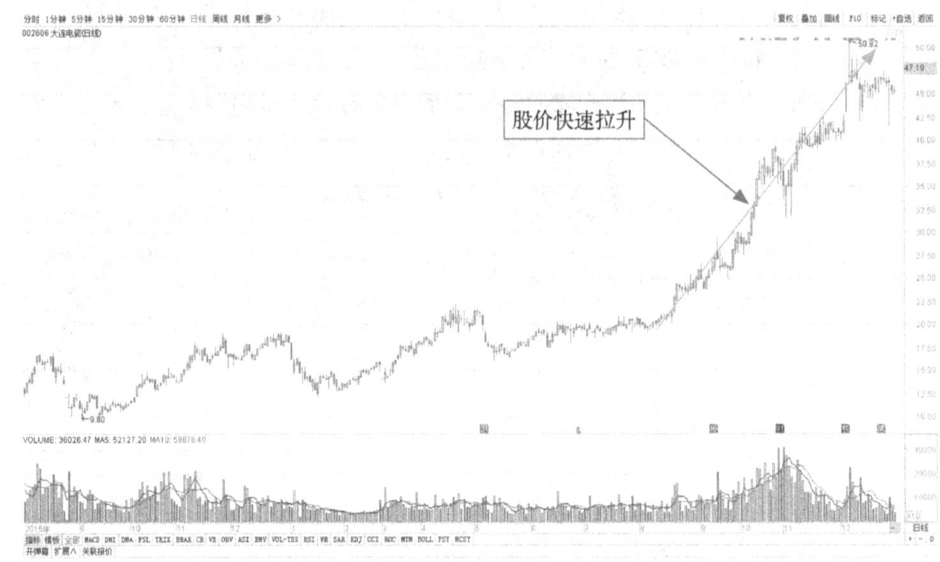

图10-12　大连电瓷（002606）K线走势图

专家提醒

主力拉升控盘阶段的特征如下。

（1）拉升阶段初期的典型特征：成交量稳步放大，股价稳步攀升，K线平均线系统处于完全多头排列状态，或即将处于完全多头排列状态，阳线出现次数多于阴线出现次数。

（2）拉升阶段中后期的典型特征：伴随着一系列的洗盘之后，股价上涨幅度越来越大，上升角度越来越陡，成交量越放越大。当个股的交易温度炽热、成交量大得惊人之时，大幅拉升阶段也就快结束了，因为买盘的后续资金一旦用完，卖压就会倾泄而下。因此，此阶段后期的交易策略是坚决不进货；如果持筹在手，则应时刻伺机出货。

2. 台阶式拉升

主力将股价拉升到一定高度后，会进行横盘整理，迫使一部分散户在获利后退出，之后再次拉高股价，不久继续横盘，从而形成台阶式形态。

下面举例分析台阶式拉升的盘面。

图 10-13 所示为金花股份（600080）2014 年 12 月至 2015 年 6 月期间的 K 线走势图。从图中可以看到，该股从 9.20 元处开始上涨，主力开始拉升股价，在拉升过程中，股价上涨一段时间后便展开横向整理，随后股价继续上涨，如此反复形成台阶式的拉升走势。

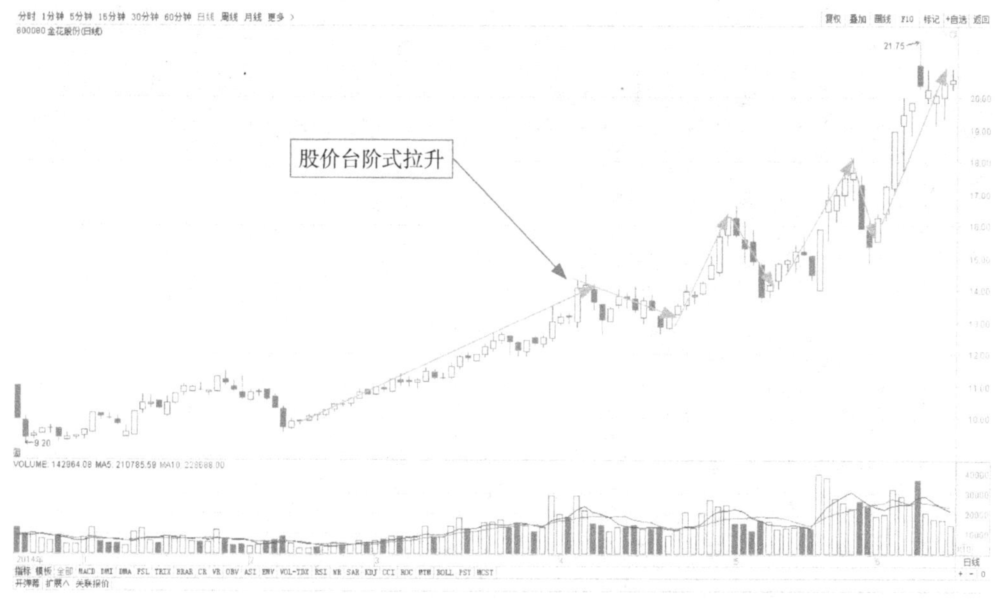

图 10-13 金花股份（600080）K 线走势图

10.2.4 主力出货操盘手法

出货是主力变现的必经之路，是主力坐庄的最后阶段，也是收获果实的阶段。

1. 拉高式出货

主力会先拉抬股价，让投资者认为股价在拉升而纷纷买入，待股价见顶后，主力就开始大幅出货，这种先拉升股价再出货的方式就是拉高式出货。

下面举例分析拉高式出货的盘面。

图 10-14 所示为中葡股份（600084）2015 年 1 月至 7 月期间的 K 线走势图。从图中可以看到，该股从 5.29 元处开始被强势拉升，主力资金雄厚，直线拉升股价，虽然有小幅回调，但并未影响到拉升动作的进行。到了 2015 年 6 月底，主力在股价回落后再次拉高，明显是为了此轮的出货做准备，这就是主力采用拉高式出货手法的盘面表现。

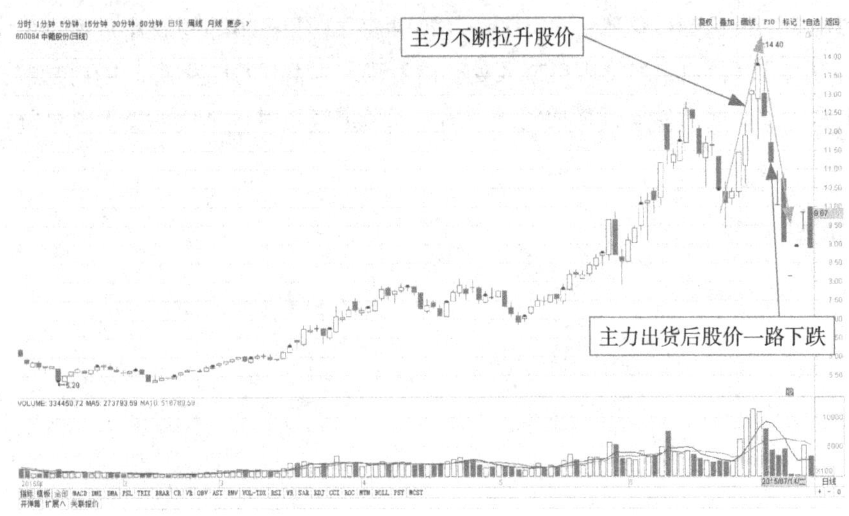

图 10-14　中葡股份（600084）K 线走势图

2. 平台式出货

平台式出货时主力往往利用高位震荡的行情来使投资者误以为股价在进行横盘整理，主力利用市场没有察觉的有利条件，来达到高位出货的目的。

下面举例分析拉高式出货的盘面。图 10-15 所示为云南城投（600239）2015 年 10 月至 2016 年 3 月期间的 K 线走势图。从图中可以看到，主力在高位展开了横向整理的操作，股价在近乎水平的方向上运行，成交量有小幅放量，总体水平较低。待主力出货完毕后，股价就一落千丈。

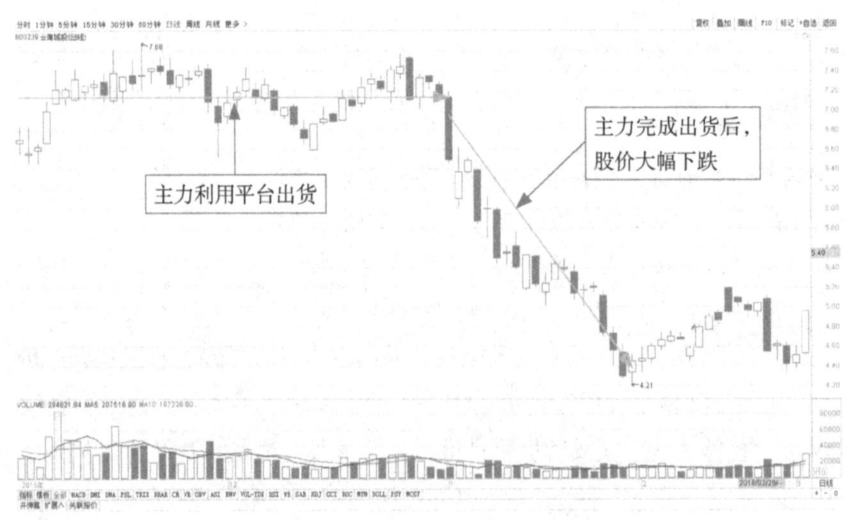

图 10-15　云南城投（600239）K 线走势图